Wochinger-Meyer,

Prozeßgebührengesetze.

Die Prozeßgebührengesetze
des Deutschen Reichs.

Erläutert von

Karl Wochinger,
K. Finanzrechnungskommissär

Hans Meyer,
K. Amtsgerichtsekretär

in Nürnberg.

Bd. I: Reichsgerichtskostengesetz.

2. Auflage.

München, Berlin und Leipzig.
J. Schweitzer Verlag (Arthur Sellier).

Reichs-Gerichtskostengesetz

vom 18. Juni 1878.

Unter Berücksichtigung sämtlicher Aenderungen

erläutert von

Karl Wochinger,
K. Finanzrechnungskommissär

Hans Meyer,
K. Amtsgerichtssekretär

in Nürnberg.

2. gänzlich umgearbeitete Auflage.

1914.

München, Berlin und Leipzig.

J. Schweitzer Verlag (Arthur Sellier).

Druck: Dr. F. P. Datterer & Cie. (Arthur Sellier) München-Freising.

Vorwort zur zweiten Auflage.

Die durch das Gesetz vom 1. Juni 1909 hervorgerufenen, zum Teil tief einschneidenden Aenderungen des Reichs-Gerichtskostengesetzes gaben den Anlaß zu einer Neuauflage des vorliegenden Handbuches. Die Bearbeitung weicht wesentlich von derjenigen der 1. Auflage ab. Das Hauptgewicht wurde auf eine leicht verständliche Erläuterung des Gesetzes gelegt; eine große Zahl von praktischen Beispielen, verflochten mit den Ergebnissen der Literatur und Rechtsprechung, soll die Wirkungen der einzelnen Vorschriften klar vor Augen führen.

Durch die durchgreifende Umarbeitung vergrößerte sich der Umfang der Handausgabe so, daß die Verteilung des Stoffes in 2 Bände (1. Band: Reichs-Gerichtskostengesetz, 2. Band: Gebührenordnung für Rechtsanwälte, Zeugen und Sachverständige und Gerichtsvollzieher) erfolgen mußte.

Wenn es dem bisherigen Verfasser angesichts seiner starken dienstlichen Inanspruchnahme möglich war, die Neubearbeitung durchzuführen, so dankt er es hauptsächlich der tatkräftigen Unterstützung seines Mitarbeiters, des Kgl. Amtsgerichtssekretärs Hans Meyer.

Möge auch diese zweite Ausgabe die gleiche wohlwollende Aufnahme finden, wie sie der ersten Auflage in so großem Maße zuteil wurde.

Nürnberg im Oktober 1913.

Karl Wochinger. **Hans Meyer.**

Inhaltsübersicht.

Abkürzungen.

AG. . . . . . = Ausführungsgesetz.
BayObLG. . = Entscheidungen des Bayerischen Obersten Landesgerichts.
BayRZ. . . . = Zeitschrift für Rechtspflege in Bayern.
Bek. . . . . . = Bekanntmachung.
BGB. . . . . = Bürgerliches Gesetzbuch.
BlfRA. . . . = J. A. Seufferts Blätter für Rechtsanwendung.
BraunschwZ. = Zeitschrift für Rechtspflege im Herzogtum Braunschweig.
DSekrZ. . . = Zeitschrift für Deutsche Justizsekretäre.
EG. . . . . . = Einführungsgesetz.
FGG. . . . . = Gesetz über die Angelegenheiten der freiwilligen Gerichtsbarkeit.
FMBl. . . . = Finanzministerialblatt.
GebG. . . . . = Gebührengesetz.
GKG. . . . . = Gerichtskostengesetz.
GVG. . . . . = Gerichtsverfassungsgesetz.
GewGG. . . = Gewerbegerichtsgesetz.
JMBl. . . . = Justizministerialblatt.
JW. . . . . . = Juristische Wochenschrift.
KfmGG. . . . = Kaufmannsgerichtsgesetz.
KGBl. . . . . = Blätter für Rechtspflege im Bezirke des Kammergerichts.
KO. . . . . . = Konkursordnung.
LG. . . . . . = Landgericht.
MBl. . . . . = Ministerialblatt.
ME. . . . . . = Ministerialentschließung.
OLG. . . . . = Oberlandesgericht.
OLGRspr. . = Rechtsprechung der Oberlandesgerichte, herausgegeben von Falkmann und Mugdan.
Recht. . . . . = Das Recht, Rundschau für den Juristenstand.
RG. . . . . . = Reichsgericht.
RGSt. . . . . = Reichsgericht, Entscheidungen in Strafsachen.
RGZ. . . . . = Reichsgericht, Entscheidungen in Zivilsachen.
StGB. . . . . = Strafgesetzbuch.
StPO. . . . . = Strafprozeßordnung.
VO. . . . . . = Verordnung.
VZS. . . . . = Vereinigte Zivilsenate.
ZGebO. . . . = Gebührenordnung für Zeugen und Sachverständige.

Erster Abschnitt.

In ihm wird zunächst das Anwendungsgebiet des Gesetzes und die Ausschließlichkeit seiner Gebührenvorschriften geregelt (§§ 1, 2), dann die Abhängigmachung der Tätigkeit der Gerichte von der Zahlung oder Sicherstellung der Kosten verboten (§ 3), das Beschwerderecht geregelt (§ 4), einer verspäteten Nachforderung von Kosten vorgebeugt (§ 5), die Befugnis der Gerichte zur Niederschlagung von Gebühren geregelt (§ 6) und endlich eine Mindestgebühr bestimmt (§ 7).

Allgemeine Bestimmungen.

§ 1.

In den vor die ordentlichen Gerichte gehörigen Rechtssachen,[1] auf welche die Zivilprozeßordnung, die Strafprozeßordnung oder die Konkursordnung Anwendung findet, werden Gebühren und Auslagen[2] der Gerichte[3] nur nach Maßgabe dieses Gesetzes[4] erhoben.[5]

1. **Nach dem GKG. sind zu bewerten,** alle Angelegenheiten, welche von den ordentlichen Gerichten (d. i. den AG., LG., OLG., dem KG. in Berlin, dem bayer. Obersten LG. und dem RG. — § 12 GVG., §§ 8, 9 EG.GVG.) nach den Bestimmungen der ZPO., StPO. oder KO. durch die Rechtspflegeorgane: Richter, Staatsanwalt und Gerichtsschreiber erledigt werden,

nicht dagegen: a) alle Rechtssachen, die zwar vor die ordentlichen Gerichte gehören, deren Erledigung sich aber nach anderen als den im § 1 GKG. genannten Gesetzen richtet (wie z. B. die Angelegenheiten der freiwilligen Gerichtsbarkeit, die Zwangsversteigerungs- und Zwangsverwaltungssachen, Forst- und Feldrügesachen, die Justizverwaltungssachen, bürgerliche Rechtsstreitigkeiten und Strafsachen, für welche Verwaltungsgerichte und -Behörden zuständig sind; hier ist die Erhebung der Gebühren und Auslagen der Landesgesetzgebung überlassen — preuß. GKG., bayer. Gebührengesetz usw. —),

b) die Rechtssachen, für welche andere als ordentliche Gerichte zuständig sind (wie z. B. Verwaltungsgerichte, Gewerbegerichte, Kaufmannsgerichte, Militärgerichte, Konsulargerichte und die Gerichte in den deutschen Schutzgebieten, Rheinschiffahrts- und Elbzollgerichte, Gemeindegerichte u. a. — §§ 13, 14 GVG.).

Richtet sich das Verfahren vor einem der unter b genannten Gerichte nach ausdrücklicher Bestimmung des Gesetzes nach den Vorschriften der ZPO. oder StPO., so ist damit nicht gesagt, daß auch die Gebührenerhebung nach dem GKG. zu geschehen hat; soll dies der Fall sein, dann muß es in dem betr. Gesetz besonders bestimmt sein (Beispiel: § 60 GewGG. und § 16 KaufmGG. — hier findet das RGKG. Anwendung auf das Rechtsmittel- und Zwangsvollstreckungsverfahren).

Wird eine Sache unzulässigerweise vor die ordentlichen Gerichte gebracht, so ist das Verfahren nach dem GKG. zu bewerten (RGZ. 27. 11. 88; 22, 415).

2. kurz „Gerichtskosten".

3. und der Staatsanwaltschaft (vgl. § 497 Abs. 1 StPO.).

4. Unzulässig wäre also in einem nach dem GKG. zu bewertenden Verfahren *neben* den „Gerichtskosten" nach dem GKG. solche auf Grund eines Landesgesetzes zu erheben (vgl. jedoch §§ 2, 101 GKG.). Ebenso bleiben die Bestimmungen der Prozeßordnungen außer Betracht, wenn das RGKG. für den Fall besondere Vorschriften enthält.

Beispiel: Die Klage, Berufung oder Revision ist prozessual rechtsgültig nur zurückgenommen, wenn die Vorschriften der ZPO. (§§ 271, 515, 566 ZPO.) beachtet sind. Die Zurücknahmegebühr dagegen ist fällig, sobald die Zurücknahme dem Gerichtsschreiber mitgeteilt ist. Zustellung des Schriftsatzes ist für die Gebührenpflicht nicht erforderlich. — Vgl. hierher § 46 Anm. 5 Beisp. 1.

5. Die „Gerichtskosten" gehören nicht zu den nach § 61 Nr. 2 KO. bevorrechtigten öffentlichen Abgaben (RGZ. 21, 46; 28, 87; ObLGZ. 4, 301; Meyer, GebG. Art. 1 Note 1 Abs. 2).

§ 2.

Eine Erhebung von Stempeln und anderen Abgaben neben den Gebühren findet nicht statt.[1]

Urkunden, von denen im Verfahren Gebrauch gemacht wird, sind nur insoweit einem Stempel oder einer anderen Abgabe unterworfen, als sie es ohne diesen Gebrauch sein würden.[2]

Urkunden, welche im Verfahren errichtet werden, bleiben, soweit ihr Inhalt über den Gegenstand des Verfahrens hinausgeht, den allgemeinen Vorschriften über Erhebung von Stempeln oder anderen Abgaben unterworfen.[3]

1. Wird also in einem nach dem GKG. zu bewertenden Rechtsstreit von Urkunden Gebrauch gemacht, die *an sich* nach den Landesgesetzen *nicht* stempel- oder abgabenpflichtig sind, so kann deswegen, *weil* sie in der Prozeßsache benützt werden, eine landesgesetzliche Abgabe nicht erhoben werden.

2.

Beispiele: a) Alle Wechsel sind reichsstempelpflichtig. Wird ein Wechsel einer Klage beigelegt und ist der Stempel noch nicht entrichtet, so ist die Entrichtung bei Bewertung der Prozeßsache nachzuholen bzw. der zuständigen Behörde Anzeige zu machen.

b) In Preußen ist bei allen Vollmachten, wenn der Streitwert 150 ℳ überschreitet, binnen 2 Wochen nach der Ausstellung ohne Rücksicht auf den Gebrauch ein Stempel in Stempelmarken zu verwenden (Urkundenstempel). Fehlt bei Bewertung der Prozeßsache der Vollmachtsstempel, so ist er bei Berechnung der Gebühren und Auslagen als Gerichtsgebühr anzusetzen. (Vgl. Meyer, ZPO. § 80.)

Vollmachten, die außerhalb des preuß. Staatsgebietes von nichtpreußischen Staatsangehörigen errichtet und von ihnen zu einem vor einem preuß. Gericht anhängigen Prozesse eingereicht worden sind, sind in Preußen nicht stempelpflichtig (RGZ. 15. 3. 03; 54, 426. — A. M. FrankfRundsch. 31, 175; sächs. StempelstG. vom 12. 1. 09). Erinnerungen gegen den Ansatz von Stempeln richten sich nach der Landesgesetzgebung.

3. Abs. 3 trifft nur die im Verfahren errichteten Vergleiche, da in Urteilen über den Gegenstand des Verfahrens hinaus nicht erkannt werden kann (§ 308 ZPO.).

Vgl. zu § 2 Abs. 3 insbesondere § 101 GKG.

§ 3.

In einem weiteren Umfange, als die Prozeßordnungen und dieses Gesetz es gestatten [1], darf die Tätigkeit der Gerichte von der Sicherstellung oder Zahlung der Gebühren oder Auslagen nicht abhängig gemacht werden. [2]

1. Von der Sicherstellung oder Zahlung der Gebühren und Auslagen kann abhängig gemacht werden: die Ladung von Zeugen und Sachverständigen (§§ 379, 402 ZPO.), die Entscheidung über den Antrag auf Erhebung der öffentlichen Klage (§ 174 StPO.), die Ladung und Vernehmung von Zeugen und Sachverständigen auf Antrag des Privat- oder Nebenklägers (§ 84 Abs. 3 GKG.), (das ersuchte Gericht darf seine Tätigkeit von der Zahlung der erwachsenen Kosten nicht abhängig machen!), die Anfertigung von Abschriften und Ausfertigungen (§ 97 Abs. 2 GKG.), die Eröffnung des Konkursverfahrens (§ 58 Nr. 1, 2 KO.); abzulehnen ist — dringende Fälle ausgenommen — die Vornahme jeder von einem Ausländer beantragten Handlung, solange dieser nicht den nach §§ 83, 84, 85 GKG. zu zahlenden Vorschuß hinterlegt hat (§ 85 Abs. 5 GKG.). Nach §§ 911, 918, 933 ZPO. ist die Verhaftung des Schuldners erst zulässig, wenn der Gläubiger die Haft- und Verpflegungskosten vorauszahlt. (Preußen: JMBl. 1883, 81; 1885, 37; 1908, 335; Bayern: Die Erhebung obliegt dem Gerichtsschreiber. § 24 JMB. vom 23. 4. 83, JMBl. 194). Sofern nicht dem Revisionskläger das Armenrecht bewilligt ist oder Gebührenfreiheit besteht, hat der Vorsitzende eine Frist zu bestimmen, innerhalb deren der Revisionskläger den Nachweis zu erbringen hat, daß er den für die Revisionsinstanz von ihm erforderten Gebührenvorschuß (§ 81 GKG.) gezahlt hat (§ 554 Abs. 7 ZPO.).

2. Die Aufzählung unter 1. ist erschöpfend. Es ist somit unzulässig, die Einnahme des richterlichen Augenscheins oder (unter Berufung auf § 431 Abs. 2 StPO.) den Fortbetrieb des Privatklageverfahrens von der Zahlung eines Auslagen- oder Gebührenvorschusses abhängig zu machen.

§ 4.

Ueber Erinnerungen der Zahlungspflichtigen [1] oder der Staatskasse [2] gegen den Ansatz [3] von Gebühren oder Auslagen [4] entscheidet [5] das Gericht der Instanz [6] gebührenfrei. [7] Die Entscheidung kann von dem Gerichte, welches dieselbe getroffen hat, sowie von dem Gerichte der höheren Instanz von Amts wegen geändert werden. [8]

Gegen die Entscheidung findet Beschwerde nach Maßgabe des § 567 Abs. 2 und der §§ 568 bis 575 der Zivilprozeßordnung, in Strafsachen nach Maßgabe der §§ 346 bis 352 der Strafprozeßordnung statt. [9]

Die Einlegung von Erinnerungen oder Beschwerden kann durch Erklärung zum Protokolle des Gerichtsschreibers oder schriftlich ohne Mitwirkung eines Anwalts erfolgen. [10]

1. §§ 86—92 GKG. Die Erinnerungen können auf die Verletzung oder unrichtige Anwendung der Vorschriften des bürgerlichen Rechtes oder der Prozeßordnungen, die zufolge § 92 GKG. unberührt geblieben sind, gestützt werden (DSekrZ. 1909, 97).

2. Die Staatskasse hat auch ein Erinnerungsrecht zugunsten des Zahlungspflichtigen (BadRpr. 53, 314; a. A. OLG. Braunschweig 13. 4. 09 DSekrZ. 1911, 189). Der die Gebühren ansetzende Beamte handelt sowohl für die Richtigkeit und Vollständigkeit wie auch für die Rechtzeitigkeit des Ansatzes unter eigener Verantwortlichkeit und unterliegt in dieser Tätigkeit ausschließlich dem in § 4 geordneten Entscheidungsrecht der Gerichte. Ist der Ansatz verfehlt, so kann er, falls ihn der Gerichtsschreiber nicht selbst ändert, nur auf Erinnerung durch gerichtliche Entscheidung geändert werden. Eine Einwirkung der Dienstaufsichtsbehörde ist ausgeschlossen; die Bedeutung des § 4 kann auch durch die landesgesetzlich geordnete Dienstesstelle des Kostenliquidanten nicht eingeschränkt werden (RGVZ. 15. 2. 86, Bd. 16, 291; Rittmann in DSekrZ. 1911, 191)..

3. oder gegen die vom Gerichtsschreiber erfolgte Feststellung des Wertes des Streitgegenstandes (OLG. Karlsruhe 16. 1. 01, OLGRspr. 3, 160). Gegen die gerichtliche Festsetzung des Streitwerts findet nur Beschwerde gemäß § 16 Abs. 2 statt. Nicht trifft § 4 zu:

a) wenn der als zahlungspflichtig in Anspruch Genommene seine Zahlungspflicht aus andern als den den §§ 86—92 GKG. entnommenen Gründen bestreitet,

b) wenn der Zahlungspflichtige sich gegen die Art und Weise der Einforderung oder Beitreibung der angesetzten Gerichtskosten wenden will (hier: Beschwerde an die Aufsichtsbehörde, RG. 24, 377; 25, 332),

c) wenn ein Dritter, der für den Zahlungspflichtigen gezahlt hat, den gezahlten Betrag rückfordert (hier: Klage im ordentlichen Verfahren, RG. 18. 5. 88 BurBl. 147),

d) wenn es sich um Gerichtsvollzieherkosten handelt (s. hierüber § 766 Abs. 2 ZPO.; §§ 47 Nr. 14; 35 Nr. 4 GKG.).

Bei der Erinnerung gegen einen auf Grund der §§ 2 Abs. 2, 101 GKG. in Verbindung mit dem Landeskostengesetz (PreußGKG., Bayer. GebG. usw.) erfolgten Gebührenansatz richtet sich das Verfahren nach der ZPO. (RG. 14. 2. 06 BayZfR. 141; Meyer, BayGebG. Art. 46 Note 3).

4. § 79, auch Auslagenpauschsatz, nicht auch von Stempeln — s. § 2 Anm. 2. Hat ein ersuchtes Gericht Zeugen- oder Sachverständigengebühren festgesetzt und werden bei dem ersuchenden Gericht gegen den Ansatz Erinnerungen erhoben, so darf das ersuchende Gericht nur die Richtigkeit des Ansatzes der Auslagen, nicht auch die Notwendigkeit und Höhe der angewiesenen ZGebühren nachprüfen (RGZ. 13. 6. 99; 44, 389).

5. Zu entscheiden ist nur, „ob der Ansatz oder die Nachforderung gerechtfertigt ist", nicht auch über die Zurückzahlung erhobener Gebühren (ObLGZ. 11, 121; Meyer, GebG. Art. 44 Note 3). Über die Zurückzahlung hat nur die Kasse zu entscheiden und bei ihrer Weigerung der Prozeßrichter (OLG. Breslau 7. 12. 09 OLGRspr. 21, 125). Außergerichtliche Kosten des mit der Erinnerung durchdringenden Kostenschuldners können der Staatskasse nicht auferlegt werden (RG. 7. 6. 10 OLGRspr. 21, 126).

6. d. i. das Gericht, bei dem die Gebühren und Auslagen, um die es sich in den Erinnerungen handelt, entstanden sind.

7. und pauschsatzfrei. Auslagen nach § 79 Ziff. 2—6 sind vom Antragsteller einzuziehen, wenn nicht die Kosten des Verfahrens der Staatskasse auferlegt sind. Fallen die Kosten der Staatskasse zur Last, so können ihr die außergerichtlichen Kosten des Beschwerdeführers mangels gesetzlicher Vorschrift nicht überbürdet werden (RG. 7. 6. 10 OLGRspr. 21, 126).

8. solange das betr. Gericht mit der (Haupt-)Sache befaßt ist. Dies ist der Fall beim Gericht 1. Instanz, solange das Kostenfestsetzungsverfahren nicht beendet ist (RGZ. 17. 3. 94 JW. 94, 182); beim Gericht der höheren Instanz, solange es mit der Rechtssache überhaupt befaßt ist. Seine Befassung mit der Sache hört auf mit der Erlassung der Endentscheidung, dem Vergleich oder der Zurücknahme. Wird es durch eine das Verfahren betreffende Beschwerde von neuem mit der Sache befaßt, so lebt seine Änderungsbefugnis wieder auf. Voraussetzung ist aber, daß die Beschwerde zulässig ist (Rittmann in DSekrZ. 1909, 165).

Eine Änderung des Beschlusses zuungunsten des Beschwerdeführers ist unstatthaft (JW. 97, 171 Nr. 22).

9. Anfechtung in Zivilsachen. a) Gegen den Beschluß des Amtsgerichts: einfache Beschwerde zum übergeordneten Landgericht. Gegen die Entscheidung dieses Gerichts: einfache weitere Beschwerde an das OLG., wenn in ihr ein neuer selbständiger Beschwerdegrund enthalten ist und die Summe, die nach der Behauptung des Beschwerdeführers zuviel verlangt ist, 50 ℳ übersteigt. Ein neuer selbständiger Beschwerdegrund liegt in der Regel nicht vor, wenn zwei gleichlautende Entscheidungen vorliegen, das Gericht 2. Instanz also die Entscheidung des Untergerichts — wenn auch aus anderen Gründen — bestätigt hat (vgl. Meyer, ZPO. §§ 567, 568 Abs. 3 und Note 2). Die Entscheidung des OLG. ist unanfechtbar (§ 567 Abs. 2 ZPO.).

b) Gegen Entscheidungen des LG. in 1. Instanz: ohne Rücksicht auf die Höhe der Beschwerdesumme einfache Beschwerde zum OLG. gegen die Entscheidung dieses Gerichts: keine Beschwerde (§ 567 Abs. 2 ZPO.).

Anfechtung in Strafsachen: a) Gegen den Beschluß des AG.: einfache Beschwerde zum LG.; gegen die Entscheidung des LG.: keine Beschwerde (§ 352 Abs. 2 StPO.).

b) Gegen die Entscheidung des LG. 1. Instanz: einfache Beschwerde zum OLG. (in Bayern zum Obersten LG., Art. 42 Abs. 3 AG. GVG. in d. Fass. d. Art. 167 XII AG. BGB.). Hiergegen: keine Beschwerde. Ebenso sind die Entscheidungen des ObLG. und RG. unanfechtbar.

Die Entscheidungen der Beschwerdegerichte sind gebührenpflichtig. Zivilsachen: §§ 45, 80 b GKG., Strafsachen: §§ 68, 80 b GKG.

10. Unrichtige Bezeichnung der Erinnerungen als „Beschwerde" oder Nichtgebrauch des Wortes „Erinnerungen" in dem Schriftsatz sind unschädlich. An eine Frist ist die Einlegung von Erinnerungen nicht gebunden; sie können somit erhoben werden, solange der Anspruch selbst nicht verjährt ist. Preußen: § 13 Abs. 1, 4, § 118 Abs. 1 PrGKG. — 4 Jahre ab Zahlungsaufforderung. In Bayern verjährt der Anspruch auf Zahlung von Gerichtskosten in 3 Jahren vom Ablauf des Kalenderjahres an gerechnet, in welchem der Anspruch entstanden ist.

§ 5.

Eine Nachforderung [1] von Gerichtskosten [2] wegen irrigen Ansatzes [3] ist nur zulässig, wenn der berichtigte Ansatz vor Ablauf des nächsten Kalenderjahres nach rechtskräftiger oder endgültiger Erledigung [4] des Verfahrens dem Zahlungspflichtigen [5] eröffnet ist. [6]

1. Eine solche liegt nur vor, wenn zu wenig erhoben war und der außer acht gelassene Betrag nachträglich eingefordert wird.

2. d. s. Gebühren und Auslagen (Pauschsatz).

3. Ob der Ansatz wegen eines nicht zutreffenden Gegenstandswertes wegen Anwendung eines falschen Gebührensatzes oder einer nicht entsprechenden Gesetzesstelle oder deswegen unrichtig ist, weil nur einzelne Akte eines Verfahrens unbewertet geblieben oder nur die Gebühren und nicht die Auslagen und umgekehrt berechnet und eingefordert worden sind, ist gleichgültig. Alle diese Fälle trifft § 5. **Nicht anwendbar** ist er

a) wenn die Gesamtkosten eines Verfahrens aus Versehen oder wegen Armut des Zahlungspflichtigen nicht eingefordert waren,

b) auf die Aufforderung an den richtigen Schuldner, nachdem die Kosten zuerst irrig von einem andern gefordert waren,

c) auf Anforderungen, die infolge der Aufhebung einer auf Grund des § 6 erlassenen Entscheidung erfolgen,

d) wenn der Kostenansatz auf Erinnerung des Schuldners herabgesetzt und auf Beschwerde der Staatskasse wieder in seiner ursprünglichen Höhe hergestellt worden ist,

e) auf die Nachforderung der auf Grund der §§ 101, 2 Abs. 2 GKG. erhobenen landesgesetzlichen Gebühren.

(Vgl. Rittmann, GKG. [Handausg.] Note 7 zu § 5; Meyer, BayGebG. Art. 1 Note 4).

Für die **Verjährung der „Gerichtskosten"**, die aus Versehen oder aus einem sonstigen Grunde überhaupt d. h. in ihrer Gesamtheit nicht eingefordert worden sind, gelten die landesgesetzlichen Vorschriften, nicht diejenigen des BGB. (Für **Bayern** vgl. Meyer, BayGebG. Art. 1 Anm. 3.)

4. Wann eine Sache rechtskräftig oder endgültig erledigt ist, ergibt sich aus §§ 93, 95 und 96 GKG.

5. nicht dessen Anwalt (BayFME. vom 14. 9. 84 Nr. 12686), bei mehreren Schuldnern jedem einzelnen. Bei Haftung eines Dritten auf Grund des § 92 GKG. genügt Anforderung des Hauptschuldners.

6. Eröffnung: formlos durch Brief; sie muß jedoch ersehen lassen, welche Kosten „nachgefordert" werden, in welcher Sache und auf Grund welcher Vorschrift.

Beispiele: a) Ein Rechtsstreit wurde am 15. 10. 09 durch Urteil endgültig erledigt. Der Gerichtsschreiber stellte am 22. 10. 09 die Kosten zu Soll, übersah aber, die VerhGeb. aus 470 ℳ und den Pauschsatz zu erheben. Die Gebühr kann bis zum 31. 12. 10, d. i. dem Ablauf des auf den Tag der endgültigen Erledigung des Rechtsstreits folgenden Kalenderjahres nachgefordert werden. Nach dem 31. 12. 10 ist eine Nachforderung der Gebühr unzulässig.

b) In einem Konkursverfahren wurde auf Antrag des A für dessen Forderung von 1050 ℳ am 2. 12. 09 ein besonderer Prüfungstermin abgehalten. Hierfür waren als Gebühr $^{10}/_{10}$ aus 900 ℳ Konkursdividende, welche auf A entfielen, gemäß § 54 GKG. zu erheben. Das Konkursverfahren wurde durch Zwangsvergleich erledigt und mit Beschluß vom 12. 3. 10 aufgehoben. Hatte der Gerichtsschreiber die Gebühr bei Berechnung der Gerichtskosten nicht zu Soll gestellt, so kann er die Gebühr bis zum 31. 12. 11 nachfordern, d. i. bis zum Ablauf des auf den Tag der endgültigen Erledigung des Konkursverfahrens folgenden Kalenderjahres.

§ 6.

Die Gerichte sind befugt,[1] Gebühren,[2] welche durch eine[3] unrichtige Behandlung der Sache ohne Schuld[4] der Beteiligten[5] entstanden sind, niederzuschlagen, und für abweisende Bescheide, wenn der Antrag auf nicht anzurechnender Unkenntnis der Verhältnisse[6] oder auf Unwissenheit[7] beruht, Gebührenfreiheit zu gewähren.[8]

1. von Amts wegen oder auf Antrag eines Beteiligten. — Befugt zur Niederschlagung von Gerichtsgebühren ist auch der Gerichtsschreiber im Kostenfestsetzungsverfahren.

2. d. s. Gerichtsgebühren, nicht auch Gerichtsvollziehergebühren (RGZ. 62, 351), oder sonstige Auslagen (§ 79) oder Auslagenpauschsätze (§ 80 b). Glaubt eine Partei, ein Dritter (Beamter usw.) habe die Auslagen schuldhaft veranlaßt, so steht ihr der Klageweg offen.

3. formell. Materiell unrichtige Entscheidung gibt kein Recht nach § 6 (a. M. BayObLG. 24. 10. 10 Recht 14 Nr. 4172).

4. oder Mitschuld.

5. oder ihrer Vertreter, deren Verschulden sie gegen sich gelten lassen müssen. — § 6 bezieht sich nicht nur auf unrichtige Sachbehandlung des Richters oder Gerichtsschreibers, sondern auf Mißgriffe jedes Gerichtsbeamten (OLG. Hamburg 35, 11 HansGZ. 32, 254).

6. der formellen (Prozeß-)Voraussetzungen, nicht auch der materiellrechtlichen.

7. Unter Unwissenheit ist die ignorantia juris inbegriffen, es ist bei diesem Ausdrucke hauptsächlich an die sogenannte ignorantia juris rustica gedacht; die Befugnis der Gerichte, unter Umständen eine nachträgliche kostenfreie Bearbeitung der Sache anzuordnen, ist in dem Rechte der Niederschlagung von Gebühren enthalten und als ein Ausfluß dieses Rechtes anzusehen (Reichstags-Kommiss. Prot. vom 23. 3. 78).

8. Die Entscheidung erfolgt gebühren- und pauschsatzfrei, mag darin einem Antrag stattgegeben sein oder nicht. Auslagen (§ 79 Nr. 2—6) hat der Antragsteller zu zahlen. § 6 ist anwendbar auch nach Rechtskraft der Entscheidung, in welcher über die Kosten erkannt ist (RGZ. 4. 11. 90; 28, 421), oder nach Zahlung der Kosten. — Gegen die Ablehnung des Antrages: einfache Beschwerde nach § 4 GKG. (RG. 28, 421), gegen den stattgebenden Bescheid: einfache Beschwerde der Staatskasse.

Sind die Gerichtskosten bezahlt, dann ist kein Raum mehr für die Anwendung des § 6 (MecklZ. 16, 209).

§ 7.

Der Mindestbetrag einer Gebühr ist zwanzig Pfennig.[1] Pfennigbeträge, welche ohne Bruch nicht durch zehn teilbar sind, werden auf den nächst höheren durch zehn teilbaren Betrag abgerundet.[2]

1. Auf Auslagen und den Auslagenpauschsatz findet Abs. 1 keine Anwendung.

2. Abs. 2 ist auf den Auslagenpauschsatz (§ 80 b) für anwendbar erklärt. Er trifft nicht zu,

a) wenn es sich nicht um die Gebühr, sondern um ihre Verteilung auf mehrere Schuldner handelt;

Beispiel: Für eine Gebühr von 2.40 ℳ haften z. B. 5 Schuldner nach Kopfteilen. Jede Person hat 48 Pfg. zu zahlen; für eine Aufrundung auf 50 Pfg. ist kein Raum. (Bayern: FME. vom 17. 4. 84 Nr. 4794.)

b) wenn der Gerichtsschreiber statt des GV. die Post um Zustellung ersucht (Gebühr: 25 Pfg. — § 40 GKG. — nicht 30 Pfg.);

c) wenn es sich um eine auf Grund der §§ 2 Abs. 2 und 3, 101 GKG. zu erhebende landesgesetzliche Gebühr handelt;

d) wenn in Strafsachen die Gebühr sich nach der Geldstrafe zu richten hat (§ 59 Abs. 3 S. 2 GKG.);

e) wenn Auslagen der in §§ 79, 80a bezeichneten Art in Frage stehen.

Zweiter Abschnitt.

Die §§ 8—49 regeln die

Gebühren in bürgerlichen Rechtsstreitigkeiten.

1. Für die Höhe der Gebühren ist vor allem der Wert des Gegenstandes, um den es sich im Rechtsstreit handelt, maßgebend. **§ 8 Abs. 1** bestimmt, daß die Gebühren nach dem Werte des Streitgegenstandes erhoben werden. Im **Abs.** 2 werden dann die Wertstufen und daneben die bei diesen Werten zu erhebende Gebühr bestimmt. Diese Gebühr ist als die volle bezeichnet; die weiteren Vorschriften ergeben, für welche Tätigkeit die volle Gebühr oder ein Bruchteil derselben ($^1/_{10}$, $^2/_{10}$, $^3/_{10}$, $^5/_{10}$, $^6/_{10}$ usw.) oder ein Mehrfaches derselben ($1^1/_4$, $1^1/_2$ usw.) zu erheben ist. Die Frage, in welche Wertstufe ein Rechtsstreit einzureihen ist, beantworten die Vorschriften über die Wertsberechnung **(§§ 9 bis 17)**.

2. Bei der Frage, welche Gebührensätze zu erheben sind, wird weniger Gewicht auf den wirklichen Zeitaufwand, auf die mehr oder weniger große Kompliziertheit des Prozesses, auf die Zahl der Termine usw. gelegt, als vielmehr darauf, welche Stadien der Prozeß durchläuft.

Es werden die Hauptpunkte des Prozesses herausgegriffen und einer Gebühr unterworfen, Nebenpunkte bleiben unbesteuert. Diese Hauptpunkte sind im allgemeinen:

1. die kontradiktorische mündliche Verhandlung,
2. die Anordnung einer Beweisaufnahme,
3. eine andere Entscheidung.

Bei einem durchgeführten Prozesse werden diese Hauptpunkte meist alle vorkommen. Es wird dann die Gebühr des § 8 dreimal erhoben, einmal als Verhandlungsgebühr, einmal als Beweisgebühr und einmal als Entscheidungsgebühr (§ 18). Fehlt einer dieser Hauptpunkte im Prozesse, so bleibt die für diesen bestimmte Gebühr außer Ansatz. Dabei ist zu beachten, daß Gebühren nur erhoben werden, wenn die Verhandlung, Beweisanordnung oder Entscheidung entweder den Anspruch selbst oder andere für den Ausgang des Prozesses wichtige Fragen betrifft; die Verhandlung und Entscheidung (einschließlich etwaiger Beweisaufnahme) über die Prozeß- und Sachleitung, die Bewilligung und Entziehung des Armenrechtes, die Ablehnung eines Richters und eine Reihe ähnlicher Fragen, welche mehr den Fortgang des Verfahrens zum Gegenstand haben, sind ausdrücklich als gebührenfrei bezeichnet (vgl. § 47). Für die Verhandlung usw. von anderen Fragen ist die Gebühr auf einen Bruchteil ermäßigt, so z. B. wenn es sich lediglich um prozeßhindernde Einreden, die Unzuständigkeit des Gerichts, die Unzulässigkeit des Rechtswegs u. a. m. handelt (vgl. § 26 Nr. 1 bis 10). Außerdem ist für einzelne Fälle bestimmt, daß für einen der drei Hauptakte, trotzdem er im Prozeß vorgekommen ist, unter gewissen Voraussetzungen entweder keine Gebühr oder eine geringere Gebühr zu erheben ist, als gewöhnlich. Sehr weitgehend sind in dieser Beziehung die Ermäßigungen und Befreiungen im Falle der Erledigung des Prozesses durch Vergleich oder durch ein auf Grund eines Anerkenntnisses oder Vergleiches ergehendes Urteil (vgl. §§ 21, 22, 23).

Im Urkunden- oder Wechselprozeß wird jede der drei Gebühren stets nur zu $^6/_{10}$ der vollen Gebühr erhoben.

3. Die Gebühr wird aber nicht für jede einzelne Verhandlung, für jede einzelne Beweisanordnung, für jede einzelne Entscheidung erhoben; jede der Gebühren (Verhandlungs-, Beweis- und Entscheidungsgebühr) wird vielmehr in jeder Instanz einmal erhoben ohne Rücksicht auf die Zahl der kontradiktorischen Verhandlungen, der Beweisanordnungen und Entscheidungen (§ 28 Satz 1) und zwar zum vollen Betrage (§ 8) im gewöhnlichen Prozeß, zu $^6/_{10}$ im Urkunden- und Wechselprozeß (§ 25). Neben der vollen Gebühr bzw. der $^6/_{10}$ Gebühr des Urkunden- und Wechselprozesses kann nicht für einen gleichen Akt (Verhandlung oder Beweisanordnung oder Entscheidung) über einen nach § 26 mit $^5/_{10}$ zu besteuernden Punkt diese $^5/_{10}$-Gebühr erhoben werden; sie wird vielmehr durch die volle Gebühr bzw. $^6/_{10}$-Gebühr absorbiert. Wird z. B. in einem Rechtsstreit zunächst über eine prozeßhindernde Einrede (§ 26 Nr. 1) kontradiktorisch verhandelt, dann erst zur Hauptsache, so wird die erstere Verhandlung durch die für die zweite zu erhebende Gebühr mitgedeckt. Sollte jedoch die Verhandlung zur Hauptsache nur einen Teil des Streitgegenstandes betreffen und deshalb die volle Gebühr nur nach dem Wert dieses Teils zu berechnen sein (§ 12), so käme bezüglich des übrigen Teiles, auf welchen sich die Verhandlung über die prozeßhindernde Einrede miterstreckt hat, die $^5/_{10}$-Gebühr des § 26 zur Erhebung; es darf aber auch in diesem Falle nicht mehr erhoben werden, als die volle Gebühr von dem Werte des ganzen Streitgegenstandes beträgt (§ 12 Abs. 2). Eine alleinstehende Ausnahme von der Regel, daß in jeder Instanz von demselben Teile des Streitgegenstandes jede der drei Aktgebühren nur einmal zu erheben ist, macht die Entscheidungsgebühr für ein Versäumnisurteil, wenn nach eingelegtem Einspruch das Verfahren als Fortgang der Instanz gilt und weitere Entscheidung ergeht (§ 32 Abs. 2).

4. Den Grundsätzen zu 2, daß für jeden der drei genannten Hauptakte je eine Gebühr erhoben wird, sind eine Reihe von Streitigkeiten entzogen, für welche nur eine Gebühr (für die Entscheidung einschließlich des vorangegangenen Verfahrens) erhoben wird (hauptsächlich sind es solche, in denen die Entscheidung ohne mündliche Verhandlung ergehen kann) — so: §§ 35, 36, 38, 45.

5. Auch der zu 3 angeführte Grundsatz, daß jede der Gebühren in jeder Instanz nur einmal erhoben werden darf, erleidet in gewissen Fällen und überhaupt für gewisse Streitigkeiten Ausnahmen, oder genauer gesagt, das GKG. setzt die Grenzen des Rechtsstreits bzw. der Instanz in gewissen Fällen enger als die ZPO. So wird die Streitigkeit über die Zulässigkeit einer Nebenintervention (ZPO. § 71), obwohl sie nach dem System der ZPO. zu dem Hauptstreit und zu der betreffenden Instanz gehört, für die Gebührenberechnung als besonderer Rechtsstreit angesehen und für sich besteuert (§ 27 Nr. 1 und § 39), ebenso die Zwangsvollstreckung zur Erwirkung von Handlungen oder Unterlassungen (§§ 887—891 ZPO.), obwohl für dieselben das Prozeßgericht zuständig ist (§§ 27 Nr. 2 und 39); ferner gilt das Verfahren infolge des Einspruchs gegen ein Versäumnisurteil, wenn der Einspruch verworfen, zurückgenommen oder nicht verhandelt wird, im Sinne des GKG. als neue Instanz (§ 32 Abs. 1), obwohl es vor dem Gericht derselben Instanz stattfindet, welche das Versäumnisurteil erlassen hat. Auch das Verfahren über die zu 4 angeführten Anträge usw. der §§ 35, 36 und 38 gilt als besonderer Rechtsstreit, obwohl das Verfahren über einzelne derselben (z. B. die Kostenfestsetzung) nach der ZPO. zum Hauptprozeß gehört, und zwar gilt jedes Verfahren über jeden einzelnen solchen Antrag als besonderer Rechtsstreit, auch wenn mehrere Anträge denselben Gegenstand betreffen (z. B. mehrere nacheinander gestellte Anträge auf Sicherung des Beweises bezüglich desselben Gegenstandes, oder, wenn die Gegenstände zwar an sich verschieden, aber auf denselben Hauptprozeß Bezug haben, z. B. mehrere nacheinander gestellte Kostenfestsetzungsanträge zu derselben Sache). Eine Ausnahme (einmalige Gebühr) ist nur gemacht für mehrere gerichtliche Handlungen der im § 35 Nr. 2 bezeichneten Art, wenn sie wegen desselben Anspruchs denselben Gegenstand betreffen (§ 39 Abs. 2).

6. Kommt es auf eine Klage, einen Antrag, einen Einspruch oder einem Rechtsmittel zu keinem gebührenpflichtigen Akt, weil die Klage usw. zurückgenommen wird, so wird $^1/_{10}$ der Gebühr erhoben, welche für die beantragte Entscheidung zu erheben sein würde (Rücknahmegebühr vgl. § 46).

In der **Rechtsmittelinstanz** sind die Gebühren erhöht (§ 49).

§ 8.

In bürgerlichen Rechtsstreitigkeiten werden[1] die Gebühren nach dem Werte des Streitgegenstandes erhoben.[2]

Die volle Gebühr beträgt bei Gegenständen im Werte:

1.	bis 20 Mark einschließlich		. . . . .		1 Mark,		
2.	von mehr als	20 bis	60 Mark einschl.		2	„	40 Pfg.
3.	„ „ „	60 „	120	„ „	4	„	60 „
4.	„ „ „	120 „	200	„ „	7	„	50 „
5.	„ „ „	200 „	300	„ „	11	„	

6.	von	mehr	als	300	bis	450	Mark	einschl.	15	Mark
7.	„	„	„	450	„	650	„	„	20	„
8.	„	„	„	650	„	900	„	„	26	„
9.	„	„	„	900	„	1200	„	„	32	„
10.	„	„	„	1200	„	1600	„	„	38	„
11.	„	„	„	1600	„	2100	„	„	44	„
12.	„	„	„	2100	„	2700	„	„	50	„
13.	„	„	„	2700	„	3400	„	„	56	„
14.	„	„	„	3400	„	4300	„	„	62	„
15.	„	„	„	4300	„	5400	„	„	68	„
16.	„	„	„	5400	„	6700	„	„	74	„
17.	„	„	„	6700	„	8200	„	„	81	„
18.	„	„	„	8200	„	10000	„	„	90	„

Die ferneren Wertsklassen steigen um je 2000 Mark und die Gebühren um je 10 Mark.[3]

1. In der Berufungsinstanz erhöhen sich die Gebührensätze um $\frac{1}{4}$, in der Revisionsinstanz auf das Doppelte (§ 49).

2. Um den Gerichtsschreibern den Ansatz der Gebühren tunlichst zu erleichtern, wurden durch BayJMB. vom 28. 9. 80, JMBl. 331 die Gerichte angewiesen, bei jedem richterlichen Akt, für den die Gebühr unter Zugrundelegung der Sätze des § 8 berechnet wird, den für die Berechnung maßgebenden Wert des Gegenstandes auf dem Rande des Protokolls oder der Entscheidung oder in der Note, mit welcher die Akten an die Gerichtsschreiberei abgegeben werden, anzugeben, wenn nicht die Feststellung des Wertes durch gerichtlichen Beschluß (§ 16 GKG.) erforderlich ist. Bei Urteilen und anderen Entscheidungen kann die Wertsangabe unterbleiben, wenn der Wert des Gegenstandes in einer in der Formel des Urteils oder der sonstigen Entscheidung angegebenen Geldsumme besteht.

3. Die Gebühren von der 17. Wertsklasse an berechnen sich aus der Hälfte der nächsten geraden Tausendziffer + 4 unter Anhängung einer 0; z. B. Gebühr aus 19000 ℳ $= \frac{20}{2} + 4 = {}^{14}/_{0} = 140$ ℳ.

§ 9.

Für die Wertsberechnung sind die Vorschriften der Zivilprozeßordnung §§ 3[1] bis 9[2] und der Konkursordnung § 148[3] mit den nachstehenden Bestimmungen maßgebend.

1.

ZPO. § 3. Der Wert des Streitgegenstandes wird von dem Gerichte nach freiem Ermessen festgesetzt; dasselbe kann eine beantragte Beweisaufnahme, sowie von Amts wegen die Einnahme des Augenscheins und die Begutachtung durch Sachverständige anordnen.

„Streitgegenstand" ist der Gegenstand des Rechtsstreits, d. i. das, was der Kläger mit der Klage vom Beklagten verlangt. Das dem geltend gemachten Anspruch zugrunde liegende Recht oder Rechtsverhältnis ist nicht immer maßgebend, selbst wenn in dem Rechtsstreit darüber entschieden werden muß. Wenn z. B. die Zinsen einer Darlehensforderung eingeklagt sind und der Beklagte das Darlehen überhaupt bestreitet, so ist in dem Rechtsstreit über das ganze Rechtsverhältnis zu entscheiden, weil der Zinsenanspruch von dem Hauptanspruch abhängig ist. Begehrt ist aber nur eine Entscheidung über den Zinsenanspruch. Der Wert des Rechtes oder Rechtsverhältnisses kommt erst dann in Betracht, wenn der Kläger durch Klagerweiterung oder der Beklagte durch Widerklage die Feststellung des Bestehens oder Nichtbestehens des Rechtes oder Rechtsverhältnisses beantragt. Darüber, **was Streitgegenstand ist**, entscheidet ausschließlich der **Inhalt der Klaganträge**, nicht die Bedeutung, welche sie für den Kläger haben, oder das mittelbare Interesse des letzteren am Ausgange des Rechtsstreits, d. h. der wirtschaftliche Nutzen, den der Kläger davon erwartet, daß er in den Besitz des Klagegegenstandes gelangt (RG. 1. 6. 00 JW. 520).

Grundsätzlich hat das Gericht den Wert des Streitgegenstandes nach freiem Ermessen festzusetzen. Dieser Grundsatz erleidet eine Ausnahme durch die §§ 6—9 ZPO., in denen positive Bestimmungen über den Streitwert gegeben sind, durch welche eine Schätzung des Gerichts ausgeschlossen wird. Hat also das Gericht in einem Falle der §§ 6—9 den Wert nach freiem Ermessen festgesetzt, so ist der Gerichtsschreiber bei Berechnung der Kosten hieran nicht gebunden.

Es folgt eine Reihe wichtigerer Fälle, bei denen der Streitwert gemäß § 3 festzusetzen ist (berücksichtigt ist hierbei besonders die Zusammenstellung in DSekrZ. 1910, 93):

Die Klage bezieht sich nur auf die Art und Weise der Erfüllung z. B. den Ort oder die Zeit, zu der die Zahlung zu leisten ist. — Es handelt sich um die Art der Tilgung einer Schuld. — Bei der Klage aus einem Konkurrenzverbot ist Streitwert der Unterschied des Verdienstes des Antragstellers mit und ohne Bestehen des Verbotes. — Klage auf Unterlassung von Handlungen. — Klagen aus § 6 UnlWettbG. — Klage betr. das Verbot des Betretens eines Hauses. — Klagen auf: Auflösung einer Gesellschaft, Aufhebung der ehelichen Gemeinschaft, Aufhebung des Güterstandes, Entziehung des Verwaltungs- und Nutznießungsrechtes des Mannes, Einwilligung in die Veräußerung eines gemeinschaftlichen Grundstücks. Klagen auf: Zahlung einer bestimmten Schadenssumme, deren Höhe dem richterlichen Ermessen unterstellt wird; Feststellung des Zustandekommens eines Kaufvertrags, auf Abnahme der Kaufsache (RGZ. 57, 400), auf Rechnungslegung, auf Nichtigkeit eines Kaufvertrags, auf Feststellung des Bestehens eines Versicherungsvertrags, auf Feststellung der Verpflichtung zum Ersatz künftigen Schadens, auf Leistung des Offenbarungseides über den Bestand des Nachlasses, auf Vorlegung eines Nachlaßverzeichnisses oder Auskunft über den Verbleib von Nachlaßgegenständen. — Klagen auf Nichtigkeitserklärung eines

Testaments. — Klage einzelner Miterben auf Hinterlegung (§ 2039 BGB.), Klage auf Herausgabe von Urkunden oder über das Bestehen eines Zurückbehaltungsrechts an ihnen. Klagen betr. die Ernennung oder Ablehnung von Schiedsrichtern oder einen zur Vorbereitung eines schiedsrichterlichen Verfahrens dienenden Vorgang. — Aufgebot der Nachlaßgläubiger; die äußerste Grenze nach oben bildet die Nachlaßmasse. — Klage auf Erlaß des Vollstreckungsurteils zu einem Schiedsspruch (DSekrZ. 11, 36). — Auch bei wiederkehrenden Leistungen von ungleicher Höhe (z. B. Entrichtung von Renten für Kinder von ungleichem Lebensalter bis zum vollendeten 15. Lebensjahr — § 16 GewUVG.) trifft § 3 zu; der Streitwert soll hier nicht niedriger sein als das 12½fache des geringsten Rentensatzes und nicht höher als das 12½fache des höchsten Rentenbetrages für das Jahr (OLG. Colmar 21. 10. 11 DSekrZ. 12, 204).

2. Die wichtigsten Fälle der Berechnung des Streitwerts nach §§ 4 ff. ZPO. sind bei den zur Erläuterung des Gesetzes beigegebenen einzelnen Beispielen berücksichtigt. Im allgemeinen sei verwiesen auf: „Der Wert des Streitgegenstandes" von Rechnungsrat Rittmann, Hans Meyers ZPO. und GVG. und DSekrZ. 11, 93 ff.: „562 Entscheidungen über den Wert des Streitgegenstandes."

ZPO. § 4: Für die Wertsberechnung ist der Zeitpunkt der Erhebung der Klage entscheidend; Früchte, Nutzungen, Zinsen, Schäden und Kosten bleiben unberücksichtigt, wenn sie als Nebenforderungen geltend gemacht werden.

Bei Ansprüchen aus Wechseln im Sinne der Wechselordnung sind Zinsen, Kosten und Provision, welche außer der Wechselsumme gefordert werden, als Nebenforderungen anzusehen.

ZPO. § 5: Mehrere in einer Klage geltend gemachte Ansprüche werden zusammengerechnet; eine Zusammenrechnung des Gegenstandes der Klage und der Widerklage findet nicht statt.

ZPO. § 6: Der Wert des Streitgegenstandes wird bestimmt: durch den Wert einer Sache, wenn deren Besitz, und durch den Betrag einer Forderung, wenn deren Sicherstellung oder ein Pfandrecht Gegenstand des Streits ist. Hat der Gegenstand des Pfandrechts einen geringeren Wert, so ist dieser maßgebend.

ZPO. § 7: Der Wert einer Grunddienstbarkeit wird durch den Wert, welchen dieselbe für das herrschende Grundstück hat, und wenn der Betrag, um welchen sich der Wert des dienenden Grundstücks durch die Dienstbarkeit mindert, größer ist, durch diesen Betrag bestimmt.

ZPO. § 8: Ist das Bestehen oder die Dauer eines Pacht- oder Mietverhältnisses streitig, so ist der Betrag des auf die gesamte streitige Zeit fallenden Zinses und, wenn der fünfundzwanzigfache Betrag des einjährigen Zinses geringer ist, dieser Betrag für die Wertsberechnung entscheidend.

Anm.: Für die Gebührenbewertung gilt § 8 nur insoweit, als er nicht durch § 9a GKG. ergänzt oder abgeändert wird.

ZPO. § 9: Der Wert des Rechts auf wiederkehrende Nutzungen oder Leistungen wird nach dem Werte des einjährigen Bezugs berechnet und zwar:

auf den zwölf- und einhalbfachen Betrag, wenn der künftige Wegfall des Bezugrechts gewiß, die Zeit des Wegfalls aber ungewiß ist;

auf den fünfundzwanzigfachen Betrag bei unbeschränkter oder bestimmter Dauer des Bezugsrechts. Bei bestimmter Dauer des Bezugrechts ist der Gesamtbetrag der künftigen Bezüge maßgebend, wenn er der geringere ist.

Anm.: Die Vorschrift ist durch §§ 9a und 10a GKG. eingeschränkt.

3.

KO. § 148. Der Wert des Streitgegenstandes eines Prozesses über die Richtigkeit oder das Vorrecht einer Forderung ist mit Rücksicht auf das Verhältnis der Teilungs- zur Schuldenmasse von dem Prozeßgericht nach freiem Ermessen festzusetzen.

§ 9a.*)

Ist das Bestehen oder die Dauer eines Pacht- oder Mietverhältnisses[1] für einen längeren als einjährigen Zeitraum[2] streitig, so wird der Wert auf den Betrag des einjährigen Zinses berechnet.[3]

Bei Ansprüchen auf Alimente, welche auf gesetzlicher Vorschrift beruhen[4], wird der Wert des Rechts auf die wiederkehrenden Leistungen, falls nicht der Gesamtbetrag der geforderten Leistungen geringer ist, auf den fünffachen Betrag des einjährigen Bezugs berechnet.[5] Das Gleiche gilt bei Ansprüchen auf Entrichtung einer Geldrente, welche nach den §§ 843, 844 des Bürgerlichen Gesetzbuches[6] oder nach den §§ 3, 3a, 7 des Gesetzes, betreffend die Verbindlichkeit zum Schadenersatze für die bei dem Betriebe von Eisenbahnen, Bergwerken usw. herbeigeführten Tötungen und Körperverletzungen vom 7. Juni 1871[7] erhoben werden. Ist für die Dauer des Rechtsstreits, welcher eine Ehesache[8] betrifft, über die Unterhaltspflicht der Ehegatten zu entscheiden, so wird der Wert des Rechts auf Entrichtung einer Geldrente auf den einjährigen Betrag derselben berechnet.[9]

1. § 9a trifft zu bei Klagen auf Feststellung des Bestehens oder Nichtbestehens eines Pacht- oder Mietverhältnisses, wenn der Mieter auf Überlassung klagt und der Vermieter das Bestehen eines Mietverhältnisses bestreitet, oder wenn der Vermieter auf Räumung klagt und der Mieter das Fortbestehen des Mietverhältnisses behauptet. Er findet keine Anwendung bei Klagen auf: Bezahlung von Miet- und Pachtzinsen, Leistung von Reparaturen, ordnungsgemäße Bewirtschaftung, ferner nicht bei Vorliegen eines Dienst- oder Werkvertrages.

*) Eingefügt durch Ges. vom 17. 5. 98 (RGBl. 332).

(§§ 611, 631 BGB.) oder wenn der Vermieter nach dem unbestrittenen Ende der Mietzeit auf Räumung klagt (Meyer, ZPO. § 8 N. 1). Trifft § 9a GKG. nicht zu, dann Streitwertsberechnung gemäß §§ 8, 9 ZPO. (RG. 24. 9. 01 JW. 724).

2. Ist ein kürzerer Zeitraum streitig, so tritt Berechnung nach § 8 ZPO. ein, d. h. der Betrag des auf die gesamte streitige Zeit fallenden Zinses ist entscheidend.

3.

Beispiele: a) Der Mietvertrag ist schriftlich auf 1 Jahr (1. 4. 09—31. 3. 10) geschlossen; die Jahresmiete beträgt 1200 ℳ. Im Vertrage ist vereinbart: Untervermietung ohne schriftliche Genehmigung des Vermieters berechtigt diesen, sofortige Räumung zu verlangen. Klage wegen dieses Verstoßes auf sofortige Räumung. Klagezustellung: 15. 10. 09.

Wertsberechnung nach § 8 ZPO. Die Gebühren sind nach dem Mietzins zu berechnen, der auf die noch von der Klagezustellung ab laufende Vertragszeit entfällt, d. s. 5½ Monate mit 550 ℳ.

b) Der schriftliche Mietvertrag im Falle a ist auf länger als ein Jahr geschlossen (vom 1. 4. 09—31. 3. 13).

Wertsberechnung nach 9a GKG.; Streitwert ist: 1200 ℳ.

c) Der schriftliche Mietvertrag ist auf unbestimmte Dauer abgeschlossen. Anwendbar ist weder § 8 ZPO., noch § 9a Abs. 1 GKG. Dem Gerichtsschreiber fehlt zur Anwendung des § 8 der Nachweis, daß die Dauer des Vertrages für längstens ein Jahr, zur Anwendung des § 9a Abs. 1 aber der Nachweis, daß die Dauer des Vertrages für mehr als 1 Jahr streitig ist. Deshalb: Festsetzung des Streitwerts durch den Richter (§ 3 ZPO.). Zu beachten ist dabei die gesetzliche Mindestdauer des auf unbestimmte Zeit geschlossenen Mietvertrages sowie die gesetzliche Kündigungsbefugnis.

d) Der Mietvertrag ist mündlich geschlossen. Kläger bestreitet, daß er auf 1 Jahr geschlossen sei, und verlangt Räumung. Bewertung wie a.

e) Wie vor. Streitig ist die Dauer des Vertrages auf länger als ein Jahr (s. Beisp. b). Hier gilt der Vertrag als für unbestimmte Zeit geschlossen; die Kündigung ist jedoch nicht für eine frühere Zeit als für den Schluß des ersten Jahres zulässig (§ 556 BGB.). Der für die Zeit vom 1. 4. 09—1. 4. 13 geschlossene mündliche Vertrag ist also mindestens auf ein Jahr gültig. Wertsberechnung daher wie unter d.

f) Die auf unbestimmte Zeit mündlich geschlossenen Verträge sind den schriftlichen Verträgen mit unbestimmter Dauer gleichzustellen. Wertsberechnung wie Beispiel c.

g) Der Mietvertrag läuft vom 1. 4. 09—31. 3. 10. Jahresmiete jährlich: 720 ℳ, monatlich vorauszuzahlen. Der Mieter ist mit der Miete für September und Oktober im Rückstand. Klage auf Zahlung von 120 ℳ rückständiger Miete und auf sofortige Räumung. Klagezustellung: 10. 10. 09.

Streitwert ist:

Der Mietzins für September und Oktober: = 120 ℳ + der Räumungsanspruch für die Restdauer des Vertrages, also vom 1. 11. 09—31. 3. 10 (nicht vom Tage der Klagezustellung d. i. 11. 10. 09—31. 3. 10, weil sonst die Zeit vom 11. 10. 09 bis 31 10. 09 doppelt gerechnet wäre) = 420 ℳ.

h) A hat an B eine Wohnung auf 1 Jahr gegen Zahlung eines monatlich zu entrichtenden Mietzinses von 15 ℳ vermietet. Klage auf Räumung und Zahlung 30 ℳ rückständiger Miete sowie des bis zum Auszug nach dem Mietzins sich ergebenden Teilbetrages.

Streitwert ist:

Der Mietzinsrückstand zu 30 ℳ + der bis zur Räumung sich berechnende Mietzinsbetrag (Höchstbetrag: 1 Jahr, also 30 ℳ + 12,15 ℳ).

Braun-Berlin faßt in DSekrZ. 1910, 53 die in vorstehenden Beispielen wiedergegebenen Rechtssätze zusammen und sagt: „Bei Klagen und Anträgen auf Grund eines Miet- oder Pachtverhältnisses, welche Auflösung des Verhältnisses oder Räumung zum Gegenstand haben, ist der Miet- oder Pachtzins für die vom Tage der Klagerhebung ab noch laufende Vertragsdauer bis zur Höhe des Jahreszinses als Wert des Streitgegenstandes anzusehen.

Wird neben der Auflösung des Vertrages oder Räumung die Zahlung von Miet- oder Pachtzins beansprucht, so ist der Wert des Streitgegenstandes im Sinne des vorstehenden Absatzes nur zu berechnen, soweit er nicht durch den geltend gemachten Miet- oder Pachtzins bereits gedeckt ist." — Vgl. auch DSekrZ. 1910, 111; 1913, 115.

4. Das ist der Fall bei der Unterhaltsforderung: getrennt lebender Ehegatten, solange ein Teil die Herstellung des ehelichen Lebens verweigern darf und verweigert (§ 1361 BGB.), des geschiedenen Ehegatten (§§ 1579, 1580 BGB.), der Ehegatten bei Nichtigkeit der Ehe (§ 1345 BGB.) und im Falle der Todeserklärung (§ 1351 BGB.), ferner bei der Unterhaltsforderung der Verwandten in gerader Linie (§§ 1601, 1602 BGB.), des Kindes aus nichtiger Ehe (§ 1703 BGB.), des unehelichen Kindes (§§ 1708, 1711 BGB.) und des verarmten Schenkers.

5.

Beispiele: a) Der Pfleger des fünfjährigen A klagt gegen den (von seiner Frau geschiedenen) Vater des Kindes auf Gewährung des Unterhalts bis zum vollendeten 16. Lebensjahr durch Zahlung von jährlich 290 ℳ. Beklagter hatte vor Klagestellung erklärt, er zahle jährlich 200 ℳ. Für die Frage der Zuständigkeit siehe § 9 ZPO.; Streitwert für die Gebührenberechnung: 5 × 290 ℳ = 1450 ℳ (nicht: 5 × 90 ℳ d. i. die Mehrforderung des A).

b) Am 2. 11. 1910: Klage des Vormundes des am 1. 7. 10 unehelich geborenen A gegen M, der die Vaterschaft anerkannt hat, auf Gewährung von Unterhalt ab 1. 7. 10—1. 7. 26 durch Zahlung von jährlich 300 ℳ. Die Gebühren sind zu berechnen aus: 5 × 300 ℳ = 1500 ℳ + 150 ℳ Rückstand = 1650 ℳ (RGZ. 23, 359;

19, 416ff.). 150 ℳ waren am Tage der Klageerhebung bereits fällig (RGZ. 2. 10. 11 JW. 986).

c) Im Falle b klagt der Vormund, da das Kind blind ist und besonderer Wart und Pflege bedarf, auf Zahlung von je 300 ℳ für die ersten 5 Jahre und dann von je 600 ℳ. Streitwert wäre: 5 × 450 ℳ (d. i. der jährliche Durchschnittsbetrag) = 2250 ℳ + 150 ℳ = 2400 ℳ (OLGRspr. 21, 133).

d) Neben der Klage des unehelichen Kindes auf Zahlung von Unterhalt (§ 9 a) bleibt ein Antrag auf Feststellung der Vaterschaft (A „gilt" als Vater) außer Betracht, wenn er sich nur als Feststellung einer Voraussetzung für den ersteren Anspruch darstellt. Ist jedoch geklagt auf Feststellung, daß jemand Vater „ist", um die Beischreibung im Geburtsregister betätigen zu können, so hat dieser Anspruch eine selbständige Bedeutung; für die Berechnung des Streitwerts ist nicht § 10 GKG., sondern § 5 ZPO. maßgebend. (Beisp. s. § 10 Note 3 Beisp. c.)

Die Klagen aus §§ 323, 324 ZPO. (Klage auf Abänderung eines Urteils über wiederkehrende Leistungen infolge wesentlich veränderter Verhältnisse und Klage auf nachträgliche Sicherheitsleistung für urteilsmäßig festgestellte Unterhaltsansprüche infolge Verschlechterung der Vermögensverhältnisse des Schuldners) leiten einen neuen Rechtsstreit ein; die Gebühren sind daher unabhängig von den früheren zu erheben. Wertsberechnung nach § 9 a GKG.

Nicht unter § 9 a fällt die Verpflichtung des Mannes zur Tragung des ehelichen Aufwandes (§ 1389 Abs. 2 BGB.), die Verpflichtung des Mannes zur Tragung der Lasten des eingebrachten Gutes, von Zinsen und anderen wiederkehrenden Leistungen einschließlich der von der Frau auf Grund ihrer gesetzlichen Unterhaltspflicht geschuldeten Leistungen (§§ 1385, 1386, 1388 BGB.), und der Anspruch der unehelichen Kindsmutter auf Ersatz der Entbindungs- und 6 Wochen-Kosten und weiterer Aufwendungen (§§ 1715, 1716 BGB.), da wiederkehrende Leistungen nicht in Frage stehen; ebenso nicht die Versorgungsgebührnisse aus dem Offizier- und Mannschaftsversorgungsgesetz (RG. 25. 5. 09 DSekrZ. 10, 15).

6.

Inhalt des § 843 BGB.: Verpflichtung zur Zahlung einer Geldrente als Schadensersatz für die infolge der Verletzung des Körpers oder der Gesundheit eingetretene Aufhebung oder Minderung der Erwerbsfähigkeit oder Vermehrung der Bedürfnisse.

§ 844 BGB.: Verpflichtung zur Entrichtung einer Geldrente an die Unterstützungs-Bedürftigen und -Berechtigten des Getöteten.

Ob der Rechtsgrund der Haftung auf einer unerlaubten Handlung beruht, oder ob Verletzung einer vertragsmäßigen Pflicht zur Sorgfalt vorliegt, ist gleichgültig (OLG. Frankfurt 29. 5. 07 Recht 11, 1272). Auch die Schadensersatzklagen aus § 618 BGB. fallen unter § 9 a GKG., weil im § 618 BGB. auf §§ 843, 844 BGB. Bezug genommen ist (RG. 30. 6. 09 DSekrZ. 1910, 15). Bei Renten aus § 845 BGB. Berechnung nach § 9 ZPO. ($12^1/_2$) (RG. 28. 3. 12 DSekrZ. 162). § 9 a findet weiter Anwendung bei Geltendmachung von Renten aus § 54 InvVG., §§ 136, 140 UnfVG. und § 62 UnterstWohnsG. (so OLG. Düsseldorf 5. 12. 07 DSekrZ. 19, 88; dagegen a. M. für §§ 136, 140 UnfVG. OLG. Karlsruhe 20. 5. 05 OLGRspr. 11, 168, OLG. Augsburg 30. 10. 07 Recht 12 ER. 2645; a. M. für § 62 UnterstWohnsG. RG. 4. 5. 05 DSekrZ. 17, 255).

7.

§ 3 des Gesetzes lautet: Im Falle der Tötung ist der Schadensersatz durch Ersatz der Kosten einer versuchten Heilung sowie des Vermögensnachteils zu leisten, den der Getötete dadurch erlitten hat, daß während der Krankheit seine Erwerbsfähigkeit aufgehoben oder gemindert oder eine Vermehrung seiner Bedürfnisse eingetreten war. Der Ersatzpflichtige hat außerdem die Kosten der Beerdigung demjenigen zu ersetzen, dem die Verpflichtung obliegt, diese Kosten zu tragen.

Stand der Getötete zur Zeit der Verletzung zu einem Dritten in einem Verhältnis, vermöge dessen er diesem gegenüber kraft Gesetzes unterhaltspflichtig war oder unterhaltspflichtig werden konnte, und ist dem Dritten infolge der Tötung das Recht auf den Unterhalt entzogen, so hat der Ersatzpflichtige dem Dritten insoweit Schadensersatz zu leisten, als der Getötete während der mutmaßlichen Dauer seines Lebens zur Gewährung des Unterhalts verpflichtet gewesen sein würde. Die Ersatzpflicht tritt auch dann ein, wenn der Dritte zur Zeit der Verletzung erzeugt, aber noch nicht geboren war.

§ 3a. Im Falle einer Körperverletzung ist der Schadensersatz durch Ersatz der Kosten der Heilung sowie des Vermögensnachteils zu leisten, den der Verletzte dadurch erleidet, daß infolge der Verletzung zeitweise oder dauernd seine Erwerbsunfähigkeit aufgehoben oder gemindert oder eine Vermehrung seiner Bedürfnisse eingetreten ist.

§ 7 Abs. 1. Der Schadensersatz wegen Aufhebung oder Minderung der Erwerbsfähigkeit und wegen Vermehrung der Bedürfnisse des Verletzten sowie der nach § 3 Abs. 2 einem Dritten zu gewährende Schadenersatz ist für die Zukunft durch Entrichtung einer Geldrente zu leisten.

8. d. h. einen Rechtsstreit betr. die Scheidung, Nichtigkeit oder Anfechtung einer Ehe, die Feststellung des Bestehens oder Nichtbestehens einer Ehe oder die Herstellung des ehelichen Lebens.

9.

Beispiele: a) A, im Ehescheidungsprozeß lebend, beantragt, ihren Mann zu verurteilen, an sie für die Dauer des Eheprozesses vierteljährig vorauszahlbar 150 ℳ als Unterhalt zu bezahlen. Die Gebühren sind ohne Rücksicht auf die Dauer des Eheprozesses aus dem Jahresbetrag der Geldrente = 600 ℳ zu berechnen (OLG. Köln 30. 3. 09 DSekrZ. 11, 80).

b) Die Ehe ist rechtskräftig geschieden. Im Laufe des von A gegen den geschiedenen Ehemann angestrengten die Vermögensauseinandersetzung betr. Rechtsstreits beantragt A, durch einstweilige Verfügung die Unterhaltspflicht des Mannes in dem im vorigen Beispiel angegebenen Sinne zu regeln. Hier trifft nicht Abs. 3 des § 9a sondern Abs. 2 daselbst zu; Streitwert ist: 5 × 600 = 3000 ℳ.

c) Die (rechtskräftig) geschiedene Frau begehrt durch Klage von ihrem Manne jährlich 1000 ℳ Unterhalt. Streitwert ist gemäß § 9a Abs. 2: 5000 ℳ.

Siehe auch Anm. 3 zu § 10, Beisp. a.

§ 10.

Bei nicht vermögensrechtlichen Ansprüchen[1] wird der Wert des Streitgegenstandes zu 2000 Mark, ausnahmsweise niedriger oder höher, jedoch nicht unter 200 Mark und nicht über 50000 Mark angenommen.[2]

Ist mit einem nicht vermögensrechtlichen Anspruch ein aus ihm hergeleiteter vermögensrechtlicher verbunden, so ist nur ein Anspruch, und zwar der höhere maßgebend.[3]

1. d. s. Ansprüchen, die nicht in Geld aufzulösen oder umzusetzen sind. Hierher gehören die Ansprüche, welche den Personenstand, die Familienverhältnisse, die Erbrecht- und Standesverhältnisse einer Person betreffen (Beispiele: Entmündigungssachen, Klage des ehelichen Vaters gegen das Kind auf Feststellung, daß er nicht Vater ist, die Klage auf Feststellung der Mitgliedschaft zu einem Verein, einstweilige Verfügung betr. die Gestattung des Getrenntlebens einer Ehefrau von ihrem Ehemann während des Ehescheidungsprozesses, RGZ. 46, 382; usw.). Ein an sich nicht vermögensrechtlicher Anspruch kann auf einen vermögensrechtlichen hinauslaufen, z. B. die Feststellung der Abstammung, die auf die Geltendmachung eines Erbrechts abzielt. Ist hier nicht die familienrechtliche Seite, sondern der Vermögensvorteil Endzweck der Klage, so ist Streitgegenstand das Erbrecht. Mehrere Ansprüche (Abs. 2) sind nicht gegeben.

2. Bei Fehlen einer richterlichen Festsetzung hat der Gerichtsschreiber als Streitwert den Betrag von 2000 ℳ anzunehmen; im Zweifel beantragt er richterliche Festsetzung. Das Gericht hat bei seiner Entscheidung die Persönlichkeit der Parteien und deren Vermögensverhältnisse zu berücksichtigen.

In Eheprozessen ist für die Festsetzung des Streitwertes das Vermögen der Parteien nicht maßgebend; ausschlaggebend ist das nichtvermögensrechtliche Interesse des einen oder andern Beteiligten an der Aufrechterhaltung der Ehe; dabei sind jedoch der Umfang des Pozesses, die Standesverhältnisse und die Vermögenslage der Parteien zu berücksichtigen, wie sie vor und nach der Entscheidung des Rechtsstreits gestaltet sind. Niedriger als 2000 ℳ ist der Streitwert nur ausnahmsweise anzunehmen (JW. 1896, 75 Nr. 35 u. 373 Nr. 19; OLG. Braunschweig 26. 1. 12 DSekrZ. 1913, 17).

3. Voraussetzung für die Anwendung des § 10 Abs. 2 ist, daß zwei Ansprüche (ein vermögensrechtlicher und ein nicht vermögensrechtlicher) geltend gemacht werden und der vermögensrechtliche aus dem nicht vermögensrechtlichen hergeleitet ist. Ist letzteres nicht der Fall, dann trifft § 5 ZPO. zu (Zusammenrechnung der zwei Ansprüche).

Beispiele: a) Einstweilige Verfügung nach Erhebung der Scheidungsklage auf Gestattung des Getrenntlebens während des Prozesses, Unterhaltsgewährung (jährlich 600 ℳ) für die Prozeßdauer und Leistung eines Prozeßkostenvorschusses von 150 ℳ. Die einstweilige Verfügung hat in erster Linie einen nichtvermögensrechtlichen Anspruch (Getrenntleben) und einen in zulässiger Weise damit verbundenen, aus ersterem hergeleiteten vermögensrechtlichen Anspruch (Unterhalt für die Prozeßdauer) zum Gegenstand. Maßgebend für die Wertsberechnung ist § 9a Abs. 3 u. § 10 Abs. 1. u. 2. Da der Wert des nichtvermögensrechtlichen Anspruchs in der Regel 2000 ℳ (§ 10 Abs. 1), jener des vermögensrechtlichen nach § 9a Abs. 3 = 600 ℳ beträgt, ist der höhere Anspruch mit 2000 ℳ maßgebend. Auf den weiteren vermögensrechtlichen Anspruch (Leistung des Vorschusses) findet § 10 Abs. 2 nicht Anwendung. Sein Wert (150 ℳ) ist somit nach § 5 ZPO. dem erstgenannten Werte (2000 ℳ) zuzurechnen (JustizbR. 4, 382).

b) Mit der Klage auf Scheidung sind die unter a bezeichneten Ansprüche verbunden. Unterhalt ist jedoch allgemein (auch für die Zeit nach der Scheidung) begehrt. § 10 Abs. 2 kommt hier nicht zur Anwendung; denn er setzt auch voraus, daß die Verbindung der beiden Ansprüche gesetzlich zulässig ist (§ 615 Abs. 2 ZPO.). Sind die Ansprüche trotzdem verbunden, so trifft § 5 zu. Streitwert wäre also: 5 × 600 ℳ = 3000 ℳ (§ 9a Abs. 2) + 2000 ℳ + 150 ℳ.

c) Am 22. 1. 10 Klage auf „Feststellung, daß C der Vater des B ist“ und „Zahlung einer Unterhaltsrente von jährlich 180 ℳ für 16 Jahre an B, der am 14. 3. 09 geboren ist“. Mit dem Bayer. Obersten Landesgericht (Bd. VII, 109) und dem Kammergericht (OLGRspr. 4, 396; 5, 43) ist bei solchen Klagen zu unterscheiden, ob die Feststellung der Vaterschaft neben der Gewährung des Unterhalts und unabhängig von dieser begehrt wird oder nicht. Im vorliegenden Falle ist diese Frage nach der Fassung des Klagantrages zu bejahen und daher nach § 5 ZPO., nicht nach § 10 Abs. 2 GKG. zu verfahren. Der Umstand, daß mit der Klage auf Feststellung, daß jemand Vater „ist“ in den meisten Fällen zugleich die Leistungsklage auf Unterhalt verbunden wird, ändert an der selbständigen Natur der Ansprüche nichts. Bei Klageerhebung waren an den nach § 1710 BGB. vorauszahlbaren Unterhaltsrenten jene für 14. 3., 14. 6., 14. 9. u. 14. 12. 09 rückständig. Der Wert des Streitgegenstandes beträgt somit bei Annahme eines Streitwertes von 200 ℳ hinsichtlich des Feststellungsanspruches: 200 ℳ + 900 ℳ (d. s. 5 × 180 ℳ gemäß § 9a) + 180 ℳ (Rückstände) = 1280 ℳ.

Geht der Klageantrag nicht dahin, daß der Beklagte der „Vater ist“, sondern daß er als Vater des Kindes im Sinne der §§ 1717, 1708 BGB. zu „gelten“ hat, dann handelt es sich um eine Herleitung des Anspruches auf Unterhaltsgewährung aus dem Ausspruch auf Vaterschaftsfeststellung: § 10 Abs. 2 trifft zu; nur der höhere Streitwert ist für die Gebührenbewertung zugrunde zu legen. Der Ausspruch, daß jemand als Vater zu „gelten“ hat, genügt aber nicht zur Eintragung im Geburtsregister. (So: BayZfR. 1906, 229; OLGRspr. 4, 395; 5, 43; Quednau, RAGebO. S. 133; Willenbücher, Kostenfestf. [7.] S. 159, Anm. 75 zu § 10; LG. Fürth 28. 4. 10; LG. Nürnberg 3. 11. 11 u. 4. 12. 11, BeschwR. 370/11 gegen BlfRA. 70, 131.)

§ 10 a.*)

Im Falle des § 254[1] der Zivilprozeßordnung ist für die Wertsberechnung nur einer der verbundenen Ansprüche, und zwar der höhere maßgebend.

1. § 254 ZPO. handelt von der Klage auf Rechnungslegung oder Vorlegung eines Vermögensverzeichnisses oder Leistung des Offenbarungseides verbunden mit der Klage auf Herausgabe dessen, was der Beklagte aus dem zugrunde liegenden Rechtsverhältnis schuldet (§§ 259, 260, 1035, 2121 BGB.). In der Regel ist der Leistungsanspruch der höhere (JW. 1896, 583). Nur wenn der Kläger nach Rechnungslegung einen Teil der hiernach noch geschuldeten Leistung fordert, kann der Rechnungsanspruch der höhere und deshalb maßgebende sein. Unterbleibt die Verhandlung über die Leistung, so werden die Gebühren für die Verhandlung usw. nur von dem Werte des Rechnungsanspruchs erhoben.

§ 11.[1]

Soweit Klage und Widerklage,[2] welche nicht in getrennten Prozessen verhandelt werden,[3] denselben Streitgegenstand[4] betreffen, sind die Gebühren nach dem einfachen Werte dieses Gegenstandes zu berechnen. Soweit beide Klagen nicht denselben Streitgegenstand[5] betreffen, sind die Gegenstände zusammenzurechnen.[6]

Das gleiche gilt für wechselseitig eingelegte Rechtsmittel, welche nicht in getrennten Prozessen verhandelt werden.[7]

1. § 11 trifft nur zu für die endgültige Berechnung der Gebühren, nicht auch für die Vorschußpflicht (§ 81 II); s. auch § 94 II.

2. Widerklage ist die während der Rechtshängigkeit einer Streitsache von dem Beklagten gegen den Kläger bei demselben Gericht in dem Verfahren über die Vorklage erhobene Gegenklage, mittels deren ein von dem Anspruch der Vorklage verschiedener Anspruch geltend gemacht wird. Prozessuale Voraussetzung der Widerklage s. Meyer, ZPO. § 33 Note 3.

3. Werden **Klage und Widerklage in getrennten Prozessen** verhandelt, so trifft § 11 GKG. nicht zu; es liegen zwei Rechtsstreite vor, die getrennt von einander zu bewerten sind. Bis zur Trennung (Trennungsbeschluß ist nötig; es genügt nicht tatsächliche Trennung; RGZ. 52, 199) werden die Gebühren aus den zusammengerechneten Streitwerten berechnet; wird im Laufe des einen Rechtsstreits die Verbindung der getrennten Prozesse angeordnet, so erfolgt die Gebührenberechnung wieder aus den zusammengerechneten Streitwerten.

Beispiel: Klage auf Zahlung von 180 ℳ Terminsbestimmung: 3. 1. 10. Klagezustellung: 18. 1. 10. Erste mündliche Verhandlung: 25. 1. 10. Antrag des Beklagten auf Abweisung der Klage, Wider-

*) Eingefügt durch Ges. vom 17. 5. 98 (RGBl. 332).

klage auf Zahlung von 45 ℳ. — Antrag des Klägers: Abweisung der Widerklage. Vertagung auf 30. 1. 10. Hier Beschluß: „Es wird die getrennte Verhandlung von Klage und Widerklage angeordnet" und Beweisbeschluß. Am 4. 2. 10 Beweiserhebung und Urteil: „Die Klage wird kostenfällig abgewiesen." — Erster Termin in der Widerklage: 10. 2. 10. Nach kontradiktorischer Verhandlung Vertagung auf 22. 2.; hier Versäumnisurteil gegen Kläger. Beide Urteile wurden rechtskräftig.

Gebührenberechnung:

25. 1. 10: $^{10}/_{10}$ Gebührenvorschuß aus 180 ℳ Schuldner: Kläger (§ 81 I).	= 7.50 ℳ
25. 1. 10: $^{10}/_{10}$ Gebührenvorschuß aus 45 ℳ Schuldner: Widerkläger (§ 81 I).	= 2.40 ℳ
Am 4. 2. 10 werden fällig (§ 93):	
$^{10}/_{10}$ Verhandlungsgebühr aus 180 ℳ (§§ 8, 11, 18 Nr. 1, 19.)	= 7.50 ℳ
$^{10}/_{10}$ Beweisgebühr aus 180 ℳ (§§ 8, 18 Nr. 2.)	= 7.50 ℳ
$^{10}/_{10}$ Entscheidungsgebühr aus 180 ℳ (§§ 8, 18 Nr. 3.)	= 7.50 ℳ
Der Trennungsbeschluß ist gebührenfrei (§ 47 Nr. 1).	
Summe der Gebühren:	26.— ℳ
Hiervon ab Gebührenvorschuß des Klägers:	7.50 ℳ
Rest:	18.50 ℳ

Schuldner dieses Betrages ist Kläger (§ 86).

Am 22. 2. 10 werden fällig (§ 93): $^{10}/_{10}$ Verhandlungs- und $^{10}/_{10}$ Entscheidungsgebühr aus 45 ℳ (§ 18 Nr. 1 u. 3) = 2 × 2.40 ℳ = 4.80 ℳ. Hiervon ab: der Gebührenvorschuß zu 2.40 ℳ. Zu erheben sind noch: 2.40 ℳ. Schuldner: Kläger und Widerbeklagter (§ 86). Bezüglich der Verhandlungsgebühr aus 43 ℳ kommt § 12 Abs. 2 nicht in Betracht; er träfe nur zu, wenn das Verfahren nicht getrennt worden wäre.*)

4. **Klage und Widerklage** betreffen **denselben Streitgegenstand**, wenn die Zuerkennung des einen Anspruchs notwendigerweise die Abweisung des andern zur Folge haben muß.

Beispiele: a) Klage auf Herstellung der häuslichen Gemeinschaft. Widerklage auf Scheidung der Ehe.

b) Klage auf Zahlung von 1400 ℳ aus einem Schuldschein. Widerklage auf Herausgabe des Schuldscheins, weil die Schuld bezahlt ist.

In beiden Fällen schließt das Stattgeben der Klage die Zuerkennung des Widerklageanspruchs aus und umgekehrt. Es ist somit Streitwert: der Klaganspruch; der Widerklaganspruch kommt nicht weiter in Betracht.

5. **Beide Klagen** betreffen **nicht denselben Streitgegenstand**, wenn beide Ansprüche neben einander bestehen können, die Zuerkennung des einen also nicht die notwendige Abweisung des andern zur Folge hat.

*) Die **Pauschsätze sind** der Übersichtlichkeit halber in den Beispielen in der Regel **nicht berücksichtigt.**

Beispiele: a) Klage auf Bezahlung von 180 ℳ Darlehen. — Antrag auf Abweisung der Klage, Widerklage auf Zahlung von 170 ℳ Schadensersatz an den Beklagten. Streitwert: 180 ℳ + 170 ℳ.

b) Klage auf Herausgabe eines wegen einer Mietzinsforderung zu 170 ℳ zurückbehaltenen, nach § 811 ZPO. unpfändbaren Klaviers. Widerklage auf Bezahlung der 170 ℳ. Streitwert: Wert des Klaviers + 170 ℳ.

c) Klage auf Zahlung von 331.75 ℳ und Herausgabe des als Kaution bestellten Wertpapiers über 500 ℳ. — Antrag auf Abweisung der Klage, Widerklage auf Zahlung von 924 ℳ und Anerkennung der Berechtigung des Beklagten, sich aus der Kaution zu befriedigen. Streitwert: 331.75 ℳ + 924 ℳ. Die Parteien streiten hier in Klage und Widerklage darüber, ob eine Forderung besteht, für welche die Kaution haftet und ob die Kaution herauszugeben ist, weil für den Beklagten keine Forderung besteht, für welche die Kaution haftet. Bis zur Höhe der Kaution betreffen Klage und Widerklage denselben Streitgegenstand. Streitwert ist: 500 ℳ + die diesen Betrag übersteigende Forderung des Widerklägers zu 424 ℳ + Forderung des Klägers zu 331.75 ℳ = 1255.75 ℳ.

6. Von der Widerklage zu unterscheiden ist die **Aufrechnungseinrede.** Erklärt der Beklagte, daß er dem Kläger nichts schulde, wohl aber der Kläger sein Schuldner sei, so liegt Widerklage vor. Erklärt jedoch der Beklagte, daß er zwar den Klaganspruch schulde, aber auch gegen den Kläger einen Anspruch, eine Gegenrechnung habe, die er jetzt geltend mache, so liegt Aufrechnung vor. Die Aufrechnungseinrede hat nur den Zweck, den Klaganspruch zum Erlöschen zu bringen, also die Abweisung der Klage herbeizuführen; ein besonderer Anspruch wird vom Beklagten nicht geltend gemacht. Streitgegenstand für die Gebührenberechnung ist somit auch nur der Wertgegenstand der Klage; der Wert der Aufrechnung kommt nicht in Betracht.

Beispiele: a) Klage auf Zahlung von 150 ℳ. — Antrag auf Abweisung der Klage, weil Kläger dem Beklagten ebensoviel schuldet, die Schuld sich also ausgleicht.

Streitwert: 150 ℳ der Klage, obwohl entschieden werden muß, ob Kläger auch dem Beklagten 150 ℳ schuldet.

b) Klage auf Zahlung von 150 ℳ. — Antrag auf Klagabweisung und Zahlung von 75 ℳ an Beklagten. Begründung: Beklagter schuldet dem Kläger zwar 150 ℳ, Kläger aber ist dem Beklagten 225 ℳ schuldig. Mit 150 ℳ wird gegen die Klageforderung aufgerechnet, 75 ℳ werden mit Widerklage geltend gemacht. — Die Gebühren sind zu berechnen aus: 150 ℳ (Klage) + 75 ℳ (Widerklage). Der Gegenstand der Aufrechnung mit 150 ℳ kommt nicht in Betracht.

Trennt das Gericht die Verhandlung über die **Klage und Aufrechnungseinrede**, so entstehen nicht (wie bei der Widerklage) zwei Prozesse; es stellt sich vielmehr das prozessuale Verfahren immer nur als ein einheitlicher Prozeß dar, der einheitlich zu besteuern ist.

Beispiel: Klage auf Zahlung von 210 ℳ. Beklagter behauptet, Kläger schulde ihm noch 250 ℳ, und rechnet bis zur Höhe der klägerischen Forderung auf. Nach Anordnung getrennter Verhandlung von Klage und Aufrechnung Urteil unter Vorbehalt der Entscheidung über die Aufrechnung: „Beklagter hat an Kläger 210 ℳ zu zahlen und die Kosten des Rechtsstreits zu tragen." Nach Verhandlung über die Aufrechnung und Beweiserhebung: Aufhebung des früheren Urteils und Abweisung der Klage.

Gebührenbewertung:

10/10 Gebührenvorschuß aus 210 ℳ (§ 81) = 11.— ℳ

Nach Erlaß des auch über den Kostenpunkt entscheidenden Vorbehaltsurteils sind fällig:

je 10/10 Verhandlungs- und Entscheidungsgebühr (§§ 8, 18 Nr. 1 u. 3, 19) aus 210 ℳ = 22.— ℳ

davon ab der Gebührenvorschuß.

Daß der Beklagte die Forderung des Klägers an sich anerkannt hat, bewirkt eine Ermäßigung oder den Wegfall (§ 19) der Gebühr nicht; denn durch die Aufrechnungseinrede hat er das Bestehen der Klageforderung bestritten.

Nach Erlaß des Endurteils sind noch zu erheben:

10/10 Beweisgebühr (§§ 8, 18 Nr. 2) aus 210 ℳ = 22.— ℳ

Verhandlungs- und Entscheidungsgebühr fällt infolge der Vorschrift des § 28 (eine Instanz, gleicher Streitwert) nicht mehr an.

Macht der Beklagte in dem Nachverfahren gemäß § 302 Abs. 4 S. 4 ZPO. den **Schadensersatzanspruch** geltend, so liegen zwei gleichsam miteinander verbundene Prozesse vor; § 4 ZPO. trifft nicht zu (RG. 15. 11. 99 JW. 1900, 11 gegen RG. 19. 5. 97 JW. 322).

7. Zulässigkeit eines Rechtsmittels: §§ 511 a, 546 ZPO. Betreffen die wechselseitig eingelegten Rechtsmittel über Klage und Widerklage denselben Streitgegenstand, so sind die Gebühren nach dem einfachen Wert desselben zu berechnen; betreffen sie verschiedene Streitgegenstände, dann sind die Gegenstände zusammenzurechnen.

Beispiele: a) Klage des A auf Zahlung von 400 ℳ; Widerklage des B auf Zahlung von 250 ℳ. Urteil: Klage und Widerklage werden abgewiesen. Legen beide Parteien wegen Abweisung ihrer Anträge Berufung ein, so sind die Gebühren für die 2. Instanz aus 400 + 250 = 650 ℳ zu berechnen.

b) Voriger Fall. B wurde zur Zahlung von 300 ℳ verurteilt, im übrigen Klage und Widerklage abgewiesen. Berufung des A, weil B nicht zu 400 ℳ verurteilt worden ist, und des B, weil die Klage nicht ganz abgewiesen wurde. Gebührenberechnung aus 400 ℳ. Der Widerklaganspruch scheidet für die 2. Instanz aus. Im übrigen betreffen die beiden Berufungen hinsichtlich 100 ℳ denselben Streitgegenstand; bezüglich 300 ℳ ist dies nicht der Fall; daher Zusammenrechnung.

§ 12.

Für Akte,[1] welche einen Teil des Streitgegenstands betreffen, sind die Gebühren nur nach dem Werte dieses Teils zu berechnen.[2]

Sind von einzelnen Wertsteilen in derselben Instanz[3] für gleiche Akte[4] Gebühren zu berechnen, so darf nicht mehr erhoben werden, als wenn die Gebühr von dem Gesamtbetrag der Wertsteile zu berechnen wäre;[5] treten für die Akte verschiedene Gebührensätze ein, so ist der höchste Satz maßgebend.[6]

1. Für die Berechnung des Wertes des Streitgegenstandes ist der Zeitpunkt der Erhebung der Klage oder der später eingetretenen Rechtshängigkeit des Anspruchs (ZPO. §§ 4, 254) entscheidend; eine während des Rechtsstreits eingetretene Wertsänderung bleibt unberücksichtigt. Dagegen kommt eine Änderung des Streitgegenstandes selbst bei der Gebührenberechnung für spätere Abschnitte des Verfahrens in Betracht, wenn sie die Festsetzung einer andern als der früher zutreffenden Wertsklasse bedingt.

Soweit nach dem System des GKG. für einzelne Abschnitte des Verfahrens (Akte) Gebühren erhoben werden, kommt nur der Teil des Gegenstandes in Frage, den der zu besteuernde Akt betrifft. Die wichtigsten gebührenpflichtigen Abschnitte eines Verfahrens = Akte sind:

a) die kontradiktorische Verhandlung,
b) die Anordnung einer Beweisaufnahme,
c) eine andere Entscheidung.

2.

Beispiele: a) Klage gegen den Ehemann auf Duldung der Zwangsvollstreckung. Forderung gegen die Frau: 300 ℳ. Streitwert: 300 ℳ (OLG. Dresden 28. 9. 00 DSekrZ. 13, 175). Kontradiktorische Verhandlung. Beweisanordnung bezüglich 170 ℳ. Nach Beweiserhebung Endurteil über 300 ℳ.

Gebühren:

$^{10}/_{10}$ Verhandlungsgebühr aus 300 ℳ.
(§§ 8, 18[1], 19.)

$^{10}/_{10}$ Beweisgebühr aus 170 ℳ.
(§§ 8, 18[2], 12 Abs. 1; nur dieser Teil der Klageforderung war Gegenstand einer Beweisaufnahme.)

$^{10}/_{10}$ Entscheidungsgebühr aus 300 ℳ.
(§§ 8, 18[3].)

b) Klage (300 ℳ Hauptsache + 20 ℳ rückständige Zinsen [§ 4 ZPO.]. Streitwert: 300 ℳ). Kontradiktorische Verhandlung über 300 ℳ. Beweisanordnung bezüglich 170 ℳ. Klagezurücknahme bezüglich 150 ℳ. Endurteil über 150 ℳ.

Hier war Gegenstand:

α) der Verhandlung, die ganze Klageforderung zu 300 ℳ, daher $^{10}/_{10}$ Verhandlungsgebühr aus 300 ℳ,

β) der Beweisanordnung ein Teil der Klageforderung = 170 ℳ, daher $^{10}/_{10}$ Beweisgebühr aus 170 ℳ.

γ) der Entscheidung ein Teil der Klageforderung = 150 ℳ, daher $^{10}/_{10}$ Entscheidungsgebühr aus 150 ℳ.

Für die Klagezurücknahme fällt keine Gebühr an (§ 46 Abs. 1).

c) Klage auf Unzulässigkeit der Zwangsvollstreckung wegen 300 ℳ, 15 ℳ Zinsen und der Kosten. Streitwert: 300 ℳ. Im ersten Termin Klagezurücknahme bezüglich 120 ℳ. Kontradiktorische Verhandlung über 180 ℳ. Beweiserhebung bezüglich 100 ℳ. Endurteil über 180 ℳ.

Gebühren:

$^{10}/_{10}$ Zurücknahmegebühr aus dem Streitgegenstandsteil 120 ℳ. (§§ 8, 46, 12 I.)
$^{10}/_{10}$ Verhandlungsgebühr aus 180 ℳ. (§§ 8, 18 1, 19, 12 I.)
$^{10}/_{10}$ Beweisgebühr aus 100 ℳ. (§§ 8, 18 2, 12 I.)
$^{10}/_{10}$ Entscheidungsgebühr aus 180 ℳ. (§§ 8, 18 3.)

3. Die 1. Instanz dauert von der Rechtshängigkeit der Sache bis zur endgültigen Erledigung des ganzen Streitstoffes. Eine neue Instanz beginnt, sobald das Verfahren in der vorhergehenden Instanz abgeschlossen ist und ein Gericht höherer Ordnung mit der Sache befaßt wird.

4. Gleiche Akte sind auch: Urteil und Vergleich (RGZ. 29, 336).

5.

Beispiele: a) Klage gegen den Bürgen aus einer Bürgschaft wegen 300 ℳ Darlehen und 50 ℳ Kosten des Prozesses gegen den Hauptschuldner. Streitwert: 300 ℳ (RGZ. 56, 257). Anerkenntnisurteil bezüglich 170 ℳ, Verhandlung bezüglich 130 ℳ. Beweisbeschluß hinsichtlich 100 ℳ. Nach Beweisaufnahme Anerkenntnisurteil über 130 ℳ.

An sich fallen an:

$^{10}/_{10}$ Verhandlungsgebühr aus 130 ℳ. (§§ 8, 18 1, 12 Abs. 1.)
$^{5}/_{10}$ Beweisgebühr aus 100 ℳ. (§§ 8, 18 2, 22, 12 Abs. 1.)
$^{3}/_{10}$ Entscheidungsgebühr aus 170 ℳ = 2.30 ℳ.
$^{3}/_{10}$ Entscheidungsgebühr aus 130 ℳ = 2.30 ℳ.
4.60 ℳ.

Die beiden Entscheidungsgebühren müßten von dem Zahlungspflichtigen eingezogen werden, wenn nicht § 12 Abs. 2 bestimmte, daß in solchen Fällen nie mehr erhoben werden darf, als der betreffende Gebührensatz (hier $^{3}/_{10}$) aus den zusammengerechneten Wertsteilen (hier 300 ℳ) ausmacht. $^{3}/_{10}$ aus 300 ℳ betragen 3.30 ℳ. Da die gesondert berechneten $^{3}/_{10}$ Gebühren aus den Wertsteilen 170 ℳ + 130 ℳ mehr ausmachen als die $^{3}/_{10}$ Gebühr aus dem Gesamtbetrag = 300 ℳ, so kommt nur die letztere mit 3.30 ℳ zur Erhebung.

Sobald also in einem Rechtsstreit bezüglich verschiedener Teile des Streitgegenstandes gleiche Aktgebühren anfallen, sind zunächst die betreffenden Aktgebühren gesondert zu berechnen; dann ist die gleiche Aktgebühr (im obigen Beispiel die $^{3}/_{10}$ Entscheidungsgebühr) aus den zusammengerechneten Wertsteilen zu berechnen. Ist diese nun höher als die Summe der getrennt berechneten Gebühren, so kommt die letztere zur Erhebung, ist sie kleiner, so kommt sie zum Ansatz.

b) Klage auf Herausgabe einer Droschke (Wert: 500 ℳ) und Schadensersatz wegen Besitzentziehung (70 ℳ). Streitwert: 500 ℳ (§ 4 ZPO.; RGZ. 25. 4. 98 DSekrZ. 9, 566). Kontradiktorische Verhandlung über 500 ℳ, Beweiserhebung über 200 ℳ, Anerkenntnisurteil bezüglich 200 ℳ. Sodann Beweiserhebung über 300 ℳ. Vergleich über 300 ℳ.

An sich fallen folgende Gebühren an:

$^{10}/_{10}$ Verhandlungsgebühr aus 500 ℳ (§§ 8, 18[1], 19.)	=	20.— ℳ
$^{5}/_{10}$ Beweisgebühr aus 200 ℳ	=	3.80 ℳ
$^{5}/_{10}$ Beweisgebühr aus 300 ℳ (§§ 8, 18[2], 22, 12 Abs. 1.)	=	5.50 ℳ
$^{3}/_{10}$ Entscheidungsgebühr für das Anerkenntnisurteil aus 200 ℳ	=	2.30 ℳ
$^{3}/_{10}$ Vergleichsgebühr aus 300 ℳ (§§ 8, 18[3], 23, 12 Abs. 1.)	=	2.30 ℳ

Die Verhandlungsgebühr kommt voll zur Erhebung.

Nun frage: Wieviel beträgt die $^{5}/_{10}$ Beweisgebühr aus den zusammengerechneten Wertsteilen?

Antwort: 10 ℳ. — Die getrennt berechneten Gebühren geben nur 9.30 ℳ. Folge: 9.30 ℳ kommen zur Erhebung.

Weitere Frage: Wieviel beträgt die $^{3}/_{10}$ Entscheidungsgebühr aus 200 + 300 ℳ = 500 ℳ?

Antwort: 6 ℳ. — Die getrennt berechneten Gebühren geben nur: 4.60 ℳ. Folge: Sie werden erhoben.

Würde die $^{3}/_{10}$ Gebühr aus der Summe der Wertsteile 6.40 ℳ betragen, so dürften dem Zahlungspflichtigen nur 6 ℳ zur Last geschrieben werden.

6.

Beispiele: a) Klage auf Abnahme von Waren, Zahlung des Kaufpreises (300 ℳ) und Erstattung der Lagerkosten für die einstweilige Aufbewahrung. Streitwert: 300 ℳ (RGZ. 42, 388). Anerkenntnisurteil über 170 ℳ. Verhandlung, Beweisaufnahme und Endurteil über 130 ℳ.

Gebühren: (Anerkenntnisurteil).

$^{3}/_{10}$ Entscheidungsgebühr aus 170 ℳ (§§ 8, 18[3], 12 Abs. 1.)	=	2.30 ℳ

Das weitere Verfahren.

je $^{10}/_{10}$ Verhandlungs-, Beweis- und Entscheidungsgebühr aus 130 ℳ = 3 × 7.50 ℳ (§§ 18[1—3], 8, 19, 12 Abs. 1.)	=	22.50 ℳ

Wir haben hier wieder bezüglich zweier verschiedener Wertsteile (170 ℳ und 130 ℳ) Aktgebühren, aber nicht gleiche (z. B. zwei $^{3}/_{10}$ oder zwei $^{10}/_{10}$ Gebühren), sondern verschiedene Gebührensätze (eine Entscheidungsgebühr zu $^{3}/_{10}$ und eine solche zu $^{10}/_{10}$). Nach Abs. 2 S. 2 des § 12 darf nicht mehr erhoben werden als die Höchstgebühr, die für den vorliegenden Akt (hier: die Entscheidung) anfallen könnte.

Man frage also: Wieviel betragen die getrennt berechneten Entscheidungsgebühren zusammen? Antwort: 9.80 M.

Wieviel beträgt die höchste Entscheidungsgebühr, die in der Klagesache anfallen kann? Antwort: $^{10}/_{10}$ aus 300 M = 11 M.

Die Höchstgebühr ist also höher als die getrennt berechneten Gebühren. Folge: 2.30 M + 7.50 M = 9.80 M kommen zur Erhebung.

b) Klage auf Schadensersatz (600 M) und Ersatz der Kosten des vor Klagestellung eingeholten Gutachtens (RG. 30. 5. 94 DSekrZ. 6. 11). Streitwert: 600 M. Einrede der Unzuständigkeit. Darüber Verhandlung und Urteil auf Verwerfung der Einrede. Kontradiktorische Verhandlung zur Hauptsache. Anerkenntnisurteil bezüglich 100 M. Beweiserhebung bezüglich 300 M. Weitere Verhandlung. Beweiserhebung über 200 M. Anerkenntnisurteil über diese 200 M. Vergleich über 100 M. Endurteil über 200 M.

An sich fielen folgende Gebühren an:

α)	$^{5}/_{10}$ Verhandlungsgebühr aus 600 M (§§ 26 [1], 8, 18 [1], 19.)	=	10.— M
	$^{10}/_{10}$ Verhandlungsgebühr aus 500 M (§§ 8, 18 [1], 19, 12 Abs. 1, 21, 28.)	=	20.— M
β)	$^{5}/_{10}$ Beweisgebühr aus 100 M, bezüglich deren ein Vergleich zustande kam, (§§ 8, 18 [2], 12 Abs. 1, 22.)	=	2.30 M
	$^{10}/_{10}$ Beweisgebühr aus 200 M, bezüglich deren Endurteil erging (§§ 8, 18 [2], 12 Abs. 1.)	=	7.50 M
	$^{5}/_{10}$ Beweisgebühr aus 200 M, bezüglich deren Anerkenntnisurteil erging (§§ 8, 18 [2], 12 Abs. 1.)	=	3.80 M
γ)	$^{5}/_{10}$ Entscheidungsgebühr aus 600 M (Prozeßhindernde Einrede, §§ 8, 18 [3], 26.)	=	10.— M
	$^{3}/_{10}$ Entscheidungsgebühr aus 100 M (§§ 8, 18 [3], 23, 12 Abs. 1.)	=	1.40 M
	$^{3}/_{10}$ Entscheidungsgebühr aus 200 M (§§ 8, 18 [3], 23, 12 Abs. 1.)	=	2.30 M
	$^{3}/_{10}$ Vergleichsgebühr aus 100 M (§§ 8, 18 [3], 23, 12 Abs. 1.)	=	1.40 M
	$^{10}/_{10}$ Entscheidungsgebühr aus 200 M (Endurteil) (§§ 8, 18 [3], 12 Abs. 1, 28.)	=	7.50 M

In diesem Beispiel ist § 12 Abs. 2 für die drei Aktgebühren anzuwenden.

Bemerkungen zu vorstehenden Beispielen:

Zu α) Die getrennt berechneten Verhandlungsgebühren geben: 30 M.

Höchstgebühr, die in der Sache für eine Verhandlung anfallen konnte: $^{10}/_{10}$ aus 600 M = 20 M.

Zur Erhebung darf gemäß § 12 Abs. 2 Halbs. 2 nur kommen: 20 M. (Vgl. auch § 28 hierher.)

Zu β) Summe der einzelnen Beweisgebühren: 13.60 M.

Höchstgebühr, die in der Sache für eine Beweiserhebung anfallen konnte: $^{10}/_{10}$ aus 500 M = 20 M.

(100 ℳ scheiden infolge sofortigen Anerkenntnisses für die Beweisaufnahme aus.)

Zur Erhebung kommen: **13.60 ℳ**, weil geringer als der Höchstsatz zu 20 ℳ.

Zu γ) Summe der einzelnen Entscheidungsgebühren: 22.60 ℳ.

Höchstgebühr, die in der Sache als Entscheidungsgebühr anfallen konnte: $^{10}/_{10}$ aus 600 ℳ = 20 ℳ.

(Bei $^{3}/_{10}$, $^{5}/_{10}$ und $^{10}/_{10}$ ist der Höchstsatz $^{10}/_{10}$.)

Zur Erhebung kommen: **20 ℳ**, weil die Höchstgebühr kleiner ist als die Summe der Einzel-Entscheidungsgebühren (§ 12 Abs. 2). (Vgl. hierher auch § 28.)

§ 13.

Für Akte, welche Früchte, Nutzungen, Zinsen, Schäden[1] oder Kosten[2] als Nebenforderungen ohne[3] den Hauptanspruch betreffen, ist der Wert der Nebenforderungen insoweit maßgebend, als er den Wert des Hauptanspruchs nicht übersteigt.[4]

Für Akte der Zwangsvollstreckung[5] wegen einer Geldforderung werden die einzuziehenden Zinsen mitberechnet.[6]

Für Akte, welche die Kosten des Rechtsstreits ohne den Hauptanspruch betreffen, ist der Betrag der Kosten maßgebend.[7]

1. Was versteht man darunter? s. Meyer, ZPO. § 4 Note 2 ff.

2. d. s. nicht die Prozeßkosten, sondern Kosten, die vor der Klagestellung erwachsen sind und neben der Hauptleistung gefordert werden z. B. Mahnkosten, Kosten eines Vorprozesses (s. Meyer, ZPO. § 4 Note).

3. Betreffen gebührenpflichtige Akte den Hauptanspruch mit den Nebenforderungen, so kommen die letzteren gemäß § 4 ZPO., § 9 GKG. nicht in Betracht.

4.

Beispiele: a) Klage auf Wandelung eines Kuhkaufs. Wert der Kuh: 460 ℳ. Neben der Wandelung werden begehrt täglich 1 ℳ Futterkosten = 11 ℳ, 5 ℳ Transportkosten und 10 ℳ tierärztliche Untersuchungskosten. Streitwert: 460 ℳ (§ 4 ZPO.; RGZ. 52, 165). Nach Klagezustellung wird die Kuh zurückgenommen. Gestritten wird über die bezeichneten Nebenforderungen (11 ℳ + 5 ℳ + 10 ℳ). Verhandlung, Beweisanordnung, Endurteil.

Gebühren:

$^{1}/_{10}$ Zurücknahmegebühr (§ 46) aus 460 ℳ.
$^{10}/_{10}$ Verhandlungs-, Beweis- und Entscheidungsgebühr aus 26 ℳ. (§§ 8, 18^{1-3}, 19.)

b) Klage auf Zahlung von 1500 ℳ und 4 % Zinsen ab Klagezustellung d. i. 15. 3. 12. Im ersten Termin Ermäßigung des Klagehauptanspruchs auf 200 ℳ infolge Abschlagszahlung. Endurteil nach Verhandlung.

Gebühren:

$^{10}/_{10}$ Verhandlungsgebühr aus 200 ℳ + 4 % Zinsen ab 15. 3. 12 aus 1300 ℳ. (§§ 8, 18[1], 19.)

$^{10}/_{10}$ Entscheidungsgebühr aus dem gleichen Betrag. (§§ 8, 18[3].)

$^{1}/_{10}$ Zurücknahmegebühr aus 1300 ℳ. (§§ 8, 46.)

c) Klage auf Bezahlung einer Ziege (Wert: 7 ℳ), Ersatz von 4 ℳ Futterkosten, 1 ℳ Transportkosten und 3 ℳ Kosten des Tierarztes. Im ersten Termin Anerkenntnisurteil hinsichtlich der Hauptsache, Verhandlung, Beweiserhebung und Vergleich bezüglich der Nebenforderungen.

Gebühren:

$^{10}/_{10}$ Verhandlungsgebühr aus 7 ℳ = 1 ℳ. (§§ 8, 18[1], 19, 13[1].)

$^{5}/_{10}$ Beweisgebühr aus 7 ℳ = —.50 ℳ. (§§ 8, 18[2], 13[1], 22.)

$^{3}/_{10}$ Vergleichsgebühr aus 7 ℳ = —.30 ℳ. (§§ 8, 18[3], 13[1], 23.)

Streitwert ist: 7 ℳ, obwohl die Nebenforderungen: 8 ℳ betragen; ein höherer Streitwert, als die Hauptsache ausmacht, darf nie angenommen werden.

Angenommen es wären von der Hauptsache nur 5 ℳ anerkannt worden, so hätte sich die Verhandlung usw. auf 2 ℳ Hauptsacherest und die Nebenforderungen erstreckt. Streitwert wäre: 2 ℳ gewesen.

Nach **Erledigung der Hauptsache** bilden die ursprünglich als Nebenforderung geltend gemachten **Zinsen** und (Vorprozeß-)Kosten (z. B. Futterkosten usw., nicht: Prozeßkosten) den Streitgegenstand (RGZ. 39, 386); sind Zinsen nicht begehrt, so sind Streitgegenstand die (Vorprozeß-)Kosten (§ 4 ZPO., also nicht die Prozeßkosten). Sind auch Nebenforderungen im Sinne des § 4 ZPO. nach Erledigung der Hauptsache nicht mehr streitig, so bilden die Prozeßkosten (nach § 13 Abs. 3) den Streitgegenstand.

5. s. §§ 35 Nr. 1, 2, 4; 42, 43. **Nicht hierher** gehören: die Erteilung der Vollstreckungsklausel (§§ 724, 730, 733 ZPO.) und des Vollstreckungsbefehls, die Klagen aus §§ 767 (Einwendungen gegen den Anspruch), 796 Abs. 2, 797 Abs. 4 und 771 (Widerspruchsklage des Dritten), das Verfahren betreffend einen Antrag auf Erlassung oder Aufhebung eines Arrestes oder einer einstweiligen Verfügung; hier werden also gemäß § 4 ZPO., § 9 GKG. die Zinsen nicht mitberechnet. Dagegen fällt unter § 13 Abs. 2 das den Vollzug des Arrestbefehls betreffende Verfahren (§ 930 ZPO.) und die Strafandrohung aus § 890 Abs. 2 ZPO. (RGBZ. 42, 421). — Abs. 2 des § 13 trifft auch zu für die Beschwerdeinstanz in den unter Abs. 2 fallenden Sachen.

6.

Beispiele: a) Antrag auf Pfändung einer Forderung von 90 ℳ zugunsten einer Unterhaltsforderung von 70 ℳ, 4 ℳ Mahnkosten und 4 % Zinsen aus 70 ℳ für 3 Monate.

Gebühren: $^{2}/_{10}$ aus 70 ℳ + 70 ₰ Zinsen. Die 4 ℳ Mahnkosten kommen nicht in Betracht. (Auch die Prozeßkosten kommen hier als Hauptforderung in Betracht.)

b) Antrag auf Leistung des Offenbarungseides. Die Schuld beträgt 400 ℳ Hauptsache, 27 ℳ Zinsen (d. i. bis zum Tage der Antragstellung), 7 ℳ Mahnkosten und 55 ℳ Prozeßkosten. Die Gebühren sind zu berechnen aus 400 ℳ + 27 ℳ + 55 ℳ. Die Prozeßkosten fallen nicht unter den Begriff der Nebenforderungen des § 4. Mahnkosten kommen bei der Wertsberechnung, weil Nebenforderungen, nicht in Betracht. (LG. Braunschweig 52. 10. 06 Braunschw.-Z. 55 BeilHeft 3 Nr. 40; OLG. Karlsruhe 7. 3. 02 Recht 6, 616; a. M. Rittmann u. a., welche auch die „Prozeßkosten" als Nebenforderungen ansehen.)

7.
Beispiele: a) Klagantrag: Beklagter hat 150 ℳ zu zahlen und die Kosten des Rechtsstreits zu tragen. Die Gebühren sind aus 150 ℳ zu berechnen; die Kosten kommen nicht in Betracht (§ 4 ZPO.).

b) Wechselklage auf Bezahlung von 150 ℳ und 6 % Zinsen ab .... Nach Klagezurücknahme bezüglich der Hauptsache Streit über die Zinsen- und Kostenpflicht. Nach Verhandlung (§ 19) Endurteil nach Klagantrag.

Gebühren: $^1/_{10}$ von $^6/_{10}$ aus 150 ℳ für die Klagezurücknahme (§ 46).

Je $^6/_{10}$ Verhandlungs- und Entscheidungsgebühr aus dem Zinsanspruch.

Die Kosten bleiben unberücksichtigt, weil noch ein Teil der Hauptsache Gegenstand des Streites ist.

c) Klage auf Zahlung von 10 ℳ. Im 1. Termin Klagezurücknahme bezüglich der Hauptsache und Antrag, dem Beklagten die Kosten aufzuerlegen. Nach Verhandlung Urteil: Beklagter hat die Kosten des Rechtsstreits zu tragen.

Gebühren: $^1/_{10}$ von $^{10}/_{10}$ Zurücknahmegebühr aus 10 ℳ (§ 46).

Je $^{10}/_{10}$ Verhandlungs- und Entscheidungsgebühr aus den strittigen Kosten, soweit sie bis zum 1. Termin einschließlich (d. i. der Zurücknahme der Hauptsache) entstanden sind. Die später erwachsenen Kosten sind Nebenforderungen (OLG. Braunschweig 26. 11. 03 DSekrZ. 15, 451; RGZ. 50, 368).

Bezüglich der Kosten besteht eine Einschränkung wie im § 13 Abs. 1 für die Zinsen nicht; Folge: Der Wert der Kosten ist für die Gebührenberechnung maßgebend ohne Rücksicht auf die Höhe.

d) Klage des Dritten gegen den Vermieter auf Herausgabe von Sachen (Wert: 200 ℳ), die dieser wegen 70 ℳ Mietzinsrückstandes zurückbehält. Streitwert: 200 ℳ, nicht 70 ℳ (RG. 21. 4. 94 JW. 94, 260). Nach Verhandlung Vergleich über die Hauptsache. Streit über die Kostenpflicht. Kontradiktorische Verhandlung, Beweisaufnahme, Endurteil nach dem Antrag des Klägers.

Gebühren: $^3/_{10}$ Vergleichsgebühr aus 200 ℳ (§§ 8, 18³, 23).

Je $^{10}/_{10}$ Verhandlungs- und Beweisgebühr aus den Kosten (§§ 8, 18¹,², 19).

Keine Entscheidungsgebühr aus den Kosten, weil der Akt „Entscheidung" den Hauptanspruch und — wenn auch getrennt — die Kosten betrifft, § 13 Abs. 3 aber voraussetzt: Entscheidung über den Kostenpunkt allein (DSekrZ. 11, 123).

(a. M. Abh. in DGerZ. 11, 710; darnach tritt für die Gebühren eine Zusammenrechnung ein; es darf nicht mehr erhoben werden als die höchste Gebühr (hier: $^{10}/_{10}$) vom Gesamtbetrag der Hauptforderung und Kosten. Das KG. 18. 12. 09 OLGRspr. 21, 126 will vorliegend — irrtümlich — nur $^{7}/_{10}$ der vollen Gebühr für das Kostenurteil erheben!)

Wird gegen die Kostenentscheidung sofortige Beschwerde eingelegt (§ 99 Abs. 3 ZPO.), so sind die Gebühren (§ 45) der Beschwerdeinstanz aus dem Betrag der Kosten zu berechnen.

e) Kläger erklärt, er sei wegen der Hauptsache (100 M) befriedigt, und beantragt Urteil im Kostenpunkt. Beklagter beantragt Abweisung der Klage. Urteil: 1. Bei Erledigung der Hauptsache hat es sein Bewenden. 2. Beklagter hat die Kosten des Rechtsstreits zu tragen. Streitwert ist hier der Hauptanspruch; denn auch er war Gegenstand der Verhandlung und Entscheidung (OLGRspr. 2, 433).

Hätte Beklagter nur beantragt, die Kosten dem Kläger aufzuerlegen, so wären trotz der Ziff. 1 des Urteils zu erheben:

$^{1}/_{10}$ Zurücknahmegebühr aus 100 M (§ 46).

$^{10}/_{10}$ Verhandlungs- und Entscheidungsgebühr aus dem Kostenbetrag (§§ 18 Z. 1 u. 3, 13 Abs. 3; § 99 Abs. 3 ZPO.).

f) Berufung gegen ein Urteil. Zurücknahme der Berufung im 1. Termin. Auf Antrag des Beklagten ergeht Kostenurteil. Streitwert: die Prozeßkosten.

Hätte Beklagter beantragt, den Kläger des Rechtsmittels für verlustig zu erklären und ihm die Streitskosten zu überbürden, so wäre Streitwert: der Hauptanspruch (BayObLG. 2. 4. 02 Recht 5, 215).

g) Klage gegen die Eheleute A auf Zahlung von 1500 M. Versäumnisurteil: gegen den Ehemann nach Klagantrag, in der Richtung gegen die Frau wegen der Kosten. Es fallen nur an:

$^{10}/_{10}$ Entscheidungsgebühr aus 1500 M, nicht auch noch eine Entscheidungsgebühr aus den Kosten.

§ 14.

Bei jedem Antrag[1] ist der Wert des Streitgegenstandes,[2] sofern derselbe nicht in einer bestimmten Geldsumme besteht oder aus früheren Anträgen erhellt, und auf Erfordern auch der Wert eines Teils desselben[3] schriftlich oder zum Protokolle des Gerichtsschreibers anzugeben.

Die Angabe kann jederzeit berichtigt werden.[4]

1. Vgl. die Ordnungsvorschrift des § 253 Abs. 3 ZPO. Die Wertsangabe soll nach den Motiven nur zur Information des selbständig prüfenden Richters dienen. Bei Verweigerung der Angabe oder unrichtiger Wertsbezeichnung: Festsetzung des Streitwertes nach § 16; Kostenpflicht: § 17. — Das Gericht ist an die — wenn auch übereinstimmende — Angabe der Parteien nicht gebunden; Änderung des Wertes ist jederzeit — auch in höherer Instanz — zulässig.

2. Begriff s. Meyer, ZPO. Vorbem. zu § 3.

3. Dies kann notwendig werden infolge des § 12.

4. Eine „Berichtigung" im Sinne des Abs. 2 ist nur gegeben, wenn der Antrag etwas enthält, was nach seiner Begründung nicht gewollt ist, also z. B. ein Schreibfehler unterlaufen war (z. B. es ist geklagt auf Abnahme von 132 Ztr. Korn; nach der der Klage beigelegten Rechnung handelt es sich aber nur um 32 Ztr.). Sonst liegt Klagezurücknahme vor. (Beispiel: Es ist geklagt auf Zahlung von 190 ℳ; auf diesen Betrag lautet auch die Rechnung. Nach Zustellung der Klage berichtigt der Kläger den Antrag dahin, daß er vom Beklagten nur 100 ℳ begehre, 90 ℳ seien vor Einreichung der Klage schon bezahlt worden.)

§ 15.*)

Die zum Zwecke der Entscheidung über die Zuständigkeit des Prozeßgerichts oder die Zulässigkeit des Rechtsmittels erfolgte Festsetzung des Wertes[1] ist, unbeschadet der Vorschrift des § 9 a, für die Berechnung der Gebühren maßgebend.[2]

1. Bei Streit der Parteien über die sachliche Zuständigkeit entscheidet der Richter. Die dabei erfolgte Festsetzung des Streitwerts bildet einen Teil der Hauptentscheidung und ist deshalb auch nur mit letzterer anfechtbar. Erging die Entscheidung gemäß §§ 505, 506, 697 ZPO. durch Beschluß, so ist die Anfechtung auch der Streitwertfestsetzung unzulässig.

Die Zulässigkeit des Rechtsmittels hängt von der Höhe des Beschwerdegegenstandes ab in den Fällen der Revision (§ 546 ZPO.) und der Beschwerde gegen Entscheidungen der Landgerichte in betreff der Prozeßkosten (§ 568 Abs. 2 ZPO.; vgl. § 16 Note 10). In beiden Fällen ist die Entscheidung (des Revisions- bzw. Beschwerdegerichts [OLG.]) unanfechtbar (§§ 554 a, 567 Abs. 2 ZPO.). Dem Rechtsanwalt steht gegen die Entscheidung nach § 15 Beschwerde nicht zu (JW. 93, 236 Nr. 4).

Nicht maßgebend ist die richterliche Festsetzung des Streitwertes für die Gebührenberechnung, wenn für diese §§ 9 a und 11 GKG. in Frage kommen, welche die §§ 5, 8 und 9 ZPO. einschränken.

2. § 15 trifft natürlich nur dann zu, wenn der nach der Klagebitte sich ergebende Klagegegenstand, nach dem sich die Zuständigkeit des Gerichts bemißt, auch wirklich der Streitgegenstand ist.

Erhöht sich durch die Verhandlung der Streitgegenstand in Vergleich mit dem Klagegegenstand, so sind die dem höheren Streitgegenstand entsprechenden höheren Gebühren zu erheben. In gleicher Weise muß aber auch, wenn durch die Verhandlung sich ergibt, daß der Streitgegenstand in Vergleich mit dem Klagegegenstand geringer ist, die Gebühr sich entsprechend verringern; — jedenfalls die Verhandlungsgebühr; denn diese soll nach § 19 nur erhoben werden, „soweit in der Verhandlung von den Parteien einander widersprechende Anträge gestellt werden". Widersprechende Anträge liegen aber stets nur vor im Umfange des wirklichen Streites der Parteien. Ebenso wird es mit der Beweisgebühr sich verhalten. In Frage kommen kann nur, ob nicht,

*) Änderung durch Ges. vom 17. 5. 98 (RGBl. 332).

insofern der an sich unbestrittene Teil des Klagegegenstandes nach dem Antrag des Klägers formell mit in die Verurteilung eingeschlossen wird, auch für diesen Teil des Urteils die Entscheidungsgebühr zu erheben sei, in gleichem Maße, wie dieselbe auch für Entscheidungen, welche auf Anerkenntnis ergehen, zur Erhebung kommen soll.

Beispiele: Es werden 1000 ℳ eingeklagt, aber nur der Betrag von 100 ℳ bestritten, oder eine Kompensationseinrede im Betrage von 100 ℳ entgegengesetzt. Klagegegenstand ist hiernach 1000 ℳ, wirklicher Streitgegenstand aber nur 100 ℳ. — Eine ähnliche Herabminderung des Streitgegenstandes tritt aber auch ein, wenn z. B. die Klagebitte dahin lautet: „100 Last Weizen frei in Königsberg zu liefern", bei der Verhandlung aber der Beklagte seine Verpflichtung, den Weizen zu liefern, gar nicht bestreitet und nur behauptet, er brauche nicht in Königsberg, sondern nur in Pillau zu liefern. Denn hier besteht das Streitinteresse offenbar nur in der Differenz des Lieferungsortes. — Ferner: Es klagt jemand, weil der Beklagte einen auf des Klägers Grundstück stehenden Baum gefällt, mit der Bitte: „ihn im Besitze seines Grundstücks zu schützen." Bei der Verhandlung aber ergibt sich, daß der Beklagte den Besitz des Klägers im allgemeinen nicht im mindesten bestreitet und nur einen kleinen Grenzstreifen (auf welchem der Baum gestanden) als zu seinem angrenzenden Grundstück gehörig in Anspruch nimmt. Hier ist wirklicher Streitgegenstand nichts weiter als der bestrittene Grenzstreifen. — Ferner: Es klagt jemand auf Teilung eines ihm und dem Beklagten gemeinschaftlichen Grundstücks. Die Verhandlung ergibt, daß sich der Streit darum dreht, ob eine frühere Teilung in der Benutzung als eine bleibende, auch bezüglich des Eigentums anzusehen sei. Hier liegt das wirkliche Streitinteresse nur in der halben Differenz des Wertes der beiderseits besessenen Anteile. — Nur mit der Einschränkung also, daß die an den Wert des Klagegegenstandes sich anknüpfende Entscheidung nicht unbedingt maßgebend bleibe für die nach dem Streitgegenstand zu bemessenden Gebühren, ist dem § 15 beizustimmen. (Anl. z. Sitz.-Prot. u. z. Reichst.-Drucks. Nr. 228 von 1878.)

§ 16.

Soweit eine Entscheidung in Gemäßheit des § 15 [1] nicht stattfindet, und nach der Natur [2] des Streitgegenstandes oder durch den Antrag [3] einer Partei [4] die Festsetzung des Wertes erforderlich wird, erfolgt dieselbe gebührenfrei [5] durch Beschluß [6] des Prozeßgerichts, [7] bei der Zwangsvollstreckung, falls der Wert noch nicht festgesetzt ist, durch Beschluß des Vollstreckungsgerichts. [8] Die Festsetzung kann von dem Gerichte, welches dieselbe getroffen hat, sowie von dem Gerichte der höheren Instanz im Laufe des Verfahrens [9] von Amts wegen geändert werden.

Gegen den Beschluß findet Beschwerde nach Maßgabe des § 567 Abs. 2 und der §§ 568 bis 575 der Zivilprozeßordnung sowie des § 4 Abs. 3 dieses Gesetzes statt. [10]

1. d. i. infolge der Entscheidung über die sachliche Zuständigkeit des Gerichts oder die Zulässigkeit des Rechtsmittels.

2. Läßt sich der Streitwert ohne weiteres gemäß §§ 4ff. ZPO., §§ 9ff. GKG. feststellen, so ist für eine richterliche Tätigkeit kein Raum; denn der Gerichtsschreiber hat grundsätzlich den Streitwert selbst festzustellen. Handelt es sich aber um nicht vermögensrechtliche Ansprüche oder ist der streitige Betrag nicht ohne weiteres feststehend oder ist das Interesse des Klägers nach freiem Ermessen zu schätzen (§ 3 ZPO.), dann hat der Gerichtsschreiber die richterliche Festsetzung des Streitwerts zu beantragen.

3. Der Antrag kann in jedem Fall, also auch dann gestellt werden, wenn an sich infolge der klaren Vorschrift der §§ 4ff. ZPO., §§ 9ff. GKG. Zweifel nicht bestehen. Er unterliegt nicht dem Anwaltszwang (RGZ. 6. 3. 11 DSekrZ. 11, 148). Ablehnung der Wertsfestsetzung ist unzulässig, eine Frist für Stellung des Antrags nicht vorgeschrieben, daher Zulässigkeit des Antrages auch noch nach rechtskräftiger Erledigung der Sache oder Einziehung der Kosten. Wegen des Rechtes der Staatskasse vgl. § 5.

4. nicht auch ihres Rechtsanwalts für seine Person. Dieser hat nur das Beschwerderecht nach § 12 RAGebO. gegen die Festsetzung nach § 16. Die auf solche Beschwerde erfolgte Wertsfestsetzung ist auch für die Berechnung der Gerichtsgebühren maßgebend (RG. 31, 395).

5. und auslagenfrei (§ 80b GKG.).

6. § 329 Abs. 3 ZPO. Zustellung an die Beteiligten durch den Gerichtsschreiber ohne richterliche Anordnung.

7. d. i. des Gerichts, bei welchem die Sache gerade anhängig ist. Die Festsetzung durch das Gericht der höheren Instanz gilt auch für die untere Instanz (RG. 35, 395), wenn diese einen andern Wert „festgesetzt" hatte.

8. d. i. des nach § 794 ZPO. zuständigen Gerichts.

9. Während im Falle des Satzes 1 des § 16 eine Antragsfrist nicht läuft, ist die Änderung der Wertsfestsetzung von Amts wegen nur möglich, solange noch das Verfahren bei dem betreffenden Gerichte läuft. Die 1. Instanz kann somit den Streitwert ändern bis zur Erledigung des Kostenfestsetzungsantrags, die 2. Instanz, solange sie mit der Sache beschäftigt ist, also z. B. auch dann noch, wenn sie über eine — an sich zulässige — Beschwerde gegen den Kostenfestsetzungsbeschluß zu entscheiden hat (RGBZ. 44, 403). Hat die erste Instanz den Wert nicht festgesetzt, sondern nur ohne weiteres einen gewissen Wert angenommen, so kann das Gericht höherer Instanz von sich aus den Streitwert der Vorinstanz nicht festsetzen (JW. 98, 576 Nr. 18).

10. Gegen die Entscheidung der Amts- und Landgerichte ist ohne Rücksicht auf die Höhe der Beschwerdesumme die fristlose Beschwerde zulässig. Die Zulässigkeit der weiteren Beschwerde gegen den Beschluß des Landgerichts ist von dem Vorhandensein einer Beschwerdesumme von über 50 *M* bedingt (RGZ. 61, 417). Entscheidungen des Oberlandesgerichts, Bayer. Obersten Landesgerichts und Reichsgerichts sind unanfechtbar (§ 567 Abs. 2 ZPO.).

Der Beschwerdeführer muß sein rechtliches **Interesse an der** von ihm gewollten **Festsetzung** dartun; vermag er dies nicht, dann ist seine Beschwerde unzulässig. So kann z. B. keine Partei eine Erhöhung des Streitwerts beantragen (OLG. Hamm 6. 3. 13 DSekrZ. 13, 116). Anderseits darf das Gericht über den Antrag der Parteien nicht hinausgehen. Nach § 4 Abs. 3 besteht für das Beschwerdeverfahren kein Anwaltszwang.

Voraussetzung der Anwendbarkeit des Abs. 2 ist das Vorliegen eines besonderen den Streitwert festsetzenden Beschlusses. Ist also in einem Kostenfestsetzungsbeschluß gesagt, die Gebühren betrügen nur ... ℳ, weil Streitwert nicht ... ℳ, sondern .... ℳ sei (ohne daß dieser Streitwert vom Richter festgesetzt ist), so trifft für die Anfechtung nicht § 16 Abs. 2 GKG., sondern § 104 Abs. 3 ZPO. zu.

In der Beschwerde ist genau anzugeben, ob sie der **Anwalt für sich** (§ 12 RAGebO.) **oder für die Partei** einlegt. Streitwert ist im ersteren Falle die entsprechende Differenz der Höhe der Gebühren des Anwaltes (RGBZ. 27. 12. 99). Hat die Beschwerde Erfolg, so treffen die Kosten die Staatskasse (nicht den Gegner — RGZ. 12, 361). Wird sie zurückgewiesen, so ist kostenpflichtig der für sich handelnde Anwalt, nicht die Partei. Beschwerde hierwegen ist nur gegeben, wenn solche zugleich in der Hauptsache (Wertsfestsetzung) eingelegt wird (RG. JW. 00, 894).

Unzulässig ist die Beschwerde gegen die Ablehnung des Antrages auf Änderung der Wertsfestsetzung (RG. JW. 95, 13).

§ 17.

Wird eine Abschätzung durch Sachverständige erforderlich,[1] so ist in dem Beschlusse, durch welchen der Wert festgesetzt wird (§ 16), über die Kosten der Abschätzung zu entscheiden. Dieselben können ganz oder teilweise der Partei[2] zur Last gelegt werden, welche durch Unterlassung der ihr obliegenden Wertsangabe, unbegründetes Bestreiten der Wertsangabe oder unbegründete Beschwerde die Abschätzung veranlaßt hat.[3]

1. d. i. im Falle des § 16.

2. d. i. auch z. B. dem gesetzlichen Vertreter einer Partei persönlich.

3. Haftung bei mehreren Schuldnern: § 91. — Trifft die Partei keine Schuld, dann sind die Kosten der Staatskasse aufzuerlegen. — Bezüglich der Anfechtung des Beschlusses gilt das in Note 10 zu § 16 Gesagte. Gegen den Beschluß über die Verteilung der Kosten der Abschätzung ist Beschwerde nur gegeben, wenn gleichzeitig der Beschluß über die Festsetzung des Streitwerts angefochten wird (§ 99 Abs. 1 ZPO.).

§ 18.

Die volle Gebühr[1] (§ 8) wird erhoben:[2]

1. für die kontradiktorische[3] mündliche Verhandlung (Verhandlungsgebühr),
2. für die Anordnung einer Beweisaufnahme (Beweisgebühr),[4-6]
3. für eine andere Entscheidung (Entscheidungsgebühr).[7]

1. Sie erhöht sich in der Beschwerdeinstanz um 1/4, in der Revisionsinstanz auf das Doppelte (§ 49).

2. Jeder Rechtsstreit wird für die Gebührenbewertung in gewisse Abschnitte (Akte) zerlegt, die dann besteuert werden (§ 18 1—3). Diese Akte unterliegen in der Regel der vollen Gebühr. Ausnahmen: §§ 25, 26, 27 und 29.

Kommt ein Akt in dem Verfahren nicht vor (Beispiel: Es wurde kontradiktorisch verhandelt und dann Endurteil verkündet), so fällt eben eine Gebühr insoweit (hier also die Beweisgebühr) nicht an.

Kommt der gleiche Akt in dem Verfahren öfter vor (Beispiel: In einem Prozeß finden zehn Termine statt; in sieben wird kontradiktorisch verhandelt und auf Grund zweier Beweisbeschlüsse Beweis erhoben), so liegt für die Gebührenberechnung doch nur je ein Akt vor. (Die Verhandlungsgebühr kommt also trotz sieben Verhandlungen nur einmal zur Erhebung.) Vgl. § 28 und die Beispiele.

Wegfall der Verhandlungsgebühr: § 21.

3. Siehe § 19.

4. Voraussetzung des Anfalles der Beweisgebühr ist:

a) — in der Regel — mündliche Verhandlung der Parteien; Ausnahme § 22, und

b) die Anordnung des Gerichts, über die Behauptungen der Streitsteile Beweis zu erheben.

Die Anordnung erfolgt durch Beweisbeschluß (§ 359 ZPO.), einen der Vorschrift des § 359 ZPO. formell nicht entsprechenden Beschluß oder formlos durch eine auf die Erhebung des Beweises abzielende schlüssige Handlung (z. B. durch sofortige Vernehmung von mitgebrachten Zeugen — § 358 ZPO. —, durch Abnahme einer Schriftprobe von einer Partei, um die bestrittene Echtheit einer Urkunde feststellen zu können).

Ein nicht verkündeter Beschluß (z. B. die Verkündung der Entscheidung war vertagt worden; der Beweisbeschluß liegt unterschrieben im Akt. Vor Verkündung erfolgt Klagezurücknahme) begründet den Ansatz der Beweisgebühr nicht.

Ermäßigung der Beweisgebühr: § 22.

Für die Beweisaufnahme fällt eine besondere Gebühr nicht mehr an.

5. Eine **Beweisanordnung** liegt z. B.:

a) in der **Beiziehung anderer** (sei es bei dem gleichen Gericht oder einer anderen Behörde befindlichen) **Akten**, mit denen irgendeine strittige Parteibehauptung bewiesen werden soll (RGZ. 12. 2. 03 JW. 124). Hat das Gericht schon vor dem 1. Termin die Akten (als solche kommen auch die infolge einer Beweissicherung erholten in Betracht) beigezogen, so fällt die Beweisgebühr an, sobald eine Partei zum Beweis einer vom Gegner bestrittenen Behauptung darauf Bezug nimmt und das Gericht die Akten verwertet. Vgl. auch **§ 22 a!**

b) in der Einnahme eines (auch informatorischen) Augenscheins. Ob die Anordnung auf Antrag der Partei oder von Amts wegen erfolgte, ist gleichgültig.

c) in der Anordnung der Vorlage von Geschäftsbüchern (nicht auch von Rechnungsauszügen).

d) bei Erlassung eines bedingten Beweisbeschlusses (z. B. es wird ein bedingter Vergleich abgeschlossen und zugleich für den Fall des Widerrufes Beweisbeschluß erlassen).

6. Die Beweisgebühr fällt nicht an:

a) wenn die Parteien freiwillig dem Gerichte Urkunden usw. (Quittungen, Rechnungsauszüge) vorlegen und über die Echtheit nicht Beweis erhoben wird. Die Aufforderung an den Gegner, sich über die Echtheit einer Urkunde zu erklären, ist keine Beweisanordnung;

b) wenn das Gericht zu seiner Information die Vorlage von Urkunden, Plänen usw. anordnet und die Parteien über den Inhalt einig sind;

c) wenn das Gericht zum Zwecke des Abschlusses eines Vergleiches Sachverständige zuzieht;

d) wenn das Gericht in einem eine einstweilige Verfügung oder einen Arrest betreffenden Verfahren mitgebrachte Zeugen vernimmt (OLG. Colmar 4. 11. 09 OLGRspr. 21, 128 u. 21. 11. 10 DSekrZ. 22, 35, ferner DSekrZ. 08, 261 — Abhandl. — gegen: OLGRspr. 15, 187);

e) für die Anordnung des persönlichen Erscheinens der Parteien (§ 47 Z. 1);

f) wenn das Gericht die Ermittelung ausländischen Rechts anordnet (OLG. München 30. 12. 09 OLGRspr. 21, 127).

g) wenn das Gericht nicht zum Zwecke der Beweisaufnahme, sondern nur zur Information für den Abschluß eines Vergleichs in einem Sühneverfahren einen Sachverständigen vernimmt (OLG. München 25. 2. 09 DSekrZ. 20, 314).

7. Als Entscheidungen im Sinne der Z. 3 kommen in Betracht: Die (Teil-, Zwischen- und End-) Urteile, die Beschlüsse auf Grund der §§ 505, 506, 508, 554 a, 697, 700 ZPO. (s. § 26) und der Vergleich (über ihn s. § 23).

Treffen mehrere Akte nach Z. 3 in einem Verfahren zusammen: s. § 28 und § 18 Note 2.

Bedingtes Endurteil: § 24.

Ermäßigung der vollen Entscheidungsgebühr: § 23.

Werden auf Antrag des Beklagten dem Kläger infolge Zurücknahme der Klage die Kosten auferlegt, so sind für das Urteil (§ 271 Abs. 3 ZPO.), selbst wenn Kläger seine Kostenpflicht anerkannt hat, $^{10}/_{10}$ gemäß § 18 Z. 3 (nicht etwa $^{3}/_{10}$ gemäß § 23) zu erheben.

§ 19.

Die Verhandlung gilt als kontradiktorisch im Sinne des § 18 Nr. 1, soweit in derselben von beiden Parteien einander widersprechende Anträge gestellt werden.[1]

1. Der richtige Gang einer Verhandlung ist: Zuerst stellt der Kläger, dann der Beklagte seinen Antrag. Hierauf begründet der Kläger und dann der Beklagte sein Begehren; die gegenseitigen Behauptungen werden unter Beweis gestellt. Verhandelt im Sinne des § 18[1] ist schon mit der Stellung der Anträge; eine Verhandlung über die Anträge ist nicht mehr nötig (RG. 27. 3. 12 DSekrZ. 12, 98).

Beispiele: Klage auf Zahlung von 400 ℳ.

a) Kläger beantragt im 1. Termin Verurteilung des Beklagten. Dieser beantragt kostenfällige Klageabweisung. (Warum dieser Antrag gestellt wird, ob, weil die Schuld bezahlt oder noch nicht fällig oder weil sie keine Bringschuld ist, ist für die Frage der Gebührenberechnung gleichgültig.) Nach Verhandlung über die Anträge Endurteil.

Gebühren: je $^{10}/_{10}$ Verhandlungs- und Entscheidungsgebühr aus 400 ℳ (§§ 8, 18 1, 3, 19).

b) Beispiel a. Nach Stellung der Anträge wird sofort vertagt. Die Sache ruht dann (§ 251 I ZPO.).

Die Verhandlungsgebühr ist angefallen; einer Verhandlung über die Anträge bedurfte es nicht.

c) Antrag des Klägers wie a. Beklagter rechnet mit 300 ℳ auf und beantragt insoweit Abweisung der Klage.

Verhandlungsgebühr aus 300 ℳ; bezüglich 100 ℳ liegen widersprechende Anträge nicht vor.

d) Antrag des Klägers wie a. Beklagter erscheint nicht. Versäumnisurteil.

Keine Verhandlungsgebühr, weil dem Klagantrag nicht „widersprochen ist".

$^{10}/_{10}$ Entscheidungsgebühr (§ 18 3).

e) Klage auf Räumung einer Wohnung. Im Termin erkennt der Beklagte seine Räumungspflicht an, bittet aber um Fristbestimmung (§ 721 ZPO.).

Keine Verhandlungsgebühr, weil dem Klagantrag nicht widersprochen ist.

f) Klage gegen einen Erben auf Zahlung von 700 ℳ. Beklagter beantragt nur, ihm in dem Urteile die Beschränkung seiner Haftung vorzubehalten. Es ergeht sofort Anerkenntnisurteil in diesem Sinne: $^{3}/_{10}$ Entscheidungsgebühr (§§ 8, 18 Z. 3, 21, 23); keine Verhandlungsgebühr. Hatte Kläger dem Vorbehaltsantrag widersprochen, war die Verhandlungsgebühr aus dem durch den Nachlaß nicht gedeckten Forderungsbetrag zu erheben.

Die Verhandlungsgebühr kommt zum Ansatz bei nichtkontradiktorischer Verhandlung in den Fällen des § 20; sie fällt weg, obwohl sie an sich angefallen war, im Falle des § 21.

§ 20.*)

Die Verhandlungsgebühr kommt auch zur Erhebung:

1. für eine nicht kontradiktorische mündliche Verhandlung in Ehesachen,[1] in Rechtsstreitigkeiten, welche die Feststellung des Rechtsverhältnisses zwischen Eltern und Kindern[2] zum Gegenstande haben, in den vor die Landgerichte gehörigen Entmündigungssachen[3] und in dem Verfahren über die

*) Fassung der Nr. 1: Ges. vom 17. 5. 98 (RGBl. 332).

gegen eine Todeserklärung erhobene Anfechtungsklage,[4] sofern der Kläger verhandelt;[5]

2. für die Verhandlung im vorbereitenden Verfahren[6] (Zivilprozeßordnung §§ 348 bis 354).

1. d. s. Rechtsstreitigkeiten, die zum Gegenstand haben: die Scheidung (Aufhebung der ehelichen Gemeinschaft, zeitweilige Trennung von Tisch und Bett bei Ausländern), Nichtigkeit oder Anfechtung der Ehe oder die Herstellung des ehelichen Lebens (vgl. Meyer, ZPO. S. 379).

2. d. s. die Klagen auf Feststellung des Bestehens oder Nichtbestehens: eines Eltern- oder Kindesverhältnisses, der elterlichen Gewalt; die Klage, mit der die Ehelichkeit eines Kindes angefochten wird und die Klage, mit der die Anerkennung der Ehelichkeit eines Kindes angefochten wird (§§ 640ff. ZPO.; s. Meyer, Vorbem. zu § 640 ZPO.). — Nicht hierher gehört die Klage auf Anerkennung der Vaterschaft zu einem unehelichen Kinde.

3. d. s. den vor die Landgerichte gehörigen Klagen auf Aufhebung oder Wiederaufhebung einer Entmündigung (§§ 664, 679, 684, 686 ZPO.).

4. § 973 ZPO.

5. Der Beklagte braucht gar nicht zu erscheinen. Voraussetzung ist jedoch: ein Verhandeln des Klägers zur Sache d. h. nicht nur zu prozessualen Anträgen, wie die Vertagung.

Bayern: In Ehe- und Entmündigungssachen haben, wenn die Staatskasse den Parteien oder Rechtsanwälten die Kosten zu erstatten hat, die Gerichtsschreiber die Kostenrechnung mit Belegen und den betreffenden Akten, falls Auslagenvorschüsse erhoben sind, auch die betreffenden Belege des Vorschußregisters der Regierungsfinanzkammer vorzulegen.

Die bei der Staatsanwaltschaft erwachsenen Kosten sind von den Staatsanwälten selbst der Regierungsfinanzkammer (mit Belegen) bekannt zu geben. Nach revisorischer Prüfung und Festsetzung erfolgt Auszahlung durch den Gerichtsschreiber (JME. v. 14. 1. 81 JMBl. 61; JME. 13. 11. 82 JMBl. 289).

6. Ein vorbereitendes Verfahren findet nur in landgerichtlichen Prozessen statt, welche Rechnungssachen, Auseinandersetzungen usw. zum Gegenstand haben. Die Verhandlungsgebühr fällt an, auch wenn nur eine Partei erschienen ist und verhandelt. Folgt einer Verhandlung im vorbereitenden Verfahren eine solche im ordentlichen Prozeß über den gleichen Streitgegenstand, dann trifft § 28 zu; bei verschiedenen Teilen des Streitgegenstandes: § 12.

§ 21.

Die Verhandlungsgebühr wird nicht erhoben, soweit ein zur Beilegung des Rechtsstreits abgeschlossener Vergleich[1] aufgenommen oder auf Grund eines Anerkenntnisses oder Verzichts[2] eine Entscheidung erlassen wird,[3] ohne daß die Anordnung einer Beweisaufnahme oder eine andere gebührenpflichtige Entscheidung vorhergegangen ist.[4]

1. Begriff: § 779 BGB. — Erfordert wird, daß der **Vergleich** entweder zu gerichtlichem Protokoll erklärt oder die ihn enthaltende Schrift dem Protokoll als Bestandteil (beiheften!) übergeben wird. Außergerichtliche Vergleiche ziehen den Wegfall der Verhandlungsgebühr nicht nach sich.

2. Ein **Anerkenntnis** liegt vor, wenn der Beklagte erklärt, daß er den Klaganspruch (ganz oder teilweise, § 12), so wie er geltend gemacht ist, anerkennt; kein „Anerkenntnis" liegt in dem Zugeben einzelner Klagebehauptungen.

Verzicht ist zu unterscheiden von Klagezurücknahme. Während ersterer den Klaganspruch zum Erlöschen bringt, bedeutet letztere nur einen Verzicht des Klägers auf Verfolgung seines Anspruchs in dem vorliegenden Prozesse (§ 306 ZPO.).

Anerkenntnis und Verzicht sind in der mündlichen Verhandlung zu erklären.

3. Wird die Entscheidung (Anerkenntnis- oder Verzichts-Urteil) nicht erlassen, dann kommt die Verhandlungsgebühr zur Erhebung.

4.

Beispiele: Klage auf Duldung der Zwangsvollstreckung in ein Grundstück. Forderungsbetrag: 700 ℳ. Grundstückswert nach Abzug der Hypotheken: 500 ℳ. Streitwert: 500 ℳ (RG. JW. 03, 180; a. A. OLG. Colmar 15. 1. 12 DJZ. 12, 204). Darnach ist Streitwert der jährliche Wert der Nutznießung des Mannes × 12½.

a) Kontradiktorische Verhandlung. Vergleich, Anerkenntnis- oder Verzichtsurteil.

Gebühren: Keine Verhandlungsgebühr; $^3/_{10}$ Entscheidungsgebühr (§§ 8, 21, 23).

b) Kontradiktorische Verhandlung. Beweisanordnung. Vergleich.

Gebühren:

$^{10}/_{10}$ Verhandlungsgebühr (§§ 8, 18^1, 19).
$^5/_{10}$ Beweisgebühr (§§ 8, 18^2, 22^{II}).
$^3/_{10}$ Vergleichsgebühr (§§ 8, 18^3, 23).

c) Kontradiktorische Verhandlung über 500 ℳ. Vertagung. 2. Termin: Anerkenntnisurteil über 100 ℳ; kontradiktorische Verhandlung über 400 ℳ; Beweisanordnung über 300 ℳ; nach Vernehmung der Zeugen Vergleich über 300 ℳ. Vertagung. 3. Termin: Anerkenntnis. Ruhen des Verfahrens.

Gebühren:

$^{10}/_{10}$ Verhandlungsgebühr aus 400 ℳ (§§ 8, 18^1, 19, 12 Abs. 1). Keine Verhandlung bezüglich 100 ℳ, da hier sofort Anerkenntnisurteil folgt. Bezüglich der 300 ℳ liegt zwischen Verhandlung und Vergleich eine Beweisanordnung. Hinsichtlich der anerkannten 100 ℳ fehlt es an der „Entscheidung", dem Anerkenntnisurteil.

$^5/_{10}$ Beweisgebühr aus 300 ℳ (§§ 8, 18^2, 12 Abs. 1, 22 Abs. 2).

$^3/_{10}$ Entscheidungsgebühr aus 100 ℳ	=	1.40 ℳ
$^3/_{10}$ Vergleichsgebühr aus 300 ℳ	=	3.30 ℳ
		4.70 ℳ
Erhoben werden nur $^3/_{10}$ aus 400 ℳ (§ 12)	=	4.50 ℳ

d) Kontradiktorische Verhandlung. Beschluß: Die Verhandlung wird auf den Grund des Anspruchs beschränkt. Nach Verhandlung Endurteil: Der Anspruch wird dem Grunde nach für gerechtfertigt erklärt. Nach weiterer Verhandlung über den Betrag des Anspruchs: Vergleich.

Hier kommt die $^{10}/_{10}$ Verhandlungsgebühr (vgl. § 28) zur Erhebung; denn zwischen Verhandlung und Vergleich liegt eine gebührenpflichtige Entscheidung (das Urteil über den Grund des Anspruchs). $^{10}/_{10}$ Entscheidungsgebühr (§§ 8, 18^3, 23, 28).

e) Kläger wiederholt den Klagantrag. Beklagter begehrt Klageabweisung. Kontradiktorische Verhandlung über die in erster Linie geltend gemachte Einrede der Unzulässigkeit des Rechtswegs. Beweisanordnung und Erhebung. Urteil auf Verwerfung der Einrede. Kontradiktorische Verhandlung zur Hauptsache. Anerkenntnisurteil.

Zu erheben ist die volle Verhandlungsgebühr; sie war angefallen mit der Stellung der widersprechenden Anträge zur Hauptsache. § 21 trifft nicht zu, weil zwischen der Stellung der Anträge (Verhandlung im Sinne des § 19) und dem Anerkenntnisurteil eine Beweisanordnung und die Entscheidung über die Einrede liegt.

$^5/_{10}$ Beweisgebühr (§§ 8, 18^2, 26).

$^5/_{10}$ Entscheidungsgebühr (§§ 8, 18^3, 26) und $^3/_{10}$ Entscheidungsgebühr (§§ 8, 18^3, 23, 28; s. besonders § 28 Anmerk. 5).

f) Kläger wiederholt den Klagantrag. Beklagter enthält sich eines Antrages zur Hauptsache und bestreitet die Zuständigkeit des Gerichts. Nach Verhandlung hierüber verweist das AG. auf Antrag des Klägers die Sache an das LG. (§ 506 ZPO.). Dort kontradiktorische Verhandlung zur Hauptsache. Vergleich.

Erhoben werden für das Verfahren vor dem Amtsgericht:

$^5/_{10}$ Verhandlungsgebühr (§§ 8, 18^1, 26); denn zwischen der Verhandlung und dem Vergleich liegt eine „andere Entscheidung" d. i. der nach § 26 zu bewertende Verweisungsbeschluß zu $^5/_{10}$ (§§ 18^3, 26); OLG. Braunschweig 23. 7. 10 DSekrZ. 21, 189.

Ferner für den Vergleich:

$^3/_{10}$ gemäß § 23 (s. § 28 Anm. 5).

g) Im 1. Termin Versäumnisurteil. Einspruch. Kontradiktorische Verhandlung. Vergleich.

$^{10}/_{10}$ Entscheidungsgebühr für das Versäumnisurteil (§§ 8, 18^3, 32 Abs. 2).

Keine Verhandlungsgebühr (§ 21).

$^3/_{10}$ Vergleichsgebühr (§§ 8, 18^3, 23).

h) Kontradiktorische Verhandlung. Vertagung. Im 2. Termin. Versäumnisurteil. Einspruch. Kontradiktorische Verhandlung. Vergleich.

$^{10}/_{10}$ Verhandlungsgebühr; zwischen Verhandlung und Vergleich liegt das nach § 18^3 gebührenpflichtige Versäumnisurteil. Im übrigen Bewertung wie Beispiel g.

§ 22.*)

Die Beweisgebühr (§ 18 Nr. 2)[1] wird nur zur Hälfte erhoben, wenn die angeordnete Beweisaufnahme weder ganz noch teilweise[2] stattgefunden hat.[3]

Dasselbe findet statt, soweit bezüglich des durch die Beweisanordnung betroffenen Gegenstandes ein zur Beilegung des Rechtsstreits abgeschlossener Vergleich aufgenommen oder auf Grund eines Anerkenntnisses oder Verzichts eine Entscheidung erlassen wird.[4]

1. Im Urkunden- und Wechselprozeß: $^3/_{10}$; in den Fällen des § 26: $^5/_{20}$; in den Fällen des § 27: $^3/_{20}$ der vollen Gebühr.

2. d. h. auch nicht hinsichtlich eines Teiles des Beweissatzes.

3.

Beispiele: a) Klage auf Zahlung von 300 ℳ. Kontradiktorische Verhandlung. Beweisbeschluß. Vor Erhebung der Beweise erfolgt Klagezurücknahme

oder

die Parteien verzichten auf die Beweisführung

oder

das Gericht hebt den Beweisbeschluß auf, weil es die Sache jetzt für spruchreif hält.

In den 3 Fällen hat die Beweisaufnahme weder ganz (d. i. hinsichtlich des ganzen Streitgegenstandes) noch teilweise (d. i. bezüglich eines Teiles des Streitgegenstandes) stattgefunden.

b) Klage auf Zahlung von 3 Darlehen zu 100 ℳ + 200 ℳ + 400 ℳ. Kontradiktorische Verhandlung. Beweisanordnung über 200 ℳ + 400 ℳ. Vernehmung zweier Zeugen über die Schuld von 200 ℳ. Klagezurücknahme über 200 ℳ + 400 ℳ. Beweiserhebung über 100 ℳ. Der Zeuge verweigert zu Recht das Zeugnis. Das Verfahren ruht.

$^{10}/_{10}$	Verhandlungsgebühr aus 700 ℳ (§§ 8, 18[1], 19, 12 Abs. 2.)	= 26.— ℳ
$^{10}/_{10}$	Beweisgebühr aus 200 ℳ	= 7.50 ℳ
$^5/_{10}$	„ „ 400 ℳ	= 7.50 ℳ
$^5/_{10}$	„ „ 100 ℳ	= 2.30 ℳ
		17.30 ℳ

(§§ 8, 18[2], 12 Abs. 1, 22 Abs. 1 u. 2.)

Keine Zurücknahmegebühr: § 46.

Bezüglich 200 ℳ ist der Beweis erhoben; bezüglich 400 ℳ und 100 ℳ hat eine Beweisaufnahme nicht stattgefunden. Eine solche liegt nur vor, wenn sie sich auf den Streitgegenstand, die Sache erstreckt; es genügt also zum Anfall der Gebühr nicht: der Aufruf des Zeugen, wenn seine Vernehmung zur Sache unterbleibt.

---

*) Abs. 2 ist beigefügt durch Ges. vom 29. 6. 81 (RGBl. 178).

Besteht die Beweisanordnung in der Einnahme des Augenscheins, so fällt die Beweisgebühr nur an, wenn das Ergebnis desselben zu Protokoll festgestellt wird. Unterbleibt die Feststellung z. B. wegen erfolgender Klagezurücknahme, so liegt ein Fall des § 22 Abs. 1 vor.

4.

Beispiele: Klage auf Zahlung von 600 ℳ.

a) Kontradiktorische Verhandlung. Beweisaufnahme. Vergleich.

Gebühren:

$^{10}/_{10}$ Verhandlungsgebühr (§§ 8, 18^{1}, 19).
$^{5}/_{10}$ Beweisgebühr (§§ 8, 18^{2}, 22 Abs. 2).
$^{3}/_{10}$ Vergleichsgebühr (§§ 8, 18^{3}, 23).

b) Kontradiktorische Verhandlung über 600 ℳ. Beweisaufnahme über 350 ℳ. Vergleich.

Gebühren:

$^{10}/_{10}$ Verhandlungsgebühr aus 350 ℳ (§§ 8, 18^{1}, 19, 12 Abs. 1, 21).
$^{5}/_{10}$ Beweisgebühr aus 350 ℳ (§§ 8, 18^{2}, 12 Abs. 1, 22 Abs. 2).
$^{3}/_{10}$ Vergleichsgebühr aus 600 ℳ (§§ 8, 18^{3}, 23).

c) Wie b. Nach Beweisaufnahme Klagezurücknahme bezüglich 600 ℳ wegen Bezahlung. Kontradiktorische Verhandlung über die Kostenpflicht. Vergleich darüber.

Gebühren:

$^{10}/_{10}$ Verhandlungsgebühr aus 600 ℳ.
$^{10}/_{10}$ Beweisgebühr aus 350 ℳ (§§ 8, $18^{1,2}$, 19, 12 Abs. 1).
Keine Zurücknahmegebühr (§ 46).
$^{3}/_{10}$ Vergleichsgebühr aus den Kosten (§§ 8, 18^{3}, 13 Abs. 3, 23).

Die Beweisgebühr ermäßigt sich nicht, weil ein Vergleich über die Hauptsache nicht vorliegt.

d) Kontradiktorische Verhandlung. Beweisaufnahme. Versäumnisurteil. Einspruch. Kontradiktorische Verhandlung. Vergleich.

Gebühren:

$^{10}/_{10}$ Verhandlungsgebühr (§§ 8, 18^{1}, 19).
$^{5}/_{10}$ Beweisgebühr (§§ 8, 18^{2}, 22 Abs. 2).
$^{10}/_{10}$ Entscheidungsgebühr für das Versäumnisurteil (§§ 8, 18^{3}, 32 Abs. 2).
$^{3}/_{10}$ Vergleichsgebühr (§§ 8, 23).

Für die Beweisgebühr besteht eine Einschränkung wie im § 21 (s. dort) nicht.

e) Kontradiktorische Verhandlung über die Zuständigkeitseinrede. Beschluß auf Verweisung. Kontradiktorische Verhandlung zur Hauptsache. Beweisaufnahme. Anerkenntnisurteil.

Gebühren.

Angefallen sind:

$^{5}/_{10}$ Verhandlungsgebühr aus 600 ℳ (§§ 8, 18^{1}, 26^{2}).
$^{10}/_{10}$ Verhandlungsgebühr aus 600 ℳ (§§ 8, 18^{1}, 19).

Erhoben werden nur $^{10}/_{10}$ aus 600 ℳ (§ 28 S. 2).
$^{5}/_{10}$ Beweisgebühr aus 600 ℳ (§§ 8, 18 ^{2}, 22 Abs. 2).
$^{5}/_{10}$ Entscheidungsgebühr aus 600 ℳ (§§ 8, 18 ^{3}, 26 ^{2}).
$^{3}/_{10}$ Entscheidungsgebühr aus 600 ℳ (§§ 8, 18 ^{3}, 23).
(Vgl. jedoch § 28 Anm. 5.)

f) Kontradiktorische Verhandlung. Beweisanordnung. Vor Beweiserhebung Verzichtsurteil.

Gebühren.

$^{10}/_{10}$ Verhandlungsgebühr (§§ 8, 18 ^{1}, 19).
$^{5}/_{10}$ Beweisgebühr (§§ 8, 18 ^{2}, 22 Abs. 1). Eine weitere Ermäßigung (auf ½ von $^{5}/_{10}$) infolge nachfolgenden Verzichturteils tritt nicht ein.
$^{3}/_{10}$ Entscheidungsgebühr (§§ 8, 18 ^{3}, 23).

g) Kontradiktorische Verhandlung. Bedingter Vergleich; für den Fall des Widerrufs Beweisbeschluß auf Eidesleistung. Vergleichswiderruf. Eidesverweigerung. Anerkenntnisurteil.

Gebühren.

$^{10}/_{10}$ Verhandlungsgebühr (§§ 8, 18 ^{2}, 19).
$^{5}/_{10}$ Beweisgebühr (§§ 8, 18 ^{2}, 22 Abs. 2).
$^{3}/_{10}$ Entscheidungsgebühr (§§ 8, 18 ^{3}, 23).
Bedingte Beweisanordnung gilt selbst bei Rechtskraft des Vergleichs als endgültige.

§ 22 a.*)

Für eine auf Grund des § 501 der Zivilprozeßordnung getroffene Anordnung des Gerichts wird die Beweisgebühr nur dann erhoben, wenn auf Grund der Anordnung vor der mündlichen Verhandlung eine Beweisaufnahme stattgefunden hat.[1]

1. Die vor der mündlichen Verhandlung getroffene Anordnung ist gebührenfrei, wenn sie nicht in der mündlichen Verhandlung durch Beweisaufnahme bestätigt wird. Die Beweisgebühr kommt dagegen zur Erhebung, wenn vor der Verhandlung eine Beweisaufnahme stattgefunden hat, mag es auch nicht mehr zu einer Verhandlung (infolge Klagezurücknahme) kommen.

§ 23.**)

Nur drei Zehnteile der Entscheidungsgebühr[1] werden erhoben für die auf Grund eines Anerkenntnisses oder Verzichts[2] erlassene Entscheidung.

Die Entscheidungsgebühr wird zu drei Zehnteilen auch für die Aufnahme eines zur Beilegung des Rechtsstreits abgeschlossenen Vergleichs[3] erhoben.[4]

---

*) Eingefügt durch Ges. vom 1. 6. 09 (RGBl. 475).
**) Fassung: Ges. vom 29. 6. 81 (RGBl. 178).

1. mag sie zu $^{10}/_{10}$, $^{5}/_{10}$, $^{6}/_{10}$ oder $^{3}/_{10}$ in Betracht kommen (§§ 18³, 25, 26, 27, 29).

2. Siehe § 21 Note 2.

3. Siehe § 21 Note 1.

4.

Beispiele: Klage auf Zahlung von 600 ℳ.

a) Kontradiktorische Verhandlung. Anerkenntnisurteil.
Keine Verhandlungsgebühr (§ 21).
$^{3}/_{10}$ Entscheidungsgebühr.

b) Kontradiktorische Verhandlung über die Zulässigkeit des Rechtswegs. Urteil auf Verwerfung der Einrede. Verhandlung zur Hauptsache. Vergleich: Beklagter zahlt zur Abfindung des Klageanspruchs 300 ℳ.

Gebühren.

$^{5}/_{10}$ Verhandlungsgebühr aus 600 ℳ (§§ 8, 18¹, 26²).
$^{5}/_{10}$ Entscheidungsgebühr aus 600 ℳ (§§ 8, 18³, 26²) und
$^{3}/_{10}$ Vergleichsgebühr aus 600 ℳ (nicht etwa 300 ℳ; denn durch den Vergleich wird die Klageforderung zu 600 ℳ erledigt) — §§ 8, 18³, 23.
Vgl. § 28 Anm. 5.

c) Kontradiktorische Verhandlung. Beschränkung der Verhandlung auf den Grund des Anspruchs. Urteil: Der Grund des Anspruchs ist gerechtfertigt. Vergleich über den Betrag.

Gebühren:

$^{10}/_{10}$ Verhandlungsgebühr (§§ 8, 18¹, 19). § 21 kommt nicht in Betracht (s. Beisp. dort).
{ $^{10}/_{10}$ Entscheidungsgebühr aus 600 ℳ für das Urteil.
{ $^{3}/_{10}$ Vergleichsgebühr aus 600 ℳ (§§ 8, 18³, 23).

Erhoben werden nur $^{10}/_{10}$ Entscheidungsgebühr aus 600 ℳ (§ 28).

d) Versäumnisurteil. Einspruch. Vergleich.

Gebühren:

$^{10}/_{10}$ Entscheidungsgebühr für das Versäumnisurteil.
$^{3}/_{10}$ Vergleichsgebühr (§§ 8, 18³, 23).

Hier trifft § 28 nicht zu; die beiden Gebühren werden neben einander erhoben (s. § 32 Abs. 2).

e) Bedingtes Endurteil und Vergleich s. § 24 Note 3 Beisp. b.

f) Vergleich: B bezahlt zur Abfindung des Klaganspruchs und zweier weiterer Ansprüche des A zu 400 ℳ an A 900 ℳ.

$^{3}/_{10}$ Vergleichsgebühr aus 600 ℳ (nicht aus 600 + 400 = 1000 ℳ). Werden in dem Vergleich außer der Klageforderung noch andere (außerhalb eines Prozesses stehende) Forderungen mitverglichen, so kommt die $^{3}/_{10}$ Gebühr nur aus der Klageforderung zur Erhebung. Ob darüber hinaus noch eine weitere landesgesetzliche Gebühr anzusetzen ist, richtet sich nach § 2 Abs. 2. — Vgl. hierher auch § 101 und die Anmerkung daselbst.

g) Kontradiktorische Verhandlung über 600 ℳ. Beweisaufnahme bezüglich 350 ℳ. Teilendurteil bezüglich 350 ℳ. Beweiserhebung über 250 ℳ Vergleich über 600 ℳ.

Gebühren:

$^{10}/_{10}$ Verhandlungsgebühr aus 600 ℳ (§§ 8, 18[1], 19, 12 Abs. 1).
{ $^{10}/_{10}$ Beweisgebühr aus 350 ℳ (§§ 8, 18[2], 12[1]) = 15.— ℳ
{ $^{5}/_{10}$ „ „ 250 ℳ (§§ 8, 18[2], 22 Abs. 2) = 11.— ℳ
26.— ℳ

Da die $^{10}/_{10}$ Gebühr aus 350 ℳ + 250 ℳ = 600 ℳ nur 20 ℳ beträgt, kommt nur dieser Betrag zur Erhebung (§ 12 Abs. 2).

$^{10}/_{10}$ Entscheidungsgebühr aus 350 ℳ (§§ 8, 18[3], 12 Abs. 1.) = 15.— ℳ
$^{3}/_{10}$ Entscheidungsgebühr aus 250 ℳ (§§ 8, 18[3], 12 Abs. 1, 23 Abs. 2.) = 3.30 ℳ
18.30 ℳ

Da die $^{10}/_{10}$ Gebühr aus 600 ℳ 26 ℳ beträgt, kommen die einzeln berechneten Gebühren zu 15 ℳ + 3.30 ℳ zur Erhebung (§ 12 Abs. 2).

Wenn auch der Vergleich über 600 ℳ geht, so darf die $^{3}/_{10}$ Gebühr doch nur noch aus dem Teil des Streitgegenstandes erhoben werden, der noch nicht Gegenstand einer Entscheidung war.

h) Wechselprozeß über 500 ℳ, 9.80 ℳ Protestkosten und Spesen. Streitwert: 500 ℳ. Kontradiktorische Verhandlung. Vergleich: Beklagter zahlt zur Abfindung der Klageforderung zu 509.80 ℳ und zur Erledigung der weiter gegen ihn anhängigen Zivilklage auf Zahlung von 400 ℳ an Kläger 800 ℳ.

Gebühren:

$^{3}/_{10}$ von $^{6}/_{10}$ Vergleichsgebühr aus 500 ℳ (§§ 8, 18[3], 23, 25.) = 3.60 ℳ
$^{3}/_{10}$ aus 400 ℳ (§§ 8, 18[3], 23) = 4.50 ℳ
8.10 ℳ

Da die $^{3}/_{10}$ Gebühr aus 900 ℳ nur 7.80 ℳ beträgt, darf nur sie erhoben werden (§ 12 Abs. 2).

i) Kontradiktorische Verhandlung. Vertagung. Die Streitsache wird gelegentlich des Vergleiches einer zwischen den Parteien anhängigen Privatklagesache mitverglichen und eine beglaubigte Abschrift des Vergleiches dem Zivilakt einverleibt.

Gebühren: $^{10}/_{10}$ Verhandlungsgebühr. Ein vom „Zivilgericht" in der Streitsache aufgenommener Vergleich, also ein gerichtlicher Vergleich im Sinne der §§ 21, 23 liegt nicht vor.

k) Klage auf Einstellung des Kegelbahnbetriebs wegen übermäßigen Lärms eventuell auf Minderung des zu starken Lärms. Streitwert ist der Kostenaufwand, der zur Verhinderung des Überdringens des Lärms erforderlich ist, nicht der Gewinnentgang infolge gänzlicher Betriebseinstellung. Nach Verhandlung. Vergleich: Kläger nimmt die Klage zurück. Jeder Teil trägt die Hälfte der Kosten.

$^{3}/_{10}$ gemäß §§ 23, 18[3] (Recht 7, 240).

Gleich zu behandeln ist der Fall, daß im Vergleichswege Kläger nach kontradiktorischer Verhandlung die Klage zurücknimmt und Beklagter nur zustimmt.

l) Klage aus § 767 ZPO. (Hauptsache 170 ℳ; die Zinsen betragen 8 ℳ, die Kosten 55 ℳ). Streitwert: 170 ℳ (§ 4 ZPO.; RGZ. 28, 429). Nach Verhandlung Vergleich. Im gleichen Verfahren: Anfechtung des Vergleichs. Verhandlung über die Rechtsgültigkeit und den Antrag auf Rückzahlung der Vergleichssumme zu 120 ℳ. Endurteil: Der Vergleich ist gültig......

$^{3}/_{10}$ Vergleichsgebühr aus 170 ℳ (§§ 23, 18³) = 2.30 ℳ
$^{10}/_{10}$ Verhandlungsgebühr aus 170 ℳ + 120 ℳ = 290 ℳ = 11.— ℳ
(§§ 18¹, 19; § 5 ZPO.)
$^{10}/_{10}$ Entscheidungsgebühr aus 290 ℳ (§ 18³; § 5 ZPO.) = 11.— ℳ

Nach § 28 dürfen nur $^{10}/_{10}$ Entscheidungsgebühr erhoben werden, da eine Instanz vorliegt. Ist die $^{3}/_{10}$ Gebühr schon erhoben, so kommen nach Erlaß des Endurteils noch zur Erhebung: 11.— ℳ — 2.30 ℳ = 8.70 ℳ (RGZ. 65, 420; OLGRspr. 21, 130, 131).

§ 24.

Ein bedingtes Urteil (Zivilprozeßordnung § 460) gilt für die Gebührenerhebung als Beweisanordnung; das Urteil, durch welches das bedingte Urteil erledigt wird [1] (Zivilprozeßordnung § 462 Abs. 2), als Entscheidung im Sinne des § 18 Nr. 3.

Ist jedoch das bedingte Urteil in der Instanz, in welcher es ergangen ist, bis zum Eintritt der Fälligkeit [2] der Gebühren nicht erledigt, so wird für dasselbe die Entscheidungsgebühr erhoben, vorbehaltlich der Berichtigung des Gebührenansatzes nach Maßgabe der Vorschriften des ersten Absatzes für den Fall einer nachträglichen Erledigung des Urteils in derselben Instanz. [3]

1. d. i. das Läuterungsurteil. — Keine Erledigung im Sinne des Abs. 1 des § 24 ist: Vergleich, Klagezurücknahme, Anerkenntnisurteil usw.

2. §§ 93, 94.

3.

Beispiele: Klage auf Zahlung von 210 ℳ.

a) Kontradiktorische Verhandlung. Beweisaufnahme. Bedingtes Endurteil. Nach Leistung des Eides Läuterungsurteil.

Gebühren:

$^{10}/_{10}$ Verhandlungsgebühr (§§ 8, 18¹, 19).
$^{10}/_{10}$ Beweisgebühr (§§ 8, 18², 24 Abs. 1 Halbs. 1 „es liegen hinsichtlich des gleichen Streitgegenstandes zwei gebührenpflichtige Beweisanordnungen vor; nach § 28 nur eine Beweisgebühr".)
$^{10}/_{10}$ Entscheidungsgebühr (§§ 8, 18³, 24 Abs. 2).

b) Kontradiktorische Verhandlung. Beweisaufnahme. Bedingtes Endurteil. Vor Eidesleistung gerichtlicher Vergleich.

Gebühren:

$^{10}/_{10}$ Verhandlungsgebühr (§§ 8, 18[1]).
½ von $^{10}/_{10}$ = $^{5}/_{10}$ Beweisgebühr (§§ 8, 18[2], 22 Abs. 2, 24 Abs. 1, 28).
$^{10}/_{10}$ Entscheidungsgebühr (§§ 8, 18[3], 24 Abs. 1).

Das bedingte Urteil ist nicht im Sinne des § 24 Abs. 2 erledigt, gilt daher für die Berechnung der Gebühren als Entscheidung. Als Gebühr ist hierfür zu erheben: $^{10}/_{10}$ der Sätze des § 8. Für den Vergleich kämen an sich $^{3}/_{10}$ der Sätze des § 8 in Ansatz; dies darf jedoch nicht geschehen, weil die $^{3}/_{10}$ Gebühr durch die $^{10}/_{10}$ Gebühr absorbiert wird (§ 28).

Die Beweisgebühr kommt nur zur Hälfte zum Ansatz, weil der Rechtsstreit durch Vergleich erledigt wird. Daß nicht die Vergleichs-, sondern eine andere ($^{10}/_{10}$) Gebühr erhoben wird, ist ohne Einfluß.

c) Kontradiktorische Verhandlung. Bedingtes Endurteil. Zurücknahme der Klage.

Gebühren:

$^{10}/_{10}$ Verhandlungsgebühr (§§ 8, 18[1], 19).
$^{10}/_{10}$ Entscheidungsgebühr (§§ 8, 18[3], 24 Abs. 1 Halbs. 2).
Keine Zurücknahmegebühr: § 46.

d) Kontradiktorische Verhandlung. Bedingtes Endurteil. Tod des Schwurpflichtigen. Weitere kontradiktorische Verhandlung. Abweisung der Klage.

Gebühren: je $^{10}/_{10}$ Verhandlungs- und Entscheidungsgebühr (§§ 8, 18[1,3], 19, 24 Abs. 1 Halbs. 2).

e) Kontradiktorische Verhandlung. Bedingtes Endurteil. Berufung. Kontradiktorische Verhandlung. Beweis durch Zeugen. Klagabweisung.

Gebühren:

I. Instanz: je $^{10}/_{10}$ Verhandlungs- und Entscheidungsgebühr (§§ 8, 18[1,3], 19, 24 Abs. 2).
II. Instanz: je $1^{1}/_{4}$ Verhandlungs-, Beweis- und Entscheidungsgebühr (§§ 8, 18[1,3], 19, 49).

f) Kontradiktorische Verhandlung. Beweis durch Zeugen. Bedingtes Endurteil. Berufung. Kontradiktorische Verhandlung. Zeugenbeweis. Abweisung der Klage.

Gebühren:

I. Instanz: je $^{10}/_{10}$ Verhandlungs-, Beweis- und Entscheidungsgebühr (§§ 8, 18[1–3], 19, 24 Abs. 2).
II. Instanz: wie bei e.

g) Wie vor. — Zurückweisung der Berufung. Läuterungsurteil in 1. Instanz.

Gebühren:

I. Instanz: je $^{10}/_{10}$ Verhandlungs-, Beweis- und Entscheidungsgebühr (§§ 8, 18[1–3], 19, 24 Abs. 1, 28). Das bedingte Endurteil gilt als Beweisanordnung, weil es später in der gleichen Instanz „erledigt" wurde.
II. Instanz: wie f.

h) Erste Terminsbestimmung 10. 1. 11. Kontradiktorische Verhandlung am 17. 1. 11. Beweisaufnahme. Bedingtes Endurteil am 17. 11. 11. Berufung. Kontradiktorische Verhandlung. Mehrfache Vertagung. Am 15. 1. 12 Urteil auf Zurückweisung der Berufung. Nach Leistung des Eides in II. Instanz: Läuterungsurteil; darnach hat der Kläger die Kosten des Rechtsstreits zu tragen.

Gebühren: Am 17. 1. 11 ist vom Kläger zu erheben:
$^{10}/_{10}$ Gebührenvorschuß aus 200 ℳ (§ 81) = 11.— ℳ

Nach der ersten kontradiktorischen Verhandlung vor dem Berufungsgericht ist vom Berufungskläger zu erheben ein Gebührenvorschuß von
$1^1/_4$ aus 210 ℳ (§§ 8, 18^1, 81, 49) = 13.80 ℳ

Am 11. 1. 12 (§§ 187 Abs. 1, 188 Abs. 2 BGB.) sind zu Soll zu stellen (§ 94):

I. Instanz:

$^{10}/_{10}$	Verhandlungsgebühr aus 210 ℳ (§§ 8, 18^1, 19)	= 11.— ℳ
$^{10}/_{10}$	Beweisgebühr — Zeugenvernehmung — (§§ 8, 18^2)	= 11.— ℳ
$^{10}/_{10}$	Entscheidungsgebühr — das bedingte Urteil ist noch nicht erledigt — (§§ 8, 18^3, 24 Abs. 2)	= 11.— ℳ
	Summe:	33.— ℳ
	ab Gebührenvorschuß	11.— ℳ
	Kläger hat noch zu zahlen (§§ 89, 94^1):	22.— ℳ

Die Gebühren II. Instanz sind nach Erlaß des Läuterungsurteils einzuheben; sie betragen:

je $1^1/_4$ Verhandlungs- und Entscheidungsgebühr	= 13.80 ℳ
	+ 13.80 ℳ
	27.60 ℳ
ab Gebührenvorschuß	13.80 ℳ
noch zu erheben:	13.80 ℳ

Die Kosten in I. Instanz bleiben die gleichen, weil das bedingte Endurteil nicht in der I. Instanz erledigt ist, also in dieser als Entscheidung gilt. Die beiden Urteile in II. Instanz ziehen nur die einmalige Entscheidungsgebühr nach sich (§ 28).

i) Kontradiktorische Verhandlung. Beweisaufnahme. Bedingtes Endurteil. Berufung. Kontradiktorische Verhandlung. Anderes bedingtes Endurteil. Läuterungsurteil.

Gebühren:

I. Instanz: je $^{10}/_{10}$ Verhandlungs-, Beweis- und Entscheidungsgebühr (§§ 8, 18^{1-3}, 19, 24 Abs. 2).

II. Instanz: je $1^1/_4$ Verhandlungs-, Beweis- und Entscheidungsgebühr (§§ 8, 18^{1-3}, 19, 24 Abs. 1).

k) Klage über 300 ℳ. Kontradiktorische Verhandlung. Zeugenvernehmung über 100 ℳ. Endurteil, unbedingt über diese 100 ℳ, bedingt über 200 ℳ. — Berufung. Kontradiktorische Verhandlung. Verwerfung der Berufung. Läuterungsurteil über 200 ℳ in I. Instanz.

Gebühren:

Vor Erlaß des Berufungsurteils waren gemäß § 94 Nr. 1 zu erheben:

$^{10}/_{10}$ Verhandlungsgebühr aus 300 ℳ (§§ 8, 18¹, 19).
$^{10}/_{10}$ Beweisgebühr aus 100 ℳ (§§ 8, 18², 12 Abs. 1).
$^{10}/_{10}$ Entscheidungsgebühr aus 300 ℳ (§§ 8, 18³, 12 Abs. 2, 24 Abs. 2).

Für die II. Instanz fielen an:

je $1^1/_4$ Verhandlungs- und Entscheidungsgebühr (§§ 8, 18¹,³, 19, 49).

Nach Erlaß des Läuterungsurteils war der Gebührenansatz für die I. Instanz wie folgt zu berichtigen:

$^{10}/_{10}$ Verhandlungsgebühr aus 300 ℳ (§§ 8, 18¹, 19).
$^{10}/_{10}$ Beweisgebühr aus 300 ℳ (§§ 8, 18², 12 Abs. 2, 24 Abs. 1 Halbs. 1).
$^{10}/_{10}$ Entscheidungsgebühr aus 300 ℳ (§§ 8, 18³, 12 Abs. 2, 24 Abs. 1 Halbs. 2 u. Abs. 2).

Hätte das Berufungsgericht selbst das Läuterungsurteil erlassen (§ 537 ZPO.), dann wäre eine Erhöhung der Beweisgebühr in I. Instanz nicht eingetreten. Auch in der II. Instanz wären die Gebühren die gleichen geblieben ($1^1/_4$ Verhandlungs- und Entscheidungsgebühr); denn in II. Instanz ist ein bedingtes Endurteil, das als Beweisanordnung zu besteuern wäre, nicht ergangen. In der Bestätigung des bedingten Urteils I. Instanz kann ein selbständiges bedingtes Endurteil der II. Instanz, das im vorliegenden Falle als Beweisanordnung zu gelten hätte, nicht erblickt werden.

§ 25.

Sechs Zehnteile der Gebühr (§§ 18 bis 14)[1] werden erhoben, wenn der Akt[2] im Urkunden- oder Wechselprozesse[3] (Zivilprozeßordnung §§ 592 bis 605)[4] erfolgt.[5]

1. Fällt im Urkunden- und Wechselprozeß eine Gebühr nach § 26 an, so sind $^5/_{10}$ aus $^{10}/_{10}$, nicht $^5/_{10}$ von $^6/_{10}$ zu erheben; denn § 26 ist im § 25 nicht genannt. § 24 kommt für Prozesse des § 25 nicht in Betracht (§ 595 Abs. 4).

2. d. i. die kontradiktorische Verhandlung, die Beweisanordnung oder eine andere Entscheidung (§ 18¹⁻³).

3. Daß im Urkunden- und Wechselprozesse geklagt wird, muß in der Klage enthalten sein (§§ 593 Abs. 1, 604 Abs. 1).

4. oder im Scheckprozeß (§ 28 ScheckG. v. 11. 3. 08).

5.
Beispiele: Klage im Wechselprozeß auf Zahlung von 400 ℳ.

a) Kontradiktorische Verhandlung. Beweiserhebung. Vergleich.

Gebühren:

$^6/_{10}$ Verhandlungsgebühr (§§ 8, 18¹, 19, 25)	=	9.— ℳ
½ von $^6/_{10}$ Beweisgebühr (§§ 8, 18², 22 Abs. 2, 25)	=	4.50 ℳ
$^3/_{10}$ von $^6/_{10}$ Vergleichsgebühr (§§ 8, 18³, 23, 25)	=	2.70 ℳ

b) Klagezurücknahme:
$^1/_{10}$ von $^6/_{10}$ Zurücknahmegebühr (§§ 8, 46).

c) Urkundenprozeß. Kontradiktorische Verhandlung. Beklagter bestreitet die Zulässigkeit des „Urkunden"prozesses. Kläger erklärt, daß er von dem „Urkunden"prozeß abstehe. Ordentliches Verfahren.

Gebühren:

$^6/_{10}$ Verhandlungsgebühr (§§ 8, 18¹, 19, 25).
dann: die $^{10}/_{10}$ Gebühren (§ 18¹⁻³) im ordentlichen Verfahren, das für die Gebührenerhebung als besonderer Rechtsstreit gilt (§ 33).

Angenommen Kläger hätte nach kontradiktorischer Verhandlung im ordentlichen Verfahren die Klage zurückgenommen, so wären angefallen außer der $^6/_{10}$ Verhandlungsgebühr noch eine $^{10}/_{10}$ Verhandlungsgebühr (§§ 25, 33, 18¹), dagegen keine Zurücknahmegebühr (§ 46).

d) Mahnverfahren wegen einer Wechselforderung. Widerspruch. Kontradiktorische Verhandlung usw.

Gebühren: Es liegt kein Wechselprozeß, sondern ein ordentlicher Prozeß vor (s. Anm. 3). Besteuerung der Akte mit $^{10}/_{10}$, nicht mit $^6/_{10}$.

§ 26.*) [1]

Fünf Zehnteile der Gebühr (§§ 18 bis 24) [2] werden erhoben, wenn der Akt [3] ausschließlich [4] betrifft:

1. prozeßhindernde Einreden (Zivilprozeßordnung § 274); [5]
2. die Unzuständigkeit des Gerichts, die Unzulässigkeit des Rechtsweges, den Mangel der Parteifähigkeit, der Prozeßfähigkeit, der Legitimation eines gesetzlichen Vertreters oder der erforderlichen Ermächtigung zur Prozeßführung, sofern dieselben von Amts wegen berücksichtigt sind (Gerichtsverfassungsgesetz § 17 Abs. 1, Zivilprozeßordnung §§ 40, 56); [6]
3. die Entlassung des Beklagten aus dem Rechtsstreit (Zivilprozeßordnung §§ 75 bis 77), oder die Uebernahme des Rechtsstreites durch den Rechtsnachfolger (Zivilprozeßordnung § 266);
4. die Aufnahme eines unterbrochenen oder ausgesetzten Verfahrens (Zivilprozeßordnung §§ 239 bis 250); [7]
5. die Zulässigkeit der Wiedereinsetzung in den vorigen Stand, [8] der Berufung, Revision oder der Wiederaufnahme des Verfahrens [9] oder die Zurücknahme eines Rechtsmittels [10] (Zivilprozeßordnung §§ 238, 515 Abs. 3 §§ 535, 566, 589);

*) Nr. 2 und 10 sind ergänzt durch Ges. v. 17. 5. 98 (RGBl. 332).

6. den Einspruch [11] (Zivilprozeßordnung §§ 341, 345, 346, 700), sowie die gegen ein Versäumnisurteil eingelegten Rechtsmittel (Zivilprozeßordnung § 513 Abs. 2, § 566); [12]
7. die vorläufige Vollstreckbarkeit eines Urteils; [13]
8. die Erteilung der Vollstreckungsklausel, sofern sie im Wege der Klage beantragt oder angefochten wird (Zivilprozeßordnung §§ 731, 738, 742, 744, 745 Abs. 2, §§ 749, 768), [14] oder Einwendungen gegen die Zwangsvollstreckung, welche den Anspruch selbst betreffen, sofern der § 767 Abs. 2 oder § 796 Abs. 2 der Zivilprozeßordnung Anwendung findet, [15] oder die Zulassung der Zwangsvollstreckung aus dem Urteil eines ausländischen Gerichts oder aus einem Schiedsspruche (Zivilprozeßordnung §§ 722, 1042); [16]
9. die Anordnung, Abänderung oder Aufhebung eines Arrestes oder einer einstweiligen Verfügung, sofern die Entscheidung durch Endurteil zu treffen ist (Zivilprozeßordnung § 922 Abs. 1, §§ 925, 926 Abs. 2 §§ 927, 936); [17]
10. die Unzulässigkeit des schiedsrichterlichen Verfahrens oder die Aufhebung eines Schiedsspruchs (Zivilprozeßordnung § 1046).

Ist in den Fällen der Nr. 1, 2 der Kläger abgewiesen, oder in den Fällen der Nr. 5, 6 die Wiedereinsetzung, Berufung, Revision, Wiederaufnahme oder der Einspruch als unzulässig verworfen, so werden auch für eine Verhandlung zur Hauptsache nur fünf Zehnteile der Gebühr erhoben, sofern die Entscheidung auf diese Verhandlung ergangen ist. [18]

1. § 26 betrifft Nebenstreitigkeiten, bei deren Entscheidung ein Eingehen auf den erhobenen Anspruch selbst nicht erfolgt; daher die erheblich geringeren Gebührensätze. Sind auf den gleichen Akt mehrere Bestimmungen des § 26 anwendbar, so hat nicht eine mehrfache Teilung der Gebühr einzutreten.

2. Keine Anwendung im Urkunden-, Wechsel- und Scheckprozeß sowie in den im § 27 bezeichneten Verfahren (s. § 25 Note 1).

3. d. i. die kontradiktorische Verhandlung, die Beweisanordnung und die Entscheidung (§ 18 1—3).

4. Trifft die Gebühr des § 26 in dem gleichen Verfahren mit einer vollen Gebühr bezüglich des gleichen Streitgegenstandes und Aktes zusammen, so kommt nur die $^{10}/_{10}$ Gebühr zur Erhebung. Trifft die $^{5}/_{10}$ Gebühr mit einer $^{3}/_{10}$ Gebühr zusammen, so kommen beide zum Ansatz (GruchotsBeitr. 44, 1232; JW. 99, 541).

5. d. s. nur die Einrede a) der Unzuständigkeit des Gerichts, b) der Unzulässigkeit des Rechtswegs, c) die Einrede, daß die Entscheidung des Rechtsstreits durch Schiedsrichter zu erfolgen habe, d) die Einrede der Rechtshängigkeit, der mangelnden Sicherheit für die Prozeßkosten, e) die

Einrede, daß die zur Erneuerung des Rechtsstreits erforderliche Erstattung der Kosten des früheren Verfahrens noch nicht erfolgt sei, f) die Einrede der mangelnden Parteifähigkeit, g) der mangelnden Prozeßfähigkeit oder h) der mangelnden gesetzlichen Vertretung. — All diese Einreden sind **von den Parteien geltend zu machen.** (Nur im amtsgerichtlichen Verfahren hat der Richter die unter a, b, f, g von Amts wegen zu prüfen; s. § 26 Z. 2).

Bei anderen als den unter a—h aufgezählten Einreden (z. B. der Einrede aus §§ 269, 272, 320 HGB. — vorgängige Sicherheitsleistung bzw. Hinterlegung von Aktien —, der Einrede der mangelnden Vollmacht, des Verlustes des Klagerechts, der mangelnden Aktiv- oder Passivlegitimation, der rechtskräftig entschiedenen Sache, der Vorausklage bei Bürgschaft, der Unzulässigkeit der gewählten Prozeßart usw.) trifft § 26 Nr. 1 nicht zu. Werden sie vorgebracht, so tritt Besteuerung mit den vollen Gebühren ein. Das gleiche trifft zu bezüglich der Versäumnisurteile nach den §§ 635, 638, 640 ZPO.; für sie ist eben eine andere als die $^{10}/_{10}$ **Gebühr nicht** bestimmt (a. A. Rittmann [5] § 26 Nr. 1 Anm. 6).

Streitwert ist auch bei Zutreffen des § 26 der des Klaganspruchs (RGZ. 40, 416).

Beispiele: Klage auf Zahlung von 700 ℳ eventuell auf solche von 490 ℳ. Streitwert ist der höhere Wert = 700 ℳ (RGZ. 58, 295; JW. 03, 174) auch dann, wenn der Fall, für den der event. Antrag geltend gemacht worden ist, nicht eingetreten ist (JW. 00, 10[1]).

a) Beklagter bestreitet die Zulässigkeit des Rechtswegs. Kontradiktorische Verhandlung darüber. Abweisung der Klage (wegen Zuständigkeit der Verwaltungsbehörden).

Gebühren: je $^{5}/_{10}$ Verhandlungs- und Entscheidungsgebühr (§§ 8, 18[1], 19, 18[3], 26[1]).

b) Wie a. Kontradiktorische Verhandlung über die Einrede und die Hauptsache. Klagabweisung wegen Unzuständigkeit.

Gebühren wie bei a, obgleich auch zur Hauptsache kontradiktorisch verhandelt ist; denn die Entscheidung über die Einrede ist „auf" diese Einrede ergangen: es liegt zwischen ihr und dem Urteil keine Beweisanordnung über die Hauptsache (§ 26 Abs. 2).

c) Wie vor. Nach Verhandlung sofortige Zeugenvernehmung über Einrede und Hauptsache. Urteil wie a.

Gebühren:

je $^{10}/_{10}$ Verhandlungs- und Beweisgebühr (§§ 8, 18[1, 2], 19).
$^{5}/_{10}$ Entscheidungsgebühr (§§ 8, 18[3], 26[1]).

d) Kontradiktorische Verhandlung über die Einrede der Unzuständigkeit des Gerichts. Verwerfung der Einrede durch Zwischenurteil. Verhandlung zur Hauptsache. Beweisaufnahme. Klagezurücknahme.

Gebühren:

$^{10}/_{10}$ Verhandlungsgebühr (§§ 8, 18[1], 19, 26[1], 28; es fallen an sich zwei Verhandlungsgebühren — $^{5}/_{10}$ und $^{10}/_{10}$ — an; erhoben dürfen aber nur werden: $^{10}/_{10}$).

$^{10}/_{10}$ Beweisgebühr (§§ 8, 18²).
$^{5}/_{10}$ Entscheidungsgebühr für das Zwischenurteil (§§ 8, 18³, 26¹).
Keine Zurücknahmegebühr: § 46.

e) Einrede der mangelnden Sicherheit der Prozeßkosten. Kontradiktorische Verhandlung. Fristsetzung nach § 113. Nach Ablauf der Frist Urteil: „Die Klage wird für zurückgenommen erklärt." Gebühren: je $^{5}/_{10}$ Verhandlungs- und Entscheidungsgebühr (§§ 18¹,³, 19, 26¹). — Streitwert: Die Hauptsache, nicht der voraussichtliche Kostenbetrag.

f) Klage (800 ℳ). Verhandlung über die Einrede der Rechtshängigkeit. Zwischenurteil auf Verwerfung der Einrede. Kontradiktorische Verhandlung über 400 ℳ. Beweiserhebung über 400 ℳ. Vergleich über 800 ℳ.

Gebühren:

$^{5}/_{10}$ Verhandlungsgebühr aus 400 ℳ = 7.50 ℳ
$^{10}/_{10}$ „ „ 400 ℳ = 15.— ℳ
(§§ 8, 18¹, 19, 26¹, 12 Abs. 2; bezüglich des Wertsteiles zu 400 ℳ fiel an sich die $^{5}/_{10}$ und $^{10}/_{10}$ Gebühr an; nach § 28 darf nur die $^{10}/_{10}$ Gebühr erhoben werden; daher $^{5}/_{10}$ aus 400 ℳ, die nur Gegenstand der Einrede waren, und $^{10}/_{10}$ aus 400 ℳ).
½ von $^{10}/_{10}$ = $^{5}/_{10}$ Beweisgebühr aus 400 ℳ = 7.50 ℳ
(§§ 8, 18², 22 Abs. 2, 12 Abs. 1.)
$^{5}/_{10}$ Entscheidungsgebühr aus 800 ℳ = 7.50 ℳ
(§§ 8, 18³, 23, 26¹); und
$^{3}/_{10}$ Vergleichsgebühr (§§ 8, 18³, 23). § 28 trifft hier nicht zu (s. dort Anm. 5).

g) Klage (400 ℳ). Beklagter beantragt Abweisung der Klage, weil Kläger nicht zur Klagestellung berechtigt sei (Einrede der mangelnden Aktivlegitimation). Endurteil.
Gebühren: je $^{10}/_{10}$ Verhandlungs- und Entscheidungsgebühr (§§ 8, 18¹⁻³, 19).

h) Klage (400 ℳ). Einrede der Unzuständigkeit des Gerichts. Nach kontradiktorischer Verhandlung darüber und zur Hauptsache Verweisung des Rechtsstreits an ein anderes Gericht.

Gebühren:

$^{10}/_{10}$ Verhandlungsgebühr (§§ 8, 18¹, 19; § 26 Abs. 2 trifft nicht zu).
$^{5}/_{10}$ Entscheidungsgebühr (§§ 8, 18³, 26¹,²). — Vgl. **§ 30.**

6. Im amtsgerichtlichen Verfahren sind die in Z. 2 genannten Einreden (die nur teilweise unter § 274 ZPO. fallen) von Amts wegen zu berücksichtigen.

Beispiele: Klage (350 ℳ).

a) Im 1. Termin erfolgt Klagabweisung auf Grund Prüfung von Amts wegen (§ 56).
Gebühr: $^{5}/_{10}$ Entscheidungsgebühr (§§ 8, 18³, 26²).

b) Einrede des Mangels der Legitimation des gesetzlichen Vertreters. Verhandlung darüber. Verwerfung der Einrede. Ruhen des Prozesses.

Gebühren:

je $^{10}/_{10}$ Verhandlungs- und Beweisgebühr (§§ 8, 18[1,2]; das Gericht hat die Legitimation .... von Amts wegen geprüft und für gegeben erachtet. Die Verhandlung infolge des Bestreitens des Beklagten und die Entscheidung betraf keiner Einrede des § 26[1], daher volle Gebühr. Die $^{5}/_{10}$ Gebühr fällt nur an, wenn die Verhandlung sich infolge der Prüfung des Gerichts ergeben hat).

Unterschied von Z. 1 u. 2: Das Urteil über die prozeßhindernden Einreden (Z. 1) ist ein Zwischenurteil, wenn es die Einrede verwirft, und in betreff der Rechtsmittel Endurteil. Das Urteil infolge Z. 2 ist als Zwischenurteil nur mit dem Endurteil anfechtbar (RGZ. 11, 390; 15, 399).

7. Z. 4 des § 26 trifft nur zu, wenn über die Aufnahme eines Rechtsstreits keine Einigkeit besteht, wenn also z. B. im Falle des § 239 Abs. 2, 3 die Rechtsnachfolge oder in den Fällen der §§ 239 Abs. 5, 240, 242, 243 die Verpflichtung zur Aufnahme des Rechtsstreits bestritten wird; keine Gebühr fällt an, wenn sich die Aufnahme ohne kontradiktorische Verhandlung und besondere Entscheidung vollzieht (wie z. B. im Falle des § 239 Abs. 4) oder wenn die Fortsetzung ohne besondere Aufnahme durch eine einfache Anzeige (§ 241) erfolgt oder die Aufnahme freiwillig erklärt wird (§§ 239 Abs. 1, 240) oder durch Versäumung der Frist (§ 244 Abs. 2 ZPO.) als erfolgt gilt. — Unter § 26[4] fällt auch der Streit darüber, ob die Aufnahme zulässig oder rechtsgültig ist.

8. Die Gebühr des § 26[5] erhöht sich nicht, wenn neben der Zulässigkeit der Wiedereinsetzung über die Zulässigkeit der nachgeholten Prozeßhandlung im übrigen (formgerechte Einlegung, Statthaftigkeit) verhandelt wird. Ergeht Entscheidung auf Zulässigkeitserklärung (durch Zwischenurteil), so wird die Gebühr dafür durch die nachfolgende gleiche Aktgebühr in der Hauptsache absorbiert (§ 28). Zur Erhebung einer besonderen Gebühr kommt es nur, wenn der Wiedereinsetzungsantrag zurückgewiesen wird; die Entscheidungsgebühr ist dann stets, die Verhandlungsgebühr nur zu erheben, wenn über den Antrag kontradiktorisch verhandelt ist, also nicht, wenn das Gericht, ohne daß der Gegner widersprochen hatte, den Antrag von Amts wegen zurückgewiesen hat. — Zu $^{5}/_{10}$ kommt die Verhandlungsgebühr auch zum Ansatz, wenn sich die kontradiktorische Verhandlung auf die Hauptsache erstreckt hat, die Wiedereinsetzung aber „auf" diese Verhandlung hin zurückgewiesen wurde (s. § 26 Anm. 5 Beispiel b). Eine Beweisgebühr kommt nur in Frage, wenn über die Tatsachen, welche den Wiedereinsetzungsantrag begründen sollen (§ 236 Nr. 1, 2 ZPO.), eine Beweisanordnung ergangen ist, nicht dagegen, wenn das Gericht aus den Prozeßakten selbst in Verbindung mit den Zustellungsurkunden die Glaubhaftmachung als geführt oder als mißlungen (z. B. im Falle des § 235) erachtete.

9. Das bezüglich der Zulässigkeit der Wiedereinsetzung in Anm. 8 Gesagte gilt auch für das Verfahren betreffend die Zulässigkeit der Berufung, Revision und Wiederaufnahme des Verfahrens. Nach Z. 5 ist auch zu besteuern der Beschluß über die Verwerfung der Revision (§ 554a).

10. Für die Verhandlung und Entscheidung über die Folgen der Zurücknahme eines Rechtsmittels (d. i. Verlust des Rechtsmittels und Kostenpflicht) kommen $^5/_{10}$ Gebühren aus der Hauptforderung zur Erhebung. Beschränkt sich der Antrag des Gegners auf die Kosten, so sind diese allein maßgebend; für die Hauptsache kommt dann die Zurücknahmegebühr (§ 46) in Ansatz (RGZ. 44, 414).

11. Siehe § 32 und Beispiele dort.

12. Bei dem Rechtsmittel handelt es sich nur um die Frage, ob das Untergericht zu Recht das Vorliegen einer Versäumung verneint hat. Dieses Verfahren allein wird mit $^5/_{10}$ von $1^1/_4$ besteuert.

13. Auf Antrag hat das Rechtsmittelgericht das nicht oder nicht unbedingt für vorläufig vollstreckbar erklärte Urteil, insoweit es nicht angefochten ist, für vorläufig vollstreckbar zu erklären (§§ 534, 560). Dieses Verfahren ist gebührenfrei (§ 47 Z. 16).

§ 26 Z. 6 hat die Fälle im Auge, in denen beantragt ist, den angefochtenen Teil eines Urteils für vorläufig vollstreckbar zu erklären (§§ 718, 719 ZPO.). In der Berufungsinstanz betragen die Gebühren: $^5/_{10}$ von $1^1/_4$. Kommen später gleiche Akte bezüglich des Hauptanspruchs vor, so wird die $^5/_{10}$ Gebühr durch die Hauptgebühr gedeckt (§ 28).

14. Die Erteilung der Vollstreckungsklausel durch den Gerichtsschreiber erfolgt gebührenfrei (§ 47 Z. 15); geschah sie auf Anordnung des Vorsitzenden: $^1/_{10}$ gemäß § 38 Z. 3. — Sind die Voraussetzungen der §§ 726—729 ZPO. nicht offenkundig und können sie weder durch öffentliche noch durch öffentlich beglaubigte Urkunden nachgewiesen werden, so ist Klage zu erheben mit dem Antrag: „Dem Kläger ist als Rechtsnachfolger des .... eine vollstreckbare Ausfertigung des Urteils, Vergleichs, Vollstreckungsbefehls, der notariellen Urkunde vom .... zu erteilen." (Siehe Beispiel bei Meyer, ZPO. § 731); bezüglich vollstreckbarer Urkunden auf Grund §§ 794 Z. 5, 797 Abs. 3 s. RG. JW. 96, 175 gegen Rittmann. Dieses Klageverfahren trifft § 26 Z. 8.

15. Die Klagen aus §§ 767 Abs. 2 und 796 Abs. 2 ZPO. betreffen die Einwendungen gegen den Anspruch selbst, mag er durch Urteil, einen Kostenfestsetzungsbeschluß, Vollstreckungsbefehl, Arrest oder einstweilige Verfügung festgestellt sein; die Gründe, auf denen die Einwendungen beruhen (z. B. Zahlung, Stundung, Erlaß, Aufrechnung) sind erst nach dem Schlusse der letzten mündlichen Verhandlung entstanden und konnten durch Einspruch nicht mehr geltend gemacht werden. Bei Vollstreckungsbefehlen sind die Gründe erst nach der Zustellung entstanden.

Die $^5/_{10}$ Gebühren kommen zum Ansatz bei Erfolg und bei Abweisung der Klagen. Mit $^{10}/_{10}$ sind dagegen zu besteuern die Klagen, die sich gegen den Anspruch, festgestellt in gerichtlichen Vergleichen, notariellen oder gerichtlichen Urkunden, richten, ferner die Feststellungs- und Minderungsklagen (RG. JW. 99, 97), sowie die Widerspruchsklagen (§ 771 ZPO.) und die Klagen aus §§ 781—786, wenn der Erbe die Beschränkung seiner Haftung geltend macht.

16. Vgl. ZPO. §§ 723 u. 1042; Form einer Klage s. Meyer, ZPO. dort.

17. Arrest und einstweilige Verfügung können ohne vorgängige mündliche Verhandlung durch Beschluß oder nach mündlicher Verhandlung durch Urteil (s. jedoch § 942) angeordnet werden. Im ersteren Falle beträgt die Beschlußgebühr $^2/_{10}$ der Sätze des § 8; im letzteren Falle kommen für die Verhandlung und Entscheidung $^5/_{10}$ gemäß § 26 Z. 9 zur Erhebung. Die Glaubhaftmachung der Forderung und des Arrestgrundes durch Zeugen bilden keine eigentliche Beweisaufnahme; es fällt deshalb hierfür auch keine Beweisgebühr an (vgl. § 18 Note 6).

Beispiele: a) **Klage** auf 300 ℳ und Zinsen, **Arrestantrag** bezüglich 300 ℳ, 70 ℳ voraussichtliche Kosten des Hauptprozesses, 10 ℳ Arrestkosten und 7 ℳ Zinsen; es wird mündliche Verhandlung darüber angeordnet und diese mit der Verhandlung über die Hauptsache verbunden. Sodann Arrestanordnung durch Endurteil. Beweiserhebung zur Hauptsache. Endurteil. Arrestvollzug durch Forderungspfändung.

Gebühren:

a) **Arrest** betr.

je $^5/_{10}$ Verhandlungs- und $^5/_{10}$ Entscheidungsgebühr (§§ 8, 18¹,³, 19, 26 Z. 9) aus 300 ℳ + 70 ℳ = 370 ℳ. (Zinsen und Arrestkosten sind Nebenforderungen; s. auch § 13 Anm. 6 b.) Die gleichzeitige Verhandlung über Arrest und Hauptsache bewirkt nicht den Wegfall der $^5/_{10}$ Verhandlungsgebühr; § 28 trifft nicht zu. Denn — mögen auch Arrest- und Hauptverfahren äußerlich verbunden sein — eine Verbindung der Arrest- mit der Hauptsache im eigentlichen Sinne ist nach §§ 247, 260 ZPO. nicht zulässig; s. Walter-Joachim, RA.-GebO. S. 293. Steht auch der gleichzeitigen Verhandlung hinsichtlich des Hauptsacheanspruchs nichts im Wege, so ist doch bezüglich des Arrestgrundes eine besondere Verhandlung erforderlich. (Meyer, ZPO. S. 560 Anm. 6 gegen Rittmann.)

b) **Hauptsache** betr.

je $^{10}/_{10}$ Verhandlungs-, Beweis- und Entscheidungsgebühr (§§ 8, 18¹⁻³, 19) aus 300 ℳ.

c) **Arrestvollzug.**

$^2/_{10}$ gemäß § 35 Nr. 2.

b) **Arrestbeschluß.** Auf Antrag des Schuldners wird dem Gläubiger eine **Frist** zur Stellung der **Klage** bestimmt (§ 926 Abs. 2 ZPO.). Nach Ablauf der Frist Antrag auf **Aufhebung des Arrestes.** Infolge Ausbleibens des Gläubigers Versäumnisurteil.

Gebühren:

Für Arrestanordnung $^2/_{10}$ (§ 35 Z. 3). Für das weitere Verfahren: $^5/_{10}$ Entscheidungsgebühr (§§ 8, 18³, 26 Z. 9).

Die $^2/_{10}$ Gebühr wird durch die $^5/_{10}$ Gebühr nicht absorbiert; denn das Verfahren nach § 926 Abs. 2 ZPO. hat mit der Anordnung des Arrestes nichts gemein. Nur das Widerspruchsverfahren betrifft noch die Anordnung, wenn es infolge des Widerspruchs zur Aufhebung des Arrestes (§ 925 Abs. 2) kommt. Die Gebühren sind daher für die Anordnung und Aufhebung des Arrestes getrennt zu erheben. (Meyer, ZPO. S. 560 gegen Rittmann, Pfafferoth u. a.) Anders: bei einstweiliger Verfügung s. Beisp. h.

c) **Arrestbeschluß. Widerspruch** des Schuldners. (Widerspruch Dritter — § 771 — fällt nicht unter § 26 Z. 9.) Mündliche Verhandlung. Glaubhaftmachung durch Zeugenvernehmung. Entscheidung: Aufhebung der Arrestanordnung.

Gebühren:

$^2/_{10}$ für den Beschluß (§ 35 Z. 3).

Nach der ersten mündlichen Verhandlung:

$^5/_{10}$ Gebührenvorschuß (§§ 81, 26 Nr. 9)

— $^2/_{10}$ Gebühr, welche anzurechnen ist.

Schuldner ist: der Gläubiger (nicht der Arrestschuldner; denn das Verfahren betrifft die Anordnung des Arrestes und hier ist der Gläubiger als Antragsteller vorschußpflichtig (Meyer, ZPO. [1] § 925 Anm. 3 gegen die Motive z. GKG. und Rittmann § 81 Anm. 9 — s. auch § 81 Anm. 3 dieses Werkes —, welche die „widersprechende Partei" für vorschußpflichtig halten).

Gebühren gemäß § 26 Z. 9:

je $^5/_{10}$ Verhandlungs- und Entscheidungsgebühr (§§ 8, 18 ^{1,3}, 26 Z. 9).

Bei Sollstellung ist der Gebührenvorschuß und die $^2/_{10}$ Gebühr (zusammen $^5/_{10}$) abzurechnen.

Der **Pauschsatz** aus der Gebühr des § 35 Nr. 3 **bleibt bestehen.**

Mit der Aufhebung des Arrestes ist auch seine Vollziehung aufzuheben. Besondere Gebühren fallen hierfür nicht an.

Die **Schadensersatz**forderung des Arrestschuldners aus § 945 kann nur im besonderen Rechtsstreite, nicht in dem Widerspruchsverfahren geltend gemacht werden (RGZ. 51, 41). Auch eine Widerklage ist nicht zulässig; dies gilt auch bei einstweiligen Verfügungen im Verfahren gemäß § 942 Abs. 1. Wird die Schadensersatzforderung unzulässigerweise in dem Arrestverfahren geltend gemacht und zurückgewiesen, so liegen zwei getrennt zu besteuernde Verfahren vor; es fallen also an im Arrestprozeß die $^5/_{10}$ Gebühren, im übrigen $^{10}/_{10}$ Gebühren.

d) **Arrestbeschluß. Widerspruch.** Vor kontradiktorischer Verhandlung **Zurücknahme.**

Gebühren:

$^2/_{10}$ gemäß § 35 Z. 2. Keine Zurücknahmegebühr. Mit dem Widerspruch beginnt keine neue Instanz (wie beim Einspruch § 32 Abs. 1); außerdem ist der Fall im § 46 nicht aufgeführt. Das Beschlußverfahren bildet eben mit dem Widerspruch ein Verfahren (a. M. Rittmann § 26 Nr. 9 Anm. 8; vgl. Meyer, ZPO. S. 564 unten).

Daraus folgt auch, daß, wenn ein Kostenschuldner nach § 86 im Widerspruchsverfahren nicht vorhanden ist, der Gläubiger (nicht der widersprechende Schuldner) für die Kosten haftet (§ 89; s. Anm. zu Beisp. c). Anders: bei der einstweiligen Verfügung (s. Beisp. f).

e) **Arrest**anordnung durch **Urteil.** Nach Rechtskraft des Urteils Antrag auf **Aufhebung** des Arrestes wegen veränderter Umstände (z. B. Abweisung der Hauptklage, Zahlung der Hauptschuld) oder wegen zu leistender Sicherheit (§ 927 ZPO.).

Mündliche Verhandlung. Beweiserhebung. Endurteil auf Aufhebung des Arrestes.

Gebühren:

Für die Arrestanordnung:
$^5/_{10}$ nach § 26 Z. 9.

Für das Verfahren gemäß § 927:
je $^5/_{10}$ Verhandlungs-, Beweis- und Entscheidungsgebühr (§§ 8, 18[1–3], 19, 26 Z. 9).

Wäre der Arrest durch Beschluß angeordnet worden, so würde die $^2/_{10}$ Gebühr des § 35 Z. 3 auf die Gebühr des § 26 Z. 9 nicht angerechnet; denn Z. 3 des § 35 sieht eine Anrechnung der Gebühr nur im Widerspruchsverfahren vor; die §§ 926 (s. Beisp. b) und 927 sind im § 35 Z. 3 auch nicht genannt.

Antragsteller ist hier (im Gegensatz zum Widerspruchsverfahren; s. Beisp. c) der Schuldner (§ 81).

Bei **Zurücknahme** des Antrags daher auch: $^1/_{10}$ von $^5/_{10}$ neben einer Gebühr aus § 35 Z. 3.

Bei Verbindung des Verfahrens mit der Hauptsache gilt das in Anm. 17 Beisp. a Gesagte.

f) Arrestbeschluß: **Abweisung** des Antrages. Beschwerde. Beschluß:

α) Anordnung des Arrestes oder Anweisung des Untergerichts hierzu.

β) Verwerfung als unzulässig oder Zurückweisung als unbegründet.

Gebühren:

I. Instanz: $^2/_{10}$ § 35 Z. 3.
II. Instanz: im Falle α: keine Gebühr;
im Falle β: $^3/_{10}$ von $^{10}/_{10}$ (§ 45).

g) Wie f. Das **Beschwerdegericht** ordnet mündliche Verhandlung an. Es muß sodann durch Urteil entscheiden. Das Verfahren begreift, wie wenn in erster Instanz mündliche Verhandlung angeordnet wird, gleichzeitig das durch die mündliche Verhandlung aus dem Wege geräumte Widerspruchsverfahren in sich und zwar hier gar das in zweiter Instanz. Das Verfahren in zweiter Instanz ist somit zu besteuern mit:
je $^5/_{10}$ + $^1/_4$ von $^5/_{10}$ Verhandlungs- und **Entscheidungsgebühr**.
(Meyer, ZPO. [1] § 922 Anm. 6 gegen Rittmann § 35 Nr. 3 Anm. 6, DSekrZ. 06, 37 u. 08, 404.)

h) **Einstweilige Verfügung** durch Beschluß (§ 937 Abs. 2 oder § 942). Streitwert: 700 *M*. **Widerspruch**. Verhandlung und Vergleich über die Rechtmäßigkeit der einstweiligen Verfügung (§ 942 Abs. 3).

Gebühren:

$^2/_{10}$ Gebühr (§ 35 Z. 3)	=	5.20 *M*
$^3/_{10}$ von $^5/_{10}$ für den Vergleich (§§ 8, 18³, 23, 26 Z. 9	=	3.90 *M*

Keine Verhandlungsgebühr.

Da das Beschlußverfahren mit dem anderen ein Verfahren bildet, kommt nur die $^2/_{10}$ Gebühr als die höhere Entscheidungsgebühr zur Erhebung (§ 28). — Vorschußpflichtig ist der Gläubiger (§§ 81, 89 GKG.).

i) Wird in dem Verfahren auf Rechtmäßigkeitserklärung der Antrag **zurückgenommen**, so kommt $^1/_{10}$ aus $^5/_{10}$ (§ 46) zur Erhebung. Hier liegt die Sache formell und materiell anders wie beim Widerspruch (vgl. Anm. 17 Beisp. d): hier war zunächst nur eine vorläufige Entscheidung beim Amtsgericht beantragt, die nur durch Beschluß erlassen werden und für die deshalb nur die Gebühr des § 35 Nr. 3 erfallen konnte, während beim Arrest der Antrag nicht beschränkt war und, auch ohne Widerspruch, von Amts wegen mündliche Verhandlung angeordnet werden konnte (Meyer, ZPO. § 942 Anm. 7).

18. Siehe § 26 Anm. 5 Beisp. b.

§ 27.

Drei Zehnteile der Gebühr (§§ 18 bis 24) werden[1] erhoben, wenn der Akt[2] betrifft:

1. die Zulässigkeit einer Nebenintervention[3] (Zivilprozeßordnung § 71);
2. die Zwangsvollstreckung zur Erwirkung von Handlungen oder Unterlassungen[4] (Zivilprozeßordnung §§ 887 bis 891).

1. neben den in dem Hauptprozeß anfallenden Gebühren.

2. d. i. die Verhandlung, Beweisanordnung oder Entscheidung.

3. Entsteht über die Zulässigkeit der Nebenintervention kein Streit, dann fällt auch keine Gebühr an. Soviele strittige Nebeninterventionen, soviele Gebühren nach § 27 Z. 1. Für die Zurücknahme eines Beitritts vor der Verhandlung: $^1/_{10}$ von $^3/_{10}$.

Der **Streitwert** für die Nebenintervention ist gleich dem Wert der Hauptsache (OLGRspr. 23, 65 u. 125).

4. Verfahren s. Meyer, ZPO. §§ 887 Note 6 u. 888 Note 3.

Beispiele: a) A ist verurteilt, das in seiner Scheune befindliche Fenster zumauern zu lassen. Infolge seiner Weigerung beantragt der Gläubiger, ihn zu ermächtigen, das Zumauern selbst vornehmen zu lassen und den Schuldner zur Vorauszahlung der hierbei entstehenden Kosten zu verurteilen. Das Prozeßgericht ordnet mündliche Verhandlung über den Antrag an, erhebt Beweis und erläßt Beschluß nach Antrag.

Gebühren:

Je $^3/_{10}$ Verhandlungs-, Beweis- und Entscheidungsgebühr (§§ 8, 18^{1-3}, 19, 27 Z. 2).

Durch die Gebühren in der Hauptsache sind diese Aktgebühren nicht abgegolten.

Für die $^3/_{10}$ Gebühren haftet der Schuldner, wenn zur Tragung verurteilt (§ 86), und soweit sie notwendig waren auch auf Grund der § 92 GKG., § 788 ZPO., sonst der Gläubiger (§ 89).

Streitwert wie im Hauptprozeß. Die von dem Schuldner vorauszuzahlenden Kosten bleiben, weil zur Durchführung des urteilsmäßigen Anspruchs erforderlich, unberücksichtigt. Wegen der bisherigen Nichterfüllung kann in dem Verfahren nach § 887 ZPO.

— schon aus prozessualen Gründen — Schadensersatz nicht verlangt werden. (Das Verfahren nach § 887 ZPO. endet durch Beschluß, das bezüglich des Schadensersatzes durch Urteil.)

b) A ist zur Ausstellung eines Zeugnisses verurteilt. Da er sich weigerte, beantragte B, den A gemäß § 888 ZPO. hierzu anzuhalten. Nach mündlicher Verhandlung Beschluß: Gegen A wird zur Erzwingung ..... auf eine Geldstrafe von 50 ℳ erkannt. Wiederholte Weigerung. Neue Verurteilung ohne Verhandlung zu 70 ℳ.

Gebühren:

$^3/_{10}$ Verhandlungs- und Entscheidungsgebühr (§§ 8, 18¹,³, 19, 27 Z. 2) für das die erste Verurteilung betreffende Verfahren und $^3/_{10}$ Entscheidungsgebühr für den zweiten Strafbeschluß (§ 39).

c) B ist als Miterbe verurteilt, über die von dem Erblasser erhaltenen Zuwendungen den Offenbarungseid zu leisten (§ 2057 BGB., § 889 ZPO.).

Im Offenbarungseidstermin erscheint:

α) niemand.

Es ist ein Gebührenvorschuß (§ 81) zu $^3/_{10}$ von $^{10}/_{10}$ vom Gläubiger einzufordern.

β) Der Gläubiger und B. Nach Verhandlung leistet B den Eid. Gebühren: $^2/_{10}$ Verhandlungsgebühr (§§ 8, 18¹, 43 Abs. 1).

γ) Der Gläubiger und B. Nach Verhandlung Beschluß: B wird behufs Erzwingung des Offenbarungseides zu 100 ℳ verurteilt.

Gebühren:

$^2/_{10}$ Verhandlungsgebühr (§§ 8, 18¹, 43 Abs. 1).
$^3/_{10}$ Entscheidungsgebühr (§§ 8, 18³, 27 Z. 2).

δ) nur der Gläubiger. Auf seinen Antrag ergeht Beschluß wie unter γ. B leistet daraufhin den Eid.

Gebühren: wie unter γ. Das Nichterscheinen des B steht der Eidesverweigerung gleich; wenn der Gläubiger eine „Erklärung" in der Sache abgibt, hat er „verhandelt".

ε) nur der Gläubiger; er zieht den schriftlich gestellten Antrag auf Verurteilung zu einer Geldstrafe zurück.
Gebühr: $^1/_{10}$ von $^3/_{10}$ (§§ 46, 27 Z. 2).

Streitwert ist nicht der Betrag der Geldstrafe; er richtet sich vielmehr nach dem objektiven Werte der zu erzwingenden Handlung. Festsetzung durch das Gericht: § 3 ZPO.

d) A ist verurteilt, bei Vermeidung einer Geldstrafe von 70 ℳ für jeden Zuwiderhandlungsfall kein Eis aus einem Weiher zu entnehmen. B beantragt, den A, der sich um das Urteil nichts kümmert, zu 70 ℳ zu verurteilen.

A wird aufgefordert, sich auf den Antrag des B binnen einer Woche zu erklären. Nach Eingang der zu Protokoll des Gerichtsschreibers abgegebenen Erklärung erfolgt Verurteilung nach Antrag. Gebühr: $^3/_{10}$ Entscheidungsgebühr (§§ 8, 18³, 27 Z. 2).

Ist im Urteil die Androhung der Geldstrafe nicht enthalten, muß zunächst dem A durch Beschluß des Gerichts Strafe angedroht werden; nach Fristablauf erfolgt Straffestsetzung.

Handelt A trotz Strafe dem Urteil erneut zuwider und erfolgt nach Strafandrohung neue Verurteilung, so fällt die Gebühr des § 27 Z. 2 für das neuerliche Verfahren wieder an (§ 39; s. dort „jede" der ... Streitigkeiten. A. M. Rittmann unter Hinweis auf RGZ. 14. 11. 82).

Zurücknahme des Antrages auf Verurteilung vor Erlaß der Strafandrohung: $^1/_{10}$ von $^3/_{10}$ (§§ 27 Z. 2, 46); nach Strafandrohung: keine Gebühr nach § 46, weil die Strafandrohung schon mit $^3/_{10}$ gemäß §§ 8, 18³, 27 Z. 2 zu besteuern ist. Strafandrohung und Strafbeschluß bilden eine Entscheidung.

§ 28.

Jede der im § 18 bezeichneten Gebühren[1] wird in jeder Instanz[2] rücksichtlich eines jeden Teils des Streitgegenstandes nur einmal erhoben.[3] Treffen für gleiche Akte die volle Gebühr und die Gebühr des § 26 rücksichtlich desselben Streitgegenstandes zusammen, so kommt nur die volle Gebühr[4] zur Erhebung.[5]

1. d. i. die Verhandlungs-, Beweis- und Entscheidungsgebühr.

2. Unter „**Instanz**" versteht man alle Prozeßhandlungen, die vor demselben Gericht einer bestimmten Ordnung (z. B. Amtsgericht) stattfinden, um den diesem Gericht unterbreiteten Stoff zu erledigen (RG. 57, 302). Die Instanz beginnt mit der Erhebung der Klage (§§ 253, 262, 498) und endigt in der Regel mit Erlaß der Entscheidung, welche den Rechtsstreit vor dem angegangenen Gericht endgültig erledigt. Wird in der Sache ein Gericht höherer Ordnung tätig, so liegt eine „neue Instanz" vor. In der **Rechtsmittelinstanz** gilt jedes (wenn auch denselben Rechtsstreit betreffende) Verfahren als eine Instanz (es sei denn, daß in einer Sache gegen zwei erstinstanzielle Urteile ein Rechtsmittel eingelegt oder ein Urteil von beiden Parteien angefochten ist und die Sachen zur gleichzeitigen Verhandlung und Entscheidung verbunden wurden); denn hier ist nur die angefochtene Entscheidung dem höheren Richter als Streitstoff zugeführt. Mit der Entscheidung hierüber ist die Instanz beendigt.

3.

Beispiele: Klage auf Zahlung von 300 ℳ.

a) Kontradiktorische Verhandlung, Beweisanordnung; Verhandlung, nochmalige Beweisanordnung. Urteil.

Gebühren: Es ist über 300 ℳ (denselben Streitgegenstand) zweimal verhandelt und zweimal Beweisanordnung ergangen. An sich sollten dafür zwei Verhandlungs- und zwei Beweisgebühren zum Ansatz kommen. § 28 S. 1 verbietet es; nach ihm darf jede volle Aktgebühr im Verfahren nur einmal erhoben werden. Daher
nur einmal $^{10}/_{10}$ Verhandlungsgebühr (§§ 8, 18¹, 19, 28 S. 1);
nur einmal $^{10}/_{10}$ Beweisgebühr (§§ 8, 18², 28 S. 1);
nur einmal $^{10}/_{10}$ Entscheidungsgebühr (§§ 8, 18³).

b) Klage zum Amtsgericht A. Der an dem Gerichte befindliche einzige Richter ist kraft Gesetzes von der Ausübung seines Amtes ausgeschlossen. Die Sache wird an das AG. B verwiesen. Dort: Verhandlung über 300 ℳ. Beweisanordnung über 200 ℳ. Weitere Verhandlung und Beweiserhebung über 200 ℳ. Vergleich über 300 ℳ.

Gebühren:

10/10 Verhandlungsgebühr aus 200 ℳ (§§ 8, 18[1], 19, 21, 28);
5/10 Beweisgebühr aus 200 ℳ (§§ 8, 18[2], 22 Abs. 2, 28);
3/10 Vergleichsgebühr aus 300 ℳ (§§ 8, 18[3], 23).

Das ganze Verfahren vor den AG. A und B gehört zu einer Instanz; der Wechsel in der Zuständigkeit ist ohne Bedeutung. Der Prozeß wird für die Berechnung der Gebühren in drei Teile zerlegt (Verhandlung, Beweisanordnung und Entscheidung).

c) Klage auf Zahlung von 600 ℳ. Kontradiktorische Verhandlung. Beschluß: Die Verhandlung wird auf den Grund des Anspruchs beschränkt. Beweisanordnung. Nach Beweiserhebung Schlußverhandlung. Urteil: Klagabweisung. Berufung. Nach kontradiktorischer Verhandlung und Beweisaufnahme Urteil auf Aufhebung des Urteils; Zurückverweisung an die erste Instanz. Dort: Kontradiktorische Verhandlung über den Betrag. Klagezurücknahme bezüglich 200 ℳ. Beweisaufnahme bezüglich 400 ℳ. Versäumnisurteil. Einspruch. Kontradiktorische Verhandlung. Endurteil. Berufung. Kontradiktorische Verhandlung. Vergleich.

Gebühren: Wir haben zwei Instanzen; alle Prozeßhandlungen, welche sich beim Amtsgericht abspielten, gehören zur ersten Instanz. (Siehe auch § 30). Das Landgericht war zweimal als zweite Instanz tätig. Zerlegt man das Verfahren in **erster Instanz** in die drei Abschnitte des § 18, so hat man:

3 kontradiktorische Verhandlungen	über	600 ℳ
1 kontradiktorische Verhandlung	„	400 ℳ
1 Beweisanordnung	„	600 ℳ
1 „	„	400 ℳ
1 Entscheidung (1. Urteil betr. den Grund des Anspruchs)	„	600 ℳ
1 „ (Versäumnisurteil)	„	400 ℳ
1 „ (Urteil über den Betrag)	„	400 ℳ

Es war der gleiche Streitgegenstand bzw. Streitwertsteil Gegenstand wiederholter Verhandlung usw. (400 ℳ sind nur ein Teil der 600 ℳ); § 28 trifft zu: es darf jede der drei Gebühren des § 18 nur einmal erhoben werden.

Daher:

10/10 Verhandlungsgebühr aus 600 ℳ (§§ 8, 18[1], 19, 28 S. 1).
10/10 Beweisgebühr aus 600 ℳ (§§ 8, 18[2], 28 S. 1).
10/10 Entscheidungsgebühr aus 600 ℳ (§§ 8, 18[3]; die Klagezurücknahme — § 46 — ist erst nach Erlaß des Urteiles über den Grund des Anspruchs erfolgt).
10/10 Gebühr für das Versäumnisurteil; das Versäumnisverfahren gehört zur ersten Instanz; für das Versäumnisurteil kommt jedoch die Gebühr des § 18 Z. 3 neben der sonstig anfallenden Entscheidungsgebühr zur Erhebung (§§ 18[3], 32 Abs. 2).

In **zweiter Instanz** fielen an:

Infolge der Berufung gegen das Urteil über den Grund des Anspruchs:

je $1^1/_4$ Verhandlungs-, Beweis- und Entscheidungsgebühr (§§ 8, 18^{1-3}, 19, 49).

Infolge der Berufung gegen das zweite amtsgerichtliche Urteil:
$^3/_{10}$ von $1^1/_4$ Vergleichsgebühr (§§ 8, 18^3, 23, 49).
Keine Verhandlungsgebühr (§ 21). (Siehe Anm. 2.)

d) Klage über 600 ℳ. Kontradiktorische Verhandlung hierüber. Beweisanordnung und Beweisaufnahme über 350 ℳ. Weitere Verhandlung über 600 ℳ. Teilurteil bezüglich 350 ℳ. Verhandlung über 250 ℳ. Beweisaufnahme. Endurteil über 250 ℳ.

Gebühren:

$^{10}/_{10}$ Verhandlungsgebühr aus 600 ℳ (§§ 8, 18^1, 19, 28 S. 1).
$^{10}/_{10}$ Beweisgebühr aus 350 ℳ = 15.— ℳ
$^{10}/_{10}$ " " 250 ℳ = 11.— ℳ

Die Beweisaufnahme erstreckte sich auf mehrere Teile des Streitgegenstandes, nicht auf den gleichen Streitgegenstand. Es trifft somit nicht § 28, sondern § 12 zu. Erhoben werden nach Abs. 2 daselbst nur $^{10}/_{10}$ aus 600 ℳ = 20 ℳ (nicht 15 + 11 = 26 ℳ).
$^{10}/_{10}$ Entscheidungsgebühr aus 350 ℳ
$^{10}/_{10}$ " " 250 ℳ

Erhoben werden nur 20 ℳ (wie bei der Beweisgebühr).

4.

Beispiele: Klage über 500 ℳ. Verhandlung über die Zulässigkeit des Rechtswegs. Beweisaufnahme. Urteil nach Antrag des Beklagten.

Berufung. Verhandlung. Aufhebung des Urteils, Zurückverweisung an die I. Instanz.

Dort: Verhandlung zur Hauptsache. Beweisaufnahme. Endurteil.

Gebühren:

An sich fielen an in der I. Instanz aus 500 ℳ:
$^5/_{10}$ Verhandlungsgebühr (§§ 8, 18^1, 19, 26 Z. 1).
$^{10}/_{10}$ " (§§ 8, 18^1, 19).
$^5/_{10}$ Beweisgebühr (§§ 8, 18^2, 26 Z. 1).
$^{10}/_{10}$ " (§§ 8, 18^2).
$^5/_{10}$ Entscheidungsgebühr (§§ 8, 18^3, 26 Z. 1).
$^{10}/_{10}$ " (§§ 8, 18^3).

Erhoben werden, da bezüglich des gleichen Gegenstandes und Aktes $^5/_{10}$ mit $^{10}/_{10}$ Gebühren zusammentreffen, je **nur** $^{10}/_{10}$ (d. i. der höchste Gebührensatz, der in I. Instanz für einen Akt überhaupt anfallen kann) Verhandlungs-, Beweis- und Entscheidungsgebühr.

In II. Instanz betragen die Gebühren:
je $1^1/_4$ Verhandlungs- und Entscheidungsgebühr (§§ 8, $18^{1,3}$, 49).

5. Vgl. hierher auch
§ 12 Anm. 6 Beisp. b,
§ 18 „ 6 „ e,
§ 23 „ 4 „ b, c,
§ 24 „ 3 „ a, b, g,
§ 26 „ 5 „ d, f,
§ 26 „ 17 „ a.

Trifft eine $^5/_{10}$ Gebühr (§ 26) **mit einer** $^3/_{10}$ (§ 23) **zusammen**, so sind sie nebeneinander zu erheben, weil beide Gebühren zusammen die volle Entscheidungsgebühr des § 18 ($^{10}/_{10}$) **nicht erreichen** (so: RG. 5. 7. 99 JW. 99, 541; OLG. Darmstadt 19. 6. 07 JustizdBl. 07, 125; DSekrZ. 07, 317; HansGZ. 10 B. 204; 21 B. 303; SächsOLG. 15, 332, OLG. Darmstadt 7. 2. 13 DSekrZ. 13, 118 dagegen JW. 25, 71, Rittmann § 23 Anm. 2, § 28 Anm. 6).

§ 29.

Wird die Ergänzung eines Urteils beantragt (Zivilprozeßordnung § 321),[1] so findet, soweit der Antrag nicht zurückgewiesen wird, die Bestimmung des § 12 Anwendung;[2] soweit der Antrag zurückgewiesen wird, kommen fünf Zehnteile der Gebühr (18 bis 24) zur Erhebung.[3, 4]

1. **§** 321 trifft zu, wenn in dem Endurteil über einen vom Kläger durch die Klage oder Klagerweiterung oder vom Beklagten mit der Widerklage geltend gemachten Haupt- oder Nebenanspruch oder über den Kostenpunkt ganz oder zum Teil nicht entschieden ist (s. ferner Anm. 2 am Ende). Das Verfahren betreffend die Berichtigung eines Urteils gemäß **§ 319** ZPO. ist gebührenfrei (§ 47 Nr. 10).

2. Ist die Annahme des Antragstellers, daß ein „übergehen" vorliegt, richtig, und ist der Antrag fristgerecht gestellt, so wird über den nicht erledigten Teil des Rechtsstreits von neuem verhandelt, eventuell Beweis erhoben und entschieden. Eine besondere Gebühr dafür, daß dies in einem Nachverfahren geschieht, wird nicht erhoben. Vielmehr wird der ganze Rechtsstreit nach der Ergänzung so besteuert, als wenn von vornherein über den übergangenen Teil mitverhandelt und entschieden worden wäre. Die beiden Urteile sind als Teilurteile anzusehen; es kommt § 12 zur Anwendung, nach welchem (Abs. 1) zunächst die Verhandlungs-, Beweis- und Entscheidungsgebühr von dem durch das erste Verfahren betroffenen Streitgegenstandsteil und von dem durch das Ergänzungsverfahren betroffenen einzeln zu berechnen sind, dann aber die Gesamtsumme eventuell auf den Betrag zu ermäßigen ist, der zu erheben gewesen wäre, wenn eine Verhandlungs-, eine Beweis- und eine Entscheidungsgebühr bezüglich des Gesamtbetrags der Wertsteile zu berechnen gewesen wäre.

Handelt es sich um **Nebenforderungen** oder um den **Kostenpunkt**, so sind, weil sie neben dem Hauptanspruch nicht zur Berechnung kommen, neue Gebühren nicht zu erheben, es sei denn, daß z. B. über diese kontradiktorisch verhandelt wird, während der Hauptanspruch ohne Anfall einer Verhandlungsgebühr durch Anerkenntnisurteil erledigt ist; hier wäre die Verhandlungs- und eventuell die Beweisgebühr von dem Werte der Nebenforderung bzw. dem Betrage der Kosten nachzuerheben (§ 13). Dasselbe gilt, wenn die Erklärung der vorläufigen Vollstreckbarkeit (§ 716), der Vorbehalt zurückgewiesener Verteidigungsmittel (§ 540), der Vorbehalt der Geltendmachung der Rechte (§ 599), der Vorbehalt der Entscheidung über die Aufrechnung (§ 302) oder der Antrag auf Gewährung einer Frist zur Räumung (§ 721) übergangen waren.

3. Wird der Antrag **zurückgewiesen**, so kommen neben den in dem erledigten Rechtsstreit erhobenen Gebühren für die Verhandlung, Beweisanordnung und Entscheidung in dem Ergänzungsverfahren je $^{5}/_{10}$ von $^{10}/_{10}$ (so auch im Urkunden- und Wechselprozeß usw.) zur Erhebung. § 28 greift nicht Platz.

4. Wird der Antrag **zurückgenommen**, ehe in dem Ergänzungsverfahren ein gebührenpflichtiger Akt stattgefunden hat, so werden erhoben: $^{1}/_{10}$ von $^{10}/_{10}$ bzw. $^{6}/_{10}$ (§ 25) und in Prozessen der Nr. 8—10 des § 26: $^{1}/_{10}$ von $^{5}/_{10}$; die Ermäßigung des § 29 greift hier nicht Platz. Die Zurücknahmegebühr kommt neben den Gebühren des Hauptprozesses zum Ansatz; denn infolge der Zurücknahme ist nicht festgestellt, daß der Anspruch früher geltend gemacht war.

§ 30.*)

Verweist das Amtsgericht einen Rechtsstreit an ein anderes Gericht (Zivilprozeßordnung §§ 505, 506, 697),[1] so bildet das weitere Verfahren vor dem anderen Gerichte mit dem Verfahren vor dem Amtsgericht im Sinne des § 28 eine Instanz.[2]

1.

ZPO. § 505: Die Klage ist zu Unrecht an ein bestimmtes Amtsgericht gebracht; dieses verweist den Rechtsstreit an das zuständige Amts- oder Landgericht durch Beschluß.

Hat der Kläger die Verweisung an das zuständige Gericht nicht beantragt oder ist die Verweisung an ein anderes Gericht nicht möglich, weil z. B. das „andere G." ein Gewerbe-, Kaufmannsgericht oder Verwaltungsgericht ist oder ist das Landgericht örtlich und sachlich unzuständig, so wird die Klage (wegen Unzuständigkeit des Gerichts) durch Urteil abgewiesen. Das Verfahren vor dem unzuständigen und dem zuständigen Gericht unterliegt hier getrennter Gebührenberechnung.

ZPO. § 506: Die Klage ist mit Recht vor das Amtsgericht gebracht, das erst im Laufe des Prozesses (z. B. infolge Klagerweiterung oder Widerklage) unzuständig wird. Das Amtsgericht verweist auf Antrag einer Partei den Rechtsstreit an das Landgericht.

ZPO. § 697: Es ist ein Zahlungsbefehl wegen eines Anspruchs erlassen, der zur Zuständigkeit der Landgerichte gehört. Nach Widerspruch erklärt sich das Amtsgericht auf Antrag einer Partei vor deren Verhandlung zur Hauptsache oder, falls der Antrag auf Verweisung schon in dem Gesuch um Erlassung des Zahlungsbefehls

*) Fassung des Ges. vom 1. 6. 09 (RGBl. 475).

gestellt war oder mit dem Widerspruch verbunden wurde, ohne vorgängige mündliche Verhandlung durch Beschluß für unzuständig und verweist den Rechtsstreit an das Landgericht. Über die Kosten wird in dem Verweisungsbeschluß nicht entschieden.

2.

Beispiele: a) Klage auf Zahlung von 17 ℳ und Abnahme zum AG. Dresden. Im 1. Termin beantragt Beklagter Abweisung der Klage 1. weil Beklagter bei Kläger nichts bestellt habe, 2. weil das AG. Dresden unzuständig sei, Dresden sei als Erfüllungsort nicht vereinbart. Beweisbeschluß wegen Vereinbarung des Erfüllungsortes. Nach Beweisaufnahme verweist das AG. Dresden auf klägerischen Antrag den Rechtsstreit an das AG. Neustadt a. A. Hier Verhandlung zur Hauptsache. Endurteil.

Gebühren: Das Verfahren vor den AG. Dresden und Neustadt a. A. bildet eine Instanz (§ 28).

In Dresden war vom Kläger einzufordern:

$^{10}/_{10}$	Gebührenvorschuß (§ 81) aus 17 ℳ	=	1.— ℳ

und der angeordnete Auslagenvorschuß (§ 84).

Mit Abgabe der Akten war der Vorschuß zu 1 ℳ und der nichtverbrauchte Auslagenvorschuß an das AG. Neustadt a. A. zu senden.

Dort waren nach Erlaß des Endurteils einzuheben:

$^{10}/_{10}$	Verhandlungsgebühr aus 17 ℳ (§§ 8, 18¹, 19, 30, 28.)	=	1.— ℳ
$^{5}/_{10}$	Beweisgebühr aus 17 ℳ (§§ 8, 18², 26², 28.)	=	—.50 ℳ
$^{10}/_{10}$	Entscheidungsgebühr aus 17 ℳ (§§ 8, 18³, 26², 28, 30; da rücksichtlich desselben Streitgegenstandes — 17 ℳ — in einer Instanz die $^{5}/_{10}$ Gebühr mit der vollen Gebühr zusammentrifft, kommt nur die letztere zur Erhebung.)	=	1.— ℳ

Summa:	2.50 ℳ.	Hiervon ab
	1.— ℳ	Gebührenvorschuß
	1.50 ℳ	ist noch einzufordern (§ 86).

Grundsätze bezüglich des Kostenpunktes im Falle der Verweisung des Rechtsstreits an das Gericht eines anderen Bundesstaats nach § 505 ZPO.: Das verweisende Gericht hat die vor der Verweisung fällig gewordenen Kosten einzuziehen, sich nach der Verweisung dagegen der Einziehung von Vorschüssen auf noch nicht fällige Kosten zu enthalten und einen auf solche Kosten eingezogenen Vorschuß an das Gericht des andern Bundesstaats abzuführen. Es ist jedoch berechtigt, von einem an das Gericht des andern Bundesstaats abzuliefernden Auslagenvorschuß den durch Auslagen verbrauchten Betrag zurückbehalten, und falls es zur Deckung der Auslagen einen Vorschuß noch nicht eingezogen hatte, von dem Gerichte des andern Bundesstaats die Erstattung der von diesem eingezogenen Auslagenbeträge zu fordern. Dementsprechend hat das Gericht, an welches der Rechtsstreit verwiesen worden ist, die nach der Verweisung fällig gewordenen Kosten einschließlich der bei dem überweisenden Gericht entstandenen, zur

Zeit der Überweisung noch nicht fällig gewesenen Kosten, sowie die etwa noch nicht eingeforderten Vorschüsse einzuziehen und aus den eingezogenen Auslagenbeträgen dem verweisenden Gericht Auslagen zu erstatten, die vor der Verweisung entstanden. — Beträge unter 1 ℳ sind weder von dem verweisenden Gericht an das Gericht des andern Bundesstaats abzuführen, noch von dem Gerichte des andern Bundesstaats dem verweisenden Gerichte zu erstatten.

b) Klage zum Amtsgericht N auf Zahlung von 590 ℳ. Im 1. Termin Klagerweiterung auf 680 ℳ. Beklagter beantragt Abweisung der Klage wegen Unzuständigkeit des Gerichts und verweigert die Verhandlung zur Hauptsache. Auf klägerischen Antrag verweist das AG. den Rechtsstreit an das LG. Dort Verhandlung zur Hauptsache. Vergleich.

Gebühren:

Beim Amtsgericht N werden vom Kläger $^{10}/_{10}$ Gebührenvorschuß aus 680 ℳ eingehoben (§ 81).

Die endgültige Berechnung der Gebühren findet beim LG. statt.

Beim AG. wurden widersprechende Anträge nicht gestellt; es wurde nicht verhandelt (§ 19), daher keine Verhandlungsgebühr.

Für den Verweisungsbeschluß kommen $^{5}/_{10}$ (§§ 8, 18^{3}, 30) zum Ansatz, beim LG. die Vergleichsgebühr zu $^{3}/_{10}$ (§§ 8, 18^{3}, 23, s. § 28 Anm. 5).

Wäre beim AG. über die Zuständigkeitseinrede verhandelt worden, so kämen außer der $^{5}/_{10}$ Gebühr für den Beschluß zur Erhebung:

$^{5}/_{10}$ Verhandlungsgebühr gemäß §§ 8, 18^{1}, 19, 26^{2}. § 21 trifft nicht zu, weil zwischen Verhandlung und dem Vergleich der „Beschluß" liegt.

c) Rechtsfall wie oben bei b Satz 1—4. Jedoch: Das Verfahren wird nicht fortgesetzt.

Gebühren: Beim Amtsgericht wird der Vorschuß zu $^{10}/_{10}$ aus 680 ℳ erhoben (§ 81). Nach Ablauf der Frist des § 94 Z. 1 erfolgt endgültige Berechnung. Zur Erhebung kommt noch die $^{5}/_{10}$ Entscheidungsgebühr (§§ 8, 18^{3}, 26^{2}), welche durch den Gebührenvorschuß gedeckt ist. Der noch vorhandene Gebührenvorschuß wird nicht rückvergütet, weil das Verfahren jederzeit fortgesetzt werden kann.

d) Wegen der Gebührenberechnung im Falle des § 697 ZPO. s. § 37 Anm. 2 Beisp. e.

§ 31.

Wird eine Sache zur anderweiten Verhandlung an das Gericht unterer Instanz zurückverwiesen (Zivilprozeßordnung §§ 538, 539, 565), so bildet das weitere Verfahren mit dem früheren Verfahren vor diesem Gerichte im Sinne des § 28 eine Instanz.[1]

1. § 31 trifft folgende Fälle:

Das Gericht I. Instanz hat Endurteil erlassen. Es wird Berufung eingelegt. Das höhere Gericht entscheidet in der Sache und verweist, da noch eine weitere Verhandlung zur Erledigung nötig ist, den Rechtsstreit an das Gericht I. Instanz zurück,

a) wenn durch das angefochtene Urteil ein Einspruch als unzulässig verworfen worden war,

b) wenn das Untergericht nur über prozeßhindernde Einreden entschieden hatte,

c) wenn im Falle eines nach Grund und Betrag streitigen Anspruchs durch das angefochtene Urteil über den Grund des Anspruchs vorab entschieden oder die Klage abgewiesen war,

d) wenn das angefochtene Urteil ein Versäumnisurteil war,

e) wenn das Verfahren I. Instanz an einem wesentlichen Mangel gelitten hatte (§ 539 ZPO.).

Für das Verfahren in I. Instanz waren vor Abgabe der Akten an das Berufungsgericht die angefallenen Gebühren zu erheben.

In II. Instanz fielen an: im Falle a, b u. d — $^5/_{10}$ von $1^1/_4$ Verhandlungs-, Beweis- und Entscheidungsgebühr, im Falle c u. e die vollen Gebühren ($1^1/_4$) bzw. $^6/_{10} + ^1/_4$ von $^6/_{10}$.

Das Verfahren nach der Zurückverweisung bildet mit demjenigen vor der Berufungseinlegung eine Instanz; es wird also für das ganze vor dem Untergericht stattfindende Verfahren nur einmal jede der Gebühren des § 18 erhoben. Waren also vor der Berufungseinlegung bereits alle drei Aktgebühren angefallen, dann kommen für gleiche Akte in dem auf die Zurückverweisung folgenden Verfahren Gebühren nicht mehr zum Ansatz (§ 28). War zuerst nur verhandelt und entschieden worden und findet in dem Nachverfahren eine Beweisaufnahme statt, so kommt für diese noch die Gebühr des § 18 Z. 2 zur Erhebung. Wird in dem Nachverfahren der Rechtsstreit verglichen, so entfällt, selbst wenn eine Beweisanordnung nicht ergangen war, die Verhandlungsgebühr (§ 21) nicht; denn zwischen der Verhandlung und dem Vergleich liegt das erste Urteil, gegen das Berufung eingelegt wurde.

Wird gegen das im Nachverfahren erlassene Urteil wieder Berufung eingelegt, so fallen in der II. Instanz im gleichen Rechtsstreit zweimal Gebühren an. § 28 trifft hier nicht zu.

Was bezüglich der Zurückverweisung aus der II. Instanz gesagt ist, gilt auch für die Zurückverweisung aus der Revisionsinstanz (§ 569 ZPO.).

Über **Vorbehalt der Rechte** im Urkunden- oder Wechselprozeß s. § 33.

§ 32.

Das Verfahren infolge des Einspruchs gegen ein Versäumnisurteil gilt im Sinne des § 28 als neue Instanz, insoweit der Einspruch verworfen, zurückgenommen oder nicht verhandelt wird (Zivilprozeßordnung §§ 341, 345, 346).[1]

Gilt das Verfahren als Fortsetzung der Instanz,[2] so wird durch die Gebühr für das Versäumnisurteil eine Entscheidungsgebühr derselben Instanz nicht ausgeschlossen.[3]

1. Beispiele:

a) Wechselklage auf Zahlung von 500 ℳ. Versäumnisurteil gegen den Beklagten. Einspruch. Kontradiktorische Verhandlung über die Zulässigkeit des Einspruchs und die Hauptsache. Der Einspruch wird als unzulässig verworfen.

Gebühren:

$^{6}/_{10}$ Entscheidungsgebühr für das Versäumnisurteil (§§ 8, 18 3, 25).
je $^{5}/_{10}$ von $^{10}/_{10}$ (nicht $^{6}/_{10}$) Verhandlungs- und Entscheidungsgebühr (§§ 8, 18 1, 3, 19, 26 6, 32 Abs. 1). Das Einspruchsverfahren gilt als neue Instanz; § 28 Abs. 2 ist nicht anwendbar. Daß auch zur „Hauptsache" verhandelt ist, bewirkt nicht, daß $^{6}/_{10}$ Verhandlungsgebühr erhoben werden.

Für die Berechnung des Pauschsatzes liegt nur eine Instanz vor (§ 80b Abs. 2).

b) Klage auf Zahlung von 600 ℳ. Versäumnisurteil. Einspruch wegen 400 ℳ. Beklagter nimmt den Einspruch zurück.

Gebühren:

$^{10}/_{10}$ Entscheidungsgebühr aus 600 ℳ (§§ 8, 18 3).
$^{1}/_{10}$ von $^{10}/_{10}$ Zurücknahmegebühr aus 400 ℳ (§§ 8, 46, 12 Abs. 1).
Aus $^{10}/_{10}$ (und nicht etwa $^{5}/_{10}$) kommt die Gebühr des § 46 zur Erhebung, weil Termin bestimmt war zur Verhandlung über den Einspruch und die Hauptsache.

Pauschsatz: nur eine Instanz (§ 80b Abs. 2).

c) Klage (100 ℳ). Verhandlung zur Hauptsache. Vertagung. Versäumnisurteil. Einspruch. Kontradiktorische Verhandlung über die Zulässigkeit des Einspruchs und die Hauptsache. Zurücknahme des Einspruchs.

Gebühren:

$^{10}/_{10}$ Verhandlungsgebühr (§§ 8, 18 1, 19).
$^{10}/_{10}$ Entscheidungsgebühr (§§ 8, 18 3 — Versäumnisurteil —).
Keine Zurücknahmegebühr (§ 46).

Nach § 28 GKG. dürfen die Gebühren des § 18 in jeder Instanz nur einmal erhoben werden. Eine Ausnahme ist nur hinsichtlich der Entscheidungsgebühr in § 32 Abs. 2 GKG. getroffen, falls das Verfahren als Fortsetzung der Instanz gilt. Die Fortsetzung der Instanz ist gegeben, wenn die Zulässigkeit des Einspruchs, wie hier, feststeht und zur Sache weiter verhandelt wird. Als neue Instanz gilt das Verfahren infolge Einspruchs nur dann, wenn der Einspruch zurückgenommen „oder nicht verhandelt" wird. (LG. Nürnberg 28. 2. 13 BR. 90 gegen Rittmann § 32 Z. 5, Pfafferoth § 32 Anm. 2 Abs. 1.)

Pauschsatz: nur eine Instanz (§ 80b Abs. 2).

d) Wie c. Auf Antrag des Klägers Urteil. Beklagter wird des Einspruchs für verlustig erklärt. Er hat die Kosten des Einspruchsverfahrens zu tragen.

Gebühren:

$^{10}/_{10}$ Verhandlungsgebühr (§§ 8, 18 1, 19, 28).
$^{10}/_{10}$ Entscheidungsgebühr (§§ 8, 18 3).

5/10 Entscheidungsgebühr (§§ 8, 18³, 26⁶, 32 Abs. 2).

Erging nur Urteil: Beklagter hat die Kosten zu tragen:

5/10 Entscheidungsgebühr aus den Kosten.

Keine Zurücknahmegebühr, weil aus 100 ℳ schon eine 10/10 Gebühr angesetzt ist (§ 46).

e) **Gebührenvorschuß.** Bei Einlegung des Einspruchs ist die Absicht auf eine Fortsetzung der Instanz (§ 342 ZPO.) gerichtet, ein Gebührenvorschuß daher nicht erforderlich. Für die eine (einstweilen wenigstens als fortgesetzt geltende) Instanz ist ein Gebührenvorschuß bereits erhoben (§ 81). Zwar ist er auf die entstandenen Kosten, die mit der Erlassung des Versäumnisurteils fällig geworden sind, verrechnet; aber sie sind doch Kosten derselben Instanz. Ist ein Vorschuß nicht erhoben worden und sind alle Kosten nach dem Versäumnisurteil gegen den Beklagten von diesem erhoben, so steht allerdings nichts im Wege, den Gebührenvorschuß veranlaßten Falls (§ 90) noch nachträglich vom Kläger zu erheben.

Stellt sich das Verfahren als neue Instanz (§ 32 Abs. 1) heraus, so werden die Gebühren fällig; es bedarf also eines Vorschusses nicht mehr (Mot.). Rittmann will (entgegen den Motiven), wenn keine Partei verhandelt, von der Partei, die den Einspruch eingelegt hat, einen Vorschuß erheben, da dann das Verfahren als neue Instanz gelte. Die Motive lassen keinen Zweifel, und Rittmann selbst erkennt an verschiedenen Stellen an, daß unter „nicht verhandelt wird" im Sinne des § 32 Abs. 1 nur der Fall des § 345 ZPO. zu verstehen ist; er will auch, wenn im 1. Termin niemand verhandelt, den besondern Vorschuß erheben (§ 32 Anm. 8), nicht aber, wenn in diesem Termin verhandelt wird und im folgenden Termin niemand verhandelt (§ 32 Anm. 9). In dem einen wie in dem andern Falle aber liegt eine eigentliche Feststellung der Zulässigkeit des Einspruchs, die nur durch Zwischen- oder Endurteil erfolgen kann, nicht vor.

f) Klage (100 ℳ). Versäumnisurteil gegen den K l ä g e r. Einspruch. Vor Verhandlung über denselben Zurücknahme der K l a g e.

G e b ü h r e n:

10/10 Entscheidungsgebühr (§§ 8, 18³).

1/10 von 10/10 Zurücknahmegebühr (§§ 8, 46, 32 Abs. 1).

Pauschsatz: e i n e Instanz (§ 80b Abs. 2).

g) Versäumnisurteil gegen den B e k l a g t e n. Einspruch. Vor Verhandlung K l a g e zurücknahme.

G e b ü h r e n:

10/10 Entscheidungsgebühr (§§ 8, 18³). Keine Zurücknahmegebühr; es liegt e i n e Instanz vor (§ 46, DSekrZ. 08, 161).

Erwirkt Beklagter Kostenurteil:

10/10 Entscheidungsgebühr aus den Kosten (§§ 8, 13, 18³, 32 Abs. 2). Keine Zurücknahmegebühr (§ 46).

h) Klage über 400 ℳ. Kontradiktorische Verhandlung über 400 ℳ. Beweisaufnahme über 200 ℳ. Versäumnisurteil über 400 ℳ. Einspruch. Kontradiktorische Verhandlung über die Zulässigkeit des Einspruchs und die Hauptsache (400 ℳ. Klagezurücknahme bezüglich 100 ℳ). Urteil: Der Einspruch wird als unzulässig verworfen.

Gebühren:

$^{10}/_{10}$ Verhandlungsgebühr aus 400 ℳ (§§ 8, 18¹, 19, 28 S. 1, 32 Abs. 2).
$^{10}/_{10}$ Beweisgebühr aus 200 ℳ (§§ 8, 18², 12 Abs. 1).
$^{10}/_{10}$ Entscheidungsgebühr aus 400 ℳ (§§ 8, 18³, 32 Abs. 2).
Keine Gebühr für die Klagezurücknahme (§§ 46, 32 Abs. 2).
$^{5}/_{10}$ Verhandlungsgebühr aus 300 ℳ (§§ 8, 18¹, 19; bezüglich 100 ℳ [hinsichtlich deren die Klage zurückgenommen wurde] kommt eine Verhandlungsgebühr nicht zum Ansatz, weil bereits in derselben Instanz aus dem gleichen Streitgegenstand [die 100 ℳ sind ein Teil der 400 ℳ] eine Verhandlungsgebühr angefallen ist. Bezüglich 300 ℳ gilt das Verfahren nicht als Fortsetzung der Instanz — § 32 Abs. 1 —).
$^{5}/_{10}$ Entscheidungsgebühr aus 300 ℳ (§§ 8, 18³, 12 Abs. 1, 26⁶, 32 Abs. 1).

Bei Pauschsatzberechnung liegt nur eine Instanz vor (§ 80b Abs. 2).

i) Klage. Verhandlung über die Zuständigkeitseinrede. Beweisanordnung. Nach Beweisaufnahme Verwerfung der Einrede durch Zwischenurteil. Verhandlung zur Hauptsache. Vertagung. Versäumnisurteil, das rechtskräftig wird.

Gebühren:

$^{10}/_{10}$ Verhandlungsgebühr (§§ 8, 18¹, 19, 28).
$^{5}/_{10}$ Beweisgebühr (§§ 8, 18², 26²).
$^{10}/_{10}$ Entscheidungsgebühr (§§ 8, 18³, 28 S. 2). § 32 Abs. 2 trifft nicht zu.
Pauschsatz: eine Instanz (§ 80b Abs. 2).

k) Klage gegen A und B. Versäumnisurteil gegen A. Verhandlung, Beweiserhebung und Vergleich gegen B.

Gebühren:

$^{10}/_{10}$ Entscheidungsgebühr (§§ 8, 18³) für das Versäumnisurteil.
$^{10}/_{10}$ Verhandlungsgebühr (§§ 8, 18¹, 19).
$^{5}/_{10}$ Beweisgebühr (§§ 8, 18², 22).

Keine Vergleichsgebühr (§§ 8, 18³, 23, 28), weil das Verfahren nicht als Fortsetzung der Instanz gilt (§ 32 Abs. 2), bezüglich der zwei Entscheidungsgebühren somit § 28 Platz greift.

l) Klage gegen A und B. Versäumnisurteil gegen A. Einspruch des A. Verhandlung und Endurteil gegen A und B.

Gebühren:

$^{10}/_{10}$ Entscheidungsgebühr für das Versäumnisurteil wie bei k.
je $^{10}/_{10}$ Verhandlungs- und Entscheidungsgebühr (§§ 8, 18¹,³, 32 Abs. 2). Hier gilt infolge des Einspruchs das Verfahren als Fortsetzung der Instanz, die Gebühr für das Versäumnisurteil wird gesondert erhoben.

2. wird also der Einspruch nicht als unzulässig verworfen oder nicht zurückgenommen oder wird er verhandelt.

3.

Beispiele: Klage auf 500 M. a) Kontradiktorische Verhandlung. Beweisaufnahme. Versäumnisurteil. Einspruch. Verhandlung über die Zulässigkeit und die Hauptsache. Beweisaufnahme. Abweisung der Klage.

Gebühren:

je $^{10}/_{10}$ Verhandlungs-, Beweis- und Entscheidungsgebühr (§§ 8, 18¹⁻³, 32 Abs. 2).

$^{10}/_{10}$ Entscheidungsgebühr für das Versäumnisurteil (§§ 8, 18^3, 32 Abs. 2).

Das Verfahren nach dem Einspruch bildet mit demjenigen vor Einlegung des Einspruchs eine Instanz. Es kann deshalb für die kontradiktorischen Verhandlungen und für die Beweiserhebungen vor und nach Erlaß des Versäumnisurteils nur die einmalige Verhandlungs- und Beweisgebühr erhoben werden (§ 28). Die Kosten sind nach Beendigung der Instanz d. i. des Verfahrens der infolge des Einspruchs fortgesetzten Instanz — so zu berechnen, als wäre das Versäumnisurteil nicht ergangen, sondern in dem Termin, in dem es ergangen, das Verfahren fortgesetzt worden. Das Versäumnisurteil wird für die Gebührenberechnung aus dem Zusammenhang der Instanz herausgenommen, also ohne Rücksicht auf andere zum Ansatz kommende Entscheidungsgebühren erhoben.

b) Kontradiktorische Verhandlung. Vertagung. Versäumnisurteil. Einspruch. Verhandlung. Vertagung. Versäumnisurteil. Einspruch. Verhandlung. Beweisaufnahme. Vergleich.

Gebühren:

$^{10}/_{10}$ Verhandlungsgebühr (§§ 8, 18^1, 19, 32 Abs. 2; zwischen Verhandlung und Vergleich liegen gebührenpflichtige Entscheidungen).

$^5/_{10}$ Beweisgebühr (§§ 8, 18^2, 22 Abs. 2).

$^3/_{10}$ Vergleichsgebühr (§§ 8, 18^3, 23).

je $^{10}/_{10}$ Entscheidungsgebühr für das erste und zweite Versäumnisurteil (§§ 8, 18^3, 32 Abs. 2).

c) Versäumnisurteil. Einspruch. Nach Verhandlung über die Zulässigkeit des Einspruchs Urteil: Der Einspruch wird für zulässig erklärt. Nach Verhandlung zur Hauptsache Vergleich.

Gebühren:

$^{10}/_{10}$ Entscheidungsgebühr für das Versäumnisurteil (§§ 8, 18^3, 32 Abs. 2).

$^5/_{10}$ Verhandlungsgebühr — über den Einspruch — (§§ 8, 18^1, 26^6).

$^5/_{10}$ Entscheidungsgebühr — bezüglich des Einspruchs — (§§ 8, 18^3, 26^6, 32 Abs. 2).

$^3/_{10}$ Vergleichsgebühr (§§ 8, 18^3, 23, 32 Abs. 2). Der Vergleich ist auf die Verhandlungsgebühr ohne Einfluß, weil zwischen Verhandlung und Vergleich das Urteil liegt (§ 21).

d) Versäumnisurteil gegen den Beklagten. Einspruch. Verhandlung. Vertagung. Versäumnisurteil gegen den Einspruchskläger.

Gebühren:

2 × $^{10}/_{10}$ Entscheidungsgebühren für die zwei Versäumnisurteile (§§ 8, 18³, 32 Abs. 2).

$^{10}/_{10}$ Verhandlungsgebühr (§§ 8, 18¹, 19).

e) Der **Vollstreckungsbefehl** steht nach § 700 ZPO. einem für vorläufig vollstreckbar erklärten Versäumnisurteil gleich. An die Stelle der Gebühr für das Versäumnisurteil tritt die Gebühr für den Vollstreckungsbefehl. Die Gebühr für den Zahlungsbefehl (aber nur diese, nicht auch die für den Vollstreckungsbefehl) wird, wenn der Einspruch nicht verworfen oder zurückgenommen wird, auf die Gebühr für das Einspruchsverfahren angerechnet (§ 37 Abs. 2).

Wird nur über die Zulässigkeit des Einspruchs verhandelt, so kommen $^{5}/_{10}$ der Sätze des § 8 zur Erhebung. Es sind also, wenn der Einspruch durch Urteil verworfen wird, $^{5}/_{10}$ Entscheidungsgebühr und wenn kontradiktorisch verhandelt ist, $^{5}/_{10}$ Verhandlungsgebühr zu erheben. Bei Zurücknahme vor Verhandlung wird $^{1}/_{10}$ von $^{10}/_{10}$ erhoben, soweit nicht ein Urteil ergeht, das die Wirkungen der Zurücknahme ausspricht (dafür $^{5}/_{10}$).

In der Regel wird über den Einspruch und die Hauptsache gleichzeitig verhandelt; dann werden die $^{5}/_{10}$ Gebühren des § 26 durch die $^{10}/_{10}$ Gebühren des § 18 absorbiert.

Gehört der Anspruch nicht vor die Amtsgerichte, so wird, wenn der Einspruchskläger nicht widerspricht, der Rechtsstreit vor dem Amtsgericht ganz verhandelt (Einspruch und Hauptsache). Beantragt eine Partei die Verweisung der Sache vor das Landgericht, so wird zunächst vor dem Amtsgericht über die Zulässigkeit des Einspruchs verhandelt und durch Urteil entschieden. Hierfür: $^{5}/_{10}$ (§ 26). Gleichzeitig ist die Sache durch Beschluß an das Landgericht zu verweisen. Die $^{5}/_{10}$ Gebühren werden alsdann durch gleiche Aktgebühren vor dem Landgericht absorbiert: Das Verfahren vor ihm bildet mit dem vor dem Amtsgericht im Sinne des § 28 eine Instanz. (Beispiele: s. auch § 37 Beisp. fff.)

§ 33.

Das ordentliche Verfahren, welches nach Abstandnahme vom Urkunden-[1] oder Wechselprozesse, sowie nach dem mit Vorbehalt in demselben erlassenen Urteil anhängig bleibt (Zivilprozeßordnung §§ 596, 600), gilt für die Gebührenerhebung als besonderer Rechtsstreit.[2]

1. Scheckprozeß (§ 28 ScheckG. v. 11. 3. 08).

2.

Beispiele: a) Urkundenprozeß (400 ℳ). Vor kontradiktorischer Verhandlung Abstandnahme von der gewählten Prozeßart. Ordentliches Verfahren. Kontradiktorische Verhandlung. Vergleich.

Gebühren:

$^{1}/_{10}$ von $^{6}/_{10}$ Zurücknahmegebühr (§§ 8, 26, 46).

$^{3}/_{10}$ von $^{10}/_{10}$ Vergleichsgebühr (§§ 8, 18³, 23, 33).

Für die Pauschsatzberechnung liegt nur eine Instanz vor (§ 80b).

Vorschußpflicht: § 81 Anm. 2.

b) Wechselklage (500 ℳ). Kontradiktorische Verhandlung. Beweiserhebung (§ 595 Abs. 2 ZPO.). Urteil: Beklagter hat 500 ℳ zu zahlen. Die Ausführung seiner Rechte wird ihm vorbehalten.

Berufung. Verhandlung. Bestätigung des Urteils I. Instanz; Zurückverweisung (§ 538 Z. 4 ZPO.). Verhandlung vor dem Gericht I. Instanz. Endurteil.

I. Instanz. Verfahren im Wechselprozeß.

Gebühren:

$^{6}/_{10}$ Gebührenvorschuß (§ 81).
je $^{6}/_{10}$ Verhandlungs-, Beweis- und Entscheidungsgebühr (§§ 8, 18^{1-3}, 25).

II. Instanz.

$^{6}/_{10}$ + $^{1}/_{4}$ von $^{6}/_{10}$ Gebührenvorschuß (§§ 81, 49).
je $^{6}/_{10}$ + $^{1}/_{4}$ von $^{6}/_{10}$ Verhandlungs- und Entscheidungsgebühr (§§ 8, $18^{1,3}$, 49).

I. Instanz. Ordentliches Verfahren.

$^{10}/_{10}$ Gebührenvorschuß (§ 81). Schuldner ist, wer das Verfahren weiterbetreibt.
je $^{10}/_{10}$ Verhandlungs- und Entscheidungsgebühr (§§ 8, $18^{1,3}$, 19, 33 — als Ausnahme von § 31).

Das ganze Verfahren in I. Instanz (also Wechselprozeß und ordentliches Verfahren) bildet für die Pauschsatzberechnung eine Instanz (§ 80b Abs. 2).

c) Wechselklage (500 ℳ). Kontradiktorische Verhandlung. Entscheidung mit Vorbehalt.

Vorbehaltsverfahren. Beklagter macht in der kontradiktorischen Verhandlung seinen Schaden geltend (§§ 302, 717). Nach Beweisaufnahme Vergleich.

Gebühren:

Je $^{6}/_{10}$ Verhandlungs- und Entscheidungsgebühr (§§ 8, $18^{1,3}$, 19, 25).
$^{10}/_{10}$ Verhandlungsgebühr (§§ 8, 18^{1}, 19).
$^{5}/_{10}$ Beweisgebühr (§§ 8, 18^{2}, 22 Abs. 2).
$^{3}/_{10}$ Vergleichsgebühr (§§ 8, 18^{3}, 23), aus 500 ℳ und dem Schadensersatzbetrag.

Letzterer kann als Nebenforderung im Sinne des § 4 nicht angesehen werden. Soweit er sich demnach mit der Hauptforderung nicht deckt (wie z. B. bei Antrag auf Rückgewährung der bereits bezahlten Hauptsache), sind Hauptforderung und Schadensersatzspruch zusammenzurechnen (a. M. DSekrZ. 09, 67).

Pauschsatz: § 80b Abs. 2.

d) Scheckprozeß. Klage über 500 ℳ. Verhandlung. — Abstandnahme vom Verfahren. Verhandlung. Vergleich.

Gebühren:

$^{6}/_{10}$ Verhandlungsgebühr (§§ 8, 18^{1}, 19, 25).
$^{3}/_{10}$ von $^{10}/_{10}$ Vergleichsgebühr (§§ 8, 18^{3}, 23, 33).

Der Vergleich äußert keine Wirkung auf die Verhandlung im Scheckprozeß, weil zwei Rechtsstreite vorliegen.

Für die Pauschsatzberechnung liegt eine Instanz vor (§ 80b Abs. 2).

Vorschußpflicht: § 81 Anm. 2.

Vorbemerkung.

Dem Grundsatze, daß für jeden der drei Hauptakte des § 18 je eine Gebühr erhoben wird, sind eine Reihe von Streitigkeiten entzogen, für welche nur eine Gebühr (für die Entscheidung einschließlich des vorhergegangenen Verfahrens) erhoben wird; es sind dies hauptsächlich Streitigkeiten, in denen die Entscheidung ohne mündliche Verhandlung erfolgen kann (s. die folgenden Paragraphen).

§ 34.*)

Drei Zehnteile der Gebühr (§ 8) werden erhoben für die Entscheidung, einschließlich des Verfahrens:

1. über Anträge auf Entmündigung oder Wiederaufhebung einer Entmündigung, soweit die Amtsgerichte zuständig sind (Zivilprozeßordnung §§ 645 bis 662, 675 bis 678, 680 bis 683, 685);[1]
2. über die Ernennung oder Ablehnung eines Schiedsrichters, das Erlöschen eines Schiedsvertrages oder die Anordnung[2] der von Schiedsrichtern für erforderlich erachteten richterlichen Handlungen (Zivilprozeßordnung § 1045).[2]

1. a) Wird die Entmündigung oder Wiederaufhebung der Entmündigung einer Person beantragt, so werden für das ganze durch den Antrag veranlaßte Verfahren (d. i. für die Einleitung des Verfahrens, eine eventuelle Beweisaufnahme und die Entscheidung) vor dem Amtsgericht nur $^3/_{10}$ der Sätze des § 8 und hieraus der Pauschsatz des § 80b erhoben — und zwar ohne Rücksicht darauf, ob dem Antrag stattgegeben wurde oder nicht —.

Werden mehrere Personen in einem Beschluß (wenn auch bis dahin getrennten Verfahren) entmündigt, so sind $^3/_{10}$ aus der Summe der Streitgegenstandswerte (§§ 9, 10 GKG., § 3 ZPO.) zu berechnen; werden getrennte Beschlüsse erlassen, so fallen für jeden Beschluß — wenn auch die Verfahren verbunden waren — $^3/_{10}$ an.

Mehrere Anträge auf Entmündigung oder Wiederaufhebung derselben sind getrennt zu bewerten (§ 39).

Die vor das Landgericht gehörigen Entmündigungssachen (Klagen gegen die Entmündigung und auf Wiederaufhebung der Entmündigung) sind wie ordentliche Prozesse (§ 18) zu besteuern; § 20 Nr. 1 ist dabei zu berücksichtigen.

---

*) Jetzige Fassung: Ges. vom 29. 6. 81 (RGBl. 178) und vom 17. 5. 98 (RGBl. 332).

b) Zurücknahme des Antrages vor Entscheidung (wenn auch nach Zeugenvernehmung): $^1/_{10}$ von $^3/_{10}$ (§ 46).

Wird das Verfahren infolge Todes des zu Entmündigenden eingestellt, so kann eine Gebühr nicht erhoben werden; denn in der Einstellung liegt keine Zurücknahme; anderseits ist eine Entscheidung über den Antrag selbst nicht ergangen.

c) Der Antragsteller hat $^3/_{10}$ der Sätze des § 8 als **Gebührenvorschuß** zu zahlen. Dies gilt auch bei Stellung des Antrages auf Entmündigung wegen Geisteskrankheit oder Geistesschwäche. Daß in diesen Fällen die Kosten des Verfahrens (einschließlich der durch die Mitwirkung der Staatsanwaltschaft veranlaßten baren Auslagen — s. preuß. Vf. v. 31. 3. 94 JMBl. 87) schließlich regelmäßig nicht von dem Antragsteller, sondern vom Entmündigten oder der Staatskasse zu tragen sind (§§ 658, 682), ist für die Vorschußpflicht ohne Belang. Bei etwaiger Zurücknahme des Antrages haftet der Antragsteller jedenfalls (§ 89), auch können ihm Kosten auferlegt werden (§ 658 Abs. 2 ZPO.), was in der Praxis öfter vorkommt. Es besteht kein Grund, den § 81 GKG., der für alle bürgerlichen Rechtsstreitigkeiten gegeben ist, hier auszuschließen (a. A. Rittmann § 34 Nr. 1 Anm. 9). Ob der Vorschuß eingezogen werden soll, entscheidet die Justizverwaltung. (Nach § 29 Abs. 3 bayer. FMBek. v. 25. 12. 99, JMBl. 00, 343, Meyer, GebG. S. 506 bedarf es in den Fällen der §§ 34 ff. GKG. im allgemeinen der Einforderung von Gebührenvorschüssen nicht.)

Ein **Auslagenvorschuß** ist nicht einzufordern, weil die Beweise von Amts wegen erhoben werden (§ 650 Abs. 1 ZPO.), § 84 GKG. also nicht zutrifft. Bei Zurücknahme des Antrages haftet der Antragsteller für die entstandenen Auslagen nach § 89 GKG.

Die Vorschriften über die Bewilligung des **Armenrechts** finden entsprechende Anwendung. Da das amtsgerichtliche Verfahren mit der Zustellung des Entmündigungsbeschlusses seinen Abschluß findet, muß die Bewilligung des Armenrechts vor Zustellung des Beschlusses erfolgen.

Fällig wird die Gebühr des § 34 Z. 1 mit der Zustellung des Beschlusses, da von ihr seine Wirksamkeit abhängt.

d) **Gebührenfrei** erfolgt: die Überweisung eines Verfahrens an ein anderes Gericht (§ 47 Nr. 3), und die Bestellung eines Vertreters für den Entmündigten zwecks Klagestellung gemäß §§ 668, 679, 686 ZPO. (§ 47 Nr. 9).

2. Besteuert wird nur die Anordnung. Gebührenfrei ist die von den Schiedsrichtern erforderlich erachtete Beweisaufnahme sowie die Niederlegung des Schiedsspruchs (§ 1038 ZPO.).

Jedes der in Z. 2 des § 34 bezeichnete Verfahren ist, wenn nicht in einem Beschluß entschieden ist, gesondert zu bewerten (§ 39 Abs. 2).

§ 35.*)

Zwei Zehnteile der Gebühr (§ 8) werden erhoben[1] für die Entscheidung, einschließlich des vorangegangenen Verfahrens,[2] über Anträge:

---

*) Jetzige Fassung: Ges. vom 29. 6. 81 (RGBl. 178).

1. auf vorläufige Einstellung, Beschränkung oder Aufhebung einer Zwangsvollstreckung (Zivilprozeßordnung §§ 707, 719, 769, 771 Abs. 3, §§ 785, 786, 805 Abs. 4, § 810 Abs. 2);[3]
2. auf gerichtliche Handlungen der Zwangsvollstreckung (Zivilprozeßordnung §§ 764, 791, 822, 823, 825, 828, 829 Abs. 1, §§ 835, 839, 844, 846 bis 848, 857, 858, 885 Abs. 4, §§ 886, 900 Abs. 3, §§ 901, 930 Abs. 3);[4, 5, 6]
3. auf Anordnung oder Aufhebung eines Arrestes oder einer einstweiligen Verfügung (Zivilprozeßordnung §§ 921, 922, 934, 936 bis 944), soweit nicht nachträglich eine Gebühr des § 26 Nr. 9 zur Erhebung kommt;[7]
   sowie
4. über Anträge, Einwendungen oder Erinnerungen, welche die Art und Weise der Zwangsvollstreckung oder das bei derselben vom Gerichtsvollzieher zu beobachtende Verfahren oder die von ihm in Ansatz gebrachten Kosten oder die Weigerung desselben betreffen, einen Vollstreckungsauftrag zu übernehmen oder eine Vollstreckungshandlung dem Auftrage gemäß auszuführen (Zivilprozeßordnung § 766).[8]

1. Das in der Hauptsache bewilligte Armenrecht erstreckt sich auch auf die gerichtlichen Entscheidungen des § 35 Nr. 1; ebenso ist die Kostenentscheidung in der Hauptsache bei Fehlen eines Ausspruches in den Angelegenheiten des § 35 für letztere maßgebend. — Streitwert: Die Zinsen sind hinzuzurechnen (§ 13 Abs. 2).

2. Siehe Vorbem. zu § 34.

3. Die vorläufige Einstellung, Beschränkung oder Aufhebung einer Zwangsvollstreckung kann angeordnet werden:

a) bei dem Antrag auf Wiedereinsetzung in den vorigen Stand oder Wiederaufnahme des Verfahrens (§ **707** ZPO.);

b) wenn gegen ein für vorläufig vollstreckbar erklärtes Urteil der Einspruch oder ein Rechtsmittel eingelegt wird (§ 719 ZPO.; Meyer, ZPO. § 719 Anm. 2 — Beispiel —);

c) wenn von dem Schuldner Einwendungen gegen den im Urteil festgestellten Anspruch (§ 767 ZPO.) oder gegen die Zulässigkeit der Vollstreckungsklausel im Wege der Klage erhoben werden (§ 768 ZPO.). Die $^{3}/_{10}$ Gebühr des § 35 wird für den Antrag auf Erlaß einer Anordnung aus **§ 769 Abs. 1** erhoben — ohne Rücksicht auf die Gebühren für den Rechtsstreit. Das Gleiche gilt von der Entscheidung des Vollstreckungsgerichts (**Abs. 2**). Die im Falle des Abs. 2 des § 769 erforderlich werdende nachträgliche Entscheidung (Bestätigung) des Prozeßgerichts fällt wieder unter § 35 Nr. 1, ist also wieder der Gebühr unterworfen. Eine Anrechnung der neuen Gebühr auf die andere ist ausgeschlossen (§ 39 Abs. 1), da **§ 39** nach dessen ausdrücklichem Wortlaut **auf die Anordnungen des § 35 Nr. 1 keine Anwendung** findet (soviele Anträge, soviele Gebühren!).

Die Anordnungen können auch im Laufe des Rechtsstreits, ja noch in der Berufungsinstanz ergehen; dann: $^{3}/_{10}$ + ¼ von $^{3}/_{10}$ gemäß §§ 35 Nr. 1, 49. Sie fallen dann nicht etwa, wie Pfafferoth (§ 35 Nr. 1 Anm. 2) und Rittmann (Anm. 3 Abs. 2 das.) meinen, unter § 718 ZPO., sondern unter § 769 ZPO. § 718 ZPO. handelt nur von der Aufhebung der vorläufigen Vollstreckbarkeit eines Urteils, nicht von der einstweiligen Einstellung der Zwangsvollstreckung aus einem mit Berufung angefochtenen Urteil.

Im Falle des **§ 718 ZPO.** sind die Gebühren nach § 26 Nr. 7 ($^{5}/_{10}$) zu berechnen.

Fristverlängerungen im Falle des § 769 Abs. 2 sind gebührenfrei (§ 47 Nr. 1). Wird jedoch nach dem Ablaufe der Frist eine neue Anordnung des Vollstreckungsgerichts aus Abs. 2 beantragt, so kommt die Gebühr von neuem zum Ansatz.

d) wenn ein Dritter durch Klage behauptet, daß ihm an dem Gegenstande der Zwangsvollstreckung ein die Veräußerung hinderndes Recht zustehe **(§ 771 Abs. 3 ZPO.)**;

e) wenn ein Erbe auf Unzulässigkeitserklärung der Zwangsvollstreckung in das betreffende Vermögen oder Beschränkung derselben auf die zulässigen Maßregeln klagt **(§ 785 ZPO.)**;

f) wenn bei fortgesetzter Gütergemeinschaft von dem überlebenden — nur beschränkt haftenden — Ehegatten und in ähnlichen Fällen von dem beschränkt Haftenden die Unzulässigkeitserklärung der Zwangsvollstreckung in das betreffende Vermögen oder Beschränkung derselben auf die zulässigen Maßregeln geltend gemacht wird **(§ 786 ZPO.)**;

g) wenn ein Dritter, der sich nicht im Besitze der gepfändeten Sache befindet, Klage auf vorzugsweise Befriedigung aus dem Erlöse erhebt **(§ 805 Abs. 4 ZPO.**; Antrag auf Hinterlegung des Erlöses s. Meyer, ZPO. § 805 Anm. 12);

h) wenn ein Hypothekengläubiger der Pfändung von Früchten, die von dem Boden nicht getrennt sind, widerspricht **(§ 810 ZPO.)**.

Über den **Kostenpunkt** wird in der Anordnung der Einstellung nicht entschieden. Ergeht später in der Hauptsache Urteil, so umfaßt die da getroffene Kostenentscheidung auch die Kosten der Anordnung (RGZ. 50, 358).

4. Die nach Z. 2 zu bewertenden Entscheidungen des Vollstreckungsgerichts (§§ 764, 828) betreffen:

a) Ersuchen um **Zwangsvollstreckung** an Behörden **im Auslande (§ 791 ZPO.)**;

b) Ermächtigung des Gerichtsvollziehers zur Erwirkung der **Umschreibung eines** auf den Namen lautenden **Wertpapiers** auf den Namen des **Käufers** und zur erforderlichen Erklärungsabgabe an Stelle des Schuldners **(§ 822 ZPO.)**;

c) Ermächtigung des Gerichtsvollziehers, die **Wiederinkurssetzung eines** außer **Kurs** gesetzten **Inhaberpapiers** zu beantragen und die hierzu erforderlichen Erklärungen an Stelle des Schuldners abzugeben **(§ 823 ZPO.)**;

d) Anordnung einer **anderweitigen Verwertung einer Pfandsache (§ 825 ZPO.)**;

e) **Pfändung einer Geldforderung (§ 829 Abs. 1 ZPO.)**;

f) **Überweisung einer** gepfändeten **Geldforderung** an den Gläubiger zur Einziehung oder an Zahlungs Statt **(§ 835 ZPO.)**;

g) Überweisung einer gepfändeten Geldforderung, wenn dem Schuldner gemäß § 713 Abs. 2 ZPO. nachgelassen ist, die Vollstreckung durch Sicherheitsleistung oder Hinterlegung abzuwenden (**§ 839 ZPO.**);

h) Anordnung einer **andern Art der Verwertung** an Stelle der Überweisung (**§ 844 ZPO.**);

i) Zwangsvollstreckung in Ansprüche, welche die **Herausgabe oder die Leistung körperlicher Sachen** zum Gegenstande haben (**§ 846 ZPO.**).

(Anordnung der Herausgabe einer Sache α) an einen Gerichtsvollzieher, wenn ein Anspruch gepfändet ist, welcher eine bewegliche körperliche Sache betrifft — **§ 847 ZPO.**;

β) an einen Sequester, wenn ein Anspruch gepfändet ist, welcher eine unbewegliche Sache betrifft — **§ 848 ZPO.**).

k) **Zwangsvollstreckung in andere Vermögensrechte**, welche nicht Gegenstand der Zwangsvollstreckung in das unbewegliche Vermögen sind, besonders

Anordnungen der Zwangsvollstreckung in Rechte, welche nur in Ansehung der Ausübung veräußerlich sind (z. B. das Nießbrauchrecht),

Anordnung der Verwaltung bei der Zwangsvollstreckung in Nutzungsrechte,

Anordnung der Veräußerung des Rechts (**§ 857 ZPO.**).

l) Zwangsvollstreckung in den Anteil an einem im Schiffsregister eingetragenen Schiffe (Schiffspart) **§ 858 ZPO.**;

m) Anordnung des Verkaufs von Sachen und der Hinterlegung des Erlöses (**§ 885 Abs. 4 ZPO.**), mag sie auf Anregung des Gerichtsvollziehers oder Antrag des Gläubigers erfolgen;

n) Überweisung des Anspruchs eines Schuldners auf Herausgabe einer im Gewahrsam eines Dritten befindlichen Sache (**§ 886 ZPO.**);

o) die Verpflichtung des Schuldners zur **Leistung des Offenbarungseides** (**§ 900 Abs. 3 ZPO.**); siehe hierzu § 43 und Beispiele;

p) Anordnung der Haft gegen den Schuldner, der den Offenbarungseid nicht leistet (**§ 901 ZPO.**); siehe § 43 und Beispiele;

q) Anordnung der **Versteigerung einer beweglichen Sache**, wenn sie der Gefahr einer beträchtlichen Wertsminderung ausgesetzt ist oder ihre Aufbewahrung unverhältnismäßige Kosten verursachen würde, und der Hinterlegung des Erlöses (**§ 930 Abs. 3 ZPO.**).

5. Kommen in einem Verfahren wegen desselben Anspruches **mehrere** der unter Anm. 4 Buchst. a—q **bezeichneten Entscheidungen** hinsichtlich desselben Gegenstandes vor, so kommt (im Gegensatz zu Z. 1, 3 u. 4 des § 35) **nur einmal** die $^2/_{10}$ Gebühr zur Erhebung; dabei macht es keinen Unterschied, ob die verschiedenen Anträge in einem oder mehreren Beschlüssen erledigt werden (§ 39 Abs. 2). Wird jedoch einer der obengenannten Anträge wegen Abweisung wiederholt, so kommt die Gebühr des § 35 Z. 2 doppelt zum Ansatz.

Beispiele: a) B ist zur Zahlung von 400 ℳ an A verurteilt. A läßt zugunsten seiner Forderung und der Kosten pfänden

am 10. 1. eine Schuld des C an B zu 100 ℳ,
am 15. 2. eine Schuld des D an B zu 90 ℳ,
am 1. 3. eine Schuld des F an B zu 190 ℳ,
am 2. 4. eine Schuld des G an B zu 40 ℳ.

Gleichzeitig wird jeweils die gepfändete Forderung dem A zur Einziehung überwiesen.

Gebühren:

Am 10. 1.: $^2/_{10}$ aus 100 ℳ,
„ 15. 2.: $^2/_{10}$ „ 90 ℳ,
„ 1. 3.: $^2/_{10}$ „ 190 ℳ,
„ 2. 4.: $^2/_{10}$ „ 40 ℳ (§ 35 Z. 2, 39 Abs. 2).

Es liegen gleiche gerichtliche Handlungen der Zwangsvollstreckung bezüglich verschiedener Gegenstände (Forderungen) vor, daher 4 × $^2/_{10}$ Gebühren. Für die Überweisungen kommt eine besondere Gebühr nicht zur Erhebung (§ 39 Abs. 2).

Schuldner der Gebühren ist der **Antragsteller** (§ 81), Zweitschuldner: der Gegner. Ist der Antragsteller im Armenrecht, so ist sofort der Gegner zahlungspflichtig.

b) Auf Antrag des Gläubigers wird am 9. 1. zugunsten seiner Forderung zu 300 ℳ eine betagte Forderung des Schuldners A gegen C zu 250 ℳ gepfändet und dem Gläubiger überwiesen. Am 17. 4. beschließt das Gericht auf Antrag des Gläubigers an Stelle der Überweisung eine andere Verwertung.

Gebühren: Es liegen in einem Verfahren wegen des gleichen Anspruchs (300 ℳ) drei denselben Gegenstand (250 ℳ) betreffende, unter Z. 2 des § 35 fallende Entscheidungen vor; daher nur einmal $^2/_{10}$ aus 250 ℳ (Streitwert: § 6 ZPO.).

c) Es wird zugunsten einer Forderung des A gegen B von 170 ℳ Arrest durch Beschluß angeordnet und zur Vollziehung desselben eine Forderung des B an C gepfändet und dem A zur Einziehung überwiesen.

Gebühren:

Für die Arrestanordnung:
$^2/_{10}$ (§ 35 Nr. 3).
Für die Forderungspfändung und Überweisung:
$^2/_{10}$ (§ 35 Nr. 2).

Es liegen nicht drei gerichtliche Handlungen gemäß § 35 Z. 2 vor, sondern eine Handlung nach § 35 Z. 3 und zwei Handlungen nach § 35 Z. 2; daher: zwei Gebühren (§ 39 Abs. 2).

d) Eine Forderung zu 6000 ℳ ist zu gleichen Teilen auf sechs Erben übergegangen. Für die sechs Forderungen zu je 1000 ℳ werden auf gemeinsamen Antrag fünf Geldforderungen zu je 800 ℳ gepfändet und zur Einziehung überwiesen.

Streitwert: 4000 ℳ (5 × 800 ℳ) gemäß §§ 5, 6 ZPO.
$^2/_{10}$ aus 4000 ℳ (§§ 35², 39) = 12.40 ℳ.

6. Nicht nach § 35 Z. 2 sind zu bewerten: die Fälle der Zwangsvollstreckung zur Erwirkung von Handlungen oder Unterlassungen (s. § 27 Nr. 2); die im § 26 Nr. 8 näher bezeichneten Streitigkeiten, und das Offenbarungseidsverfahren (s. § 43).

Gebührenfreiheit besteht in den Fällen der ZPO. **§§ 758 Abs.** 3 (Beiziehung von polizeilichen Vollzugsorganen durch den Gerichtsvollzieher), **789** (Ersuchen um Einschreitung einer Behörde zum Zwecke der Zwangsvollstreckung), **790 Abs. 1** (Ersuchen der Militärbehörde um Zwangsvollstreckung), **912** (Vollstreckung der Haft gegen eine Militärperson). — § 47 Nr. 13.

7. $^2/_{10}$ der Sätze des § 8 werden erhoben, wenn ein Arrestbeschluß ergangen ist; erging Urteil, trifft § 26 Z. 9 ($^5/_{10}$) zu.

Die Gebühren des § 35 Nr. 3 kommen neben denen des Hauptprozesses zum Ansatz.

Für die Zwischenverfügung auf Sicherheitsleistung (§ 921, Meyer, ZPO. das. Anm. 3) kommt die $^2/_{10}$ Gebühr nur zum Ansatz, wenn die Arrestanordnung nicht nachfolgt.

Mehrere in verschiedenen Beschlüssen entschiedene Anträge aus § 35 unterliegen getrennter Gebührenberechnung (§ 39 Abs. 1; vgl. auch § 35 Anm. 5 Beisp. c; Ausnahme: mehrere Anträge aus § 35 Nr. 2).

Eine **Anrechnung** der $^2/_{10}$ Gebühr (nicht auch des Pauschsatzes!) auf die $^5/_{10}$ Gebühr des § 26 findet nur statt, wenn es sich dort um das **Widerspruchsverfahren** handelt, da nur dieses die Arrestanordnung betrifft. Auf die $^5/_{10}$ Gebühr für das Verfahren auf Aufhebung des Arrestes wegen unterlassener Erhebung der Klage (§ 926 Abs. 2 ZPO.) oder wegen veränderter Umstände (§ 927) darf die $^2/_{10}$ Gebühr nicht angerechnet werden. (Vgl. § 26 Anm. 17 Beispiel b u. e.)

Das Ersuchen des Gerichts um **Eintragung in das Grundbuch** auf Grund einstweiliger Verfügung gemäß § 941 ZPO. ist gebührenfrei (OLGRspr. 17, 218, DSekrZ. 09, 28).

Bayern: Wird auf Antrag der Staatskasse Arrest erlassen, dann sind die Gebühren erst zu Soll zu stellen, wenn die Kosten des Verfahrens dem Gegner durch gerichtliche Entscheidung auferlegt oder von ihm übernommen sind (FME. v. 24. 3. 86 Nr. 3715).

Beispiele s. § 26 Anm. 17.

Fällig ist die Gebühr mit der Erlassung des Beschlusses; vgl. § 45 Anm. 4.

Schuldner s. Anm. 5 Beisp. b.

8. Die einstweilige Anordnung (§ 766 Abs. 1 letzter Satz) ist gebührenfrei. Werden die Einwendungen usw. für begründet befunden und die Kosten des Verfahrens nicht dem Gegner, sondern dem Gerichtsvollzieher zur Last gelegt, so werden nach § 47 Nr. 16 Gebühren nicht erhoben.

In dem Verfahren nach § 766 ist auch über die Kostenpflicht zu entscheiden. Der Schuldner oder sonstige Antragsteller ist nach §§ 81, 84, 39 GKG. vorschußpflichtig und nach § 89 solange, als nicht eine andere Entscheidung ergeht, für die Gebühren und Pauschsätze haftbar.

Soviele Entscheidungen, soviele Gebühren: § 39 Abs. 1. Sind in einem Schriftstück mehrere Anträge auch nur eventuell gestellt, deren Entscheidung nach §§ 35 Nr. 1 oder 4 zu bewerten ist, so kommen beide Gebühren zur Erhebung.

§ 36.*)

Für die Entscheidung, einschließlich des Verfahrens, über Anträge auf Sicherung des Beweises (Zivilprozeßordnung §§ 485 bis 494) werden drei Zehnteile der Gebühr (§ 8) und, wenn eine Beweisaufnahme stattfindet, fünf Zehnteile der Gebühr erhoben.[1, 2]

*) Fassung: Ges. vom 29. 6. 81 (RGBl. 178).

1. **Schuldner** der Gebühr ist der Antragsteller (§ 89), der auch gebührenvorschußpflichtig ist (RGZ. 15, 417). Die durch das Verfahren entstandenen Kosten kann der Antragsteller, falls sie notwendig waren, von dem im demnächstigen Rechtsstreit zur Tragung der Kosten des Verfahrens verurteilten Gegner erstattet verlangen; eine **Anrechnung** der Gebühr des § 36 auf die Gerichtsgebühren des Rechtsstreits findet jedoch **nicht** statt.

Für die Berechnung des Pauschsatzes aber gilt das Beweissicherungsverfahren mit dem Hauptprozeß als eine Instanz (§ 80b Abs. 2).

Stellt auch der Gegner den Antrag auf Sicherung des Beweises, so wird, wenn über die beiden Anträge in einem Beschluß entschieden wird, nur eine Gebühr erhoben; andernfalls gelten die Verfahren im Sinne des GKG. als besondere Rechtsstreite (§ 39 Abs. 1). Dies gilt auch bezüglich der Erhöhung auf $^5/_{10}$, selbst wenn die Aufnahme der Beweise gleichzeitig erfolgt.

Ein Antrag des Gegners auf Vernehmung anderer als der vorgeschlagenen Zeugen oder Sachverständigen muß schon als neuer Antrag angesehen werden, jedenfalls bezüglich der Zeugen, während man bezüglich der Benennung anderer oder weiterer Sachverständigen in dem Antrag unter Umständen nur eine Anregung für das Gericht erblicken könnte, von Amts wegen noch andere Sachverständige zuzuziehen.

Antragszurücknahme: $^1/_{10}$ von $^5/_{10}$ (s. auch DSekrZ. 10, 53). Wird das Gesuch an das **Berufungsgericht** gestellt, so erhöht sich der Satz um ¼ (§ 49).

Gebührenfrei erfolgt die Bestellung eines Vertreters für den unbekannten Gegner (§ 47 Nr. 9).

2.

Beispiele: a) Anordnung der Sicherung des Beweises. Beweisaufnahme. Vergleich.
Gebühren: $^5/_{10}$ (§ 36); keine Vergleichsgebühr, weil noch kein Rechtsstreit vorhanden ist.

b) Anordnung der Sicherung des Beweises bezüglich einer Warensendung im Werte von 500 ℳ + 3000 ℳ.
Beweisaufnahme bezüglich der Sendung zu 500 ℳ. Zurücknahme des Antrages.
Gebühren: $^3/_{10}$ aus 3000 ℳ. $^5/_{10}$ aus 500 ℳ.

c) Anordnung der Sicherung des Beweises durch Beweisaufnahme. Vor der Beweiserhebung Zurücknahme des Antrages, weil der Zeuge inzwischen gestorben ist.
Gebühren: $^3/_{10}$ (§ 36) nicht etwa $^5/_{20}$.

§ 37.*)

Im Mahnverfahren werden erhoben:

1. zwei Zehnteile der Gebühr (§ 8) für die Entscheidung über

*) Jetzige Fassung: Ges. vom 29. 6. 81 (RGBl. 178). Die Pauschsätze wurden hier entgegen den Kostenaufstellungen in den übrigen Beispielen berücksichtigt, um die ganze Bewertung möglichst verständlich zeigen zu können.

das Gesuch um Erlassung des Zahlungsbefehls (Zivilprozeßordnung §§ 691, 692);

2. ein Zehnteil der Gebühr (§ 8) für die Entscheidung über das Gesuch um Erlassung des Vollstreckungsbefehls (Zivilprozeßordnung § 699).

Wird ein Gesuch um Erlassung des Zahlungsbefehls zurückgewiesen, weil der Zahlungsbefehl in Ansehung eines Teils des Anspruchs nicht erlassen werden kann (Zivilprozeßordnung § 691 Abs. 2), so ist die Gebühr nur nach dem Werte dieses Teils zu berechnen.[1]

Soweit die Kosten des Mahnverfahrens als Teil der Kosten eines entstehenden Rechtsstreits anzusehen sind (Zivilprozeßordnung § 698), wird die im Falle der Nr. 1 erhobene Gebühr auf die Gebühr des entstehenden Rechtsstreits angerechnet.[2]

1.

Beispiele: a) Zahlungsbefehlsantrag bezüglich 140 ℳ Darlehen und 6% Zinsen daraus für ½ Jahr. Der Antrag wird wegen der Höhe der Zinsen zurückgewiesen.

Gebühren: $^2/_{10}$ aus dem Zinsbetrag.

b) Zahlungsbefehlsantrag bezüglich 120 ℳ Warenschuld und 90 ℳ Darlehensschuld. Hinsichtlich 120 ℳ wird dem Antrag stattgegeben, hinsichtlich 90 ℳ wird er zurückgewiesen.

Gebühren: $^2/_{10}$ aus 120 ℳ und $^2/_{10}$ aus 90 ℳ. Hier handelt es sich nicht um einen Teil des Zahlungsbefehlsanspruchs; es erfolgte vielmehr die Zurückweisung des Antrages bezüglich eines von mehreren selbständigen Ansprüchen. $^2/_{10}$ aus den zusammengerechneten Wertsgegenständen betragen 2.20 ℳ; die getrennt berechneten Gebühren machen nur 1 + 1 = 2 ℳ aus; daher in analoger Anwendung des § 12: getrennte Berechnung.

c) Zahlungsbefehlsantrag bezüglich 215 ℳ Warenschuld und 90 ℳ Darlehensschuld. Zurückweisung des Antrages bezüglich 90 ℳ, im übrigen Erlassung des Zahlungsbefehls.

Gebühren:

$^2/_{10}$ aus 215 ℳ = 2.20 ℳ
$^2/_{10}$ aus 90 ℳ = 1.— ℳ
= 3.20 ℳ.

$^2/_{10}$ aus 305 ℳ = 3.— ℳ. Unter analoger Anwendung des § 12 kommen nur 3 ℳ zur Erhebung. Auf den Zahlungsbefehl treffen: 2.20 ℳ.

Nach Ablauf der Widerspruchsfrist wird Vollstreckungsbefehl erlassen bezüglich:
175 ℳ.
Gebühr: $^1/_{10}$ aus 175 ℳ.

d) Zurücknahme des Antrages vor Entscheidung; dann neuer Antrag:
$^1/_1$) von $^2/_{10}$.

und für den neuen Antrag:

$^2/_{10}$.

Zurücknahme nach Erlaß, aber vor Zustellung des Zahlungsbefehls: $^2/_{10}$ nach Abs. 1.

Bei **Rückgabe des Antrages** zur Ergänzung oder weil das Gericht nicht zuständig ist: keine Gebühr (Preuß. FMV. 30. 1. 04 BurBl. S. 86).

e) A beantragt Zahlungsbefehl hinsichtlich 190 ℳ und bittet erfolgreich um Zulassung zum Armenrecht.

Der Zahlbefehl wird erlassen.

Gebühren: Die an sich anfallende $^2/_{10}$ Gebühr wird in dem Zahlungsbefehl nicht eingesetzt, weil A von der Zahlung der Gebühren einstweilen befreit ist und der unmittelbaren Anforderung der Kosten von dem Schuldner des A § 120 ZPO. entgegensteht.

Wird Vollstreckungsbefehl erlassen, dann werden auch die Zahlungsbefehlskosten eingesetzt; es empfiehlt sich jedoch im Vollstreckungsbefehl der Beisatz:

„Die Beitreibung der Gerichtskosten erfolgt durch das Gericht."

So können die Kosten sofort auf den Schuldner zu Soll gestellt und beigetrieben werden; der Vermittelungstätigkeit des Gläubigers bedarf es nicht.

2.

Beispiele: a) Zahlungsbefehl 210 ℳ. Widerspruch. Kontradiktorische Verhandlung. Vertagung. Vergleich.

Gebühren:

Mahnverfahren:

$^2/_{10}$ aus 210 ℳ = 2.20 ℳ
Pauschsatz § 80b = —.30 ℳ

Ordentliches Verfahren:

$^{10}/_{10}$ Gebührenvorschuß aus 210 ℳ (§ 81)	=	11.— ℳ
ab Zahlungsbefehlsgebühr (§ 37 Abs. 3)	=	2.20 ℳ
einzufordern:		8.80 ℳ

Zweckmäßig ist es, zugleich mit dem Gebührenvorschuß den daraus berechneten Pauschsatz = 1.10 ℳ (§ 80b) miteinzufordern. Eine Anrechnung des Zahlungsbefehls-Pauschsatzes auf den Pauschsatz des ordentlichen Verfahrens findet nicht statt; denn die Pauschsätze sind „Auslagen" (RGZ. 29. 12. 11 DSekrZ. 12, 58; OLG. München 24. 2. 11 DSekrZ. 11, 131; a. A. preuß. KassenO.). Zu beachten ist aber, daß für die Pauschsatzberechnung das Mahnverfahren mit dem entstehenden Rechtsstreit als ein Verfahren anzusehen ist (§ 80b Abs. 2).

Endgültige Berechnung:

$^3/_{10}$ Vergleichsgebühr aus 210 ℳ (§§ 8, 18³, 23)	=	3.30 ℳ
Pauschsatz (§ 80b)	=	—.40 ℳ

Der Mindestpauschsatz, der in einem Rechtsstreit anfallen kann (50 ₰), ist gegeben; denn der Pauschsatz des Mahnverfahrens und Rechtsstreits betragen zusammen: 70 ₰.

Erhoben sind bereits:

8.80 ℳ Gebühren; es sind deshalb
— 3.30 ℳ

5.50 ℳ an den Kläger zurückzuvergüten.

Ist mit dem Gebührenvorschuß zu 11 ℳ der Pauschsatz zu 1.10 ℳ eingehoben worden, so sind noch rückzuvergüten:

1.10 ℳ
— —.40 ℳ

—.70 ℳ

Die **Benachrichtigung des Gläubigers** von der Zustellung des Zahlungsbefehls und von dem Widerspruch des Schuldners hat **portofrei** zu geschehen; die Sendungen sind durch den Pauschsatz (§ 80b) gedeckt (DSekrZ. 12, 162).

b) Zahlungsbefehl über 215 ℳ. Widerspruch bezüglich 130 ℳ. Verhandlung. Beweisaufnahme. Anerkenntnisurteil.

Gebühren:

Für den Zahlungsbefehl:
$^2/_{10}$ aus 215 ℳ = 2.20 ℳ
Pauschsatz (§ 80b) = —.30 ℳ

Für das ordentliche Verfahren:

$^{10}/_{10}$ Gebührenvorschuß aus 130 ℳ	=	7.50 ℳ
ab $^2/_{10}$ (§ 37 Abs. 3) aus 130 ℳ	=	1.50 ℳ
einzufordern:		6.— ℳ
Pauschsatz (§ 80b)	=	—.80 ℳ

(Eine genaue verhältnismäßige Anrechnung ist vom Gesetzgeber offensichtlich — schon aus praktischen Gründen — nicht gewollt.)

Endgültige Berechnung.

$^{10}/_{10}$ Verhandlungsgebühr aus 130 ℳ (§§ 8, 18¹, 19)	=	7.50 ℳ
$^5/_{10}$ Beweisgebühr aus 130 ℳ (§§ 8, 18², 22 Abs. 2)	=	3.80 ℳ
$^3/_{10}$ Vergleichsgebühr aus 130 ℳ (§§ 8, 18³, 23)	=	2.30 ℳ
	=	13.60 ℳ
Hiervon ab Gebührenvorschuß:	=	6.— ℳ
noch einzufordern:		7.60 ℳ
Dazu kommen an Pauschsätzen: 80 ₰ + 40 ₰ + 30 ₰	=	1.50 ℳ
(§ 80b) — Pauschsatzvorschuß:		—.80 ℳ
noch einzufordern:		—.70 ℳ

c) Zahlungsbefehl über 90 ℳ. Dem Gläubiger ist das Armenrecht bewilligt. Widerspruch bezüglich 30 ℳ. Verhandlung. Anerkenntnisurteil.

Gebühren: Für den Zahlungsbefehl waren Gebühren nicht einzusetzen (s. Beispiel d).

Kein Gebühren- und Pauschsatzvorschuß (§ 115 ZPO.).

Nach Erlaß des Urteils sind zu erheben:

$^2/_{10}$ für den Zahlungsbefehl aus 90 ℳ	=	1.— ℳ
Pauschsatz (§ 80b)	=	—.10 ℳ

— —.80 ℳ für das Anerkenntnisurteil (§§ 8, 18³, 23)
— —.50 ℳ $^{2}/_{10}$ Zahlungsbefehlsgebühr aus 30 ℳ (§ 37 Abs. 3, § 12 Abs. 1). = —.30 ℳ
Pauschsatz (§ 80 b) aus 80 ₰ = —.10 ℳ

Die Gesamtpauschsätze betragen darnach:
10 ₰ (Mahnverfahren) + 10 ₰ (Hauptprozeß).

Da in einem Rechtsstreit mindestens 50 ₰ Pauschsatz zu erheben sind, sind gemäß § 80 b Abs. 2 S. 1 noch 30 ₰ Pauschsätze anzusetzen.

Gesamtberechnung: Gebühren: 1.30 ℳ
Pauschsätze: —.50 ℳ.

d) Zahlungsbefehl über 100 ℳ. Widerspruch. Vor Verhandlung Klagezurücknahme.

Gebühren:

Für den Zahlungsbefehl $^{2}/_{10}$ aus 100 ℳ = 1.— ℳ
Pauschsatz (§ 80 b) = —.10 ℳ

Die Zurücknahmegebühr zu 50 ₰ (§ 46) ist absorbiert durch die höhere $^{2}/_{10}$ Gebühr. Der Unterschied zu 50 ₰ ist nicht zurückzuzahlen.

Zur Erhebung kommt jedoch der Pauschsatz (§ 80 b) aus der $^{1}/_{10}$ Gebühr = —.10 ℳ
denn er ist jeweils aus der anfallenden Gebühr zu berechnen und ohne Rücksicht darauf, ob die Gebühr auch wirklich erhoben wird. Da in einem Rechtsstreit der Mindestpauschsatz 50 ₰ beträgt, Mahnverfahren und Rechtsstreit ein Verfahren sind, die Pauschsätze hierin 10 + 10 = 20 ₰ betragen, sind noch 30 ₰ Pauschsatz gemäß § 80 b Abs. 2 anzusetzen.

Erfolgt Klagezurücknahme in der Hauptsache und ergeht bezüglich der Kosten nach Verhandlung Endurteil, so kommt in diesem Falle eine Zurücknahmegebühr aus der Hauptsache (wie oben) nicht zur Erhebung; neben der Zahlungsbefehlsgebühr fallen an: je $^{10}/_{10}$ Verhandlungs- und Entscheidungsgebühr aus den Kosten (§ 13 Abs. 3).

e) Zahlungsbefehl über 1200 ℳ. Nach Widerspruch verweist das Amtsgericht infolge schriftlichen Antrages durch Beschluß wegen Unzuständigkeit den Rechtsstreit an das Landgericht. Dort mündliche Verhandlung. Beweiserhebung. Vergleich.

Gebühren:

Beim Amtsgericht:

Für den Zahlungsbefehl $^{2}/_{10}$ aus 1200 ℳ = 6.40 ℳ
Pauschsatz (§ 80 b) = —.70 ℳ

Nach Erlaß des Verweisungsbeschlusses sind:
$^{10}/_{10}$ Gebührenvorschuß aus 1200 ℳ = 32.— ℳ
— Zahlungsbefehlsgebühr = 6.40 ℳ
also: 25.60 ℳ
und ein Pauschsatzvorschuß von = 3.20 ℳ
vom Kläger einzuheben. Damit ist die $^{5}/_{10}$ Gebühr für den Verweisungsbeschluß (§ 26 Z. 2 GKG.; OLG. Cöln 13. 3. 12 OSekrZ. 12, 98) gedeckt.

Beim Landgericht.

Es fallen an aus 1200 ℳ

10/10 Verhandlungsgebühr (§§ 8, 18¹, 19)	=	32.— ℳ
5/10 Beweisgebühr (§§ 8, 18², 22 Abs. 2)	=	16.— ℳ
5/10 Entscheidungsgebühr für den Verweisungsbeschluß (§§ 8, 18³, 26²)	=	16.— ℳ
3/10 Vergleichsgebühr (§§ 8, 18³, 23)	=	9.60 ℳ
Summe:		73.60 ℳ
Hiervon ab Gebührenvorschuß (oben)		25.60 ℳ
zu erheben sind noch:		48.— ℳ
Dazu kommen noch die Pauschsätze zu:		
3.20 ℳ + 1.60 ℳ + 1.60 ℳ + 1 ℳ	=	7.40 ℳ
hiervon ab: Vorschuß:	=	3.20 ℳ
noch zu erheben:		4.20 ℳ

(Die Gebühr für den Zahlungsbefehl ist auch anzurechnen, wenn nach Widerspruch Klage im Wechselprozeß beim Landgericht erhoben oder der Rechtsstreit an einem andern Amtsgericht als dem, das den Zahlungsbefehl erlassen hat, geführt wird. — DSekrZ. 07, 225; OLGRspr. 17, 219 DSekrZ. 09, 28).

f) Zahlungsbefehl über 350 ℳ. Vollstreckungsbefehl. Einspruch wegen 170 ℳ. Kontradiktorische Verhandlung über die Zulässigkeit des Einspruchs und die Hauptsache. Beweiserhebung. Endurteil.

Gebühren:

Zahlungsbefehl: 2/10 aus 350 ℳ	=	3.— ℳ
Pauschsatz (§ 80b)	=	—.30 ℳ
Vollstreckungsbefehl: 1/10 aus 350 ℳ	=	1.50 ℳ
Pauschsatz (§ 80b)	=	—.20 ℳ
Im Einspruchsverfahren:		
10/10 Gebührenvorschuß aus 170 ℳ (§§ 81, 12)	=	7.50 ℳ
ab 2/10 (§ 37¹) aus 170 ℳ	=	1.50 ℳ
zu erheben:		6.— ℳ

vom Schuldner (Einspruchskläger) § 81 Anm. 2.

Nach Erlaß des Endurteils:

je 10/10 Verhandlungs-, Beweis- und Entscheidungsgebühr (§§ 8, 18¹⁻³, 19) = 3 × 7.50 ℳ	=	22.50 ℳ
Hiervon ab obigen Gebührenvorschuß (§ 32)	=	6.— ℳ
Es sind noch einzuheben:		16.50 ℳ
Dazu die Pauschsätze zu 3 × 80 ₰ (§ 80b)	=	2.40 ℳ

Die Gebühr für den Vollstreckungsbefehl bleibt neben der Entscheidungsgebühr zu 7.50 ℳ bestehen (§ 32 Abs. 2).

g) Zahlungsbefehl und Vollstreckungsbefehl über 90 ℳ. Einspruch. Nach Verhandlung Verwerfung desselben, weil unzulässig.

Gebühren:

2/10 aus 90 ℳ (§ 37 Abs. 1 Z. 1)	=	1.— ℳ
Pauschsatz (§ 80b)	=	—.10 ℳ
1/10 aus 90 ℳ (§ 37 Abs. 1 Z. 2)	=	—.50 ℳ
Pauschsatz (§ 80b)	=	—.10 ℳ

je $^5/_{10}$ Verhandlungs- und Entscheidungsgebühr aus
90 ℳ = 2 × 2.30 ℳ = 4.60 ℳ
Pauschsätze 2 × 30 ₰ = —.60 ℳ

Eine Anrechnung der Zahlungsbefehlsgebühr findet hier nicht statt, da das Einspruchsverfahren als neue Instanz gilt (§ 32 Abs. 1; siehe auch § 32 Anm. 3 und Beispiel c).

h) Zahlungs- und Vollstreckungsbefehl über 900 ℳ. Einspruch. Nach Verhandlung Urteil über die Zulässigkeit und Verweisung an das Landgericht. Dort Verhandlung. Endurteil.

I. Amtsgericht.

Gebühren:

$^2/_{10}$ nach § 37 Abs. 1 Z. 1 aus 900 ℳ	=	5.20 ℳ
Pauschsatz (§ 80 b)	=	—.60 ℳ
$^1/_{10}$ nach § 37 Abs. 1 Z. 2	=	2.60 ℳ
Pauschsatz (§ 80 b)	=	—.30 ℳ
Nach Verweisung:		
$^{10}/_{10}$ Gebührenvorschuß aus 900 ℳ (§ 81)	=	26.— ℳ
davon ab $^2/_{10}$ Zahlungsbefehlsgebühr (§ 37 ³)	=	5.20 ℳ
zu erheben:		20.80 ℳ
und Pauschsatz (§ 80 b)	=	2.60 ℳ

II. Landgericht.

Es fielen an:

je $^{10}/_{10}$ Verhandlungs- und Entscheidungsgebühr aus 900 ℳ (§§ 8, 18 ¹,³, 19) = 2 × 26 ℳ	=	52.— ℳ
Durch diese Gebühren ist die beim Amtsgericht entstandene $^5/_{10}$ Gebühr für die Verhandlung und den Verweisungsbeschluß (§§ 8, 18 ¹,³, 19, 26 ⁶, 28) absorbiert.		
Hiervon ab Gebührenvorschuß, erhoben beim Amtsgericht	=	20.80 ℳ
noch zu erheben:		31.20 ℳ
und an Pauschsätzen (§ 80 b) 2 × 2.60 ℳ	=	5.20 ℳ
— Vorschuß		2.60 ℳ
	=	2.60 ℳ

i) Zahlungsbefehl gegen die Eheleute A wegen 190 ℳ. Vollstreckungsbefehl zunächst gegen den Ehemann A, nach 1 Monat gegen die Ehefrau B.

Gebühren:

$^2/_{10}$ aus 190 ℳ (§ 37 Abs. 1 Z. 1)	=	1.50 ℳ
Pauschsatz (§ 80 b)	=	—.20 ℳ
$^1/_{10}$ aus 190 ℳ (§ 37 Abs. 1 Z. 2)	=	—.80 ℳ
Pauschsatz (§ 80 b)	=	—.10 ℳ

Für die Erteilung des Vollstreckungsbefehles gegen Frau B kommt eine Gebühr nicht mehr zur Erhebung; es liegt nur ein Verfahren vor, daher nur einmal die Gebühr des § 37 Abs. 1 Z. 2.

k) Zahlungsbefehl gegen A und B wegen 50 ℳ. Vollstreckungsbefehl gegen A. Widerspruch des B. Verhandlung. Urteil nach dem Antrage des Klägers.

Gebühren:

$^2/_{10}$ aus 50 ℳ (§ 37 Abs. 1 Z. 1 für den Zahlungsbefehl)	=	—.50 ℳ
Pauschsatz (§ 80 b)	=	—.10 ℳ

$^1/_{10}$ aus 50 ℳ (§ 37 Abs. 1 Z. 2 für den Vollstreckungsbefehl)	—.30 ℳ
Pauschsatz (§ 80 b) =	—.10 ℳ

$^{10}/_{10}$ Entscheidungsgebühr (§§ 8, 18 3) aus 50 ℳ = 2.40 ℳ
ab Zahlungsbefehlsgebühr = —.50 ℳ
bleiben 1.90 ℳ

einzufordern vom Kläger auf Grund seiner Vorschußpflicht (§ 81 GKG.) =	1.90 ℳ
Pauschsatz (§ 80 b) aus 2.40 ℳ =	—.30 ℳ
Pauschsatz-Zusatz gemäß § 80 b Abs. 2 (Mindestbetrag: 50 ₰) =	—.10 ℳ

§ 38.*)

Ein Zehnteil der Gebühr (§ 8) wird erhoben für die Entscheidung, einschließlich des vorangegangenen Verfahrens, über Anträge:

1. auf Festsetzung der vom Gegner zu erstattenden Prozeßkosten,[1] oder auf Abänderung der Kostenfestsetzung (Zivilprozeßordnung § 107);[2, 3]
2. auf Bestimmung einer Frist zur Rückgabe und auf Anordnung der Rückgabe einer Sicherheit in den Fällen des § 109 Abs. 1, 2 der Zivilprozeßordnung;[4]
3. auf Erteilung der Vollstreckungsklausel in den Fällen, in welchen dieselbe auf Anordnung des Vorsitzenden zu erfolgen hat, oder auf Zurücknahme der Vollstreckungsklausel, sofern diese Anträge nicht im Wege der Klage gestellt werden (Zivilprozeßordnung §§ 726 bis 730, 732, 738, 742, 744, 745 Abs. 2, §§ 749, 795, 796 Abs. 1, § 797 Abs. 3, § 929), oder auf Erteilung einer weiteren vollstreckbaren Ausfertigung (Zivilprozeßordnung § 733).[5]

1. Mag die Festsetzung durch besonderen Beschluß erfolgen oder durch Beisetzung des Beschlusses auf das Urteil. Die Gebühr des § 38 beträgt immer: $^1/_{10}$ von $^{10}/_{10}$, nicht vielleicht auch $^1/_{10}$ von $^6/_{10}$ (§ 25). Für die Pauschsatzberechnung gilt das Kostenfestsetzungsverfahren und der Hauptprozeß als ein Verfahren (§ 80 b Abs. 2).

2. Die Festsetzung der Kosten und die Abänderung der Festsetzung gelten als ein Rechtsstreit; daher nur einmal $^1/_{10}$ aus dem Streitgegenstand. Die **Erinnerungen** gegen die Festsetzung sind gebührenfrei (§ 47 Nr. 5 a), für die Beschwerde: $^3/_{10}$ von $^{10}/_{10}$ (§ 45).

Beispiele: a) A beantragt Festsetzung der ihm von B zu erstattenden Kosten auf 70 ℳ. Die Festsetzung erfolgt auf 58 ℳ; 12 ℳ werden gestrichen.

---

*) Jetzige Fassung: Ges. vom 29. 6. 81 (RGBl. 178) und vom 17. 5. 98 (RGBl. 332).

Gebühr: $^1/_{10}$ aus 70 ℳ (d. i. dem erstattet verlangten Betrag).

Schuldner: Antragsteller; der Gegner ist der Staatskasse gegenüber nicht Zweitschuldner, da eine Kostenentscheidung nach § 86 Abs. 1 nicht vorliegt.

b) RA. A reicht namens des Klägers Kostenverzeichnis über 190 ℳ ein und beantragt, da Beklagter 150 ℳ bezahlt hat, Festsetzung der noch zu erstattenden Kosten auf 40 ℳ. Festsetzung erfolgt auf 25 ℳ.

Gebühr: $^1/_{10}$ aus 40 ℳ (d. i. dem erstattet verlangten Betrag; 150 ℳ kommt als Streitwert nicht in Betracht).

c) Nach dem Urteil hat Kläger $^1/_3$, Beklagter $^2/_3$ der Kosten zu tragen. Klägerischer Vertreter beantragt Festsetzung der ihm zu erstattenden Kosten unter Berücksichtigung der Kosten des Beklagten.

Der Beklagte wird vom Gerichtsschreiber aufgefordert, die ihm erwachsenen Kosten mit Belegen bekannt zu geben. Die Bekanntgabe erfolgt.

Die klägerischen Kosten betragen 40 ℳ, die des Beklagten 20 ℳ.

Nach dem Beschluß hat Beklagter dem Kläger 20 ℳ zu erstatten.

Gebühr: $^1/_{10}$ aus 20 ℳ (d. i. dem erstattet verlangten Betrag).

Hätte der Beklagte die ihm erwachsenen Kosten nicht bekanntgegeben, so wäre Kostenfestsetzung auf 40 ℳ : 3 = 26.67 ℳ erfolgt.

Gebühr: $^1/_{10}$ aus 26.67 ℳ.

Beantragt nun Beklagter Festsetzung der ihm zu erstattenden Kosten, so berechnet sich die $^1/_{10}$ Gebühr aus 20 : 3 = 6.67 ℳ.

d) Kostenfestsetzungsbeschluß, wie beantragt, auf 50 ℳ.

Neuer Antrag auf Festsetzung weiter erwachsener Kosten zu 7 ℳ.

Gebühren: $^1/_{10}$ aus 50 ℳ.
$^1/_{10}$ aus 7 ℳ (§ 39 Abs. 1).

e) Die Klage auf Zahlung von 140 ℳ wurde abgewiesen. Dem Kläger ist das Armenrecht bewilligt. Beklagter beantragt Kostenfestsetzung auf 13 ℳ.

Gebühren: $^1/_{10}$ aus 13 ℳ. Einzuheben vom Beklagten. (§ 120 ZPO. trifft nicht mehr zu, da Beklagter angreift; vgl. DSekrZ. 08, 371; OLGRspr. 17, 130).

Der **Armenanwalt** haftet für die Gebühr des § 38 Z. 1 nur, wenn er in dem Kostenfestsetzungsgesuch ausdrücklich erklärt hat, daß er selbst (nicht als Vertreter der armen Partei) den Antrag stelle (vgl. DSekrZ. 12, 415; 13, 889; 14, 341; OLGRspr. 17, 316 gegen: Recht 4, 544, DSekrZ. 06, 127).

f) Antrag des Klägers auf Festsetzung der Kosten auf 190 ℳ. Dem Antrag wird stattgegeben.

Gebühr:	$^1/_{10}$ aus 190 ℳ	= —.80 ℳ
	Pauschsatz (§ 80 b)	= —.10 ℳ

In der Berufungsinstanz wird der Streitwert höher festgesetzt; es wird deshalb Abänderung der Kostenfestsetzung auf 210 ℳ mit Erfolg beantragt.

Gebühr: $^1/_{10}$ aus 210 ℳ	=	1.10 ℳ
Pauschsatz	=	—.20 ℳ
		1.30 ℳ
Erhoben sind für die erste Kostenfestsetzung	=	—.90 ℳ
nachzuerheben:		—.40 ℳ

(§ 38 Z. 1, 39 Abs. 3).

3. Bei Berechnung des Pauschsatzes aus der Gebühr des § 38 Z. 1 ist zu beachten, ob der aus den Gebühren in dem Prozeß an sich angefallene Pauschsatz mehr oder weniger als 50 ₰ betrug.

Beispiele: a) Klage auf 13 ℳ. Anerkenntnisurteil. Kostenfestsetzung auf 7 ℳ.

Gebühren:

$^3/_{10}$ Entscheidungsgebühr aus 13 ℳ (§§ 8, 18³, 23)	=	—.30 ℳ
Pausch (Mindest-) satz (§ 80 b)	=	—.50 ℳ
$^1/_{10}$ gemäß § 38 Z. 1 aus 7 ℳ	=	—.20 ℳ

Kein weiterer Pauschsatz (§ 80 b).

Im ganzen vor dem Amtsgericht anhängigen Rechtsstreit muß der Pauschsatz aus allen Gebühren berechnet mindestens 50 ₰ betragen; aus der $^3/_{10}$ und $^1/_{10}$ Gebühr beträgt er je 10 ₰; daher Mindestpauschsatz für beide Gebühren 50 ₰.

b) Klage auf 392 ℳ. Anerkenntnisurteil. Kostenfestsetzung auf 27 ℳ.

Gebühren:

$^3/_{10}$ Entscheidungsgebühr aus 392 ℳ (§§ 8, 18³, 23)	=	4.50 ℳ
Pauschsatz (§ 80 b)	=	—.50 ℳ
$^1/_{10}$ (§ 38¹) aus 27 ℳ	=	—.30 ℳ
Pauschsatz (§ 80 b)	=	—.10 ℳ

Hier kommt aus der Gebühr des § 38 Z. 1 der Pauschsatz zum Ansatz; denn 50 ₰ sind schon durch die $^3/_{10}$ Gebühr erwachsen und mehr als 50 ₰ dürfen in einem Verfahren jederzeit anfallen.

4. Fristbestimmung und Anordnung der Rückgabe der Sicherheit werden mit $^1/_{10}$ besteuert. Die Klage der Partei wegen ihres Anspruches an die geleistete Sicherheit bildet einen besonderen Rechtsstreit und ist nach § 18 Z. 1—3 zu besteuern. Erfolgt die Rückgabe der Sicherheit nach Beibringung der Zustimmung des Gegners durch einfache Verfügung des Richters an die Hinterlegungsstelle, so fällt eine Gebühr nach § 38 Z. 1 nicht an.

Die Anordnung der Rückgabe einer vom Gläubiger behufs Erklärung der vorläufigen Vollstreckbarkeit eines Urteils geleisteten Sicherheit gemäß **§ 715** ZPO. ist gebührenfrei (§ 47 Nr. 16).

Streitgegenstand ist: der Wert der Sicherheit (OLG. Dresden, OLGRspr. 1, 466), bei hinterlegten Pfandbriefen also deren Kurswert zur Zeit der Rückforderung (§ 4 ZPO.). Vgl. DSekrZ. 11, 17.

Schuldner der Gebühr ist der Schuldner der Gebühren des Hauptprozesses (§ 86).

5. Erteilt der Gerichtsschreiber die Vollstreckungsklausel (ohne Anordnung des Richters), so kommt eine Gebühr nicht zum Ansatz. Er-

folgt die Erteilung der Klausel durch den Gerichtsschreiber auf (durch Beschluß erfolgte) Anordnung des Vorsitzenden, so trifft § 38 Nr. 3 zu. Wird Klage auf Erteilung der Klausel erhoben, so kommen die $^5/_{10}$ Gebühren des § 26 Nr. 8 zur Erhebung. Werden mit den Klagen aus §§ 767, 797 ZPO. auch Einwendungen gegen die Zulässigkeit der Vollstreckungsklausel erhoben, so kommt die Gebühr des § 38 Nr. 3 nur zum Ansatz, wenn gesonderter Beschluß erging. Soviele Anträge, soviele Gebühren (§ 39 Abs. 1).

Die **einstweilige Anordnung** des § 732 Abs. 2 ist gebührenfrei; es wäre widersinnig, die einstweilige Entscheidung mit $^2/_{10}$ (§ 35 Z. 1), die endgültige aber nur mit $^1/_{10}$ (§ 38 Z. 3) zu besteuern (a. M. Pfafferoth § 35 Anm. 1).

In **Strafsachen** kann die Vollstreckungsklausel erteilt werden müssen bei Vollstreckung einer Buße (§ 495 StPO.).

Handelt es sich um die Erteilung der Vollstreckungsklausel (durch Beschluß) zu einer im Verfahren der **freiwilligen Gerichtsbarkeit** aufgenommenen gerichtlichen Urkunde oder zu einer **Notariatsurkunde**, so richtet sich die Gebühr nach den Landesgesetzen. Nach § 38 Z. 3 sind jedoch die Gebühren zu erheben für die Entscheidung über Einwendungen, welche die Zulässigkeit der einer notariellen Urkunde beigesetzten Vollstreckungsklausel betreffen, und die Entscheidung über die Erteilung einer weiteren vollstreckbaren Ausfertigung einer Notariatsurkunde (§ 797 Abs. 3 ZPO.).

Es betreffen: **§** 726 Abhängigkeit der Vollstreckung von dem Eintritt einer von dem Gläubiger zu beweisenden Tatsache. **§** 727: Erteilung für und gegen den Rechtsnachfolger der Parteien. **§** 728: Erteilung für und gegen den Nacherben und den beschränkten Erben. **§** 729: Vermögensübernehmer. **§** 732: Einwendungen gegen die Zulässigkeit der Vollstreckungsklausel. **§** 738: Vollstr.-A. gegen den Nießbraucher. **§** 742: in das eingebrachte Gut der Ehefrau. **§§** 744, 745 **Abs.** 2: in das Gesamtgut nach Beendigung der Gütergemeinschaft. **§** 749: für und gegen den Testamentsvollstrecker. **§§** 795, 796 **Abs.** 1, 797 **Abs.** 3: von gerichtlichen und notariellen Urkunden und Vollstreckungsbefehlen. **§** 929: von Arrestbefehlen.

§ 39.*)

Jede der im § 27 bezeichneten Streitigkeiten, sowie jedes Verfahren über die in den §§ 34 bis 38 bezeichneten Anträge, Einwendungen oder Erinnerungen gilt für die Gebührenerhebung als besonderer Rechtsstreit.[1]

Betreffen mehrere gerichtliche Handlungen der Zwangsvollstreckung (§ 35 Nr. 2) wegen desselben Anspruchs denselben Gegenstand, so kommt die Gebühr nur einmal zur Erhebung.

Die Festsetzung der Kosten und die Abänderung der Kostenfestsetzung (§ 38 Nr. 1) gelten als Ein Rechtsstreit. Das Gleiche

---

*) Abs. 3 ist eingefügt durch das Ges. v. 17. 5. 98 (RGBl. 332).

gilt von dem Verfahren über die im § 38 Nr. 2 bezeichneten Anträge.

1. Nur eine Gebühr ist zu erheben, wenn mehrere Anträge in einer Entscheidung erledigt werden; dann eventuell Zusammenrechnung der Wertsgegenstände.

§ 39 ist bei Erläuterung der §§ 34—38 jeweils berücksichtigt; es wird deshalb darauf verwiesen.

§ 40.*)

Für das durch den Gerichtsschreiber an die Post gerichtete Ersuchen um Bewirkung einer Zustellung (Zivilprozeßordnung § 196)[1] ist die einem Gerichtsvollzieher für den gleichen Akt zustehende Gebühr[2] als Gerichtsgebühr zu erheben, sofern nicht die Zustellung von Amts wegen bewirkt wird.

1. Insoweit eine Zustellung unter Vermittelung des Gerichtsschreibers zulässig ist, kann dieser an Stelle des Gerichtsvollziehers die Post um Bewirkung der Zustellung ersuchen.

2. d. i. 25 ₰ in amtsgerichtlichen und schöffengerichtlichen Sachen, soweit sie nicht durch Einlegung eines Rechtsmittels an ein höheres Gericht gebracht sind,
40 ₰ in anderen Sachen.

Die Sollstellung dieser (nicht aufzurundenden — § 7 Abs. 2) Gebühr erfolgt für die Staatskasse. Schuldner ist der Antragsteller, Zweitschuldner der zu den Kosten Verurteilte.

Da es sich um eine „Gebühr" handelt, ist von ihr auch der Pauschsatz (§ 80b) zu berechnen.

§ 41.*)

Für einen in Gemäßheit des § 510c der Zivilprozeßordnung stattgehabten Sühnetermin, einschließlich des in demselben etwa aufgenommenen Vergleichs, werden drei Zehnteile der Gebühr (§ 8) erhoben.[1]

Die Gebühr wird, wenn der Gegner desjenigen, welcher zum Sühnetermin geladen hat, nicht erschienen oder der Sühneversuch erfolglos geblieben ist, auf die Gebühren eines entstehenden Rechtsstreits angerechnet.[2]

1. Die $^3/_{10}$ Gebühr fällt an mit dem Aufruf der Sache; ob beide Teile, oder nur ein Teil oder niemand erschienen ist, ist gleichgültig.

Wird der Antrag vor dem Termin zurückgenommen, so ist keine Gebühr zu erheben.

Gebührenfrei ist: der Sühneversuch im Laufe eines Rechtsstreits (§ 296 ZPO.) und der Sühneversuch in Ehesachen (§§ 609, 610 ZPO.).

*) Jetzige Fassung: Ges. vom 29. 6. 81 (RGBl. 178).

2. Voraussetzung der Anrechnung ist,
daß beide Teile erschienen waren und die Sühne erfolglos geblieben ist,

oder

daß der Antragsteller erschienen war.

Streitwert ist beim Vergleich (im Gegensatz zum Vergleich im Rechtsstreit) der Wert aller den Gegenstand des Vergleiches bildenden Ansprüche.

Beispiele: a) Sühneversuch wegen 180 ℳ. Der Antragsteller erschien. — Klage. Nach Verhandlung Endurteil.

Gebühren:

Für den Sühnetermin:
$^3/_{10}$ aus 180 ℳ = 2.30 ℳ
Pauschsatz (§ 80 b) = —.30 ℳ
Schuldner: Antragsteller.

Nach dem Endurteil:

je $^{10}/_{10}$ Verhandlungs- und Entscheidungsgebühr (§§ 8, 18 [1], [3], 19) aus 180 ℳ = 2 × 7.50 ℳ	=	15.— ℳ
Hiervon ab Sühnegebühr:		2.30 ℳ
Zu erheben:		12.70 ℳ
Dazu Pauschsatz (§ 80 b) aus (2 × 7.50 ℳ)	=	1.60 ℳ
	Summe:	14.30 ℳ

b) Wie vor. Statt des Endurteiles Vergleich.
Gebühren: $^3/_{10}$ = 2.30 ℳ
Pauschsatz = 0.30 ℳ (wie vor.)
Schuldner: Antragsteller.

Nach dem Vergleich:
Keine Gebühr, weil die $^3/_{10}$ Vergleichsgebühr durch die obige Gebühr absorbiert ist.

Der Pauschsatz zu 50 ₰ (§ 80 b) dagegen kommt neben dem Pauschsatz zu —.30 ℳ für das Sühneverfahren zur Erhebung, weil für die Berechnung des Pauschsatzes zwei Instanzen vorliegen, im Rechtsstreit aber der Mindestpauschsatz 50 ₰ beträgt.

c) Bei Klagezurücknahme vor der Verhandlung ist die $^1/_{10}$ Gebühr des § 46 durch die Gebühr des § 41 absorbiert. Eine Zurückzahlung findet nicht statt. Als Pauschsatz kommen für das Klageverfahren neben den erhobenen —.30 ℳ für das Sühneverfahren noch —.50 ℳ zur Erhebung (Begr. s. Beispiel b).

d) Fanden in der gleichen Sache mehrere Sühnetermine — auf Grund mehrerer Anträge — statt, so kommt nur eine Gebühr nach § 41 auf die Gebühren des Rechtsstreits zur Anrechnung (Petersen-Anger, ZPO.; a. M. Rittmann).

e) Zahlungsbefehl. Widerspruch. Sühnetermin. Kontradiktorische Verhandlung. Versäumnisurteil. Auf die Gebühren des Hauptprozesses wird nur die Zahlungsbefehls-Gebühr angerechnet; denn der Anspruch war bei der Ladung zum Sühnetermin bereits rechtshängig (§ 695 ZPO.), während § 510 c ZPO. davon ausgeht, daß eine Klage erst erhoben werden soll.

§ 42.

Für das Verteilungsverfahren (Zivilprozeßordnung §§ 858 Abs. 6, 872 bis 877, 882)[1] werden fünf Zehnteile,[2] und, wenn das Verfahren vor dem Termine zur Ausführung der Verteilung erledigt wird, drei Zehnteile der Gebühr (§ 8) erhoben.[3]

1. Dieses tritt ein, wenn bei der Zwangsvollstreckung in das bewegliche Vermögen ein Geldbetrag hinterlegt ist, der zur Befriedigung der beteiligten Gläubiger nicht ausreicht.

2. aus dem zu verteilenden (hinterlegten) Betrag.

3. Mangels Vorhandenseins eines Antragstellers entfällt die Vorschußpflicht. — Die Kosten des Verfahrens sind von dem hinterlegten Gelde vorweg abzuziehen (§ 874 ZPO.; vgl. Meyer dort Anm. 1 Beispiel II). Streitwert ist der hinterlegte Betrag ohne Abzug der Kosten des Verfahrens. — Die Ablehnung der Einleitung des Verfahrens ist gebührenfrei.
Die infolge des Verteilungsverfahrens entstehenden Prozesse sind nach § 18 zu besteuern. Das Verteilungsverfahren vor und nach einem Prozeß gilt als ein Verfahren.

§ 43.[1])

Für die Verhandlung in dem zur Abnahme des Offenbarungseides bestimmten Termine werden im Falle des § 889 der Zivilprozeßordnung[1] zwei Zehnteile der Gebühr (§ 8) erhoben.

Das gleiche gilt für die Fälle der §§ 900, 901 der Zivilprozeßordnung,[2] sofern nicht über einen Widerspruch des Schuldners oder über einen spätestens im Termine gestellten Antrag auf Erzwingung der Eidesleistung zu entscheiden ist.[3]

1. d. i. wenn der auf Grund der Vorschriften des Bürgerlichen Rechtes zur Leistung des Offenbarungseides verurteilte Schuldner den Offenbarungseid vor dem Prozeßgericht erster Instanz leistet.

2. Die §§ 900, 901 treffen die Fälle, in denen die Leistung des Offenbarungseides verlangt wird, a) weil die Pfändung des Schuldners erfolglos verlaufen ist,

b) die vom Schuldner herauszugebende Sache vom Gerichtsvollzieher nicht vorgefunden worden ist.

3.

Beispiele: a)* Der Antrag auf Terminsbestimmung wird abgelehnt.

Keine Gebühr (§ 47 Nr. 1).

b)* Antrag auf Leistung des Offenbarungseides. Der Schuldner hat noch 190 ℳ zu zahlen. Der Antrag beschränkt sich auf 20 ℳ. Zurücknahme des Antrages vor dem Termin.

---

1) Fassung: Ges. vom 17. 5. 98 (RGBl. 332).

*) trifft die Fälle der §§ 889, 899, 900, 901 ZPO.

Gebühr: $^1/_{10}$ von $^2/_{10}$ aus 190 ℳ (§§ 43, 46).

Es steht nicht im Belieben des Gläubigers, den Streitwert dadurch herabzusetzen, daß er die Leistung des Offenbarungseides nur bezüglich eines Teiles seiner Forderung verlangt.

Streitwert ist vielmehr der ganze noch geschuldete Betrag (LG. Elberfeld Recht 00, 466; LG. Nürnberg 18. 10. 04; a. A. DSekrZ. 09, 315 u. 412; vgl. auch DSekrZ. 13, 35).

c)* Der Antrag wird im Termin nach Aufruf der Sache, jedoch vor Verhandlung zurückgenommen.

Gebühr: $^1/_{10}$ von $^2/_{10}$ (§§ 43, 46).

d)* Im Termin erscheint niemand; das Verfahren ruht.

$^2/_{10}$ Gebührenvorschuß (§§ 43, 81).

e)* Es erscheint nur der Gläubiger, legt den Vollstreckungstitel vor und erklärt, daß er sich die Stellung weiterer Anträge vorbehalte. Es erfolgt Vertagung. Auf schriftlichen Antrag wird Haftbefehl erlassen.

Gebühr: $^2/_{10}$ Gebührenvorschuß (§§ 43 Abs. 1, 81); eine Verhandlungsgebühr — § 43 Abs. 1 — kommt nicht zum Ansatz, da zur Sache nicht verhandelt worden ist. Nach Erlassung des Haftbefehls wurden $^2/_{10}$ gemäß § 35 Nr. 2 fällig, welche durch den Gebührenvorschuß gedeckt sind.

f) Eine „Verhandlung" im Sinne des § 43 liegt schon vor, wenn auch nur eine Partei zur Sache sich erklärt. Würde also der Schuldner im 1. Termin Vertagung erwirken zwecks Anfertigung des Vermögensverzeichnisses und im 2. Termin Haftbefehl erlassen werden, so würden anfallen $^2/_{10}$ für die Verhandlung (§ 43 Abs. 1) und $^2/_{10}$ für den Haftbefehl (§ 35 Nr. 2) — (2 Termine: a. A. Schmidt-Reisenegger, der nur die Gebühr des § 35 Z. 2 erhoben wissen will; s. auch Beispiel g).

g)** Es erscheint nur der Gläubiger. Seinem Antrag entsprechend wird Haftbefehl erlassen (oder der betreffende Antrag wird zurückgewiesen oder: Im Termin erscheint niemand. Auf Grund schriftlichen Antrages ergeht sofort Haftbefehl).

Gebühr: $^2/_{10}$ nach § 35 Nr. 2. (Der Ansatz einer Gebühr nach § 35 Nr. 2 schließt die Erhebung einer Gebühr aus § 43 für den gleichen Termin aus.)

Bittet der Schuldner, der zufällig die Erlassung des Haftbefehls erfahren hat, um neuen Termin und leistet er hier den Eid, so kommen zwei Gebühren (§§ 43, 35 Z. 2) zur Erhebung (a. M. Preuß. Vf. v. 26. 1. 01 JMBl. 30, die nur eine Gebühr — 35 Z. 2 — erhoben wissen will).

h)* Es erscheint nur der Schuldner. Er anerkennt seine Verpflichtung zur Leistung des Eides und bittet um Vertagung zwecks Anfertigung des Vermögensverzeichnisses. Im 2. Termin leistet er den Eid.

Gebühr: $^2/_{10}$ (§ 43).

---

*) trifft die Fälle der §§ 889, 899, 900, 901 ZPO.

**) trifft nur die Fälle der §§ 899 ff. ZPO.

i)** Es erscheinen Gläubiger und Schuldner. Letzterer bestreitet seine Verpflichtung zur Eidesleistung. Nach Verhandlung Beschluß nach Antrag des Gläubigers. Schuldner leistet jetzt den Eid.

Gebühr: $^2/_{10}$ (§ 35 Nr. 2).

k) Fall wie vor. Nach Beschluß: Vertagung. Schuldner erscheint im Eidesleistungstermin nicht. Haftbefehl. Schuldner wird vorgeführt und leistet den Eid.

Gebühr für das ganze Verfahren: $^2/_{10}$ (§§ 35 Nr. 2, 39). Vgl. DSekrZ. 07, 189; 10, 118.

l)*** Schuldner verweigert im Falle des § 889 ZPO. die Eidesleistung vor dem Prozeßgericht. Nach Verhandlung ergeht Beschluß über die Weigerung und hierauf erfolgt Verurteilung gemäß § 888 Abs. 1 ZPO.

Gebühren: $^2/_{10}$ (§ 43) Verhandlungs- und $^3/_{10}$ Entscheidungsgebühr nach § 27 Nr. 2.

Bezüglich des Verfahrens gilt folgendes: Für die Verhandlung (eine solche kann auch gegeben sein, wenn nur der Gläubiger erschienen war — a. M. Rittmann) im Termin werden $^2/_{10}$ (§ 43) erhoben (z. B. der Eid wird geleistet). Erscheint keine Partei: Vorschußerhebung $^2/_{10}$ (§ 81). — Das Verfahren nach § 888 ZPO. ist nach § 27 Nr. 2 besonders zu besteuern. Wird ohne kontradiktorische Verhandlung entschieden, so kommt nur die Entscheidungsgebühr mit $^3/_{10}$ zur Erhebung, bei kontradiktorischer Verhandlung kommt auch die Verhandlungsgebühr zum Ansatz. Auseinanderzuhalten sind somit das Verfahren betreffend die Leistung des Eides und das Verfahren nach § 888 ZPO.

m)** Schuldner legt Vermögensverzeichnis vor und erklärt, den Eid zu leisten. Es wird der Antrag zurückgenommen.

Gebühr: $^2/_{10}$ (§ 43; § 46 kommt nicht zur Anwendung).

n)** Schuldner anerkennt seine Pflicht zur Eidesleistung. Es kommt ein Vergleich zustande (Ratenzahlung).

Gebühr: $^2/_{10}$ (§ 43). Keine Vergleichsgebühr.

o)*** Im Falle des § 889 ZPO.: Vergleich.

Gebühr: $^3/_{10}$ (§ 23).

p)** Schuldner bestreitet seine Verpflichtung zur Eidesleistung. Beschluß nach Antrag des Gläubigers. Beschwerde. Verwerfung derselben. Neuer Einwand des Schuldners. Erneute Verwerfung desselben und Anordnung der sofortigen Eidesabnahme. Eidesleistung.

Gebühren:

$^2/_{10}$ (§ 35 Nr. 2) für das erste Verfahren.
$^3/_{10}$ (§ 45) für das Beschwerdeverfahren.
$^2/_{10}$ (§ 43) für die Verhandlung in dem Eidestermin, da es sich um ein neues Verfahren handelt. — Eine neue Gebühr gemäß § 35 Nr. 2 kann angesichts des § 39 nicht mehr anfallen.

**) trifft nur die Fälle der §§ 899 ff. ZPO.
***) trifft nur zu im Falle des § 889 ZPO.

q)*) Schuldner erscheint nicht. Haftbefehl. — Verhaftung in anderem Gerichtsbezirk. Eidesleistung.

Gebühr: $^2/_{10}$ (§ 35 Nr. 2. Daneben nicht auch eine Gebühr nach § 43; denn § 902 ZPO. ist im § 43 nicht angezogen; so: Preuß. JMV. v. 26. 1. 01 JMBl. 30; BayBlfFinW. 9, 232).

r) Der Schuldner ist in einen andern Gerichtsbezirk verzogen. Es ergeht Beschluß: Das AG. . . . ist um die Abnahme des Eides zu ersuchen. Weiteres Verfahren wie q.

Der Beschluß ist gebührenfrei (§ 47 Nr. 1); im übrigen wie q.

s) Die Eheleute H wurden zur Leistung des Offenbarungseides geladen. Streitwert: 350 ℳ. Im Termin erschien nur Frau H und der Gläubiger. Erstere übergab dem Gericht einen Brief ihres Mannes, demzufolge dieser den Offenbarungseid in anderer Sache vor zwei Jahren geleistet hat. Der Gläubiger verwies auf den Erwerb neuen Vermögens, Frau H wurde veranlaßt, ein genaues Vermögensverzeichnis zu übergeben. Zur Eidesleistung wurde neuer Termin bestimmt und die Erholung der Offenbarungseidsakten bezüglich des Ehemannes angeordnet. Frau H leistete den Eid. Für ihren Mann erschien niemand.

Gebühr: $^2/_{10}$ nach § 43 aus 350 ℳ = 3 ℳ.

Es liegt ein Gesamtschuldnerverhältnis vor. Die Gebühren können daher nur einmal entstehen. Die Zahl der Schuldner ist ohne Einfluß.

Wird in der Richtung gegen einen Schuldner der Antrag zurückgenommen, in der Richtung gegen den andern verhandelt, so kommt nur die Gebühr des § 43, nicht auch eine Rücknahmegebühr zur Erhebung.

t) **Gebührenfrei** ist:

das Ersuchen um Vollstreckung der Haft gegen eine Militärperson (§ 912 ZPO.),

die Abnahme des Offenbarungseides im Konkursverfahren,

das Offenbarungseidverfahren auf Antrag einer Berufsgenossenschaft gegen eines ihrer Mitglieder, das mit Beiträgen im Rückstande ist.

u) **Schuldner** der erwachsenen Kosten (Gebühren, Pauschsatz — § 80b — und sonstigen Auslagen) ist in jedem Falle der Antragsteller; es trifft hier § 89, nicht § 92 GKG. zu (RG. 14. 11. 82 SeuffA. 8, 221).

War dem Gläubiger im Hauptprozeß das Armenrecht bewilligt, so ist er — nicht auch der Schuldner — auch in dem Verfahren nach § 43 von Zahlung der Gebühren (des Vorschusses) befreit.

§ 44.[1])

Im Aufgebotsverfahren (Zivilprozeßordnung §§ 946 bis 956, 959 bis 972, 977 bis 1024) wird ein Zehnteil der Gebühr (§ 8) erhoben:

*) trifft die Fälle der §§ 889, 899, 900, 901 ZPO.

[1]) Siehe Ges. v. 29. 6. 81 (RGBl. 178) u. v. 17. 5. 98 (RGBl. 332).

1. für die Entscheidung über die Zulässigkeit des Antrags auf Erlassung des Aufgebots;
2. für die vor der Einleitung des Aufgebotsverfahrens erfolgende Entscheidung über den Antrag auf Anordnung der Zahlungssperre;[1]
3. für die Verhandlung im Aufgebotstermine;
4. für die Endentscheidung.[2]

1. d. i. die sogen. selbständige Zahlungssperre (§ 1020 ZPO.). — Gebührenfrei ist die mit der Erlassung des Aufgebots angeordnete Zahlungssperre (§ 1022 ZPO.).

2.

Beispiele: a) Es wird zum Zwecke der Todeserklärung des
Anton Hutzel (Vermögen: 700 ℳ)
Fritz Müller („ : 900 ℳ)
Aug. Daller („ : 2700 ℳ)
am 9. 1. die Einleitung des Aufgebotsverfahrens beantragt und zugleich gebeten, die Genannten Hutzel und Müller im Aufgebotstermin für tot zu erklären. Das Verfahren wird eingeleitet durch einen Beschluß am 12. 1.

Kosten der Einrückung der drei Aufgebote
a) im Reichsanzeiger: 25 ℳ
b) im Amtsblatt: 9 ℳ.

Im Aufgebotstermin erscheint niemand. Nach Feststellung der Bekanntmachung des Aufgebots in den Zeitungen und Bekanntgabe des in den Sachen Hutzel und Müller gestellten schriftlichen Antrages wird die Sache Daller von den übrigen getrennt und Ausschlußurteil nach Antrag erlassen. Die Sache Daller ruht bis 2. 6. Auf Grund schriftlichen Antrages wird am 7. 7. neuer Termin angesetzt: in ihm ergeht Ausschlußurteil.

Gebühren:

$^1/_{10}$ aus 4300 ℳ (§ 44^{1})	=	6.20 ℳ
Pauschsatz (§ 80 b)	=	—.70 ℳ
$^1/_{10}$ aus 1600 ℳ (§ 44^{3})	=	3.80 ℳ
Pauschsatz (§ 80 b)	=	—.40 ℳ
$^1/_{10}$ aus 1600 ℳ (§ 44^{4})	=	3.80 ℳ
Pauschsatz (§ 80 b)	=	—.40 ℳ
$2 \times {}^1/_{10}$ aus 2700 ℳ (§ $44^{3,4}$)	=	10.— ℳ
Pauschsatz (§ 80 b)	=	1.— ℳ
Auslagen (§ 79)		34.— ℳ
	Summe:	60.30 ℳ

Schuldner: (§ 971 ZPO.).

Nachlaß Hutzel:

für den auf 700 ℳ treffenden Teil der Gebühr mit Pauschsatz zu 6.90 ℳ (§ 44^{1})	=	1.12 ℳ
für $^1/_3$ der Auslagen	=	11.33 ℳ
für den auf 700 ℳ treffenden Teil der Gebühr mit Pauschsatz zu 8.40 ℳ (§ $44^{3,4}$)	=	3.68 ℳ
		16.13 ℳ

Nachlaß Müller:

für den auf 900 ℳ treffenden Teil der Gebühr mit Pauschsatz zu 6.90 ℳ (§ 44[1])	= 1.45 ℳ
für $^1/_3$ der Auslagen	= 11.33 ℳ
für den auf 900 ℳ treffenden Teil der Gebühr mit Pauschsatz zu 8.40 ℳ (§ 44[3, 4])	= 4.72 ℳ
	17.50 ℳ

Nachlaß Daller:

für den auf 2700 ℳ treffenden Teil der Gebühr mit Pauschsatz zu 6.90 ℳ (§ 44[1])	= 4.33 ℳ
für die Gebühr des § 44[3, 4] aus 2700 ℳ und den Pauschsatz	= 11.— ℳ
für $^1/_3$ der Auslagen	= 11.34 ℳ
	26.67 ℳ

b) Erscheint im Aufgebotstermin niemand und ist schriftlich die Erlassung des Ausschlußurteils nicht beantragt, so sind nach dem Aufgebotstermin einzufordern:

$^1/_{10}$ (§ 44[1]) vom Antragsteller (§§ 81, 84).

c) Bei Zurücknahme des Antrages vor Entscheidung nach § 44 Z. 1:

$^1/_{10}$ von $^1/_{10}$ (§ 46); sobald eine Entscheidung nach § 44[1] vorliegt, kommt eine Zurücknahmegebühr nicht mehr in Frage.

d) Die Anfechtungsklagen aus §§ 957, 973 ZPO. werden nach § 18 besteuert.

§ 45.

Drei Zehnteile der Gebühr (§ 8)[1] werden erhoben[2] für die Entscheidung, einschließlich des vorangegangenen Verfahrens, in der Beschwerdeinstanz,[2] soweit die Beschwerde als unzulässig verworfen oder zurückgewiesen wird oder die Kosten des Verfahrens einem Gegner zur Last fallen.[3] Insoweit dies nicht der Fall ist, werden Gebühren nicht erhoben.[4]

Diese Vorschrift kommt bei Anträgen auf Änderung einer Entscheidung des beauftragten oder ersuchten Richters[5] oder des Gerichtsschreibers[6] (Zivilprozeßordnung § 576) zur entsprechenden Anwendung.[7]

1. d. i. der vollen Gebühr; $^3/_{10}$ von $^{10}/_{10}$ fallen also auch an, wenn das Verfahren in der vorhergehenden Instanz mit $^5/_{10}$, $^3/_{10}$, $^2/_{10}$ oder $^1/_{10}$ zu besteuern oder überhaupt gebührenfrei war, wie z. B. bei Vorliegen eines der Fälle des § 47.

2. in allen Verfahren, die reichs- oder landesgesetzlich nach den Vorschriften der §§ 567 ff. ZPO. zu erledigen sind (also auch z. B. wenn Zeugen oder Sachverständige in einer Zivilsache wegen Nichtzubilligung der beanspruchten Gebühren Beschwerde eingelegt haben oder wenn gegen die Entscheidung des AG. betr. Erinnerungen gegen den Ansatz von Gebühren und Auslagen Beschwerde erhoben ist) und in

allen Instanzen (also für die Beschwerde wie für das Verfahren infolge weiterer Beschwerde). — Wegen der Strafsachen: § 68.

3. wenn durch Beschluß entschieden ist. Wird in dem einen Arrest oder eine einstweilige Verfügung betreffenden Verfahren — infolge vorgängiger mündlicher Verhandlung — durch Urteil entschieden: s. § 26 Anm. 17 Beisp. h.

4. Hilft der Vorsitzende der (einfachen) Beschwerde selbst ab, so fällt keine Gebühr an (BayZfR. 1, 394).

Wird die Beschwerde (als unzulässig) verworfen oder (als unbegründet) zurückgewiesen, so ist **Schuldner** der Gebühr der Antragsteller (§ 89). Wird der Beschwerde stattgegeben, so wird die Gebühr des § 45 nur erhoben, wenn die Kosten nach dem Ausspruch des Richters einer Person zur Last fallen; andernfalls tritt Gebührenfreiheit ein. Auslagen der im § 79 Nr. 2 ff. bezeichneten Art sind vom Beschwerdeführer einzuheben.

Ist ein Antrag zurückgewiesen, der Beschwerde hiergegen stattgegeben und vom Beschwerdegericht in der Sache selbst entschieden, so gehört diese Entscheidung noch zu dem Verfahren über den in der Vorinstanz gestellten Antrag. Es ist daher zu bewerten: die erstinstanzielle Entscheidung und die Entscheidung des Beschwerdegerichts zur Sache. Beide Gebühren hat der Gerichtsschreiber des Amtsgerichts zu Soll zu stellen (bei Anträgen aus § 35 Z. 1 also 2 × $^2/_{10}$). Die Beschwerdegebühr mit $^3/_{10}$ kommt beim Landgericht zum Ansatz.

Werden **mehrere Beschwerden** in **einer** Entscheidung erledigt, so kommt nur einmal die $^3/_{10}$ Gebühr aus den zusammengerechneten Gegenstandswerten zur Erhebung.

Wird der Beschwerde nur teilweise stattgegeben, so ist die Gebühr des § 45 nur aus dem der Zurückweisung unterliegenden Teil (bei vorhandenem Schuldner) zu erfordern.

Ist weitere Beschwerde eingelegt, so hängt die Erhebung der Gebühr für das Beschwerdeverfahren von der Entscheidung des Obergerichts ab. Wird von ihm der Beschwerde stattgegeben, dann fällt auch für die Beschwerdeinstanz keine Gebühr an; hat aber das Gericht die Beschwerde verworfen oder sonst einem Gegner die Kosten auferlegt, dann sind anzusetzen: $^3/_{10}$ für die Entscheidung des Beschwerdegerichts und $^3/_{10}$ für die Entscheidung über die weitere Beschwerde.

Zurücknahme der Beschwerde **vor Entscheidung**: $^1/_{10}$ von $^3/_{10}$. Zurücknahme der weiteren Beschwerde:

$^3/_{10}$ für die Entscheidung des Gerichts II. Instanz,

$^1/_{10}$ von $^3/_{10}$ für die Zurücknahme.

Ein die Beschwerde erledigender Vergleich schließt die Zurücknahme der Beschwerde in sich; daher: $^1/_{10}$ von $^3/_{10}$.

Ob die Gebühr mit dem Erlaß oder mit der Zustellung eines Beschlusses anfällt, ist bestritten. Rittmann (zu § 34) und Pfafferoth (§ 18 Nr. 3 Anm. 1) vertreten mit RGZ. 15. 1. 92 JW. 92, 94 den letzteren Standpunkt, den wir nicht für richtig halten. Die Vorschrift des § 329 Abs. 3 ZPO., wonach nichtverkündete Beschlüsse von Amts wegen zuzustellen sind, scheidet für die Gerichtskostenerhebung aus; denn die Gebühren werden nur nach Maßgabe des GKG. erhoben (§ 1 GKG.). Dieses aber macht den Anfall einer Gebühr von der Zustellung der Entscheidung nicht abhängig. Voraussetzung für die Gebührenpflicht ist, daß die Entscheidung mit ihrem Erlaß Rechtswirksamkeit äußern kann. Alle im Zwangsvollstreckungsverfahren ergehenden Beschlüsse sind mit ihrem Erlaß rechtlich vorhanden. Die Parteien können sich sofort Ausfertigungen erteilen lassen und auf die Zustellung von Amts wegen verzichten: sie können auf Grund der in ihren Händen befindlichen Ausfertigung die sofortige Einstellung der Zwangsvollstreckung herbeiführen (z. B. bei Einstellungsbeschlüssen); der Gerichtsvollzieher prüft nicht, ob der Beschluß der Partei wirklich zugestellt ist. Auch im Arrestverfahren äußert der Arrestbeschluß sofort mit seinem Erlaß Rechtswirksamkeit. Wird der Beschluß dem Gläubiger formlos ausgehändigt, statt von Amts wegen zugestellt, so wird dadurch die Wirkung des Arrestes in keiner Weise beeinträchtigt; es ist durch die Nichtzustellung nur die Frist des § 929 ZPO. nicht in Lauf gesetzt. Auch die in dem Beschwerdeverfahren ergehenden Beschlüsse werden sofort mit Erlaß rechtswirksam. Es kann gegen sie schon vor erfolgter Zustellung weitere Beschwerde eingelegt werden.

Anders im Entmündigungsverfahren. Hier ist der Entmündigungsbeschluß erst wirksam mit der Zustellung an den Entmündigten (§§ 661, 683 ZPO.); vorher kann der Antragsteller mit der Entscheidung nichts anfangen. Erfolgt in den Fällen, in denen die Rechtswirksamkeit einer Entscheidung von der Zustellung nicht abhängt, die Zurücknahme nach Erlaß der Entscheidung, so kommt § 46 nicht mehr zur Anwendung, weil die betreffende Aktgebühr bereits angefallen ist.

Streitwert ist nicht die Hauptsache; er richtet sich vielmehr nach dem Antrag, über den in der Beschwerdeinstanz entschieden wird.

5. §§ 299, 361, 365, 400 ZPO.

6. §§ 699, 706 Abs. 1, 724 Abs. 2 ZPO.

7.

Beispiele: Kostenfestsetzung. Erinnerungen. Zurückweisung. Beschwerde. Gegen die darauf ergehende Entscheidung weitere Beschwerde und Wiederherstellung des Beschlusses des Gerichtsschreibers.

Gebühren:

$^1/_{10}$ (§ 38[1] für die Festsetzung). Das Verfahren betreffend die Erinnerungen ist gebührenfrei (§ 47 Nr. 5a).

$^3/_{10}$ von $^{10}/_{10}$ für das Beschwerdeverfahren.

$^3/_{10}$ von $^{10}/_{10}$ für das Verfahren der weiteren Beschwerde.

§ 46.*)

Wird eine Klage, ein Antrag, ein Einspruch oder ein Rechtsmittel zurückgenommen,[1] bevor ein gebührenpflichtiger Akt[2] stattgefunden hat,[3] so wird ein Zehnteil der Gebühr erhoben, welche für die beantragte Entscheidung oder im Falle des § 43 für die beantragte Verhandlung zu erheben sein würde.[4]

Diese Gebühr wird nicht erhoben, wenn ein zur Termins-

*) Ges. vom 29. 6. 81 (RGBl. 178).

bestimmung eingereichter Schriftsatz vor Bestimmung des Termins zurückgezogen ist.

Betrifft die Zurücknahme nur einen Teil des Streitgegenstandes, während über einen anderen Teil verhandelt, entschieden oder ein Vergleich aufgenommen wird, so ist die Gebühr für die Zurücknahme nur insoweit zu erheben, als die Verhandlungsgebühr oder die Entscheidungsgebühr sich erhöht haben würde, wenn die Verhandlung, die Entscheidung oder der Vergleich auf den zurückgenommenen Teil erstreckt worden wäre.[5]

1. Liegt keine Zurücknahme vor, erledigt sich z. B. ein Entmündigungsverfahren infolge des Todes des zu Entmündigenden, so kann naturgemäß auch keine Zurücknahmegebühr anfallen. (Vgl. § 34 Anm. 1 b.)

2. d. i. eine Verhandlung oder Entscheidung.

3. Hat ein gebührenpflichtiger Akt stattgefunden, so kommt neben der Aktgebühr eine Gebühr nach § 46 nicht mehr zur Erhebung.

4. Es beträgt also die Zurücknahmegebühr

a) im gewöhnlichen Prozeß:	$^1/_{10}$ von $^{10}/_{10}$,
b) im Urkunden- und Wechselprozeß	$^1/_{10}$ von $^6/_{10}$,
c) in einem unter § 26 fallenden Verfahren:	$^1/_{10}$ von $^5/_{10}$,
d) in den Fällen, in denen eine Entscheidungsgebühr von $^2/_{10}$ anfallen würde:	$^1/_{10}$ von $^2/_{10}$,
e) bei Zurücknahme des Einspruchs:	$^1/_{10}$ von $^{10}/_{10}$,
f) bei Zurücknahme der Berufung:	$^1/_{10}$ von $1^1/_4$

usw. — Keine Gebühr: bei Zurücknahme des Antrages auf Abhaltung eines Sühnetermins (§ 41) und im Verteilungsverfahren (§ 42).

5.

Beispiele: a) Klage (100 ℳ). Eintrag in das Prozeßregister. Vor Unterzeichnung der Terminsnote Klagezurücknahme.

Keine Gebühr (§ 46 Abs. 2).

b) Klage (100 ℳ). Terminsanberaumung. Vor Zustellung der Klage schreibt Kläger an das Gericht, der Termin solle nicht stattfinden, die Sache sei erledigt.

$^1/_{10}$ (§ 46 Abs. 1).

Wäre nicht mitgeteilt, die Sache sei erledigt:

$^{10}/_{10}$ Gebührenvorschuß (§ 81 GKG.).

Erfolgt später (nach Zahlung des Vorschusses) Klagezurücknahme, dann sind $^{10}/_{10} - ^1/_{10}$ an Kläger zurückzuvergüten.

c) Antrag auf Erlassung eines Zahlungsbefehls. Vor Erlassung Zurücknahme.

$^1/_{10}$ von $^2/_{10}$ (§§ 37, 46 Abs. 1).

d) Einspruch gegen einen Vollstreckungsbefehl. Zurücknahme vor Verhandlung.

$^1/_{10}$ von $^{10}/_{10}$ (§ 46 Abs. 1).

e) Klage (200 ℳ). Kontradiktorische Verhandlung über die Zuständigkeit des Gerichts. Klagezurücknahme.

$^5/_{10}$ Verhandlungsgebühr (§§ 8, 18[1], 19, 26 Nr. 1).
Keine Zurücknahmegebühr.

f) Klage (300 ℳ). Verhandlung über 130 ℳ. Klagezurücknahme.
$^{10}/_{10}$ Verhandlungsgebühr aus 130 ℳ (§§ 8, 18 Nr. 1, 19, 12 Abs. 1).
$^1/_{10}$ aus 170 ℳ (§ 46 Abs. 1).

g) Klage (300 ℳ). Kläger ermäßigt den Anspruch im 1. Termin auf 130 ℳ. Vertagung. Im 2. Termin: Klagezurücknahme bezüglich des ganzen Betrages.
$^1/_{10}$ aus 300 ℳ, nicht
je $^1/_{10}$ aus 130 ℳ und 170 ℳ,
wie Rittmann (5.) § 46 Anm. 5 meint, weil die Zurücknahme kein „Akt" im Sinne der §§ 12 u. 28 sei, die Vorschrift des § 12 Abs. 2 daher keine Anwendung finde. Eben weil die Zurücknahmegebühr keine „Aktgebühr" ist, kommt sie nicht für die einzelnen Zurücknahmen zur Erhebung, sondern nach Beendigung der Instanz von den überhaupt zurückgenommenen Teilen. Übrigens setzt Abs. 3 des § 46 die Anwendung des Abs. 1 des § 12, der auch von „Akt"-Gebühren handelt, als selbstverständlich voraus; es ist deshalb, wenn das, was Abs. 2 des § 12 vorschreibt, sich nicht von selbst aus § 46 Abs. 1 ergibt, nicht einzusehen, warum nicht auch der Abs. 2 des § 12 Anwendung finden soll.

h) Klage auf Zahlung von 10 ℳ und 5% Zinsen für 1 Jahr. Zurücknahme bezüglich 10 ℳ. Verhandlung und Urteil bezüglich Zinsen und Kosten.
Gebühren: je $^{10}/_{10}$ Verhandlungs- und Entscheidungsgebühr (§§ 8, 18 Nr. 1, 3, 19, 13) aus 50 ₰ = je 1 ℳ.
Keine Zurücknahmegebühr.
Die Klage ist auf die Nebenforderungen beschränkt; die Gebühren werden deshalb nach deren Wert erhoben mit der Einschränkung, daß er den Wert der Hauptforderung nicht übersteigen darf. Rittmann (5.) § 46 Anm. 3 will die Zurücknahmegebühr aus 10 ℳ erheben; dies entspricht jedoch der Vorschrift des § 13 Abs. 1 und § 46 Abs. 3 nicht (vgl. Wenz in ZfmJB. 11, 706 ff.).

i) Klage auf Zahlung von 20 ℳ und 5% Zinsen hieraus für 1 Jahr. Im 1. Termin wird der Klagantrag auf die Zinsen beschränkt. Verhandlung. Ruhen des Verfahrens.
Gebühren: $^{10}/_{10}$ Verhandlungsgebühr aus 2 ℳ (§§ 8, 18 Nr. 1, 19, 13).
Keine Zurücknahmegebühr bezüglich der Hauptsache; denn: wenn der Hauptsacheanspruch mit Gegenstand der Verhandlung gewesen wäre, wären die Gebühren ebenfalls nur aus 20 ℳ zu erheben gewesen.

k) Klage auf Zahlung von 20 ℳ. Im 1. Termin wird nur Urteil im Kostenpunkt begehrt, weil die Hauptsache bezahlt worden war. Verhandlung. Anerkenntnisurteil.
Gebühr: $^8/_{10}$ aus dem Betrag der Kosten 1—20 ℳ (§ 13 Abs. 3) — mögen sie auch 20 ℳ übersteigen —. Die Beschränkung des Abs. 1 des § 13 ist in den Abs. 3 daselbst nicht aufgenommen (a. M. Wenz, ZfmJB. 11, 706 ff.).

Keine Zurücknahmegebühr (§ 46 Abs. 3); hätte das Urteil auch die Hauptsache zum Gegenstand, so wäre ebenfalls nur $^3/_{10}$ aus 1—20 ℳ angefallen.

l) Klage auf Zahlung von 190 ℳ. Beklagter beantragte schriftlich Klagabweisung und erhob Widerklage auf Zahlung von 100 ℳ. Im 1. Termin wird der Klagantrag und der Antrag auf Abweisung der Klage wiederholt, die Widerklageforderung aber nicht geltend gemacht. Nach Verhandlung Vergleich über 190 ℳ.

Gebühren:

$^3/_{10}$ Vergleichsgebühr (§§ 8, 18 Nr. 3, 23) aus 190 ℳ.
$^1/_{10}$ Rücknahmegebühr (§ 46 Abs. 1) aus 100 ℳ.

Für die Berechnung der Gerichtskosten sind nur die Bestimmungen des RGKG. maßgebend; darnach ist ein Anspruch geltend gemacht und anderseits zurückgenommen, sobald eine diesbezügliche Erklärung dem Gerichte gegenüber (schriftlich oder mündlich zu Protokoll) abgegeben ist. Ob die betreffende Erklärung den Vorschriften der ZPO. entspricht (darnach muß die Widerklage in mündlicher Verhandlung erhoben, die Klagezurücknahme ebenda erklärt oder zugestellt werden), ist für die Frage der Kostenberechnung ohne jede Bedeutung.

m) Klage (400 ℳ). Im 1. Termin erfolgt Klagezurücknahme. Auf bekl. Antrag wird Kläger zur Tragung der Kosten des Rechtsstreits verurteilt.

Gebühren:

$^{10}/_{10}$ Entscheidungsgebühr aus dem Betrag der Kosten (§§ 8, 18 Nr. 3, 13).
$^1/_{10}$ nach § 46 Abs. 1 aus 400 ℳ.

n) Klage (300 ℳ). Im 1. Termin erfolgt nach „Besprechung der Sache" Klagezurücknahme. Streit über die Zulässigkeit. Verhandlung hierüber. Ruhen des Verfahrens.

Gebühren: $^{10}/_{10}$ Verhandlungsgebühr (§§ 8, 18[1], 19; ein niederer Satz ist nicht bestimmt; anders bei Streit über Zurücknahme eines Rechtsmittels, vgl. § 26 Nr. 5).
Keine Zurücknahmegebühr.

o) Klage (60 ℳ). Rücknahme bezüglich 20 ℳ. Verhandlung über 40 ℳ. Endurteil.

Gebühren: je $^{10}/_{10}$ Verhandlungs- und Entscheidungsgebühr aus 20—60 ℳ (§§ 8, 18 Nr. 1 u. 3, 19).
Keine Zurücknahmegebühr; denn die Verhandlungs- und Entscheidungsgebühr wäre die gleiche geblieben, wenn auch über 60 ℳ verhandelt und entschieden worden wäre (§ 46 Abs. 3).

p) Klage über 22000 ℳ. Anerkenntnisurteil bezüglich 20000 ℳ. Zurücknahme hinsichtlich 2000 ℳ.

Gebühren:

An sich fallen an:

$^3/_{10}$ Entscheidungsgebühr aus 20000 ℳ (§§ 8, 18 Nr. 3, 23)	= 42.— ℳ
$^1/_{10}$ nach § 46 Abs. 1 aus 2000 ℳ	= 4.40 ℳ
Summe:	46.40 ℳ

Aus 22000 ℳ würde die $^{3}/_{10}$ Gebühr 45.— ℳ betragen, es darf somit neben der Entscheidungsgebühr zu 42 ℳ die Gebühr des § 46 nach Abs. 3 daselbst nur noch in Höhe von 3 ℳ zur Erhebung kommen.

q) Der Antrag auf Erklärung einer Sache als Feriensache wird abgelehnt. Beschwerde. Zurücknahme vor Entscheidung.
Entscheidung I. Instanz: gebührenfrei (§ 47 Nr. 1).
„ II. Instanz: $^{1}/_{10}$ von $^{3}/_{10}$ (§ 46).

r) Schuldner der Zurücknahmegebühr ist der Antragsteller. Mehrere Antragsteller haften als Gesamtschuldner.

§ 47.*)

Gebühren[1] werden nicht erhoben[2] für die Verhandlung und Entscheidung:

1. über die Prozeß- oder Sachleitung, einschließlich der Bestimmung oder Änderung von Terminen und Fristen;[3]
2. über die Bewilligung oder Entziehung des Armenrechts, sowie die Verpflichtung zur Nachzahlung von Kosten (Zivilprozeßordnung § 126);
3. über die Zuständigkeit des obersten Landesgerichts (§ 7 des Einführungsgesetzes zur Zivilprozeßordnung) oder der Kammer für Handelssachen (Gerichtsverfassungsgesetz §§ 103 bis 106), über die Bestimmung des zuständigen Gerichts (Zivilprozeßordnung § 36), die Übernahme eines Entmündigungsverfahrens[4] (Zivilprozeßordnung § 650 Abs. 3, § 651 Abs. 2), die Bestimmung eines Gerichtsvollziehers (Zivilprozeßordnung § 827 Abs. 1, § 854 Abs. 1) oder eines Sequesters (Zivilprozeßordnung §§ 848, 855);
4. über die Ablehnung eines Richters, eines Gerichtsschreibers oder eines Sachverständigen (Zivilprozeßorduung §§ 42 bis 49, 406);
5. über die Verpflichtung eines Gerichtsschreibers, gesetzlichen Vertreters, Rechtsanwalts oder anderen Bevollmächtigten, sowie eines Gerichtsvollziehers zur Tragung der durch Verschulden derselben veranlaßten Kosten (Zivilprozeßordnung § 102);

5a. über Erinnerungen gegen den Kostenfestsetzungsbeschluß (Zivilprozeßordnung § 104 Abs. 3);

6. über die Verpflichtung eines Rechtsanwalts zur Zurückgabe einer vom Gegner ihm mitgeteilten Urkunde (Zivilprozeßordnung § 135);

---

*) Jetzige Fassung: s. Ges. v. 29. 6. 81 (RGBl. 178), v. 17. 5. 98 (RGBl. 332) und vom 1. 6. 09 (RGBl. 475).

7. über die Verpflichtung zur Abgabe eines Zeugnisses oder Gutachtens (Zivilprozeßordnung §§ 386 bis 389, 408);
8. über die Zwangsmaßregeln gegen einen Zeugen oder Sachverständigen, sowie die Verurteilung derselben zu Kosten und Strafe (Zivilprozeßordnung §§ 380, 381, 390, 409);
9. über die Bestellung eines Vertreters für eine nicht prozeßfähige oder unbekannte Partei, für ein von dem Eigentümer aufgegebenes Grundstück oder für einen Erben, der die Erbschaft noch nicht angenommen hat (Zivilprozeßordnung §§ 57, 58, 494, 668, 679, 686, 779, 787);
10. über die Berichtigung eines Urteils oder des Tatbestandes desselben (Zivilprozeßordnung §§ 319, 320);[4]
11. über die Vollstreckbarkeit der durch Rechtsmittelanträge nicht angefochtenen Teile eines Urteils (Zivilprozeßordnung §§ 534, 560);
12. über die Zulassung einer Zustellung oder eines Aktes der Zwangsvollstreckung zur Nachtzeit oder an einem Sonntag oder allgemeinen Feiertag (Zivilprozeßordnung §§ 188, 761);
13. über die Mitwirkung des Gerichts bei Handlungen der Zwangsvollstreckung in den Fällen des § 758 Abs. 3, der §§ 789, 790 Abs. 1, § 912 der Zivilprozeßordnung;[5]
14. über die in § 35 Nr. 4 bezeichneten Anträge, Einwendungen oder Erinnerungen, soweit dieselben für begründet befunden werden und die Kosten des Verfahrens nicht dem Gegner, sondern dem Gerichtsvollzieher zur Last fallen;[6]
15. über Anträge auf Erteilung der Vollstreckungsklausel (Zivilprozeßordnung §§ 724, 725, 795, 797 Abs. 1), sofern nicht Gebühren nach den Vorschriften des § 26 Nr. 8 oder des § 38 zu erheben sind;[7]
16. über Anträge auf Anordnung der Rückgabe einer Sicherheit im Falle des § 715 der Zivilprozeßordnung, sowie über Gesuche um Erteilung des Zeugnisses der Rechtskraft oder um Erteilung des Zeugnisses, daß innerhalb der Notfrist ein Rechtsmittelschriftsatz nicht eingereicht sei,[8] (Zivilprozeßordnung § 706).

[9] Ist in den Fällen der Nr. 2, 4, 5, 5a, 6, 7, 10 das Verfahren nach freier richterlicher Überzeugung mutwillig veranlaßt, so hat das Gericht von Amts wegen die besondere Erhebung von drei Zehnteilen der Gebühr (§ 8)[10] zu beschließen.[11] Gegen den Beschluß findet Beschwerde nach Maßgabe des § 567 Abs. 2

und der §§ 568 bis 575 der Zivilprozeßordnung sowie des § 4 Abs. 3 dieses Gesetzes statt.[12]

In der Beschwerdeinstanz findet die Bestimmung des ersten Absatzes keine Anwendung, wenn die Beschwerde als unzulässig verworfen oder zurückgewiesen wird.

1. und der Auslagenpauschsatz nach § 80b.

2. Zu erheben sind jedoch in den Fällen Nr. 1, 3 mit 16 etwaige unter § 79 Nr. 2—6 fallende Auslagen.

3. **Hierunter fallen** alle den Gang des Verfahrens betreffenden Anordnungen des Vorsitzenden und Gerichtes (so z. B. die Zurückweisung von Bevollmächtigten, die Entscheidungen über die Unterbrechung oder Aussetzung des Verfahrens, die Verbindung oder Trennung von Prozessen, die Ablehnung eines Teil- oder Versäumnisurteils, die Entscheidung über die Notwendigkeit eines Sühnetermins in Ehesachen (§ 611 ZPO.) u. a. m. Entsteht ein Zwischenstreit darüber, ob eine Unterbrechung des Verfahrens usw. eingetreten sei oder ob und wann sie beendet sei, so werden für die Verhandlung und Entscheidung Gebühren nach § 18 Nr. 1, 3 erhoben, da § 26 Nr. 4 nicht Platz greift. Die Gebühren werden jedoch eventuell absorbiert; § 28).

Nicht unter Nr. 1 fallen: die zurückweisenden Entscheidungen über Einreden betreffend den Mangel der Vollmacht, den Verlust des Klagerechts, die mangelnde Aktiv- und Passivlegitimation, die rechtskräftig entschiedene Sache, die Vorausklage, die Unzulässigkeit der gewählten Prozeßart oder der Widerklage (falls letztere nicht auf die Unzuständigkeit des Gerichts gestützt wird). Vgl. § 26 Anm. 5.

Ob eine **Änderung der Klage** vorliegt, wird in der Regel im Endurteil entschieden; wird darin die Klagänderung verneint oder die Änderung zugelassen, so sind besondere Gebühren nicht zu erheben. Es kann jedoch, namentlich in den Fällen des § 268 Nr. 2 u. 3 eine Veränderung im Streitgegenstand vorliegen, auf welche der § 4 Abs. 1 erster Halbsatz ZPO. keine Anwendung findet. — Wird im Endurteil Klagänderung angenommen und nicht zugelassen, so daß über die alte Klage sachlich entschieden und die neue als unzulässig verworfen wird, sind auch die Wertsgegenstände verschieden, so kann zweifelhaft sein, ob die Gebühren nur von dem Gegenstand der alten Klage oder von beiden Klagen — zusammengerechnet — zu erheben sind. Die Erhebung der Verhandlungs- und Entscheidungsgebühr ist nicht davon abhängig, daß zur Sache entschieden wird; lehnt das Gericht eine Entscheidung zur Sache ab, weil die Voraussetzungen hierfür nicht gegeben sind, so hindert dies die Erhebung der Gebühren (§§ 26 Nr. 1, 2 oder §§ 18, 25) nicht. Man wird jedoch die Gebühren stets nur von einem Werte zu berechnen haben: unzweifelhaft ist dies, wenn nur der Grund, nicht der Gegenstand der Klage geändert ist. Ist der Gegenstand geändert, so ist zu bedenken, daß der Kläger mit Fordern des neuen den alten Gegenstand hat fallen lassen, also nur über einen entschieden haben will. Ist der Wert des neu geforderten Gegenstandes höher als der des alten und besteht die Erhöhung nicht nur aus Nebenforderungen (§ 4 Abs. 1 ZPO.), so ist der neue Gegenstand der Gebührenberechnung zugrunde zu legen.

Ergeht **Zwischenurteil**: „es liegt eine Klagänderung vor", so enthält das Urteil die Zurückweisung der neuen Klage; es sind Verhandlungs- und Entscheidungsgebühr von dem Werte derselben zu erheben.

Wird darin die Klagänderung zugelassen oder ausgesprochen, daß eine solche nicht vorliege, so ist damit gesagt, daß es sich (im wesentlichen) um die alte Klage handle. Ergeht später ein nach § 18 Z. 3 zu besteuerndes Endurteil, so kann für das Zwischenurteil keine Gebühr zum Ansatz kommen (§ 28). Folgt aber dem Zwischenurteil Klagezurücknahme, Vergleich oder Anerkenntnisurteil oder bleibt das Verfahren ruhen, so ist das Zwischenurteil mit $^{10}/_{10}$ gemäß § 18 Nr. 3 zu besteuern (Rittmann § 47 Nr. 1m will dafür nichts bzw. $^{5}/_{10}$ nach § 26 erhoben wissen); denn das Zwischenurteil „leitet" nicht den Prozeß, es ist vielmehr ein „vorweg genommener Bestandteil der Entscheidungsgründe des künftigen Endurteils (Motive)".

4. soweit es sich um formelle Berichtigung handelt. Steht die Berichtigung eines materiellrechtlichen Ausspruches in Frage, kommt § 29 zur Anwendung.

5.

§ 758 Abs. 3: Anforderung militärischer Hilfe durch das Vollstreckungsgericht bei Vollstreckungshandlungen des Gerichtsvollziehers.

§ 789: Das Vollstreckungsgericht ersucht zum Zwecke der Vollstreckung eine Behörde um ihr Einschreiten.

§ 790 Abs. 1: Ersuchen um Vollstreckung bei Militärpersonen.

§ 912: Ersuchen um Vollstreckung der Zivilhaft an einer Militärperson.

6. § 35 Nr. 4 handelt von den Anträgen, Einwendungen oder Erinnerungen gegen die Art und Weise der Zwangsvollstreckung oder das bei ihr vom Gerichtsvollzieher beobachtete Verfahren (§ 766 ZPO.). Werden sie als unbegründet zurückgewiesen oder sonst einem Gegner die Kosten auferlegt, so sind $^{2}/_{10}$ anzusetzen (§ 35).

7. Erteilt der Gerichtsschreiber ohne Anordnung des Richters die Vollstreckungsklausel: Gebührenfreiheit (§ 47 Nr. 15); erteilt er sie auf gerichtliche Anordnung: $^{1}/_{10}$ nach § 38 Nr. 3; wird sie durch Klage begehrt: $^{5}/_{10}$ nach §§ 8, 18 Nr. 1—3, 26.

8. **§ 715** trifft den Fall, daß Sicherheit hinterlegt war zur Herbeiführung der vorläufigen Vollstreckbarkeit eines Urteils. Ist § 109 ZPO. anzuwenden, so kommen $^{1}/_{10}$ nach § 38 Nr. 2 zur Erhebung.

9. ferner: über die Vollstreckbarkeitserklärung der gegen einen Kläger oder Intervenienten ergangenen Kostenentscheidung eines ausländischen Gerichts nach Art. 18 Abs. 1 des Haager Abkommens vom 17. 7. 05 (Meyer, ZPO. S. 608) und § 5 RG. v. 5. 4. 09 (Meyer, ZPO. S. 611), und über den Betrag der dem Kläger oder Intervenienten zur Last fallenden Gerichtskosten nach § 18 Abs. 2 d. Abk. und § 9 des bez. RG.

10. d. i. der vollen Gebühr.

11. Hat das Rechtsmittelgericht „beschlossen", so erhöht sich die $^{3}/_{10}$ Gebühr um $1/4$ bzw. $1/2$ von $^{3}/_{10}$. Die Gebühr wird sofort fällig; sie ist, weil Gebührenstrafe, auch einzufordern, wenn die zahlungspflichtige Partei zum Armenrecht zugelassen ist.

12. d. h. wird gegen einen Beschluß des Gerichts, der eine der im § 47 bezeichneten Angelegenheiten betrifft, Beschwerde eingelegt und diese als unzulässig oder unbegründet verworfen, so sind von dem in der Entscheidung des Beschwerdegerichts als zahlungspflichtig Genannten $^3/_{10}$ aus $^{10}/_{10}$ gemäß § 45 einzufordern. (Vgl. § 45 Note 4.)

§ 48.

Ist außer dem Falle des § 335 der Zivilprozeßordnung[1] durch Verschulden einer Partei oder eines Vertreters derselben die Vertagung einer mündlichen Verhandlung oder die Anberaumung eines Termines zur Fortsetzung der mündlichen Verhandlung veranlaßt, oder ist durch nachträgliches Vorbringen von Angriffs- oder Verteidigungsmitteln, Beweismitteln oder Beweiseinreden, welches zeitiger erfolgen konnte, die Erledigung des Rechtsstreits verzögert worden,[2] so kann das Gericht von Amts wegen[3] die besondere Erhebung einer Gebühr für die verursachte weitere Verhandlung, sowie einer Gebühr für die durch das neue Vorbringen veranlaßte nochmalige Beweisanordnung beschließen.[4] Die Gebühr besteht in der vollen Gebühr (§ 8); sie kann jedoch bis zu zwei Zehnteilen herabgesetzt werden.

Gegen den Beschluß findet Beschwerde[5] nach Maßgabe des § 567 Abs. 2 und der §§ 568 bis 575 der Zivilprozeßordnung sowie des § 4 Abs. 3 dieses Gesetzes statt.

1. § 335 ZPO.: Gegen den Beklagten kann in diesem Falle ein Versäumnisurteil nicht erlassen werden; auf Antrag des Klägers wird der Termin vertagt und hierzu der Beklagte geladen.

2. Voraussetzung der Anordnung nach § 48 ist, daß in der Instanz bis zur Vertagung überhaupt — wenn nicht in diesem, so doch in einem früheren Termine — kontradiktorisch zur Sache verhandelt worden ist. Denn andernfalls wäre eine Verhandlungsgebühr bis dahin nicht entstanden; eine Vervielfältigung der als gebührenpflichtig angenommenen Akte wurde durch die Vertagung nicht herbeigeführt. Dagegen braucht, wenn kontradiktorische Verhandlung vor dem Beschlusse stattgefunden hatte, die weitere Verhandlung, für welche die Gebühr besonders erhoben werden soll, selbst nicht kontradiktorisch zu sein; es genügt einfache Verhandlung z. B. bei Nichterscheinen einer Partei die Verhandlung der erschienenen zwecks Erwirkung eines Versäumnisurteils. Zwar kann die beschlossene Gebühr nach § 94 Abs. 3 sofort nach Erlaß des Beschlusses erhoben werden. Voraussetzung des Bestehenbleibens der Gebühr ist aber, daß eine weitere mündliche (wenn auch nicht kontradiktorische) Verhandlung tatsächlich stattfindet. Wird z. B. nach dem Beschluß die Klage zurückgenommen oder erledigt sich der Rechtsstreit ohne weitere Verhandlung, so entfällt damit die Voraussetzung für die Erhebung der Gebühr für die „weitere" Verhandlung und die etwa schon erhobene

Gebühr ist auf die andern Kosten der betreffenden Partei anzurechnen eventuell zurückzuzahlen (a. M. Rittmann, der u. E. zu Unrecht auf die Vorschrift des § 94 Nr. 3 das entscheidende Gewicht legt). Der Absicht des Gesetzgebers entspricht es übrigens, daß der Beschluß nicht schon bei der Vertagung usw., sondern erst dann gefaßt wird, wenn die weitere Verhandlung stattgefunden hat bzw. — bei der Beweisgebühr — die neue Beweisanordnung erfolgt ist. Dann erst steht fest, daß eine weitere Verhandlung verursacht oder eine nochmalige Beweisanordnung veranlaßt ist.

3. Anregung durch eine Partei ist möglich.

4. Die Gebühr des § 48 wird neben den im Rechtsstreit anfallenden Gebühren erhoben; sie ist von dem im Prozeß unterliegenden Gegner nicht zu erstatten (§ 91 ZPO.). Ein den Rechtsstreit erledigender Vergleich (§ 23) ist ohne Einfluß auf die Gebühr des § 48 (Pauschsatz: § 80b).

Gegen die Ablehnung der Anregung, nach § 48 zu verfahren, ist Beschwerde unzulässig (RGZ. 32, 392).

5. einfache, dem Anwaltszwang nicht unterliegende.

§ 49.*)

In der Berufungsinstanz[1] erhöhen sich die Gebührensätze[2] um ein Viertel, in der Revisionsinstanz auf das Doppelte.

Für eine Beweisanordnung[3] sowie Beweisaufnahme in der Berufungsinstanz, welche nur auf Grund der in der ersten Instanz vorgebrachten Tatsachen und Beweismittel erfolgt, kommt eine Beweisgebühr nicht zur Erhebung, soweit eine solche rücksichtlich desselben Streitgegenstandes schon in der ersten Instanz zu erheben war.[2]

1. Nach § 49 sind auch zu bewerten die Verfahren betr. die Berufung gegen Urteile der Gewerbe- und Kaufmannsgerichte (§ 60 GewG., § 16 KaufmGG.).

2. und damit auch die Pauschsätze, die sich nach den Gebührensätzen richten (§ 80b). Wird der Berufungsschriftsatz vor der Terminsbestimmung zurückgezogen: keine Gebühr (§ 46 Abs. 2), sonst $^1/_{10}$ von $1^1/_4$ (§§ 46 Abs. 1, 49) und zwar ohne Rücksicht darauf, ob der Schriftsatz zugestellt, Berufung also im prozeßrechtlichen Sinne erhoben ist oder nicht. Bei teilweiser Zurücknahme (insbesondere auch bei nachträglicher Beschränkung der Berufungsanträge) ist nur von dem Teilbetrag die Zurücknahmegebühr zu erheben (s. auch § 46 Abs. 3). Verhandlung und Entscheidung über die Folgen der Zurücknahme (§ 515 Abs. 3): $^5/_{10}$ von $1^1/_4$ gemäß § 26 Nr. 5. Beschränkt sich der Antrag des Gegners auf die Kosten, so sind diese maßgebend; für die Hauptsache kommt die Gebühr des § 46 in Ansatz.

3. Werden in der Berufungsinstanz über dasselbe Beweisthema die gleichen Zeugen vernommen wie sie in I. Instanz vernommen wurden

*) Zu Abs. 1: Ges. v. 22. 5. 10 (RGBl. 767).

oder nach dem Beweisbeschluß vernommen werden sollten, tatsächlich aber z. B. infolge Verzichts der Parteien nicht vernommen worden sind, so werden erhoben im ersteren Falle

$1\frac{1}{4}$ — $\frac{1}{1}$ Beweisgebühr,

im letzteren Falle

$1\frac{1}{4}$ — $\frac{5}{10}$ Beweisgebühr.

Dritter Abschnitt.

Gebühren im Konkursverfahren.

Eine Berechnung der Gebühren nach einzelnen „Akten" oder „Hauptabschnitten" des Verfahrens findet im Konkursverfahren nicht statt. Das Schwergewicht liegt eben hier nicht in einer richterlichen Tätigkeit, sondern in der Auseinandersetzung der Schuldverhältnisse. Dementsprechend geht auch das Gerichtskostengesetz von dem Grundsatz aus, daß eine erschöpfende Besteuerung nur durch die Aufstellung von Bauschgebühren für das Konkursverfahren als Ganzes — abgestuft nach dem Ausgange des Verfahrens — zu erzielen ist.

Das Gesetz nimmt die drei Arten, in denen ein Konkursverfahren erledigt werden kann, zur Grundlage und stuft nach ihnen die Gebühren ab:

Schlußverteilung (§ 51 Z. 1),
Zwangsvergleich (§ 51 Z. 2),
und Einstellung des Verfahrens (§ 51 Z. 3—5).

Je umfangreicher das Verfahren, desto höher sind die anfallenden Gebühren. Die Berechnung des Streitwertes zeigt § 52.

Gewisse, mit dem Konkursverfahren zusammenhängende, aber durch seinen Zweck nicht notwendig gebotene Akte unterliegen einer besonderen Gebühr (besonderer Prüfungstermin: § 54; Versteigerung von zur Masse gehörigen Gegenständen: § 55; Offenbarungseidsverfahren: § 56; Beschwerdeverfahren: § 57).

Das Verfahren bei Nichteröffnung des Konkurses und die Wiederaufnahme des Konkursverfahrens sind in den §§ 53, 58 behandelt.

§ 50.

Auf die Gebühren im Konkursverfahren finden die Vorschriften des § 8 über die Wertsklassen und den Gebührensatz, sowie der §§ 14, 16, 17 dieses Gesetzes und des § 3 der Zivilprozeßordnung über die Wertsfestsetzung[1] entsprechende Anwendung.[1]

1. Die §§ 4—9 ZPO. sind nicht anwendbar; die aus dem Hauptanspruch gezogenen Früchte, Nutzungen, Zinsen, und die zur Beitreibung aufgewendeten Kosten — berechnet bis zum Tage der Konkurseröffnung — sind also Hauptforderung.

Den Streitwert berechnet der Gerichtsschreiber; in Zweifelsfällen und auf Antrag einer Partei entscheidet das Gericht.

§ 51.

Für das Konkursverfahren, einschließlich des der Eröffnung[1] vorangegangenen Verfahrens, werden erhoben:[2]

1. wenn auf Grund der Schlußverteilung[3] die Aufhebung des Konkursverfahrens erfolgt, mit Einschluß von Nachtragsverteilungen,[4] das Zweifache der Gebühr (§ 8);
2. wenn auf Grund eines Zwangsvergleichs[5] die Aufhebung erfolgt, die volle Gebühr (§ 8) und acht Zehnteile derselben;
3. wenn nach dem Beginne des Vollzugs einer Abschlagsverteilung[6] (Konkursordnung § 159 Abs. 2) oder nach dem Beginn eines Vergleichstermins[7] eine Einstellung des Verfahrens (Konkursordnung §§ 202, 204)[8] erfolgt, die volle Gebühr (§ 8) und fünf Zehnteile derselben;
4. wenn nach dem Ablaufe der Anmeldefrist[9] und vor den unter Nr. 3 bezeichneten Zeitpunkten eine Einstellung erfolgt, die volle Gebühr (§ 8) und drei Zehnteile derselben;
5. wenn vor dem Ablaufe der Anmeldefrist eine Einstellung erfolgt, acht Zehnteile der Gebühr (§ 8).

1. Abweisung des Antrages: § 53.

2. Durch die Gebühren des § 51 ist die **ganze** vom Konkursgericht entfaltete **Tätigkeit abgegolten**; besondere Gebühren werden also z. B. für Ermittelungen über die Zahlungsunfähigkeit des Schuldners oder für die Anordnung von Sicherungsmaßregeln gemäß § 106 KO. nicht erhoben. Gewisse, durch den Zweck des Konkursverfahrens nicht notwendig gebotene Akte (§§ 54, 55, 57) werden jedoch besonders besteuert.

Gebührenvorschuß: § 82. **Auslagenvorschuß**: § 84.

Fällig sind die Gebühren des § 51 mit der Aufhebung oder Einstellung des Verfahrens.

Schuldner der Gebühren ist die Masse (Massekosten), vertreten durch den Konkursverwalter. Je nach dem Fortgang des Verfahrens können von ihm auf die Gebühren der §§ 51, 58 Abs. 1 Abschlagszahlungen erhoben werden (§ 95 Abs. 1). Er hat bei Meidung persönlicher Haftung für die Deckung der Gerichtskosten möglichst Sorge zu tragen (§§ 57, 60, 82 KO.).

Man hat zu unterscheiden zwischen *Aufhebung* und *Einstellung* des Konkursverfahrens; die erstere ist in Nr. 1, 2, die letztere in Nr. 3—5 des § 51 berücksichtigt.

3. „**Schlußverteilung**" ist gegeben, wenn nach vollständiger Durchführung des Verfahrens die Masse unter die Gläubiger prozentual verteilt wird. Beisp. s. § 52 Anm. 3.

4. „**Nachtragsverteilung**" hat stattzufinden, wenn nach Verteilung (nachträglich) Massegegenstände verfügbar wurden, sei es daß zurückbehaltene Beträge (z. B. infolge Unterliegens des Anmeldenden im Feststellungsprozeß) für die Konkursmasse frei wurden oder (irrtümlich) ausbezahlte Beträge wieder in die Konkursmasse zurückflossen oder Vermögensstücke erst ermittelt wurden. Die Nachtragsverteilung bildet nur einen Anhang zur Schlußverteilung und erfolgt daher auf Grund des Schlußverzeichnisses (§§ 157, 162). Das hat gebührenrechtlich zur Folge, daß sie neben der Schlußverteilung nicht noch gesondert bewertet wird. Erhöht sich jedoch gegen früher die Aktivmasse, so ist der Gebührensatz entsprechend zu berichtigen.

5. „**Zwangsvergleich**" ist der vom Konkursgericht genehmigte Vertrag des Gemeinschuldners mit den nicht bevorrechtigten Konkursgläubigern über eine bestimmte unter Aufhebung des Konkurses erfolgende Befriedigung dieser Gläubiger.

Die Aufhebung des Verfahrens erfolgt nach Rechtskraft des Zwangsvergleichs (§ 190 KO.). Beisp. s. § 52 Anm. 3.

6. Der Vollzug einer jeden Verteilung erfolgt durch den Verwalter. Den Beginn des Vollzuges bildet bei Abschlagsverteilungen die Mitteilung des Prozentsatzes (§§ 167, 159 Abs. 2 KO.).

7. d. i. nach Aufruf der Sache.

8. Sie erfolgt a) auf Antrag des Gemeinschuldners, der von allen Gläubigern den Verzicht auf die Durchführung des Konkursverfahrens beigebracht hat (§ 202 KO.),

b) von Amts wegen, wenn der Konkurs zwecklos ist, weil nicht einmal die Kosten des Verfahrens durch die vorhandene Masse gedeckt werden (§ 204 KO.).

9. Die Anmeldefrist beträgt 2 Wochen bis 3 Monate (§ 138 KO.).

§ 52.

Die im § 51 bestimmte Gebühr wird nach dem Betrage der Aktivmasse[1] erhoben. Massekosten, mit Ausnahme der Gebühren des Konkursgerichts, des Konkursverwalters und des Gläubigerausschusses, sowie Masseschulden werden abgesetzt. Gegenstände, welche zur abgesonderten Befriedigung dienen, werden nur in Höhe des für diese nicht erforderlichen Betrages angesetzt.[2]

Ist die Aktivmasse höher als die Schuldenmasse, so wird die Gebühr nach dem Betrage der letzteren erhoben.

Für die Berechnung der Masse ist die Zeit der Beendigung des Verfahrens maßgebend.[3]

1. welche (nach dem Schlußverzeichnis) zur Befriedigung der Konkursgläubiger vorhanden ist. Nicht maßgebend ist die nach dem Inventar sich ergebende Aktivmasse, die sich infolge der Verwertung der Sachen ändern kann.

2. Bei Berechnung der Aktivmasse ist zunächst der Wert des gesamten Vermögens (einschließlich etwaiger bis zum Tage des Aufhebungs- oder Einstellungsbeschlusses angefallener Zinsen) festzustellen (s. Abs. 1 S. 3). Von dem **Aktivvermögen** sind sodann **abzuziehen:**

als Massekosten: 1. die Auslagen des Gerichts (§ 79, auch Gebühren des Gerichtsvollziehers als Urkundsperson, Tagegelder des Gerichtsschreibers anläßlich der Vornahme des Bücherschlusses; auch Pauschsätze,

§ 80b); 2. die Ausgaben für die Verwaltung, Verwertung und Verteilung der Masse (Auslagen — nicht auch Gebühren! — des Konkursverwalters, Auslagen für Schätzung und Versteigerung, für Fortführung des Geschäfts, Reisekosten des Konkursverwalters, Kosten der Verhaftung des Gemeinschuldners zwecks Leistung des Offenbarungseides; nicht: das Honorar des Gläubigerausschusses!); 3. die dem Gemeinschuldner und seiner Familie nach den §§ 129 Abs. 1, 132 Abs. 1 KO. bewilligte Unterstützung;

als **Masseschulden**: die Ansprüche, welche aus Geschäften oder Handlungen des Verwalters entstanden sind (hierunter fallen: Gewährleistungsansprüche aus Verkäufen des Konkursverwalters, Ansprüche aus den vom Verwalter neu eingegangenen Dienstverträgen mit dem Gemeinschuldner oder einem Dritten, die Kosten eines von dem Verwalter geführten Prozesses, die Entschädigungsansprüche, die gegen den Verwalter aus § 833 BGB. geltend gemacht wurden);

die Ansprüche aus zweiseitigen Verträgen, die vor dem Konkurs bereits begründet waren und deren Erfüllung zur Konkursmasse verlangt wurde oder für die Zeit nach der Konkurseröffnung erfolgen mußte.

(Hierher gehören z. B. die nach der Konkurseröffnung entstandenen Miet-, Pacht- und Dienstverträge); die Ansprüche aus einer ungerechtfertigten Bereicherung der Masse (§§ 818—821 BGB.); ist die Bereicherung vor Konkursbeginn erfolgt, so ist nur eine einfache Konkursforderung gegeben.

Im Nachlaßkonkurs kommen zu den aufgeführten Masseschulden noch andere dazu (s. § 224 KO.).

3. Beispiele:

a) Schlußverteilung.

Die Gläubiger R und M beantragen am 6. 7. 11 die Eröffnung des Konkursverfahrens über das Vermögen des W, der dem R 2001 ℳ, dem M 715 ℳ schuldet. Dem Antrag wird stattgegeben.

Es wird damit der Gebühren- und Auslagenvorschuß fällig; zu erheben sind:

$^3/_{10}$ aus 2716 ℳ (§§ 82, 80b) = 16.80 ℳ

Pauschsatz: 1.70 ℳ

Es haften R und M je für ½ (§ 91).

Der Auslagenvorschuß dient zur Deckung der durch den Antrag entstandenen Auslagen; er übersteigt die Summe der voraussichtlich erwachsenden Einrückungskosten nicht. (In der Praxis wird in der Regel ein höherer Vorschuß erhoben.) Hier beträgt er rund: 20 ℳ; davon zahlen R und M je ½ (§ 91).

Der Beschluß wird den Gläubigern, dem Gemeinschuldner usw. zugestellt und im Reichsanzeiger und Amtsblatt veröffentlicht. Einrückungskosten: 15.20 ℳ.

Nach Abhaltung des allgemeinen Prüfungstermines wird die Tabelle bei Zustimmung des Konkursverwalters bezüglich drei bestrittener Forderungen berichtigt („Feststellung" erfolgt).

Die Auslagen (§ 79 Nr. 3 GKG.) werden aus dem Vorschuß bestritten; ist er nicht einbezahlt, so erfolgt Vormerkung im Akt (und — in Bayern Einstellung in das Auslagenregister). Der „Berichtigungsbeschluß" ist gebührenfrei; er fällt unter § 51.

Die Masse wird verwertet. Der Verwalter reicht die Schlußrechnung ein. Das Gericht genehmigt die Vornahme der Schlußverteilung, setzt die Vergütung des Verwalters fest und setzt Termin zur Abnahme der Schlußrechnung und Erhebung von Einwendungen gegen das Schlußverzeichnis an. Der Termin wird im Amtsblatt veröffentlicht; Kosten: 9.35 ℳ.

Vormerkung im Akt. (*Bayern*: Eintrag in das Auslagenregister.)

Nach Abhaltung des Schlußtermins Beschluß: Das Konkursverfahren wird als durch Schlußverteilung beendigt aufgehoben. Auf die Veröffentlichung im Reichsanzeiger und Amtsblatt erwachsen: 8.35 ℳ.

Jetzt erst kann die *Erhebung* der Gerichtskosten erfolgen (die Berechnung geschieht allerdings — wenn auch nur annähernd — schon vorher, um dem Konkursverwalter für die Aufstellung des Schlußverzeichnisses Anhaltspunkte zu geben). Zu diesem Zwecke ist der *Wert der Aktivmasse* (§ 52) festzustellen. Zweckmäßig ist es (im Interesse der leichteren Nachprüfung), die Berechnung auf dem im Akte befindlichen Kostenverzeichnisse vorzunehmen. Sie wird sich hier wie folgt gestalten.

Gesamtschulden: 20 000.— ℳ.

Gesamtaktiva nach der Schlußrechnung des Verwalters:		1166.40 ℳ
Davon gehen ab:		
Masseschulden:		
Bezahlte Miete:	200.30 ℳ	
Massekosten:		
Barauslagen des Verwalters (nicht auch sein Honorar)	11.55 ℳ	
Barauslagen des Gerichts (*nicht*: Gebühren), hier also die Insertionskosten: 15.20 ℳ + 9.35 ℳ + 8.35 ℳ =	32.90 ℳ	
Gerichtskosten, die in einem für die Konkursmasse geführten Rechtsstreit angefallen sind:	28.80 ℳ	
Der nach § 80b aus der Gebühr des § 51 Nr. 1 zum Ansatz kommende Pauschsatz. (Es werden die bisher aufgestellten Posten zusammengerechnet, von den Gesamtaktiven abgezogen = 1166.44 ℳ — 273.55 ℳ und daraus die Gebühr berechnet = $^{20}/_{10}$ aus 892.89 ℳ = 52 ℳ. Der daraus berechnete Pauschsatz zu	5.20 ℳ	
wird sodann noch als „Massekosten" eingesetzt.)		
Abzuziehen sind somit von		1166.44 ℳ
		278.75 ℳ
so daß als Aktivmasse sich ergibt:		887.69 ℳ

Hieraus beträgt

die $^{20}/_{10}$ Gebühr des § 51 Nr. 1:	52 ℳ,	der Pauschsatz:	5.20 ℳ
hiervon ab der Gebühren-vorschuß:	21 ℳ,	der Pauschvorschuß:	2.20 ℳ
bleiben:	31 ℳ		3.— ℳ

Schuldner: die Konkursmasse, vertreten durch den Konkursverwalter.

Hätten die Gesamtschulden nur 1150 ℳ betragen, so wäre ihr Betrag niedriger gewesen als die Aktivmasse. Die $^{20}/_{10}$ Gebühr müßte ohne weiteres aus 1150 ℳ erhoben werden (Abs. 2 des § 52).

b) Zwangsvergleich.

Aktiva:

Die bisherigen Erlöse aus der Masse betragen: 2409.84 ℳ

Unverwertet sind:

Außenstände:	445.— ℳ	(uneinbringlich)
Mobiliar:	1653.— ℳ	
Geschäftseinrichtung:	394.— ℳ	
	2492.— ℳ.	Hiervon ab:

Abschreibung:

445.— ℳ	Außenstände, weil uneinbringlich,
825.— ℳ	Mobiliar, voraussichtlicher Mindererlös,
200.— ℳ	Einrichtung,

1470.— ℳ

= 1022.— ℳ voraussichtlicher Erlös.

Summe der Aktiva:		2409.84 ℳ
		+ 1022.— ℳ
		= 3431.84 ℳ
Hiervon ab:		
Masseschulden und Massekosten	296.84 ℳ	
Ab- und Aussonderungsrechte	1170.— ℳ	
		1466.84 ℳ
		2015.— ℳ
Die Gebühr hieraus beträgt ($^{18}/_{10}$)	79.20 ℳ	
der Pauschsatz:	8.— ℳ	

Ab gehen: der Gebühren- und Pauschsatzvorschuß. Den Rest zahlt der Konkursverwalter.

Zu beachten ist bei Feststellung der Aktiven: Beträge, die zur Herbeiführung des Zwangsvergleiches von Verwandten oder Bekannten des Gemeinschuldners zu der Masse zugeschossen werden, bleiben bei Feststellung der Aktivmasse zum Zwecke der Gebührenberechnung außer Betracht.

Die **Berechnung** der Aktiven ist Sache des Gerichtsschreibers; er setzt sich, wenn keine Schlußrechnung vorliegt, zweckmäßig mit dem Konkursverwalter in Verbindung und ersucht ihn um Ausfüllung eines ihm zuzusendenden Formulares folgenden Inhalts:

I. Aktiva.		
Erlös aus der verwerketen Masse	ℳ	₰
Wert der unverwerteten Masse	ℳ	₰
	ℳ	₰
II. Massekosten.		
1. Auslagen des Gerichts (nicht auch Gebühren!), wie Schreibgebühren, Auslagenpauschsatz. Auslagen einer vom Konkursverwalter betriebenen Zwangsverwaltung.	ℳ	₰
2. Ausgaben für Verwertung der Masse. (Kosten der Schätzung, Versteigerung, Kosten der Verhaftung des Gemeinschuldners, Kosten eines für die Masse geführten Prozesses.)	ℳ	₰
3. Ausgaben für die Verwaltung der Masse (Fortführung des Geschäfts, Reisekosten des Konkursverwalters, Grundsteuern, Leistungen zu Weg- und Brückenbauten, Schulabgaben usw.; nicht: Honorar des Gläubigerausschusses).	ℳ	₰
4. Ausgaben für die Verteilung der Masse.	ℳ	₰
	ℳ	₰
III. Masseschulden.		
1. Mietzinse, Pachtzinse, Dienstlohn, letzterer soweit nicht als bevorrechtigte Forderung geltend gemacht (§ 61 Z. 1 KO.).	ℳ	₰
2. Absonderungsrechte.	ℳ	₰
3. Aussonderungsrechte.	ℳ	₰
	ℳ	₰

§ 53.

Für den Beschluß, durch welchen der Antrag[1] auf Eröffnung des Konkursverfahrens abgewiesen wird,[2] einschließlich des vorangegangenen Verfahrens, werden drei Zehnteile der Gebühr (§ 8) erhoben.[3]

Wird das Verfahren durch Versagung der Zulassung des Antrags (Konkursordnung § 105 Abs. 1, § 208 Abs. 2, § 210 Abs. 2, §§ 213, 217 Abs. 2, § 218 Abs. 2, § 236, Gesetz, betreffend die Erwerbs- und Wirtschaftsgenossenschaften, § 100 Abs. 2) oder durch Zurücknahme des zugelassenen Antrags erledigt, so wird nur ein Zehnteil der Gebühr (§ 8) erhoben.[4]

Die Vorschrift des § 52 findet Anwendung; sofern jedoch der Antrag von einem Gläubiger gestellt wird und die Forderung desselben nicht höher ist, als der Betrag der Aktivmasse, wird die Gebühr nach dem Betrage dieser Forderung erhoben.

1. eines Gläubigers oder des Gemeinschuldners. — Ist ein Gläubiger Antragsteller, so hat das Gericht zunächst die formelle Zulässigkeit des Antrages zu prüfen (s. Abs. 2); erst dann entscheidet es über den Antrag auf Eröffnung des Konkurses.

2. Der Grund der Abweisung ist gleichgültig.

3. a) bei dem Antrag eines Gläubigers: aus dessen Forderung (einschließlich der mit ihr beanspruchten Zinsen — berechnet bis zum Tag der Entscheidung — und sonstiger auf die Beitreibung erwachsener Kosten) und wenn sie höher ist als die Aktivmasse, aus der letzteren;

b) bei dem Antrage des Gemeinschuldners: aus der nach § 52 berechneten, sich aus dem Konkursantrag ergebenden Aktivmasse.

Wird über mehrere Anträge in einem Beschluß entschieden oder liegen mehrere Anträge zu gleicher Zeit dem Gerichte zur Entscheidung vor, so kommt nur eine Gebühr zum Ansatz und zwar hinsichtlich des zuletzt übrig gebliebenen Antrages, da sein Schicksal ausschließlich die Frage entscheidet, ob das Verfahren eröffnet wird oder nicht.

Beispiele: a) Es beantragen in von einander getrennten Schriftsätzen die Eröffnung des Konkurses über das Vermögen des N (Aktiva etwa 2100 ℳ).

A wegen einer Forderung von 900 ℳ,
B " " " 700 ℳ.

Beide Anträge werden zunächst zugelassen und dann in einem Beschlusse abgewiesen.

Gebühren:

$^3/_{10}$ aus 1600 ℳ (§§ 53 Abs. 1 u. 3, 52)	= 11.40 ℳ
Pauschsatz (§ 80 b)	= 1.20 ℳ
	12.60 ℳ

A und B haften nach Kopfteilen, d. i. je für 6.30 ℳ (§ 91).

b) Wie unter a. Dem Antrag des A wird die Zulassung versagt (§ 53 Abs. 2), der des B wird abgewiesen.

Gebühren:

$^3/_{10}$ aus 700 ℳ (§§ 53 Abs. 1, 3, 52)	= 7.80 ℳ
Pauschsatz (§ 80 b)	= —.80 ℳ
	8.60 ℳ

Für die Versagung der Zulassung des Antrages kommt eine Gebühr nicht zum Ansatz.

c) Der Antrag des A auf Eröffnung des Konkurses über sein Vermögen wird mangels Vorhandenseins einer entsprechenden Masse zurückgewiesen.

$^3/_{10}$ aus 0—20 ℳ (§§ 53, 52)	= —.20 ℳ
Pauschsatz (§ 80 b)	= —.10 ℳ

4. Dem von einem Gläubiger gestellten Anrtag auf Eröffnung des Konkurses wird nie ohne weiteres stattgegeben; es prüft vielmehr zunächst das Gericht die Zulässigkeit des Antrages, d. i. die Antragsberechtigung und das Vorliegen des Konkursgrundes (§ 102 KO.). Das gleiche gilt, wenn beantragt ist den Konkurs zu eröffnen über das Vermögen einer Aktiengesellschaft (§ 208 Abs. 2 KO.), einer offenen Handelsgesellschaft, Kommanditgesellschaft oder Kommanditgesellschaft auf Aktien (§ 210 KO.), einer juristischen Person oder eines Vereines (§ 213 KO.), über einen Nachlaß (§§ 217 Abs. 2, 218 Abs. 2 KO.), über das Gesamt-

gut der fortgesetzten Gütergemeinschaft (§ 236 KO.) oder über das Vermögen einer Erwerbs- und Wirtschaftsgenossenschaft.

Wird die **Zulassung versagt** (d. h. der Antrag als „unzulässig" zurückgewiesen), so sind zu erheben: $^{1}/_{10}$ aus der Aktivmasse, und wenn ein Gläubiger den Antrag gestellt hatte, aus der Forderung des Gläubigers und falls diese höher ist als die Aktivmasse, aus letzterer.

Ergab die Prüfung die formelle **Zulässigkeit des Antrages**, dann hat das Gericht (ohne eigene Entscheidung über die Zulässigkeit) zunächst die im Gesetz näher bezeichneten Personen (wie den Gemeinschuldner, anteilsberechtigte Abkömmlinge) zu hören und — wenn nötig — weitere Ermittelungen über deren Angaben zu pflegen (§ 105 Abs. 2 KO.). Dann erst wird entschieden, ob der Konkurs eröffnet wird oder nicht.

Die **Zurücknahme des Antrages** auf Eröffnung des Konkurses vor Zulassung des Antrages d. i. vor der Vorprüfung, die mit der Anordnung der Anhörung des Gemeinschuldners als erfolgt anzusehen ist, ist gebührenfrei, nach Zulassung mit $^{1}/_{10}$ zu besteuern. Nach Konkurseröffnung ist die Antragszurücknahme unzulässig (a. M. OLG. Naumburg 2. 11. 11 DSekrZ. 12, 34).

§ 54.

Für jeden[1] besonderen Prüfungstermin[2] (Konkursordnung § 142) werden nach dem Betrage der einzelnen Forderungen, zu deren Prüfung der Termin dient,[3] die volle Gebühr (§ 8) und, soweit Anmeldungen vor der Prüfung zurückgenommen werden,[4] drei Zehnteile der Gebühr (§ 8) erhoben. Auf die Wertsberechnung findet die Vorschrift des § 148 der Konkursordnung entsprechende Anwendung.[5]

1. Berufsgenossenschaften sind von der Zahlung der Gebühr des § 54 befreit (OLG. Colmar 31. 12. 09 DSekrZ. 10, 79).

2. Ein solcher liegt dann vor, wenn in ihm nur Forderungen geprüft werden, die in dem allgemeinen Prüfungstermin — sei es infolge zu später Anmeldung, sei es infolge nachträglicher Berichtigung oder Ergänzung der ursprünglichen Anmeldung — nicht geprüft werden konnten; daß in dem „besonderen" Prüfungstermin auch andere (mit der Prüfung von Forderungen nicht im Zusammenhang stehende) Angelegenheiten erledigt werden (wie z. B. im Zwangsvergleichs- oder Schlußtermin), ist für den Anfall der Gebühr des § 54 ohne Belang. War der „allgemeine" Prüfungstermin vertagt worden, so kommt § 54 nicht zur Anwendung.

3. ohne Rücksicht auf das Ergebnis der Prüfung. Wird die Forderung von 1500 ℳ also in Höhe von 1200 ℳ bestritten, hinsichtlich 300 ℳ festgestellt, so ist die Gebühr des § 54 doch aus der sich aus 1500 ℳ berechnenden Konkursdividende (§ 148) zu erheben.

4. Die **Zurücknahme der Anmeldung** vor Anberaumung des besonderen Prüfungstermins ist gebührenfrei; erfolgt sie nach Terminsbestimmung, so fallen $^{3}/_{10}$ an, bei teilweiser Zurücknahme: $^{3}/_{10}$ aus dem zurückgenommenen Betrag. Nach Abhaltung des Termines sind aus dem nicht zurückgenommenen Teil $^{10}/_{10}$ der Sätze des § 8 zu erheben. § 12 Abs. 2 trifft nicht zu.

5. Wer die Abhaltung eines besonderen Prüfungstermins veranlaßt, hat $^{10}/_{10}$ **Gebührenvorschuß** aus der Dividende zu zahlen, die auf die nachträglich (wenn auch nur für den Ausfall) angemeldete Forderung samt Zinsen usw. wahrscheinlich (schätzungsweise) entfallen wird. Dies gilt auch im Falle der Zurücknahme einer Anmeldung. Bei einer Mehrheit von Gläubigern ist der Vorschuß von jedem einzelnen zu erfordern, weil ja auch die Gebühr des § 54 von jedem Gläubiger aus seiner Forderung (Dividende) gesondert erhoben wird.

Auslagenvorschuß: § 84. Für die Auslagen des § 79 Nr. 2—6 haften mehrere Gläubiger nach Kopfteilen (soviele Gläubiger, soviele Teile).

Schuldner ist der säumige Gläubiger (§ 142 KO.).

Fälligkeit. Der Bewertung ist die Teilungsmasse zugrunde zu legen, wie sie sich zur Zeit der Beendigung des Konkursverfahrens stellt. Es ergibt sich daraus die Notwendigkeit, von der Befugnis des § 95 Abs. 2, wonach die Gebühr des § 54 sofort nach Abhaltung des Prüfungstermins oder Zurücknahme der Anmeldung erfolgen kann, nur in beschränktem Maße (z. B. Ausländern gegenüber und bei Zurücknahme der Anmeldung) Gebrauch zu machen. Denn vor Beendigung des Konkursverfahrens kann der Gerichtsschreiber den Wert der Forderung (einschließlich Zinsen usw.) und demzufolge den Betrag der Gebühr nur schätzungsweise ermitteln; ist der Wert der Masse zu hoch oder zu gering berechnet gewesen, so erfolgt die Berichtigung des Gebührenansatzes und die Ausgleichung bei der Schlußberechnung. — Die Nachforderungsfrist des § 5 läuft bis zum Ablauf des nächsten Kalenderjahres nach Beendigung des Konkursverfahrens.

Bei Annahme eines Zwangsvergleichs wird die Gebühr des § 54 aus der Zwangsvergleichsquote berechnet.

§ 55.

Für die auf Betreiben des Konkursverwalters erfolgende Zwangsverwaltung oder Zwangsversteigerung eines zur Konkursmasse gehörigen Gegenstandes (Konkursordnung §§ 126, 127) wird die Gebühr nach den Vorschriften über die Gebührenerhebung für Zwangsvollstreckungen besonders erhoben.[1]

1. Die Zwangsverwaltung oder Zwangsversteigerung der zur Konkursmasse gehörigen unbeweglichen Gegenstände sowie der Pfandverkauf beweglicher Sachen (§§ 1235—1240 BGB.) ist nach den Landesgebührengesetzen, die im Wege der Zwangsvollstreckung erfolgende Versteigerung von beweglichen Sachen nach § 35 Nr. 2 u. 4 GKG. zu bewerten.

§ 56.

Für die in Gemäßheit des § 125 der Konkursordnung[1] erfolgende Abhaltung des zur Abnahme des Offenbarungseides bestimmten Termins (§ 43), sowie für das Verfahren und die

Entscheidung über Anträge auf Erzwingung der Eidesleistung (Zivilprozeßordnung § 901)[2] werden Gebühren[3] nicht erhoben.

1. Darnach kann der Verwalter oder ein Konkursgläubiger die Leistung des Offenbarungseides durch den Gemeinschuldner beantragen.

2. einschließlich des Beschwerdeverfahrens betreffend den auf den Widerspruch des Gemeinschuldners ergangenen Beschluß.

3. und Pauschsätze (§ 80 b), wohl aber Auslagen der im § 79 Nr. 2—6 bezeichneten Art (also z. B. die Haftkosten).

§ 57.

Für die Beschwerdeinstanz wird[1] die in den §§ 45, 46 bestimmte Gebühr besonders erhoben.[2]

Im Falle der Beschwerde gegen den Beschluß über Eröffnung des Konkursverfahrens (Konkursordnung § 109)[3] oder den Beschluß über Bestätigung eines Zwangsvergleichs (Konkursordnung §§ 189, 230 Abs. 2, § 236)[4] finden die Vorschriften des § 52 Anwendung.[5]

1. Ausnahme: s. § 56 Anm. 2.

2. also neben den beim Amtsgericht angefallenen Gebühren; die Kosten des § 57 sind keine Massekosten. Sie treffen also den Beschwerdeführer selbst. — Die Gebühr beträgt für die Entscheidung einschließlich des vorangegangenen Verfahrens: $^3/_{10}$ (§ 45); für die Zurücknahme der Beschwerde (§ 73 Abs. 3 KO.) vor Entscheidung: $^1/_{10}$ von $^3/_{10}$. Auslagenpauschsatz: § 80 b.

3. Gegen den Eröffnungsbeschluß steht dem Gemeinschuldner, gegen den abweisenden Beschluß jedem Antragsteller (Gemeinschuldner oder Gläubiger) ein Beschwerderecht zu (§ 109 KO.).

4. sei es also, daß der Zwangsvergleich bestätigt oder verworfen wird.

5. Die Gebühr des § 45 wird also erhoben bei der Beschwerde:

a) des Gläubigers gegen die Nichtzulassung seines Antrages aus dem Betrage seiner Forderung und wenn die Aktivmasse kleiner ist als sie aus dieser;

b) gegen den Eröffnungs- oder Abweisungsbeschluß und den Beschluß über die Bestätigung des Zwangsvergleichs aus dem Betrag der Aktivmasse, und wenn die Schuldenmasse kleiner ist als diese aus dieser;

c) in den übrigen Fällen aus dem Betrag, der dem Interesse des Beschwerdeführers an der aufzuhebenden Entscheidung entspricht.

§ 58.

Für ein wiederaufgenommenes Konkursverfahren[1] wird einschließlich der Wiederaufnahme die volle Gebühr (§ 8) besonders erhoben.[2] Die Vorschriften der §§ 52, 54 bis 57 finden Anwendung.[3]

Wird vor der Wiederaufnahme[4] die Anordnung von Sicherheitsmaßregeln[5] beantragt (Konkursordnung § 197 Abs. 2), so wird die Gebühr in Gemäßheit des § 35[6] nach dem Werte des Gegenstandes, durch welchen die Sicherung erfolgen soll, besonders erhoben.[7]

Die Gebühr für die Anordnung einer Sicherheitsmaßregel wird im Falle der Wiederaufnahme auf die im ersten Absatze bezeichnete Gebühr angerechnet.

1. Die Wiederaufnahme findet statt auf Antrag eines Gläubigers, wenn der Gemeinschuldner wegen Bankerutts rechtskräftig verurteilt, genügende Masse vorhanden ist oder ein zur Deckung der im § 58 Nr. 1, 2 bezeichneten Kosten genügender Betrag vorgeschossen wird.

2. und zwar ohne Rücksicht darauf, wie das erste Konkursverfahren erledigt worden ist. Die Gebühr gehört zu den Massekosten. Zurücknahme oder Abweisung des Antrages ist gebührenfrei. Beschwerde: s. § 57 Anm. 4c.

3. Die Gebühr wird erhoben aus der Aktivmasse. Gegenstände, die zur abgesonderten Befriedigung dienen, werden nur mit dem Wert eingesetzt, der für die Konkursmasse bleibt. — In dem wieder aufgenommenen Verfahren können die Gebühren der §§ 54—57 nochmal anfallen.

4. auf Antrag eines zum Wiederaufnahmeantrag nach § 198 KO. berechtigten Gläubigers.

5. z. B. ein allgemeines Veräußerungsverbot.

6. d. s. $^2/_{10}$ der Sätze des § 8.

7. nach Erlaß des Beschlusses (§ 95 Abs. 2). Zurücknahme des Antrages: § 46. Wird der Wiederaufnahmeantrag zurückgenommen oder abgewiesen, so bleibt die Gebühr des Abs. 2 geschuldet.

Vierter Abschnitt.

Gebühren in Strafsachen.

Im Strafverfahren ist das Bauschgebührensystem besonders ausgebaut, weil es subjektiven Einflüssen wenig Spielraum gewährt. Für den Angeklagten ist das allein und einzig wesentliche das Ergebnis der Gesamttätigkeit des Gerichts.

Im einzelnen unterscheidet das Gesetz zwischen dem

Verfahren auf erhobene öffentliche Klage (§§ 59 mit 69)

und dem

Verfahren auf erhobene Privatklage (§§ 70 mit 73).

Die Frage, ob ein

Verfahren auf erhobene öffentliche Klage

gebührenpflichtig ist, hängt davon ab, ob die rechtskräftige Verurteilung zu einer Strafe vorliegt. Nach der Höhe der Strafe (§ 59) richtet sich die Gebühr (§ 62) für jede Instanz. Gebührenerhöhung tritt für eine höhere Instanz nicht ein (§ 65). Wurden in einem Verfahren mehrere Angeklagte verurteilt, so wird für jeden Angeklagten die Gebühr aus der ihn treffenden Strafe berechnet (§ 61).

Für das Strafbefehlsverfahren (§ 63), das Verfahren betreffend: die Verwerfung einer Berufung ohne Verhandlung (§ 65), die Verwerfung einzelner Gesuche (§§ 66, 67) und die Zurückweisung von Beschwerden (§ 68) sind unter Berücksichtigung des Umfanges des einzelnen Verfahrens niedrigere Gebührensätze vorgesehen.

Unbegründete Anträge auf Strafverfolgung belegt § 69 mit besonderen Gebühren.

Die Gebühren im

Verfahren auf erhobene Privatklage

sind je nach dem Fortschreiten des Verfahrens abgestuft. Während jedoch im Verfahren auf öffentliche Klage die Gebühren in I. und II. Instanz immer gleich hoch sind, weil sie sich nach der rechtskräftig ausgesprochenen Strafe richten, können die Gebühren im Privatklageverfahren, in dem an sich die Sätze für alle Instanzen ebenfalls gleich sind, doch verschieden sein. Es sei hier nur an den Fall gedacht: In I. Instanz wird der Angeklagte verurteilt (Gebühr: 20 ℳ), in II. Instanz wird infolge Vergleiches und Zurücknahme der Privatklage das Verfahren eingestellt (Gebühr: 5 ℳ). Jede Instanz wird hier gesondert bewertet.

Die Widerklage ist gebührenfrei (§ 70).

Der Einfachheit einzelner im Privatklageverfahren vorkommender Entscheidungen ist durch § 71 Rechnung getragen.

Die Gebühr für die Zurücknahme einer Privatklage vor Beginn der Hauptverhandlung regelt § 72.

Die

Nebenklage

ist in I. Instanz gebührenfrei. Wann für sie in II. Instanz Gebühren anfallen und in welcher Höhe, sagt § 74.

Für das Verfahren bei

Einziehungen und Vermögensbeschlagnahmen

kommt eine Gebühr von 5 ℳ nur zum Ansatz, wenn ein Kostenpflichtiger vorhanden ist (§ 75).

Gemeinsame Bestimmungen

für das Verfahren auf öffentliche und Privatklage enthalten die §§ 76 bis 78. Sie handeln von der Zurücknahme von Gesuchen und Anträgen, von der Wiederaufnahme des Verfahrens, von der Kostenfestsetzung u. a. m.

§ 59.

In Strafsachen[1] gibt die rechtskräftig[2] erkannte Strafe den Maßstab für die Höhe der Gerichtsgebühren aller Instanzen.[3]

Ist neben einer Freiheitsstrafe auf Geldstrafe erkannt, so wird der ersteren die für den Fall, daß die Geldstrafe nicht beigetrieben werden kann, festgesetzte Freiheitsstrafe hinzugerechnet. Ist die bedingte Festsetzung der Freiheitsstrafe unterlassen worden, so wird für jeden angefangenen Betrag von zehn Mark der Geldstrafe ein Tag Freiheitsstrafe zugerechnet.[4]

Ist nur auf Geldstrafe und für den Fall, daß dieselbe nicht beigetrieben werden kann, auf Freiheitsstrafe erkannt, so bestimmt sich die Gebühr nach der Höhe der ersteren. In diesem Falle, sowie wenn nur auf Geldstrafe erkannt ist, darf die Gebühr den Betrag der Geldstrafe nicht übersteigen.[5]

1. d. i. den Anklagesachen, die nach den Bestimmungen der RStPO. erledigt werden. **Nicht hierher** gehören somit: die nach landesgesetzlichen Vorschriften zu behandelnden Strafsachen z. B. Forststrafsachen u. a., die Verurteilung von Personen zu einer Ordnungsstrafe (GVG. §§ 56, 96, 178—180; KO. § 84; FGG. §§ 33ff. u. a.). Gebührenfrei ist ferner das Verfahren gegen Zeugen oder Sachverständige wegen Verweigerung des Zeugnisses oder Gutachtens, oder wegen Nichterscheinens trotz richtiger Ladung. Das Beschwerdeverfahren in den vorstehenden Sachen richtet sich nach der StPO., die Gebühr nach § 68.

2. „**Rechtskraft**" liegt vor, wenn die Frist zur Einlegung des Rechtsbehelfes oder Rechtsmittels abgelaufen ist oder die Berechtigten auf das Rechtsmittel vor Ablauf der Frist rechtswirksam verzichtet oder dasselbe zurückgenommen haben, ferner wenn ein Urteil prozessual unanfechtbar ist.

3. Daraus folgt:

Die Gebühr richtet sich nach der Strafe (s. § 62).

Für jede Instanz kommt die gleiche Gebühr zum Ansatz (anders in bürgerlichen Rechtsstreitigkeiten, wo sich die Gebührensätze in der Berufungs- und Revisionsinstanz erhöhen); vgl. jedoch § 65.

Hat das Gericht nach der Rechtskraft eines Urteils über einen nach §§ 64f. gebührenpflichtigen Antrag zu entscheiden, so richtet sich auch die Gebühr hierfür nach der Strafe.

Jedes Verfahren unterliegt grundsätzlich (bis zur Vollstreckung der Strafe) **einer Pauschgebühr.** Alle Entscheidungen, die in dem Verfahren ergehen, sind damit abgegolten; gewisse, mit dem Verfahren nur lose zusammenhängende Akte (§§ 64f.) werden jedoch gesondert besteuert.

Beispiele: a) A ist zu 5 Tagen Haft und zur Tragung der Kosten verurteilt. Die Zeugengebühren betragen: 4 ℳ.

Nach Vollzug der Strafe sind zu Soll zu stellen:

Gebühr (§§ 59 Abs. 1, 62 Nr. 1):	5.— ℳ
Pauschsatz (§ 80b):	—.50 ℳ
Zeugengebühren (§ 79 Nr. 4):	4.— ℳ
Haftkosten (§ 79 Nr. 8):	—.— ℳ

Auch bei Begnadigung oder Bewilligung der Bewährungsfrist sind die Gebühren und Auslagen zu Soll zu stellen, die Haftkosten jedoch außer acht zu lassen. Bei Widerruf der Bewährungsfrist erfolgt nach Straferstehung Sollstellung der Haftkosten.

b) A ist zu 2 Monaten Gefängnis verurteilt; 1 Monat Untersuchungshaft wurde angerechnet.

Gebühr (§§ 59 Abs. 1, 62 Nr. 5): 45.— ℳ
Pauschsatz (§ 80b): 4.50 ℳ

Maßgebend für die Gebührenberechnung ist die *erkannte* Strafe, nicht etwa der noch zu verbüßende Teil.

c) A wurde vom Schöffengericht freigesprochen, vom Landgericht infolge Berufung des Amtsanwaltes zu 25 ℳ verurteilt.

Gebühr: (§§ 59 Abs. 1, 62 Abs. 1 Nr. 2) für *jede* Instanz 10 ℳ = 20.— ℳ
Pauschsatz (§ 80b) je 1 ℳ = 2.— ℳ

d) A wurde vom Schöffengericht wegen Betrugs und Körperverletzung zu 6 Wochen Gesamtgefängnisstrafe verurteilt. Er legte Berufung ein, weil Bestrafung wegen Betrugs erfolgte. Nach den Gründen des Urteils I. Instanz betrug die Einzelstrafe wegen des Betruges 4 Wochen. Die Berufung wurde kostenfällig verworfen.

Gebühren:*)

I. Instanz:
(§§ 59, 62 Nr. 4) = 30.— ℳ
Pauschsatz (§ 80b) = 3.— ℳ

II. Instanz:
(§§ 59, 62 Nr. 3, 65 Abs. 1) = 20.— ℳ
Pauschsatz (§ 80b) = 2.— ℳ

(RGStrBZ. 27, 58; RGZ. 26, 172; JW. 95, 100; a. A. RGSt. JW. 91, 295; darnach wird die Gebühr auch in II. Instanz nach dem *alle* Straftaten umfassenden Strafausspruch, also im vorigen Beispiel aus 6 Wochen Gefängnis berechnet.)

e) A wurde wegen Bettels zu 10 Tagen Haft verurteilt; zugleich wurde auf Überweisung an die Landespolizeibehörde erkannt. A legte Berufung wegen des letzteren Ausspruchs ein, die verworfen wurde.

Gebühr: (§§ 59 Abs. 1, 62 Abs. 1 Nr. 1, 65 Abs. 1) für die I. Instanz = 5.— ℳ
Pauschsatz (§ 80b) je —.50 ℳ = 1.— ℳ

Für die II. Instanz keine Gebühr, da ein Strafausspruch nicht erfolgt ist (a. M. RGSt. 18, 369).

f) Das Schöffengericht verurteilte den A und B wegen wechselseitiger Körperverletzung zu je 20 ℳ Geldstrafe und zur Tragung der Kosten. In der Berufungsinstanz wurden sie beide für schuldig, aber für straffrei erklärt. Die Kosten beider Instanzen wurden

---

*) *Bayern*: Ist auf eine Freiheitsstrafe von nicht mehr als 6 Wochen erkannt und ist sie in einem Amts- oder Landgerichtsgefängnis zu verbüßen, so sind die Gebühren und Auslagen erst nach Eingang der Anzeige des Gefängniswärters über die Entlassung aus der Strafhaft zu Soll zu stellen (§ 20 Bek. v. 24. 9. 79 und Ziff. 2 der Bek. v. 31. 7. 80; Meyer, BayGebG. S. 533).

Die *Gebührenberechnung* hat der Gerichtsschreiber der betreffenden Instanz vorzunehmen; die *Sollstellung* erfolgt immer durch den Gerichtsschreiber des Gerichts erster Instanz (§ 2 Abs. 2 MB. v. 24. 9. 79; Meyer, BayGebG. S. 526).

ihnen überbürdet. In I. Instanz erwuchsen 15 ℳ Zeugen- und 1.90 ℳ Telegrammgebühren, in II. Instanz 70 ₰ Telephongebühren.

Gebühren: keine, weil es an einer „rechtskräftig erkannten Strafe" fehlt.

Für die Auslagen (15 ℳ + 1.90 ℳ + 70 ₰, § 79 Nr. 2, 4) haften A und B als Gesamtschuldner (§ 498 Abs. 2 StPO.).

g) A ist zur Geldstrafe von 15 ℳ und Zahlung einer Buße von 30 ℳ an B verurteilt; ferner ist auf Einziehung seines auf 40 ℳ gewerteten Stockes erkannt.

Gebühr (§§ 59 Abs. 1, 62 Nr. 1): 5.— ℳ
Pauschsatz (§ 80 b) —.50 ℳ

Die Buße und die Einziehung kommen als Strafe nicht in Betracht, bleiben daher bei der Gebührenbewertung unberücksichtigt.

Ist jemand zu einer Geldstrafe und an Stelle der nicht vollziehbaren Einziehung von (z. B. defraudierten) Gegenständen zum Ersatz des Wertes derselben verurteilt worden, so ist der Gebührenbewertung Strafe und Werterſatz zugrunde zu legen (RGSt. 18, 369; 22, 213; a. M. RGSt. 22, 103).

4.

Beispiele: a) A ist wegen Milchfälschung u. a. zu 14 Tagen Gefängnis und 150 ℳ eventuell 6 Wochen Gefängnis verurteilt. Im Verfahren sind erwachsen: 40 ℳ Untersuchungskosten, 25 ℳ Zeugengebühren, 90 ₰ Telegrammgebühren. A schuldet: als

Gebühr (§ 59 Abs. 2, 62 Nr. 5): 45.— ℳ
Pauschsatz (§ 80 b): 4.50 ℳ

und die erwähnten Auslagen (§ 79 Nr. 2, 4).*)

b) Wie a. Die Geldstrafe ist für den Fall der Uneinbringlichkeit nicht in eine Freiheitsstrafe umgewandelt.

Die Gebühr beträgt (aus 14 Tag + 15 Tagen Gefängnis) — §§ 59 Abs. 3 S. 2, 62 Nr. 4: 30.— ℳ

Die später erfolgende Umwandlung ist auf die Gebühr ohne Einfluß.

5.

Beispiele: a) A ist zu 90 ℳ eventuell 7 Wochen Gefängnis verurteilt.

Gebühr (§§ 59 Abs. 3, 62 Nr. 4): 30.— ℳ
Pauschsatz (§ 80 b): 3.— ℳ

(Zugrunde gelegt ist die Geld-, nicht die eventuell ausgesprochene Freiheitsstrafe.)

b) A ist zu 3 ℳ eventuell 1 Tag Haft verurteilt.

Gebühr (§§ 59 Abs. 3 S. 2, 62 Nr. 1): 3.— ℳ
Pauschsatz (§ 80 b): —.30 ℳ

---

*) Bayern: Ist neben der Freiheitsstrafe auf Geldstrafe erkannt, so darf die Sollstellung der fälligen Strafen und Kostenbeträge durch den Vollzug der Freiheitsstrafe keinen Aufschub erleiden (Bek. vom 31. 7. 80; Meyer, BayGebG. S. 533).

§ 60.

Im Falle des § 79 des Strafgesetzbuchs bestimmt sich die Gebühr für das neue Verfahren durch den Betrag, um welchen die Gesamtstrafe die früher erkannte Strafe übersteigt.[1]

Im Falle des § 492 der Strafprozeßordnung ist eine besondere Gebühr nicht zu erheben.[2]

1. Abs. 1 trifft den Fall, daß das **erkennende Gericht** eine **Gesamtstrafe** ausspricht.

Beispiel: a) Das AG. A verurteilt am 1. 6. den Huber zu 1 Woche Gefängnis; das LG. B erkennt in einer anderen Sache am 18. 6. gegen Huber unter Einrechnung der erwähnten Strafe auf eine Gesamtgefängnisstrafe von 3 Wochen 6 Tagen.

Gebühren: a) beim AG. A:
(§§ 59 Abs. 1, 62 Nr. 1) 5.— ℳ
Pauschsatz (§ 80 b) —.50 ℳ
b) beim LG. B:
(§§ 59 Abs. 1, 60 Abs. 1, 62 Nr. 3): 20.— ℳ
— Zugrunde zu legen sind: 27 — 7 Tage = 20 Tage —.
Pauschsatz (§ 80 b) 2.— ℳ

b) Das AG. A verurteilte den Mey zu 3 Tagen Gefängnis, das AG. B wegen einer anderen Straftat unter Einrechnung dieser Strafe zu einer Gesamtgefängnisstrafe von 9 Tagen.

Gebühren: a) beim AG. A:
(§§ 59 Abs. 1, 62 Nr. 1): 5.— ℳ
Pauschsatz (§ 80 b): —.50 ℳ
b) beim AG. B:
(§§ 59 Abs. 1, 60 Abs. 1, 62 Nr. 1): 5.— ℳ
Pauschsatz (§ 80 b) —.50 ℳ

Die Gesamtstrafe übersteigt die Strafe des AG. A um 6 Tage. Nicht in Betracht kommt, daß der Gebührensatz bei 1—10 Tagen Gefängnis 5 ℳ beträgt und dieser Satz bereits am AG. A erhoben ist. Es liegen eben zwei getrennte Verfahren vor.

c) Das AG. A hat den Huber zu 3 Wochen Gefängnis verurteilt; das AG. B hat unter Annahme einer Einzelstrafe von 2 Tagen für eine ihm zur Entscheidung unterstehende Straftat eine Gesamtgefängnisstrafe von 3 Wochen ausgesprochen.

Gebühr: beim AG. A:
(§§ 59 Abs. 1, 60 Abs. 1, 62 Nr. 3): 20.— ℳ
Pauschsatz (§ 80 b): 2.— ℳ
beim AG. B:
weder Gebühr noch Pauschsatz; denn die Gesamtstrafe übersteigt die früher erkannte Strafe nicht.

2. Ist die Vorschrift des § 79 StGB. über die Zuerkennung einer Gesamtstrafe außer Betracht geblieben und werden die erkannten Strafen **nachträglich** durch Beschluß auf eine **Gesamtstrafe** zurückgeführt (§ 492 StPO.), so wird hierfür eine Gebühr nicht erhoben.

Beispiel: A wurde verurteilt vom Schöffengericht N zu 8 Tagen Gefängnis und vom Schöffengericht M zu 3 Wochen Gefängnis. Nach Rechtskraft der beiden Urteile führte das AG. M die beiden Strafen durch Beschluß auf 3 Wochen 4 Tage zurück.

Die Gebühren werden am AG. N und M getrennt berechnet; der die Gesamtstrafe bildende Beschluß ist hierauf ohne Einfluß. Der Beschluß (einschließlich des hierauf bezüglichen Verfahrens) ist gebührenfrei.

§ 61.

Betrifft eine Strafsache mehrere Angeschuldigte, so ist die Gebühr von jedem Verurteilten besonders nach Maßgabe der gegen ihn erkannten Strafe zu erheben.[1]

1.

Beispiele: a) A hatte Getreide entwendet, B hatte es ihm abgekauft. A wurde wegen Diebstahls zu 3 Wochen, B wegen Hehlerei zu 5 Tagen Gefängnis verurteilt. Beide „haben die Kosten des Verfahrens zu tragen". Es sind erwachsen: 10 ℳ Zeugengebühren. Da A und B die Strafe selbst nicht antraten, wurden sie vorgeführt. Ihre Verschubung in das Gefängnis kostete zusammen: 3.20 ℳ.

Gebührenbewertung.

Es waren zu Soll zu stellen auf

A:

Gebühr (§§ 59 Abs. 1, 61, 62 Nr. 3):	20.— ℳ
Transportkosten (§ 79 Nr. 7) 1/2:	1.60 ℳ
Haftkosten (§ 79 Nr. 8 — in Bayern: täglich 1 ℳ —)	21.— ℳ
	42.60 ℳ

B:

Gebühr (§§ 59 Abs. 1, 61, 62 Nr. 1):	5.— ℳ
Transportkosten (§ 79 Nr. 7) 1/2:	1.60 ℳ
Haftkosten (§ 79 Nr. 8 — wie bei A):	5.— ℳ
	11.60 ℳ

A und B als Gesamtschuldner:

Zeugengebühren (§ 79 Nr. 4):	19.— ℳ
Pauschsätze aus den Gebühren:	2.50 ℳ
	21.50 ℳ

Es haftet also bei mehreren Angeklagten jeder für die Gebühr, die Transport- und Haftkosten; für die übrigen Auslagen, solche sind auch der Pauschsatz (RGSt. 75, 311; JW. 12, 253), tritt (ohne richterlichen Ausspruch) gesamtschuldnerische Haftung ein, wenn die Verurteilung in bezug auf „dieselbe Tat" erfolgte (z. B. Mittäterschaft, Täter und Begünstiger, Täter und Hehler).

b) Wie a. Nach Rechtskraft des Urteils wird B begnadigt, A verbüßt die Strafe freiwillig.

Gebührenbewertung.

Zu Soll zu stellen waren auf

A:

Gebühr und Haftkosten wie vor.

B:

Gebühr wie vor.

auf A und B als Gesamtschuldner:

die Zeugengebühren und Pauschsätze wie vor.

Erstreckte sich die Begnadigung des B auf die Strafe und die Kosten, so waren zu Soll zu stellen auf:

A: Gebühr und Haftkosten wie vor. Die Zeugengebühren und der Pauschsatz im vollen Betrag.

auf B: nichts.

c) A, B und C sind wegen gemeinschaftlicher Körperverletzung (verübt an D), C außerdem wegen groben Unfugs, angeklagt. Verurteilung des A und B zu je 14 Tagen Gefängnis (Zeugengebühren: 18 ℳ); Haftbefehl gegen C. A und B legen Berufung ein, die nach Beweisaufnahme verworfen wird. C wird verhaftet und an das zuständige AG. verschubt (Transportkosten: 9 ℳ). Er wird wegen Körperverletzung zu 1 Woche Gefängnis, wegen des Unfugs zu 4 Tagen Haft (verbüßt durch die Untersuchungshaft) verurteilt. Zur Verhandlung gegen C waren die in der ersten Sitzung vernommenen Zeugen (Zeugengebühren: 21 ℳ), ferner zwecks Nachweises des groben Unfugs 1 Zeuge (Gebühren: 4 ℳ) geladen.

Gebührenbewertung.

Zu Soll zu stellen sind auf

A:

I. Instanz.	
Gebühr (§§ 59 Abs. 1, 61, 62 Nr. 2):	10.— ℳ
Haftkosten (§ 79 Nr. 8):	14.— ℳ
II. Instanz.	
Gebühr (§§ 59 Abs. 1, 61, 62 Nr. 2, 65):	10.— ℳ

B:

I. Instanz.	
Gebühr (§§ 59 Abs. 1, 61, 62 Nr. 2):	10.— ℳ
Haftkosten (§ 79 Nr. 8):	14.— ℳ
II. Instanz.	
Gebühr (§§ 59 Abs. 1, 61, 62 Nr. 2, 65):	10.— ℳ

C:

Gebühr (§§ 59 Abs. 1, 61, 62 Nr. 1):	5.— ℳ
Haftkosten (§ 79 Nr. 8 — in Bayern: täglich 1 ℳ —):	11.— ℳ
Transportkosten (§ 79 Nr. 7):	9.— ℳ
Zeugengebühren:	4.— ℳ

A, B und C als Gesamtschuldner:

Pauschsätze (§ 80 b) für A:	1.— ℳ
„ „ „ B:	1.— ℳ
„ „ „ C:	—.50 ℳ
Zeugengebühren:	18.— ℳ
	21.— ℳ

A und B als Gesamtschuldner:

Pauschsätze der II. Instanz (§ 80b):	1.— ℳ
Zeugengebühren der II. Instanz:	—.— ℳ

d) A und B sind wegen wechselseitiger Körperverletzung zu je 20 ℳ verurteilt. Für die beiderseitige Schlägerei wurde Dr. S als Sachverständiger vernommen; Gebühr: 15 ℳ. Die Tat des A wurde durch M, die des B durch N nachgewiesen (Zeugengebühren: je 4 ℳ).

Gebührenbewertung.

Zu Soll zu stellen sind auf

A und B je:

Gebühr (§§ 59 Abs. 1, 61, 62 Nr. 1):	5.— ℳ
Pauschsatz (§ 80b):	—.50 ℳ
Zeugengebühren (§ 79 Nr. 4):	4.— ℳ

A und B als Gesamtschuldner:

Sachverständigengebühr:	15.— ℳ

A und B sind nicht in bezug auf „dieselbe" Tat verurteilt, die Tat des einen ist von der des andern unabhängig. Die Folge ist, daß jeder Angeklagte für die auf seine Verurteilung entstandenen Gebühren und Auslagen haftet und Gesamthaftung nur eintritt für Kosten, die beide Taten treffen (vgl. RGSt. 21, 164).

§ 62.

Für das Verfahren in erster Instanz[1] werden erhoben: im Falle einer Geldstrafe oder Freiheitsstrafe[2] von

1. 1 bis 20 Mark einschl. oder 1 bis 10 Tage einschl. 5 Mark
2. mehr als 20 bis 30 Mark einschl. oder mehr als 10 Tage bis 14 Tage einschl. . . . . . 10 „
3. mehr als 30 bis 60 Mark einschl. oder mehr als 14 Tage bis 4 Wochen einschl. . . . . . . 20 „
4. mehr als 60 bis 150 Mark einschl. oder mehr als 4 Wochen bis 6 Wochen einschl. . . . 30 „
5. mehr als 150 bis 300 Mark einschl. oder mehr als 6 Wochen bis 3 Monate einschl. . . . 45 „
6. mehr als 300 bis 500 Mark einschl. oder mehr als 3 Monate bis 6 Monate einschl. . . . 60 „
7. mehr als 500 bis 1000 Mark einschl. oder mehr als 6 Monate bis 1 Jahr einschl. . . . . 75 „
8. mehr als 1000 bis 1500 Mark einschl. oder mehr als 1 Jahr bis 2 Jahre einschl. . . . . . 100 „
9. mehr als 1500 bis 3000 Mark einschl. oder mehr als 2 Jahre bis 3 Jahre einschl. . . . . . 130 „
10. mehr als 3000 Mark oder mehr als 3 Jahre bis 10 Jahre einschl. . . . . 180 „
11. im Falle einer schwereren Strafe . . . . . 300 „

Ist auf Verweis erkannt,[3] so beträgt die Gebühr . . . . 5 Mark
und ist ausschließlich auf Verlust der bürgerlichen Ehrenrechte überhaupt oder einzelner bürgerlicher Ehrenrechte erkannt . . . . . . 45 „

1. mag Gericht erster Instanz das Amts- oder Landgericht sein. — Die Instanz umfaßt das ganze vor einem Gericht sich abwickelnde Verfahren.

Ermäßigung der Gebühren: § 64.

Bei Zurückverweisung einer Sache an das Untergericht bildet das weitere Verfahren vor ihm mit dem früheren Verfahren hinsichtlich der Gebührenberechnung eine Instanz. Das gleiche gilt, wenn die höhere Instanz wiederholt mit der gleichen Sache befaßt wird.

2. Ist auf Freiheits- und Geldstrafe erkannt: s. § 59 Abs. 2; ist auf Geldstrafe, bei Uneinbringlichkeit auf Freiheitsstrafe, erkannt: § 59 Abs. 3 Satz 1. Die Gebühr darf die Geldstrafe nie übersteigen.

Vgl. besonders die Anm. zu § 59.

Ist auf verschiedenartige Freiheitsstrafen erkannt, so sind sie zusammenzurechnen. 1 Monat = 30 Tage.

3. A ist zur Strafe des Verweises und zu 1 ℳ verurteilt.

Gebühr (§§ 59 Abs. 1 und 3 Satz 2, 62 Nr. 1) aus 1 ℳ:		1.— ℳ
Bezüglich des Verweises:		5.— ℳ
Pauschsatz (§ 80b): 10 ₰ + 50 ₰	=	—.60 ℳ

4. A ist zur Strafe des 3fachen Verweises verurteilt.

Gebühr: 3 × 5 ℳ	=	15.— ℳ
Pauschsatz:		1.50 ℳ

5. A ist zur dreifachen Todesstrafe verurteilt.

Gebühr: 3 × 300 ℳ	=	900.— ℳ
Pauschsatz: 3 × 30 ℳ	=	90.— ℳ

§ 63.

Zwei Zehnteile der Sätze des § 62 werden erhoben in dem Verfahren bei amtsrichterlicheu Strafbefehlen, wenn die Strafe ohne Hauptverhandlung rechtskräftig festgesetzt ist (Strafprozeßordnung § 450).[1]

Wird der gegen einen Strafbefehl erhobene Einspruch wegen Ausbleibens des Angeklagten in der Hauptverhandlung durch Urteil verworfen (Strafprozeßordnung § 452), so sind für das ganze Verfahren vier Zehnteile der Sätze des § 62 zu erheben.[2]

1.

Beispiele: a) Strafbefehl gegen A; Strafe: 3 ℳ event. 1 Tag Haft.

Nach Rechtskraft des Strafbefehls sind zu erheben:
$^{2}/_{10}$ von 5 ℳ (nicht etwa unter Bezugnahme auf § 59 Abs. 3 S. 2: von 3 ℳ; §§ 62 Nr. 1, 63): 1.— ℳ
Pauschsatz (§ 80 b): —.10 ℳ

b) Wie a. Einspruch. Vor Verhandlung Zurücknahme des Einspruchs.

Gebühr: für den Strafbefehl
$^{2}/_{10}$ von 5 ℳ (§§ 62 Nr. 1, 63): 1.— ℳ
Pauschsatz (§ 80 b): —.10 ℳ

Für die Zurücknahme des Einspruchs:
$^{3}/_{10}$ von $^{1}/_{10}$ aus 5 ℳ (§§ 62 Nr. 1, 76, 66): —.20 ℳ
Pauschsatz (§ 80 b): —.10 ℳ

c) Wie a. Einspruch. Dieser wird vom Amtsrichter oder vom Schöffengericht (z. B. weil verspätet oder nicht in der richtigen Form eingelegt) als **unzulässig** verworfen.

Gebühr: Für den Strafbefehl wie bei b.
Für das weitere Verfahren:
$^{1}/_{10}$ von 5 ℳ (§§ 66 Nr. 4, 62 Nr. 1): —.50 ℳ
Pauschsatz (§ 80 b): —.10 ℳ

2.

Beispiele: a) Strafbefehl gegen A wegen Hausfriedensbruchs (30 ℳ), groben Unfugs (5 ℳ) und verbotenen Werfens (3 ℳ). Einspruch wegen des Hausfriedensbruchs. Er wird ohne Beweisaufnahme wegen Ausbleibens des auch nicht vertretenen Angeklagten verworfen.

Gebühren:

Nach Rechtskraft des Strafbefehles sind zu erheben:
$^{2}/_{10}$ von 5 ℳ (Strafe 5 + 3 = 8 ℳ; §§ 63 Abs. 1, 62 Nr. 1): 1.— ℳ
Pauschsatz (§ 80 b): —.10 ℳ

Nach Rechtskraft des Urteils sind zu Soll zu stellen:
$^{4}/_{10}$ von 10 ℳ (Strafe: 30 ℳ; §§ 63 Abs. 2, 62 Nr. 2): 4.— ℳ
Pauschsatz (§ 80 b): —.40 ℳ

b) Strafbefehl gegen A. Strafe 10 ℳ eventuell 2 Tage Haft. Einspruch. Er wird gemäß § 452 StPO. ohne Beweisaufnahme verworfen. Berufung. Das Urteil des Schöffengerichts wird aufgehoben und die Sache in die I. Instanz zurückverwiesen. Urteil: 5 ℳ Strafe. Berufung. Verwerfung derselben wegen Ausbleibens des A.

Für die Gebührenbewertung liegen zwei Instanzen vor, obwohl in jeder Instanz mehrere Verhandlungen und Entscheidungen erfolgten. Die rechtskräftig erkannte Strafe beträgt 5 ℳ; sie ist maßgebend für die Höhe der Gebühren aller Instanzen.

I. Instanz:
Gebühr (§ 62 Nr. 1): 5.— ℳ
Pauschsatz (§ 80 b): —.50 ℳ
Strafe: 5.— ℳ

II. Instanz:
Gebühr (§§ 65 Abs. 3, 62 Nr. 1) $^4/_{10}$ von 5 ℳ: 2.— ℳ
Pauschsatz (§ 80b): —.20 ℳ

c) Strafbefehl auf 3 ℳ. Einspruch. Verhandlung. Verwerfung des Einspruchs als unbegründet.
Gebühr für das ganze Verfahren:
(§§ 59 Abs. 3 S. 2, 62 Nr. 1): 3.— ℳ
Pauschsatz (§ 80b): —.30 ℳ

§ 64.

Hat weder eine Voruntersuchung, noch in dem Hauptverfahren eine Beweisaufnahme stattgefunden, so kann das Gericht die Sätze des § 62 bis auf fünf Zehnteile ermäßigen.[1]

Das gleiche gilt in den Fällen des § 211 der Strafprozeßordnung.[2]

1. Durch Ausspruch im erkennenden Teil des Urteils.

2. § 211 StPO.: Verhandlung vor dem Schöffengericht ohne schriftlich erhobene Anklage und Eröffnungsbeschluß, wenn der Beschuldigte sich freiwillig stellt oder infolge vorläufiger Festnahme einem Gericht vorgeführt oder wegen einer Übertretung verfolgt wird. Verhandlung ohne Schöffen, wenn der Beschuldigte nur wegen Übertretung verfolgt wird und die ihm zur Last liegende Tat eingesteht.

§ 65.

Die Sätze des § 62 sind für die Berufungsinstanz, sowie für die Revisionsinstanz zu erheben, wenn in derselben eine Hauptverhandlung stattgefunden hat[1] und das Rechtsmittel nicht als unzulässig verworfen wird.[2]

Hat eine Beweisaufnahme in der Berufungsinstanz nicht stattgefunden, so kann das Gericht die Sätze bis auf fünf Zehnteile ermäßigen.[3]

Wird die Berufung wegen Ausbleibens des Angeklagten in der Hauptverhandlung verworfen (Strafprozeßordnung § 370), oder betrifft die Berufung die Verwerfung des gegen einen Strafbefehl erhobenen Einspruchs (Strafprozeßordnung § 452), so sind vier Zehnteile zu erheben.[4]

1. Die Hauptverhandlung beginnt mit dem Aufruf der Zeugen und Sachverständigen und, wenn solche nicht geladen sind, mit der Vernehmung des Angeklagten über seine persönlichen Verhältnisse (§§ 242, 391 StPO.).

2. s. § 66 Nr. 2. Voraussetzung für die Erhebung einer Gebühr in der Berufungs- oder Revisionsinstanz ist, daß sich das dort erlassene Urteil mit der gegen den Angeklagten verhängten Strafe befaßt. Darnach fällt keine Gebühr an, wenn der Angeklagte nur wegen der Über-

weisung an die Landespolizeibehörde, wegen Einziehung eines ihm gehörigen Gegenstandes, wegen des Ausspruches im Kostenpunkt oder wegen der Verurteilung zu einer Buße Berufung eingelegt hatte oder wenn die Berufung von Dritten eingelegt war, die sich wegen ihrer Verurteilung zur Tragung von Kosten beschwert fühlten. Das gleiche gilt bezüglich der erfolgreichen Berufung des Nebenklägers (sonst: § 74).

3. Durch Ausspruch im erkennenden Teil des Urteils. — Hat das Gericht die „Kosten" verteilt, so ist davon auszugehen, daß jeder Teil die ihn treffende Gebühr selbst zu zahlen hat, die Auslagen aber nach dem Ausspruch des Richters zu teilen sind.

4.

Beispiele: a) Das Schöffengericht verurteilte Frau A zu zwei Tagen Haft. Ehemann A legte (kraft eigenen Rechts) Berufung ein. In der Berufungsverhandlung erschien er nicht; die Berufung wurde kostenfällig verworfen.

Gebühren:

I. Instanz:

(§§ 59 Abs. 1, 62 Nr. 1): 5.— ℳ

Pauschsatz (§ 80 b): —.50 ℳ

Schuldnerin: Frau A.

II. Instanz:

$^4/_{10}$ von 5 ℳ (§§ 59 Abs. 1, 62 Nr. 1, 65 Abs. 3): 2.— ℳ

Pauschsatz (§ 80 b): —.20 ℳ

Schuldner: Ehemann A.

b) s. § 63 Anm. 2 Beisp. a und b.

Zurücknahme der Berufung oder Revision vor Beginn der Hauptverhandlung: § 76 ($^3/_{100}$).

§ 66.

Ein Zehnteil der Sätze des § 62 wird besonders erhoben:[1]

1. für Verwerfung eines Gesuchs um Wiedereinsetzung in den vorigen Stand (Strafprozeßordnung §§ 46, 234, 370 Abs. 2).[2]
2. für die Entscheidung,[3] durch welche eine Berufung oder Revision als unzulässig verworfen wird (Strafprozeßordnung §§ 360, 363,[4] 386, 389);[5]
3. für die Entscheidung, durch welche ein Antrag auf Wiederaufnahme des Verfahrens als unzulässig[6] verworfen wird (Strafprozeßordnung § 408);
4. für die Entscheidung, durch welche ein Einspruch gegen einen amtsrichterlichen Strafbefehl (Strafprozeßordnung § 449) oder ein Antrag auf gerichtliche Entscheidung nach vorangegangener polizeilicher Strafverfügung (Strafprozeßordnung § 454) oder nach Erlaß eines Strafbescheides einer Verwaltungsbehörde (Strafprozeßordnung § 460) als unzulässig verworfen wird;[7]
5. für Zurückweisung von Beschwerden gegen die unter Nr. 1 bis 4 bezeichneten Entscheidungen.[8]

1. neben den Gebühren der §§ 62, 63 u. 65. Wird den Gesuchen stattgegeben, so fällt keine Gebühr an.

Zurücknahme: s. § 76 ($^3/_{10}$ von $^1/_{10}$ der Sätze des § 62). Soviele Gesuche, soviele Gebühren nach § 66.

2. StPO. §§ 234, 370 Abs. 2: Hat die Hauptverhandlung in erster oder zweiter Instanz in Abwesenheit des Angeklagten stattgefunden, so kann dieser gegen das Urteil binnen 1 Woche nach Zustellung die Wiedereinsetzung in den vorigen Stand nachsuchen.

Unter Nr. 1 fällt auch das Gesuch um Wiedereinsetzung gegen die Versäumung der Einspruchsfrist bei Strafbefehlen (§ 452), der Frist zur Stellung des Antrages auf gerichtliche Entscheidung gegen eine polizeiliche Strafverfügung (§ 455 StPO.) oder gegen einen Strafbescheid einer Verwaltungsbehörde (§ 461 StPO.).

Beispiel: Gegen A erging Strafbefehl; Strafe: 3 M. Einspruch. Verwerfung desselben ohne Beweisaufnahme. Wiedereinsetzungsgesuch. Verwerfung desselben.

Gebühren:

(§§ 59 Abs. 1, 63 Abs. 2) $^4/_{10}$ von 5 M: (nicht etwa $^4/_{10}$ von 3 M).	2.— M
Pauschsatz (§ 80 b):	—.20 M
(§ 66 Nr. 1, 2) $^1/_{10}$ von 5 M:	—.50 M
Pauschsatz (§ 80 b):	—.10 M

Wird das Gesuch um Wiedereinsetzung gegen die Versäumung einer Rechtsmittelfrist verworfen, so ist damit zugleich ausgesprochen, daß das Rechtsmittel unzulässig ist; es sind deshalb zu erheben, wenn es sich um die Beschwerdefrist handelt: 1 M gemäß § 68, sonst $^1/_{10}$ der Sätze des § 62 gemäß § 66 Nr. 2.

3. Beschluß oder Urteil.

4. Die Verwerfung der Revision gegen ein vom LG. als Berufungsinstanz erlassenes Urteil (§ 380 StPO.) fällt, weil in § 66 Nr. 2 nicht genannt, unter § 65.

5.

Beispiel: Das Schöffengericht hat den A zu 10 M verurteilt. Nach Ablauf der Rechtsmittelfrist legte A Berufung ein. Das Amtsgericht verwarf sie als unzulässig. A trug nun auf die Entscheidung des Berufungsgerichts an. Dieses bestätigte den amtsgerichtlichen Beschluß.

Gebührenbewertung:

Gebühr (§§ 59 Abs. 1, 62 Nr. 1):	5.— M
Pauschsatz (§ 80 b):	—.50 M
Gebühr (§ 66 Nr. 2) $^1/_{10}$ von 5 M:	—.50 M
Pauschsatz (§ 80 b):	—.10 M

Die Entscheidungen des AG. und LG. befassen sich mit der „Zulässigkeit der Berufung", des gleichen Rechtsmittels. Daher nur einmal die Gebühr des § 66 Nr. 2.

6. wenn Verwerfung, weil unbegründet s. § 67.

7. s. § 63 Anm. 1 Beispiel c.

8.

Beispiel: Angenommen in dem Beispiel zu Anm. 5 würde A gegen den Beschluß des Landgerichts erfolglos sofortige Beschwerde eingelegt haben, so würden zu den bereits erwähnten Gebühren noch hinzukommen:

$^1/_{10}$ von 5 ℳ (§ 66 Nr. 5): —.50 ℳ
Pauschsatz (§ 80b): —.10 ℳ

Wurde der Beschwerde stattgegeben, dann fiel weder eine Gebühr aus § 66 Nr. 2 noch eine solche aus § 66 Nr. 5 an.

Andere Beschwerden als die in Nr. 5 bezeichneten fallen unter §§ 67, 68.

§ 67.

Wird ein Antrag[1] auf Wiederaufnahme des Verfahrens als unbegründet[2] verworfen (Strafprozeßordnung §§ 410, 411 Abs. 1), so werden zwei Zehnteile und, wenn eine Beweisaufnahme stattgefunden hat (Strafprozeßordnung § 409), vier Zehnteile der Sätze des § 62 erhoben.

Für Zurückweisung von Beschwerden gegen die im vorstehenden Absatze bezeichneten Entscheidungen wird ein Zehnteil der Sätze des § 62 erhoben.

1. Mehrere Antragsteller: § 61.

2. Verwerfung als unzulässig: § 62 Nr. 3. Anordnung der Wiederaufnahme: § 77.

§ 68.

Für die Zurückweisung[1] anderer, als der in § 66 Nr. 5, § 67 Abs. 2 bezeichneten Beschwerden wird eine Gebühr von 1 Mark erhoben.[2]

Die Gebühr[3] ist von dem Beschuldigten nur zu erheben, wenn er zur Strafe rechtskräftig verurteilt wird.[4]

1. als unzulässig oder unbegründet.

2. Voraussetzung der Anwendbarkeit des § 68 ist, daß sich das Beschwerdeverfahren nach den Vorschriften der StPO. richtet und die Beschwerde zu einem übergeordneten Gericht eingelegt ist. So fällt z. B. nicht unter § 68 die Beschwerde gegen die Nichterhebung der Anklage an den vorgesetzten Beamten der Staatsanwaltschaft nach § 170 StPO.

War auch die Entscheidung des Gerichts erster Instanz gebührenfrei, die auf die **Beschwerde** erlassene Entscheidung ist **immer gebührenpflichtig.**

Beispiele: Der Angeklagte legt Beschwerde ein: gegen den Haftbefehl, gegen die Beschlagnahme, gegen die Entscheidung des Strafrichters betreffend die Berechnung einer Gesamtstrafe oder die Zulässigkeit der Strafvollstreckung, gegen die Entscheidung betreffend Ablehnung eines Richters usw.; oder: ein Zeuge beschwert sich

— in einer Strafsache — wegen der ihm nicht genehmen Anweisung von Gebühren oder weil er wegen fahrlässiger oder wissentlich falscher Anzeigeerstattung zur Tragung der Kosten des Verfahrens verurteilt worden ist (§ 501 StPO.; s. auch § 69 Abs. 2). Strittig hingegen ist, ob unter § 68 auch die Beschwerde gegen die in einer Zivil- oder Strafsache erfolgte Verurteilung wegen Nichtbefolgung der zur Aufrechterhaltung der Ordnung erlassenen Befehle oder wegen Ungebühr (§§ 178—180 GVG.) fällt. (Bejahend: Rittmann [5.] § 68 Anm. 2; verneinend: OLG. Bamberg 7. 10. 10 BayZfR. 11, 51).

3. und der daraus berechnete Pauschsatz zu 10 ₰ (§ 80b).

4. Wird die Beschwerde des Beschuldigten zurückgewiesen, so bedarf es keines Ausspruches im Kostenpunkt. Die Gebühr des § 68 darf erst erhoben werden nach Rechtskraft der den Angeklagten zur Strafe verurteilenden Entscheidung. Erfolgt Freisprechung, dann kommt auch keine Gebühr aus § 68 zur Erhebung.

Ist Beschwerdeführer eine andere Person als der Beschuldigte, so wird die Gebühr des § 68 mit Erlaß der Entscheidung des Beschwerdegerichts fällig (§ 93).

§ 69.

Werden in den Fällen der §§ 172[1] und 173[2] der Strafprozeßordnung nach Maßgabe der §§ 175[1] und 504[2] derselben dem Antragsteller die Kosten auferlegt, so beträgt die Gebühr:

wenn es sich um eine Übertretung handelt 20 Mark,
wenn es sich um ein Vergehen handelt . . 50 „
wenn es sich um ein Verbrechen handelt . 100 „

Das gleiche gilt im Falle des § 501 der Strafprozeßordnung.[3]

Im Falle des § 174 Abs. 2 der Strafprozeßordnung[4] ist die Hälfte der vorstehenden Sätze zu erheben. Das gleiche gilt, wenn nach eröffnetem Hauptverfahren[5] die Einstellung des Verfahrens wegen Zurücknahme[6] desjenigen Antrags erfolgt, durch welchen dasselbe bedingt war.[7]

1. Der durch die strafbare Handlung Verletzte hat gegen die Nichterhebung der Anklage durch den Staatsanwalt Beschwerde an dessen vorgesetzten Beamten eingelegt und gegen die ablehnende Entscheidung (gebührenfrei: § 68 Anm. 2) gerichtliche Entscheidung beantragt (§ 170 StPO.). Das Gericht verwarf mangels Vorliegens eines genügenden Anlasses zur Erhebung der öffentlichen Klage den Antrag als unbegründet und überbürdete die Kosten des Verfahrens dem Antragsteller (§§ 172, 175 StPO.). Gebühr für diese Entscheidung: § 69 Abs. 1. Die Verwerfung des Antrages als unzulässig ist gebührenfrei.

2. Das Gericht hat den gemäß § 170 StPO. gestellten Antrag für begründet erachtet und die Erhebung der öffentlichen Klage beschlossen. Später wird das Verfahren eingestellt, der Beschuldigte freigesprochen oder außer Verfolgung gesetzt. Dabei können die Kosten des Verfahrens der Staatskasse ganz oder zum Teil dem Antragsteller

auferlegt werden (§§ 173, 504 StPO.). Hat der Antragsteller nur 1/5 der Kosten zu tragen, so sind von der Gebühr des § 69 auf ihn zu Soll zu stellen, wenn es sich um ein Vergehen handelte, 1/5 von 50 ℳ = 10 ℳ und 1 ℳ Pauschsatz.

3. Es hat jemand gegen einen andern grob fahrlässig oder wissentlich eine falsche Anzeige erstattet. Die Staatsanwaltschaft beantragt nun bei dem Gericht, das für die Eröffnung des Hauptverfahrens wegen der angeblich verübten Straftat zuständig wäre, dem Anzeiger die Kosten des Verfahrens aufzuerlegen. Beschließt das Gericht demgemäß, so hat der Anzeiger zu zahlen:

die Gebühr des § 69 Abs. 1,
den Pauschsatz daraus,
sonstige Auslagen des § 79 Nr. 2 ff.;

dem Beschuldigten hat er alle Auslagen zu ersetzen, die ihm anläßlich des Verfahrens erwachsen sind. Betraf die falsche Anzeige ein Vergehen und zwei Übertretungen, so waren nur 50 ℳ Gebühr zu erheben (nicht etwa 50 ℳ + 20 ℳ).

Nach Eröffnung des Hauptverfahrens hat das erkennende Gericht (Amtsrichter — § 211 StPO. —, Schöffengericht, Strafkammer) wie oben ausgeführt zu prüfen und zu beschließen. (Der Ausspruch im Kostenpunkt gehört nicht in den Urteilstenor, sondern in einen eigenen Beschluß.) Der zu den Kosten verurteilte Anzeiger hat sodann Gebühren und Auslagen wie erwähnt zu zahlen. Vom Beschuldigten dem Staat bezahlte Auslagen sind zurückzuzahlen und vom Anzeiger einzufordern. Mehrere Anzeiger haften als Gesamtschuldner. Die Beschwerde gegen den Beschluß aus § 501 StPO. ist gemäß § 68 gebührenpflichtig. Der Nebenkläger ist Anzeiger: § 74 Anm. 2.

4. Der durch die strafbare Handlung Verletzte hat gegen die Ablehnung der Erhebung der öffentlichen Klage (s. Anm. 1) gerichtliche Entscheidung beantragt. Das Gericht hat dem Antragsteller die Leistung einer Sicherheit für die durch das Verfahren über den Antrag und durch die Untersuchung der Staatskasse und dem Beschuldigten voraussichtlich erwachsenden Kosten auferlegt. Läuft die hierfür bestimmte Frist fruchtlos ab, so wird der Antrag auf gerichtliche Entscheidung für zurückgenommen erklärt. Ohne daß es eines richterlichen Ausspruches bedarf, ist sodann vom Antragsteller die Gebühr des § 69 Abs. 1 zur Hälfte und der entsprechende Pauschsatz einzufordern (s. auch Anm. 2).

5. Erfolgt die Zurücknahme **vor** Eröffnung des Hauptverfahrens, so fällt eine Gebühr nicht an. Auslagen der im § 79 Nr. 2 f. bezeichneten Art hat der Antragsteller jedoch, soweit sie durch seinen Antrag veranlaßt worden sind, zu ersetzen (§ 502 StPO.; § 89 GKG.).

6. Die Zurücknahme des Strafantrags ist nur in den gesetzlich besonders vorgesehenen Fällen zulässig (vgl. StGB. §§ 102—104 — feindliche Handlungen gegen befreundete Staaten —; § 194 — Beleidigung —; § 232 — leichte oder fahrlässige Körperverletzung gegen einen Angehörigen verübt —; § 247 — Diebstahl und Unterschlagung, begangen gegen Angehörige, Vormünder, Erzieher, Dienstherrschaft, Lehrherrn —; § 263 — Betrug zum Schaden eines Angehörigen, Vormundes oder Erziehers —; § 292 — Jagdfrevel bei Angehörigen des Jagdberechtigten —; § 303 — Sachbeschädigung gegen Angehörige —; § 370

Z. 5 — Mundraub — und Z. 6 — Entwendung von Getreide usw. zur Fütterung des Viehs —).

7.

Beispiele: a) A hat seinen Schwiegervater B mißhandelt; er wird wegen leichter Körperverletzung verhandelt. Zieht B den Strafantrag vor Verkündung des Urteils zurück, so wird das Verfahren gegen A eingestellt und B hat (auch wenn A erklärt hat, daß er alle Kosten trage) neben ½ von 50 ℳ = 25 ℳ + 2.50 ℳ Pauschsatz alle Auslagen vom Tage der Strafantragstellung bis zur Zurücknahme des Strafantrages zu tragen.

b) Schutzmann A stellte gegen B wegen Berufsbeleidigung Strafantrag. Nimmt er ihn nach Eröffnung des Hauptverfahrens zurück, so treffen ihn die Kosten (B kommt bei Abgabe entsprechender Erklärung § 86 GKG. nur als Zweitschuldner in Betracht). War B gleichzeitig wegen Ruhestörung angeklagt und wird er deswegen verurteilt, so treffen den A nur die durch seinen Strafantrag hervorgerufenen Auslagen.

c) Im Falle b haben Strafantrag gestellt und später zurückgenommen: A und seine vorgesetzte Dienstesstelle oder nur letztere. Hier treffen alle Kosten die Staatskasse. Hatte A die Kosten durch Erklärung zu Protokoll übernommen, so sind von ihm die Auslagen (§ 79) einzufordern. Gebühren fallen nicht an.

d) Es ist das Hauptverfahren gegen B und P eröffnet. Am **27. 6.** wird der Strafantrag in der Richtung gegen B zurückgenommen; Einstellung des Verfahrens: 28. 6. 13. In der Richtung gegen P erfolgt die Zurücknahme des Strafantrags am 6. 8., die Einstellung des Verfahrens am 10. 8. Es fallen hier zwei Gebühren des § 69 an, da die Gebühr des Abs. 3 S. 2 nicht auf der Zurücknahme selbst, sondern auf der Einstellungsentscheidung beruht.

§ 70.

Für das Verfahren auf erhobene Privatklage [1] werden [2] in erster Instanz erhoben:

1. wenn nach Beginn der Hauptverhandlung Einstellung des Verfahrens erfolgt [3]	5 Mark
2. wenn außer dem Falle der Nr. 1 die Instanz ohne Beweisaufnahme durch Urteil beendigt wird	15 "
3. wenn außer dem Falle der Nr. 1 die Instanz nach stattgehabter Beweisaufnahme durch Urteil beendigt wird [4]	20 "

Dieselben Sätze sind für die Berufungsinstanz sowie für die Revisionsinstanz zu erheben.[5]

Für die Widerklage wird ein besonderer Satz nicht erhoben.[6]

Die von der Verwaltungsbehörde erhobene Klage (Strafprozeßordnung § 464)[7] ist nicht als Privatklage im Sinne des Gesetzes zu erachten.

1. Wird eine Privatklage mit einer öffentlichen Klage verbunden, so sind die Gebühren für beide Sachen getrennt zu berechnen.

2.

Beispiele: a) In der Privatklagesache A gegen B wegen Beleidigung schlossen die Parteien nach Aufruf der Sache einen Vergleich. Das Verfahren wurde durch Beschluß eingestellt

oder

der Vergleich kam nach Vernehmung der Zeugen zustande. Das Verfahren wurde durch Urteil eingestellt.

Gebührenbewertung:

Nach Einreichung der Privatklage waren von A zu erheben:
10 ℳ Gebührenvorschuß (§ 83),
1 ℳ Pauschsatz (§ 80 b).

Nach Erlaß des Einstellungs-Beschlusses bzw. Urteiles sind fällig geworden:

5.— ℳ Gebühr (§ 70 Nr. 1; die Aufnahme des Vergleiches zu Protokoll bildet bereits einen Teil der Hauptverhandlung; die Einstellung des Verfahrens erfolgt somit „nach Beginn" derselben. — So auch Allg. Vf. d. OLGPräs. in Breslau v. 11. 11. 11 DSekrZ. 23, 163).
—.50 ℳ Pauschsatz (§ 80 b).

Ist der Vorschuß bereits bezahlt, so sind an den Privatkläger rückzuvergüten: 5.50 ℳ Gebühr und Pauschsatz.

War der Vorschuß noch nicht bezahlt, ist die Gebühr mit dem Pauschsatz einzufordern von dem Privatkläger (§ 93); hatte B im Vergleich die Kosten übernommen, so ist er Zweitschuldner (§ 86).

b) Beispiel wie a. Dem A war das **Armenrecht** bewilligt. B hat im Vergleich die Kosten übernommen.

Schuldner ist hier B (§ 86).

Hatte A die Kosten durch Vergleich übernommen, so haftet B immerhin für ½ (§ 88 Abs. 1).

c) Hatte B **Widerklage** gestellt (Fall a) und wurde auch sie durch den **Vergleich** erledigt, so kommen besondere Gebühren bezüglich der Widerklage nicht zur Erhebung.

d) Waren (im Fall a) B und C angeklagt, so betrugen die Gebühren:

2 × 5 ℳ = 10 ℳ (§ 70 Nr. 1, 7 [3]),
2 × 50 ₰ = 1 ℳ (§ 80 b).

Der Gebührenvorschuß betrug jedoch nur 10 ℳ (nicht etwa 2 × 10 ℳ).

e) Privatklage. Das Hauptverfahren wurde eröffnet, die Hauptverhandlung zwecks Vernehmung weiterer Zeugen ausgesetzt (Zeugengebühr: 25 ℳ). Nun übernahm der **Staatsanwalt die Verfolgung.** Das Privatklageverfahren wurde eingestellt; der Privatkläger wurde zum Nebenkläger. Nach Verhandlung wurde der Angeklagte zu 50 ℳ verurteilt.

Gebührenbewertung:

Nach Einstellung des Privatklageverfahrens waren auf den Privatkläger zu Soll zu stellen: die Zeugengebühren (§§ 79 Nr. 4, 84, 89, 93).

Der Gebührenvorschuß mit Pauschsatz war ihm zurückzugeben.

Der Einstellungsbeschluß ist gebührenfrei (RGSt. 10, 423).

Nach Rechtskraft des Urteils waren auf den Angeklagten zu Soll zu stellen:

Gebühr (§§ 59 Abs. 1, 3, 62 Nr. 3):	20.— ℳ
Pauschsatz (§ 80 b):	2.— ℳ
etwaige Auslagen (§ 79).	

Der frühere Privatkläger kann die von ihm bezahlten Zeugengebühren von dem Angeklagten ersetzt verlangen.

f) Übernahm im vorigen Falle der **Staatsanwalt die Verfolgung** erst nach Erlaß des Urteils I. Instanz, legte er Berufung ein und verurteilte das LG. den Angeklagten zu 14 Tag Gefängnis, so waren folgende Gebühren erwachsen:

α) Privatklageverfahren:

Gebühr (§ 70 Nr. 3):	20.— ℳ
Pauschsatz (§ 80 b):	2.— ℳ
etwaige Auslagen (§ 79).	

Schuldner: Privatkläger (§ 93).

β) öffentliche Klage:

Gebühr (§§ 59, 62 Nr. 1, 65):	5.— ℳ
Pauschsatz (§ 80 b):	—.50 ℳ

g) Auf Privatklage des A wurde C wegen Beleidigung nach § 185 StGB. zu 100 ℳ verurteilt. Vor Rechtskraft des Urteils starb A oder C. Das Gericht erster Instanz stellte das Verfahren ein (§ 433 StPO.).

Gebührenbewertung:

Gebühr (§ 72 Nr. 1):	5.— ℳ
Die Instanz wurde erst durch den Einstellungsbeschluß beendigt.	
Pauschsatz (§ 80 b):	—.50 ℳ

Schuldner bei Tod des C: der Privatkläger A (§§ 84, 89, 93), bei Tod des A: sein Nachlaß.

h) Wie g Satz 1. C legte Berufung ein. A starb vor Verhandlung. Das LG. stellte das Verfahren ein.

Gebührenbewertung:

I. Instanz:	Gebühr (§ 70 Nr. 3):	20.— ℳ
	Pauschsatz (§ 80 b):	2.— ℳ
II. Instanz:	$^3/_{10}$ von 3 ℳ (§§ 76, 71 Nr. 5; Rittmann [5.] § 76 Note 5):	—.90 ℳ
	Pauschsatz (§ 80 b):	—.10 ℳ

Schuldner: der Nachlaß des A (§§ 93, 84, 89).

i) Wie h. Nach Berufungseinlegung starb C. A nahm die Klage zurück.

Gebührenbewertung:

I. Instanz: wie h.
II. Instanz: Gebühr (§ 72): 2.— ℳ
Pauschsatz (§ 80 b): —.20 ℳ

3.

Beispiele: a) Infolge des Geständnisses des Angeklagten wird auf Vernehmung von Zeugen verzichtet. Angeklagter wird zu 9 ℳ verurteilt.

Gebührenbewertung:

Gebühr (§ 70 Nr. 2): 15.— ℳ
Pauschsatz (§ 80 b): 1.50 ℳ

b) Sind die beleidigenden Äußerungen in einer Schrift (Brief usw.) enthalten, so liegt in der Verlesung der betreffenden Schrift eine Beweisaufnahme nur, wenn der Eröffnungsbeschluß nur einzelne beleidigende Ausdrücke enthielt und die Verlesung der ganzen Schrift nur erfolgt, um den Eröffnungsbeschluß zu ergänzen und die beleidigenden Ausdrücke zu erklären.

4.

Beispiele: a) A stellte am 1. 2. gegen B und am 15. 2. gegen C Privatklage. Beide Sachen werden in der Hauptverhandlung verbunden. B und C werden freigesprochen.

Gebührenbewertung:

Gebühr (§§ 70 Nr. 3, 73): 40.— ℳ
Pauschsatz (§ 80 b): 4.— ℳ

b) A stellte gegen B am 1. 2. wegen Beleidigung und am 16. 2. wegen Körperverletzung Privatklage. Beide Sachen wurden in der Sitzung vom 4. 4. verbunden; B hatte gegen A wegen Beleidigung Widerklage erhoben. A und B wurden freigesprochen; jeder hat seine Kosten und ½ der Gerichtskosten zu tragen. Beide legten am 10. 4. Berufung ein; in der Verhandlung vom 10. 5. verglichen sie sich. B übernahm alle Kosten.

Gebührenbewertung:

Von A ist einzufordern
am 1. 2.: 10 ℳ Gebührenvorschuß (§ 83),
1 ℳ Pauschsatz (§ 80 b),
am 16. 2.: das gleiche.

Am 4. 4. sind angefallen:
Gebühr (§ 70 Nr. 3, 70 Abs. 3): 20.— ℳ
Pauschsatz (§ 80 b): 2.— ℳ

Gedeckt durch den Gebühren- und Pauschsatzvorschuß.

War er noch nicht eingefordert, hatte jetzt Sollstellung zu erfolgen.

(An sich wäre nur fällig der den Privatkläger treffende Teil der Gebühren — ½ —; Sollstellung auf den Angeklagten kann nur nach Rechtskraft des Urteils erfolgen; § 93.)

Am 10. 4. waren auf A zu Soll zu stellen (beim LG.):
10 ℳ Gebührenvorschuß (§ 83),
1 ℳ Pauschsatz (§ 80 b).

Am 10. 5. wurden fällig:

Gebühr (§ 70 Nr. 1): 5.— ℳ

Pauschsatz (§ 80 b): —.50 ℳ

Der Überschuß vom Gebühren- und Pauschsatzvorschuß ist rückzuvergüten.

War der Vorschuß nicht zu Soll gestellt, so haftete A für die Kosten als Erst-, B als Zweitschuldner (§ 86).

c) A stellte gegen B und C am 1. 2. Privatklage. B stellte gegen A am 10. 2. Privatklage. Im Termin vom 4. 5. wurden die beiden Sachen verbunden. Nach Vernehmung der Zeugen nahm A die Klage gegen C zurück. Insoweit wurde das Verfahren durch Urteil eingestellt. A und B wurden am 20. 6. zwar für schuldig, aber für straffrei erklärt. Jeder hat $\frac{1}{2}$ aller Kosten zu tragen.

Gebührenbewertung:

Zu Soll zu stellen sind

auf A am 1. 2.: 10 ℳ Gebühren- und
1 ℳ Pauschsatzvorschuß (§ 83),

auf B am 10. 2.: das gleiche.

Am 4. 5. wurden fällig (§ 93):

5.— ℳ Gebühr (§ 70 Nr. 1),
—.50 ℳ Pauschsatz (§ 80 b).

Schuldner: A (§ 86). Die Gebühr ist durch den Vorschuß gedeckt.

Nach Rechtskraft des Urteils waren zu Soll zu stellen:

Gebühr (§ 70 Nr. 3): 20.— ℳ

Pauschsatz (§ 80 b): 2.— ℳ

Zu tragen haben davon:

A und B je $\frac{1}{2}$.

Der den B treffende Teil ist durch seinen Vorschuß gedeckt.

Von A sind noch einzufordern: 5.50 ℳ, weil durch Vorschuß nicht gedeckt.

Der den A treffende Teil war an sich schon am 4. 5. fällig (§ 93). Aus Zweckmäßigkeitsgründen erschien jedoch das Abwarten der Rechtskraft des Urteils auch gegen B angezeigt.

B's Klage war nach Verbindung der Sachen als Widerklage anzusehen.

d) Fall wie b.

Der Angeklagte legte Berufung ein.

In der Berufungsverhandlung erschien der Angeklagte nicht. Folge: Die Berufung wurde verworfen.

Gebühr (§ 70 Nr. 2): 15.— ℳ

e) Zurücknahme der Klage vor Beginn der Berufungsverhandlung: § 72 (2 ℳ; die Gebühr für die I. Instanz bleibt daneben bestehen), nach deren Beginn: § 70 Nr. 1 (5 ℳ).

f) Zurücknahme der Berufung vor Beginn der Verhandlung: § 76 (—.60 ℳ)

nach deren Beginn: § 70 Nr. 1 oder 2 (5 ℳ oder 15 ℳ).

5.

Beispiele: s. Anm. 1 und Anm. 2 Beisp. e, f, h und i.

a) Auf Privatklage der A vom 9. 4. wurde B am 1. 5. freigesprochen. Ehemann A legte am 8. 5. kraft eigenen Rechts Berufung ein. Das LG. hob am 9. 6. das Urteil auf und verwies die Sache an das Schöffengericht zurück — ohne Ausspruch im Kostenpunkt —. Dieses verurteilte den B am 8. 8. zu 5 ℳ.

Gebührenbewertung:

Zu Soll zu stellen waren

am 9. 4. auf A: 10 ℳ Gebühren-,
1 ℳ Pauschsatz-Vorschuß (§ 83).
am 1. 5. auf A: 20 ℳ Gebühr (§ 70 Nr. 3),
2 ℳ Pauschsatz (§ 80 b)
22 ℳ
— 11 ℳ Vorschuß,
= 11 ℳ (Schuldner: Privatkläger; § 93 GKG.).

Am 8. 5. (nach Eingang der Akten beim LG.) auf Ehemann A:
10 ℳ Gebühren-,
1 ℳ Pauschsatzvorschuß,

nach Rechtskraft des Urteils vom 8. 8.:
für die II. Instanz: 20 ℳ Gebühr (§ 70 Nr. 3),
2 ℳ Pauschsatz (§ 80 b),
22 ℳ
gedeckt durch Vorschuß 11 ℳ
bleiben = 11 ℳ.

Wäre nach Zurückverweisung der Sache in I. Instanz ein Vergleich zustande gekommen, dann würden angefallen sein:

in I. Instanz (unter Wegfall der Gebühren vom 1. 5.) nur:
5.— ℳ Gebühr (§ 70 Nr. 1),
—.50 ℳ Pauschsatz (§ 80 b),
in II. Instanz: wie vor (20 ℳ + 2 ℳ).

Im Privatklageverfahren wird je nach Erledigung der Sache in der Instanz eine Gebühr erhoben; bei mehreren Urteilen in einer Instanz gibt das die Sache erledigende den Ausschlag.

b) In erster Instanz war Angeklagter zu 10 ℳ verurteilt worden. Es legte Berufung ein:

der Privatkläger.

In der Berufungsverhandlung erschien er nicht. Folge: Die Berufung wurde sofort verworfen (§ 431 Abs. 3 StPO.).

Gebühr (§ 70 Nr. 2): 15.— ℳ

c) Fall wie b.

der Angeklagte.

In der Berufungsverhandlung erschien der Privatkläger nicht. Folge: Die Privatklage wurde durch Urteil für zurückgenommen erklärt (§ 431 Abs. 2).

Gebühr (§ 72): 2.— ℳ

6.

Beispiele: Siehe Anm. 1 Beisp. c, Anm. 4 Beisp. b u. c; ferner:

Privatkläger A nahm in der Hauptverhandlung die Klage gegen B zurück. B hielt seine Widerklage aufrecht. A wurde verurteilt.

Gebührenbewertung:

A hatte bei Stellung der Privatklage 10 ℳ + 1 ℳ Gebühren- und Pauschsatzvorschuß zu leisten.

Nach Rechtskraft des Urteils fielen an:

20 ℳ Gebühr (§ 70 Nr. 3),
2 ℳ Pauschsatz (§ 80 b).

Das auf die Zurücknahme der Privatklage ergehende Einstellungsurteil ist gebührenfrei. Die Instanz, d. h. das ganze Verfahren erledigt endgültig das Urteil gegen A; in jeder Instanz kann nur eine Urteilsgebühr anfallen.

7. § 464 StPO. trifft den Fall, daß die Staatsanwaltschaft in einem Verfahren betreffend Zuwiderhandlungen gegen die Vorschriften über die Erhebung öffentlicher Abgaben und Gefälle den an sie gerichteten Antrag der Verwaltungsbehörde auf Verfolgung abgelehnt hat und daraufhin die Verwaltungsbehörde die Anklage selbst erhebt.

§ 71.

In dem Verfahren auf erhobene Privatklage sind:

1.	in den Fällen des § 66 Nr. 1, 2, 3, sowie bei Zurückweisung von Beschwerden gegen die eben daselbst bezeichneten Entscheidungen[1]	2 Mark
2.	im Falle des § 67 Abs. 1[2]	4 "
	und, wenn eine Beweisaufnahme stattgefunden hat	8 "
3.	im Falle des § 67 Abs. 2[3]	2 "
4.	in den Fällen des § 68[4]	1 "
5.	für die Zurückweisung einer Privatklage[5]	3 "
6.	für Verwerfung einer Beschwerde über Zurückweisung einer Privatklage	3 "

zu erheben.

1. Unter Z. 1 fallen das Gesuch um Wiedereinsetzung in den vorigen Stand (s. auch § 431 Abs. 4 StPO.), die Verwerfung einer Berufung, Revision oder eines Antrages auf Wiederaufnahme des Verfahrens als unzulässig.

2. d. i., wenn ein Antrag auf Wiederaufnahme des Verfahrens als unbegründet verworfen wurde.

3. d. i. für die Zurückweisung der Beschwerde gegen die in Anm. 1 genannte Entscheidung.

4. d. i. für die Zurückweisung von Beschwerden gegen Entscheidungen, die mit dem Privatklageverfahren in engster Verbindung stehen. Nicht hierher gehören Beschwerden gegen Entscheidungen, die nur an-

läßlich der Verhandlung einer Privatklage gefällt wurden (wie z. B. gegen Ungebührbeschlüsse; sie fallen unter § 68).

5. Auf den Zeitpunkt und den Grund der Zurückweisung (als unzulässig oder unbegründet) kommt es nicht an. Die Zurückweisung einer Widerklage oder eines Teiles der Privatklage ist gebührenfrei.

Die Einstellung des Verfahrens infolge Nichteinhaltung der dem Privatkläger gesteckten Frist ist keine Zurückweisung der Klage, die Gebühr berechnet sich nach § 72; denn hier „gilt die Klage als zurückgenommen".

§ 72.

Bei Zurücknahme einer Privatklage [1] vor Beginn der Hauptverhandlung [2] werden 2 Mark erhoben.[3]

1. Die Zurücknahme der „Widerklage" ist gebührenfrei. — § 72 trifft zu, mag die Zurücknahme in I. oder II. Instanz erfolgen.

2. Die Hauptverhandlung beginnt mit dem Aufruf der Zeugen und wenn Zeugen fehlen, mit der Vernehmung des Angeklagten über seine persönlichen Verhältnisse. Nimmt nach Aufruf der Sache der Kläger die Klage ohne weiteres zurück, so trifft § 72 zu. Erfolgt die Zurücknahme anläßlich des Abschlusses eines Vergleiches, so hat die Hauptverhandlung bereits begonnen (s. § 70 Nr. 1).

3. Siehe § 70 Anm. 2 Beisp. a, b, c, i (Tod), Anm. 5 Beisp. c, Anm. 6. § 71 Anm. 5.

§ 73.

Sind in einer Sache mehrere Personen als Privatkläger oder als Beschuldigte in derselben Instanz beteiligt, so wird ohne Rücksicht auf die Zahl der Personen das Doppelte der in den §§ 70 bis 72 bestimmten Gebühren erhoben.[1]

1.

Beispiele: a) A klagt gegen B und C wegen Beleidigung. Im Hauptverhandlungstermin wird die Sache verglichen und dann das Verfahren eingestellt.

Gebühr (§ 70 Nr. 1): 2 × 5	= 10.— ℳ
Pauschsatz (§ 80 b): 2 × 50 ₰	= 1.— ℳ

b) Fall wie a. Die Sache wird in der Richtung gegen B verglichen; gegen C ergeht Urteil.

Gebühr (§ 70 Nr. 1):	5.— ℳ
Pauschsatz (§ 80 b):	—.50 ℳ
Gebühr (§ 70 Nr. 3):	20.— ℳ
Pauschsatz (§ 80 b):	2.— ℳ

c) M verklagt den S wegen Beleidigung seiner Person und seiner drei minderjährigen Kinder. Die Klage wird zurückgewiesen.

Gebührenbewertung:

Gebühr (§ 71 Nr. 5): 2 × 3 ℳ
Pauschsatz (§ 80 b): 2 × —.30 ℳ.

M klagt für sich und als Vertreter seiner drei Kinder, die im Verfahren Partei bleiben. Kraft eigenen Rechtes konnte er wegen Beleidigung seiner Kinder nicht klagen (Rittmann § 73 Anm. 1 ist irriger Ansicht).

d) M klagt wegen Beleidigung seiner Person und seiner Ehefrau gegen C. Die Klage wird vor Eröffnung des Hauptverfahrens zurückgenommen.

Gebührenbewertung:

Gebühr (§ 72): 2.— ℳ
Pauschsatz (§ 80 b): —.20 ℳ

M klagte hier kraft eigenen Rechts auch wegen Beleidigung seiner Frau. Nur er ist Partei; seine Frau kann als Zeugin vernommen werden.

Hätte er Klage erhoben wegen Beleidigung seiner Person und als Bevollmächtigter seiner Frau, dann würde § 73 zugetroffen sein.

Gleiches träfe zu, wenn Frau M geklagt und der Ehemann sich der Klage gemäß § 195 StGB. — weil auch strafantragsberechtigt — angeschlossen hätte.

e) Beispiel c. M legt gegen den Beschluß, soweit er ihn betrifft, Beschwerde ein, die verworfen wird.

Für die Beschwerdeentscheidung fällt, weil hier nur ein Kläger auftrat, auch nur einmal die Gebühr des § 71 Nr. 6 an.

f) Frau A und ihr Ehemann — dieser auf Grund des § 195 StGB., § 414 Abs. 2 StPO. — erheben gegen die Eheleute B Privatklage. Nach Beweisaufnahme zieht Ehemann A für seine Person die Privatklage zurück; es erfolgt insoweit Einstellung des Verfahrens. Ehemann A hat die Kosten zu tragen.

Im übrigen werden die Eheleute B wegen Beleidigung zu je 20 ℳ Geldstrafe und den Kosten verurteilt, ihre gegen die Ehefrau A in der Hauptverhandlung erhobene Widerklage dagegen kostenfällig abgewiesen. Frau A und Frau B legen gegen das Urteil Berufung ein.

Vor dem Beginn der Hauptverhandlung in II. Instanz zieht Frau B ihre Berufung samt Widerklage zurück, so daß nur hinsichtlich des Rechtsmittels der Frau A verhandelt wird. Hier ergeht ohne Beweisaufnahme Urteil: Die Eheleute B werden wegen Beleidigung zu je 40 ℳ und den Kosten der I. und II. Instanz verurteilt.

Gebührenbewertung:

α) Die Privatkläger haben bei Stellung der Privatklage, Frau A ferner bei Einlegung der Berufung einen Gebührenvorschuß (mit Pauschsatz) zu leisten (§ 83 Abs. 1). § 73 findet auf den Gebührenvorschuß keine Anwendung.

Die Privatbeklagten und Widerkläger sind nicht vorschußpflichtig.

β) Zurücknahme der Privatklage durch den Ehemann A:

§§ 70 Z. 1, 73 = 10.— ℳ
Pauschsatz = 1.— ℳ

(Schuldner A — § 86 —; sofort fällig — § 93 —.)

Für das Verfahren I. Instanz:

§§ 70 Z. 3, 73	= 40.— ℳ
Pauschsatz	= 4.— ℳ

Für das Verfahren in der Berufungsinstanz:

§§ 70 Z. 2, 73	= 30.— ℳ
Pauschsatz	= 3.— ℳ

(Schuldner: Eheleute B — § 86 —; Fälligkeit: nach Rechtskraft des Berufungsurteils — § 96 —.)

Die Widerklage ist gebührenfrei (§ 70 Abs. 3), infolgedessen auch ihre Zurücknahme.

Was die Zurücknahme der Berufung seitens der Ehefrau B betrifft, so fällt hierfür keine Gebühr an, weil die Gebühren des § 70 für das ganze „Verfahren" geschuldet sind und für das Verfahren in der Berufungsinstanz bereits 30 ℳ angesetzt sind.

γ) Es haften:

Frau A für den Gebührenvorschuß mit Pauschsatz II. Instanz mit 10 ℳ + 1 ℳ = 11 ℳ (§ 83 Abs. 1);

Ehemann A für die Zurücknahmegebühr mit Pauschsatz zu 11 ℳ (§ 86);

beide für den Gebührenvorschuß mit Pauschsatz I. Instanz und den Auslagenvorschuß I. Instanz (§§ 83 Abs. 1, 84 Abs. 2; § 503 Abs. 4 StPO.);

die Eheleute B für die Gebühren mit Pauschsätzen zu 44 ℳ + 33 ℳ samtverbindlich (§ 86; § 503 Abs. 4 StPO.).

§ 74.

Werden dem Nebenkläger[1] die Kosten eines von ihm eingelegten Rechtsmittels auferlegt (Strafprozeßordnung § 441), so sind die Sätze zu erheben, welche nach Maßgabe der §§ 70, 71, 73 zu erheben sein würden, wenn er als Privatkläger das Rechtsmittel eingelegt hätte.[2]

1. der sich (unabhängig von der Staatsanwaltschaft) eines Rechtsmittels bedient hat.

2. In **erster Instanz** ist das durch die Nebenklage herbeigeführte Verfahren **gebührenfrei** — auch dann, wenn der Angeklagte freigesprochen worden ist. Von dem Nebenkläger können auch etwaige durch eine von ihm beantragte Beweiserhebung erwachsenen Auslagen nicht erhoben werden.

Hat der Nebenkläger weder ein Rechtsmittel eingelegt noch sich dem von dem Angeklagten oder der Staatsanwaltschaft eingelegten Rechtsmittel angeschlossen, so können ihm auch in II. Instanz Kosten nicht auferlegt werden.

Hat der Nebenkläger allein oder neben dem Angeklagten oder Staatsanwalt ein Rechtsmittel eingelegt, so fallen Gebühren nach §§ 70, 71 und 73 nur an, wenn die Kosten des von dem Nebenkläger eingelegten Rechtsmittels diesem auferlegt sind. Hat sie also z. B. der Angeklagte zu tragen, so kommt § 74 überhaupt nicht in Frage. War der Nebenkläger auch Anzeiger und werden ihm vom Rechtsmittelgericht auf Grund des § 501 StPO. alle Kosten auferlegt, so kommt neben der Gebühr des § 70 Nr. 3 (20 ℳ) auch diejenige des § 69 Abs. 4 (50 ℳ) zur Erhebung.

Vorschußpflicht des Nebenklägers: § 83.

§ 75.

Für das Verfahren in den Fällen der §§ 477 bis 479 der Strafprozeßordnung[1] beträgt die Gebühr in jeder Instanz 5 Mark.[2]

1. Die §§ 477—479 StPO. handeln vom sogenannten objektiven Verfahren; es wird darin auf Einziehung, Vernichtung oder Unbrauchbarmachung von Gegenständen selbständig entschieden — ohne daß ein Angeklagter vorhanden ist. Auch die Vermögensbeschlagnahme fällt darunter.

Beispiele: Dem Landstreicher A wurde ein Revolver abgenommen. A ging flüchtig, die Strafverfolgung verjährte infolge des unbekannten Aufenthalts und deshalb erfolgter richterlicher Verfügung. Der Revolver wird im objektiven Verfahren eingezogen.

oder:

Aus Böhmen kommen nach Bayern zwei Waggons arsenikhaltiges Geschirr. Da eine Strafverfolgung gegen die Fabrikanten unmöglich ist, wird im objektiven Verfahren die Vernichtung des Geschirrs ausgesprochen. Die Kosten des Verfahrens werden den Hafnermeistern A und B, die sich als Käufer gegen die Vernichtung wandten, auferlegt. Die Gebühr beträgt: 5 ℳ (nicht etwa 10 ℳ — § 73). A und B haften hierfür je für 2.50 ℳ.

2. In der Regel fallen die Kosten der Staatskasse zur Last. War ein Privatkläger Antragsteller, so hatte er gemäß § 83 Vorschuß zu zahlen (5 ℳ).

§ 76.

Wird ein Gesuch, ein Antrag, ein Einspruch oder eine Beschwerde vor der Entscheidung[1] über dieselben, oder wird eine Berufung oder eine Revision vor Beginn der Hauptverhandlung durch Zurücknahme oder Einstellung des Verfahrens erledigt, so werden drei Zehnteile der Gebühr erhoben, welche nach Maßgabe der §§ 66 bis 68, 69 Abs. 1, §§ 71, 73 bis 75 für eine zurückweisende Entscheidung zu erheben sein würde.[2]

1. Für die Gebührenbewertung ist ausschlaggebend der Erlaß der Entscheidung, nicht deren Zustellung (vgl. § 45 Anm. 4).

2. Erhoben wird

für die Zurücknahme	bei öffentlicher Klage	in Privatklagesachen
a) des Gesuchs um Wiedereinsetzung in den vorigen Stand	$^3/_{10}$ von $^1/_{10}$ der Gebühr des § 62 (zu a–c)	0,60 ℳ
b der Berufung oder Revision vor Beginn der Hauptverhandlung (nach Beginn: §§ 65, 70 Nr. 1)		0,60 ℳ
c) des Antrages auf Wiederaufnahme des Verfahrens vor Beweisaufnahme		1,20 ℳ
d) desgl. nach Beweisaufnahme	$^3/_{10}$ von $^4/_{10}$ (§ 62)	2,40 ℳ
e) des Einspruchs gegen einen Strafbefehl . . .	$^3/_{10}$ von $^1/_{10}$ (§ 62)	—
f) des Antrages auf gerichtliche Entscheidung nach vorangegangener polizeilicher Strafverfügung oder nach Erlaß eines Strafbescheides einer Verwaltungsbehörde	„	—
g) einer Beschwerde in den unter a—f (in Privatklagesachen unter a—d) bezeichneten Sachen . .	„	0,60 ℳ
h) einer andern Beschwerde als unter g genannt (§ 68)	0,30 ℳ	0,30 ℳ
i) des Antrages der Verletzten auf gerichtliche Entscheidung wegen Nichterhebung der öffentlichen Klage durch den vorgesetzten Beamten der Staatsanwaltschaft bei Vorliegen einer Übertretung .	6 ℳ	
eines Vergehens	15 ℳ	
eines Verbrechens	30 ℳ	
k) der Beschwerde gegen die Zurückweisung einer Privatklage	—	0,90 ℳ
Einstellung des Verfahrens beim Tod des Privatklägers: s. § 70 Anm. 2 Beisp. g—i.		

Geben die Zurücknahmeerklärung mehrere Personen ab, so trifft für das Privatklageverfahren § 73 zu (doppelte Gebühr); in den unter a—h genannten Fällen der öffentlichen Klage kommt die Gebühr bezüglich jeder Zurücknahme zur Erhebung.

Gebührenfrei ist die Zurücknahme einer Widerklage und der Anschlußerklärung eines Nebenklägers.

§ 77.

Wird die Wiederaufnahme des Verfahrens angeordnet [1] (Strafprozeßordnung § 410), so werden, wenn das frühere Urteil aufrecht erhalten wird, die Gebühren für das neue Verfahren nach denselben Bestimmungen, wie für das erste Verfahren er-

hoben. Führt die Wiederaufnahme zu einer Aufhebung des früheren Urteils, so gilt für die Gebührenerhebung das neue Verfahren mit dem früheren Verfahren zusammen als ein Verfahren der Instanz.[2]

1. Verwerfung des Antrages als unzulässig: §§ 66 Nr. 3, 71 Nr. 1; als unbegründet: §§ 67, 71 Nr. 2.

2.

Beispiele: a) A ist wegen groben Unfugs zu 16 Tagen Haft verurteilt; auf seinen Antrag wird die Wiederaufnahme des Verfahrens angeordnet. Nach Verhandlung wird das erste Urteil aufrecht erhalten.

Erhoben sind
für das erste Verfahren (§ 62 Nr. 2): 10 ℳ;
erhoben werden
für das neue Verfahren (§§ 62 Nr. 2, 77): 10 ℳ.

b) Fall wie a. Das frühere Urteil wird aufgehoben und A zu 1 Tag Haft verurteilt.

Hier bildet das frühere und neue Verfahren eine Instanz; es kann infolgedessen auch nur eine Gebühr anfallen; sie beträgt nach §§ 59 Abs. 1, 62 Nr. 1: 5 ℳ. Da seinerzeit 10 ℳ erhoben wurden, sind 5 ℳ an A zurückzuzahlen.

c) Fall wie A. Das frühere Urteil wird aufgehoben und A freigesprochen.

Die erhobenen 10 ℳ, sowie die von A seinerzeit bezahlten Auslagen (§§ 79, 80b) sind ihm zurückzuzahlen; desgleichen die dem Angeklagten infolge einer Berufungseinlegung gegen das erste Urteil erwachsenen Kosten.

§ 77 findet auch auf das Privatklageverfahren Anwendung.

§ 78.

Nach Maßgabe der Vorschriften der zweiten Abschnittes[1] werden besonders[2] erhoben:

1. die Gebühren für Akte, welche die Verpflichtung eines Verteidigers zur Tragung der durch Verschulden desselben veranlaßten Kosten (Strafprozeßordnung § 145) betreffen;[3]
2. die Gebühren für Entscheidungen, welche betreffen:
   a) Anträge auf Festsetzung der[4] zu erstattenden Kosten (Strafprozeßordnung § 496 Abs. 2);[5]
   b) die Vollstreckung einer über eine Vermögensstrafe, eine Buße oder über Erstattung von Kosten ergangenen Entscheidung (Strafprozeßordnung §§ 495, 496);[6]
   c) die Beschwerde gegen eine Entscheidung, durch welche der Verfall einer zur Abwendung einer zur Untersuchungshaft oder zur Erlangung eines Strafaufschubs bestellten Sicherheit ausgesprochen wird (Strafprozeßordnung §§ 122, 488).[7]

1. betitelt: Gebühren in bürgerlichen Rechtsstreitigkeiten.

2. d. i. neben den im Strafverfahren auf Grund der §§ 59 ff. zum Ansatz kommenden Gebühren.

3. Die Entscheidung erfolgt gebührenfrei (§ 47 Nr. 5; s. auch Abs. 3 daselbst).

4. vom Angeklagten dem Nebenkläger oder Privatkläger oder von dem letzteren dem Angeklagten.

5. Die Gebühr berechnet sich nach § 38 Nr. 1, auf den verwiesen wird.

Hat die Staatskasse dem als Verteidiger bestellten Rechtsanwalt Gebühren zu bezahlen (§ 150 StPO.) oder einem Angeklagten Kosten zu ersetzen, weil er freigesprochen oder außer Verfolgung gesetzt worden war, so richtet sich das hierbei zu beobachtende Verfahren nach den landesgesetzlichen Verwaltungsvorschriften. (Preußen: Vgl. Vf. v. 15. 3. 92 JMBl. 109 und v. 1. 10. 84. Bayern: JMBl. 1879, 1427, 1431 f., 1433, Festsetzung: JMBl. 1881, 208 f.)

6. In Betracht kommen die §§ 35, 38 Nr. 3, 43, 46, 47 Nr. 12 bis 16 und Abs. 3.

Für die bei der Strafvollstreckung nach den §§ 490—493 StPO. erforderlich werdenden gerichtlichen Entscheidungen werden Gebühren nicht erhoben. Beschwerdeinstanz: § 68.

7. Gebühr nach § 45 ($^3/_{10}$), bei Zurücknahme § 46 ($^1/_{10}$ von $^3/_{10}$).

Fünfter Abschnitt.

Auslagen.

In § 79 ist gesagt, welche Arten von Auslagen erhoben werden können (§ 79). Die Höhe dieser Auslagen — mit Ausnahme der Schreibgebühren (§ 80) — wird dagegen teils durch besondere Reichsgesetze und Verordnungen, teils durch landesrechtliche Anordnungen bestimmt.

Postgebühren werden überhaupt nicht, Schreibgebühren nur für solche Ausfertigungen und Abschriften erhoben, welche nur auf Antrag erteilt oder angefertigt werden, weil die Partei es unterlassen hat, einem von Amts wegen zuzustellenden Schriftsatz die erforderliche Zahl von Abschriften beizufügen. Zur Deckung dieser von den Parteien nicht in bar zu ersetzenden Auslagen des Staates werden gemäß § 80 b Pauschsätze von 10 vom Hundert der zum Ansatz gelangenden Gebühren erhoben. Wann für Zustellungen von Amts wegen bare Auslagen zu erheben sind, ist in § 80 a bestimmt.

§ 79.

An baren Auslagen werden erhoben [1]:

1. Schreibgebühren [2] für solche Ausfertigungen [3] und Abschriften, [4] welche nur auf Antrag erteilt werden, [5] oder welche

angefertigt werden, weil die Partei es unterläßt, einem von Amts wegen zuzustellenden Schriftsatz die erforderliche Zahl von Abschriften beizufügen;[6]

2. Telegraphengebühren und die im Fernverkehr zu entrichtenden Fernsprechgebühren;[7]
3. die durch Einrückung einer Bekanntmachung in öffentliche Blätter entstehenden Kosten;[8]
4. die an Zeugen und Sachverständige zu zahlenden Gebühren;[9]
5. die bei Geschäften außerhalb der Gerichtsstelle den Gerichtsbeamten[10] zustehenden Tagegelder und Reisekosten;[11]
6. die an andere Behörden oder Beamte oder an Rechtsanwälte für deren Tätigkeit zu zahlenden Beträge;[12]
7. die Kosten eines Transports von Personen;[13]
8. die Haftkosten[14] nach Maßgabe der für die Strafhaft geltenden landesgesetzlichen Vorschriften.

Wird ein Urteil nach § 317 Abs. 3 der Zivilprozeßordnung unter Benützung einer dem Gerichte vorgelegten beglaubigten Abschrift der Klageschrift oder des Zahlungsbefehls ausgefertigt, so sind für die Ausfertigung keine Schreibgebühren zu entrichten.[15]

1. nur die im § 79 (erschöpfend) aufgezählten. Den Parteien sind also nicht in Rechnung zu setzen die Auslagen des Gerichts für: Papier, Formulare, Heft- und Bindfaden, Siegellack und Oblaten, für Hilfeleistungen bei Hausdurchsuchungen, für Miete eines Zimmers bei auswärtigen Vernehmungen, für Bergung, Bewachung, Ausgrabung und Wiederbestattung von Leichen, für Verwahrung von Überführungsgegenständen, für Unterbringung beschlagnahmter Tiere (s. BayME. v. 3. 6. 81 JMBl. 300), für Verwertung beschlagnahmten Weines (DSekrZ. 12, 157), für das Ausfindigmachen und Ergreifen des Täters.

Ob die „Auslagen" bei Gericht oder bei der Staatsanwaltschaft, im Ermittelungs-, Vor- oder Hauptverfahren erwachsen sind, ist ohne Belang. Voraussetzung des Rückersatzes an die Staatskasse ist nur, daß sie in dem Strafverfahren entstanden sind, in welchem der Angeschuldigte — sei es auch aus andern Rechtsgründen als von der Anklagebehörde angenommen war oder sei es auch gegen eine andere Person eingeleitet gewesen — verurteilt worden ist, entstanden sind. So sind von dem verurteilten Angeklagten auch zu zahlen die Kosten einer polizeilichen Untersuchung: § 16 RG. v. 14. 5. 79 (Nahrungsmittelverkehr), RG. v. 15. 6. 97 (Verkehr mit Butter), Ges. v. 3. 6. 00 (Vieh- und Fleischbeschau).

Gegen die Anforderung anderer als der im § 79 bezeichneten Auslagen sind Erinnerungen (§ 4 GKG.) gegeben.

Auslagen niederzuschlagen ist nicht möglich (anders hinsichtlich der Gebühren: § 16 GKG.). Schuldner der Auslagen (also auch der aus Verschulden Anderer erwachsenen) ist zunächst der zu den Kosten (des Verfahrens, Rechtsstreits) Verurteilte, es sei denn daß das Gericht gewisse Kosten dem Dritten, der sie verursacht hat, auferlegt hat (bei grobem Verschulden: s. §§ 102, 380 ZPO. — Gerichtsschreiber, Zeugen —; §§ 50, 145 Abs. 3 StPO: — Zeugen, Verteidiger —; § 72 KO.).

2. s. § 80.

3. „Ausfertigung" — im engeren Sinn — ist die wortgetreue Abschrift des Urteils, Beschlusses usw. einschließlich der Überschrift des Urteils usw. und der Unterschrift des Richters; die Ausfertigung wird als solche in der Überschrift bezeichnet und enthält am Schlusse die Bescheinigung des Gleichlautes und die Angabe des Tages der Erteilung. Sie wird vom Gerichtsschreiber unterschrieben und mit dem Gerichtssiegel versehen (vgl. § 77 BayGeschA. f. Gerichtsschr.). Den Ausfertigungen stehen gleich die „Auszüge"; sie enthalten unter der Überschrift „Auszug" eine wortgetreue Abschrift des auszufertigenden Teiles der Entscheidung und die Bescheinigung des Gleichlautes mit der Angabe des Tages der Erteilung. Als „Ausfertigung" im weiteren Sinne gilt jedes vom Richter oder Gerichtsschreiber unterzeichnete, zur Hinausgabe bestimmte Schriftstück, das als Urkunde anzusehen ist; Schreibgebühren sind somit auch zu erheben für die schriftliche Auskunft aus dem Schuldnerverzeichnis (Vgl. PreußGerGeschO. § 35 Abs. 9; BayGer.-GeschAnw. § 158; DSekrZ. 12, 36, — Abh. 11, 227) —, die Erteilung des Haftbefehls im Offenbarungseidsverfahren (DSekrZ. 10, 151) und die Notfrist- und Rechtskraftzeugnisse (s. § 80 Anm. 2).

4. Unter „Abschrift" versteht man die wortgetreue Abschrift der Entscheidung, des Protokolles usw. (beglaubigte und nicht beglaubigte — einfache — Abschrift).

5. Auf ausdrücklichen Antrag werden z. B. erteilt: die Abschriften von Beweiserhebungs- und Sitzungsprotokollen, die Ausfertigungen von Urteilen und verkündeten Beschlüssen; stillschweigender Antrag dagegen liegt vor bei Erteilung einer Ausfertigung des Versäumnisurteils (§ 508 I ZPO.) oder bei Fertigung der dem Gläubiger formlos auszuhändigenden oder dem Gerichtsvollzieher zur Zustellung an den Schuldner und Drittschuldner zu übergebenden Ausfertigung des Pfändungs- und Überweisungsbeschlusses (letzterer ist strittig).

6. Ist eine Klage oder eine sonstige zu Protokoll des Gerichtsschreibers abgegebene Erklärung dem Gegner zuzustellen, so läßt der Gerichtsschreiber die Abschriften herstellen. Schreibgebühren werden hierfür angesetzt — s. DSekrZ. 12, 228 (Entgegen dem klaren Wortlaut des Gesetzes in Bayern: keine Schreibgebühren! § 14 BayGeschA. f. Gerichtsschr.).

Hat die Partei oder ihr Vertreter die Klage oder Erklärung bei Gericht schriftlich eingereicht, die für die (auf Grund des Gesetzes notwendige) Zustellung an den Gegner erforderliche Zahl von Abschriften beizufügen aber unterlassen, so läßt der Gerichtsschreiber die Abschriften anfertigen; die Seite kostet 20 ₰. Hat die Partei oder ihr Anwalt Abschriften eingereicht, so hat sie der Gerichtsschreiber (bzw. der Anwalt) zu beglaubigen. Hierfür fallen aber Schreibgebühren nicht an (so auch DSekrZ. 12, 162; a. A. JW. 11, 417).

Ist die Erklärung einer Partei auf Grund gesetzlicher Vorschrift nicht von Amts wegen zuzustellen oder dem Gegner auszuhändigen, ordnet vielmehr der Richter die Zustellung, weil in seinem Ermessen liegend, an (wie in den Fällen der §§ 888—891 ZPO. oder bei Abgabe einer Erklärung des Beschuldigten im Privatklageverfahren), so sind Schreibgebühren für die auf Veranlassung des Gerichtsschreibers angefertigten Abschriften nicht zu erheben.

Hat die Partei oder ihr Vertreter in der mündlichen Verhandlung ein Verzeichnis der ihr vom Gegner zu erstattenden Kosten übergeben und erfolgt Kostenfestsetzung auf dem Urteil (§ 105 ZPO.) oder gesondert (s. Meyer, ZPO. § 105 Note 1), so läßt der Gerichtsschreiber die Abschrift des Kostenverzeichnisses anfertigen; hierfür fallen Schreibgebühren nicht an. Wird die Kostenfestsetzung nach Erlaß des Urteils (gesondert — §§ 103, 104 ZPO.) schriftlich beantragt, so ist das Kostenverzeichnis doppelt einzureichen; anzufertigende Abschriften sind schreibgebührenpflichtig. Die den Beteiligten von Amts wegen zuzustellenden Terminsverlegungsbeschlüsse sind schreibgebührenfrei; ebenso können von einem unentschuldigt ausgebliebenen, zu den hierauf entstandenen Kosten verurteilten Zeugen für die Neuladung Schreibgebühren nicht erhoben werden. Es fehlt hier wie dort an einem „Antrag" auf „Erteilung" einer Ausfertigung oder Abschrift; die Erhebung von Schreib- und Postgebühren in diesen Fällen entspräche auch nicht dem Willen des Gesetzgebers, der durch die Pauschalierung eine „wesentliche Vereinfachung des Geschäftsbetriebs" herbeiführen wollte. (So: LG. Freiberg und Braunschweig DSekrZ. 12, 36; 11, 35 und 149; a. A. LG. München 30. 6. 10 DSekrZ. und Rittmann [5.] § 79 Anm. 4, § 80a Anm. 3.)

Schuldner der Schreibgebühren ist der Antragsteller (§ 86 Abs. 2 GKG.); von ihm sind sie einzufordern auch wenn der Gegner unterlegen ist oder die Kosten ganz oder zum Teil übernommen hat. Dieser Gegner hat sie nur an die Staatskasse zu zahlen, wenn der Antragsteller im Armenrecht war (So auch: Rittmann, DSekrZ. 13, 31); im übrigen ist über die Frage der Erstattung im Kostenfestsetzungsverfahren zu entscheiden. Fälligkeit: sofort nach Anfertigung (§ 97 Abs. 1 das.) Vorschußerlage hierfür: § 97 Abs. 2.

Alles Schreibwerk, das auf Grund gesetzlicher Vorschrift den Beteiligten „von Amts wegen" zugeht, ist schreibgebührenfrei, weil unter den Pauschsatz (§ 80b) fallend. Dies trifft auch zu auf Abschriften von Entscheidungen und Protokollen, welche im dienstlichen Interesse zu den Akten zu fertigen sind.

7. Telephongespräche im Vororts-, Nachbarorts- und Bezirksverkehr (§ 10 d. Fernsprechgebührenordnung) sind den Parteien nicht in Rechnung zu stellen. Belanglos ist dabei, ob das Gericht an die Postverwaltung eine Pauschalgebühr bezahlt oder nicht. Der Staat hat nur Anspruch auf Rückersatz der im Fernverkehr für Benützung der Verbindungsanlage zwischen verschiedenen Netzen und Orten mit öffentlichen Fernsprechstellen anfallenden Gebühren. (Begr. z. Nov. 1909.)

Warum telegraphiert oder telephoniert worden ist, ist gleichgültig.

Postgebühren (Porti, Bestellgeld) sind den Parteien nicht mehr in Rechnung zu stellen; sie sind durch den Pauschsatz gedeckt. Ist ein schreibgebührenpflichtiges Schriftstück einer Partei zuzusenden, so geschieht es als „portopflichtige Dienstsache". Unzulässig ist die Übersendung „frei durch Ablösung" und Verrechnung des Portos in den Gebührenregistern. (Preußen: AVf. v. 4. 3. 94 JMBl. 50.) Wird die Ausfertigung eines Kostenfestsetzungsbeschlusses einer Partei formlos übersandt, so geschieht es portofrei, weil keine schreibgebührenpflichtige Sendung in Frage steht (s. DSekrZ. 11, 149).

Bayern: Rechnerische Behandlung der Telegramm- und Telephongebühren s. JMBl. 09, 213 und Meyer, BayGebG. Art. 39a Anm. 2.

8. d. s. die vom Gericht an die Zeitungen zu zahlenden Einrückungskosten einschließlich der Kosten für die Belegblätter. Die Fertigung der Bekanntmachungen, die Übersendung an die Zeitung und die Einsendung der Kosten an diese sind durch den Pauschsatz gedeckt (§ 80b GKG.).

9. Vgl. ZSGebO. v. 30. 6. 1878. — Sachverständige sind auch die Dolmetscher (§ 13 ZSGebO.), ebenso gehören hierher Photographen, die auf richterliche Anordnung tätig waren. Vgl. hierher auch Meyer, BayGebG. Art. 5 Anm. 2.

10. d. s. Richter, Staatsanwälte, Amtsanwälte und Gerichtsschreiber.

11. Die Regelung der zum Ansatze zu bringenden Tagegelder und Reisekosten ist den Bundesregierungen überlassen worden.

Bayern: s. Meyer, GebG. Art. 5 Note 3.

12. Hierunter fallen z. B. die Kosten für Rechtsgutachten von Fachbehörden, Sachverständigenvereinen, der Heil- und Irrenanstalten (§ 656 ZPO., § 81 StPO.).

Bezüglich der Rechtshilfekosten gilt folgendes:

a) Verkehr von ordentlichen Gerichten desselben Bundesstaates.

Die Auslagen werden in den Akten vermerkt (in Bayern dem Gerichtsschreiber des ersuchenden Gerichts mit besonderem Schreiben bekanntgegeben: Bestätigung ist zu erteilen) und mit den Gebühren durch das ersuchende Gericht zur Staatskasse eingezogen. (Preußen: § 14 PrGKG. Bayern: JMB. v. 9. 6. 88 JMBl. 144, 145. Württemberg: §§ 11, 95 JMB. v. 31. 12. 02. Baden: §§ 46, 49, 124 GKO. v. 10. 1. 00 GBl. 207. Braunschweig: § 6 BrGKG.)

b) Verkehr unter den ordentlichen Gerichten verschiedener Bundesstaaten.

Die durch die Erledigung eines Ersuchens erwachsenden Auslagen werden nicht erstattet. Der Betrag der Auslagen wird der ersuchenden Behörde mitgeteilt, welche sie für sich einzieht. Die Kosten einer telegraphischen Auskunft sind jederzeit zu erstatten, weil solche Ersuchen nicht unter den Begriff der Rechtshilfe im Sinne des 13. Tit. des GVG. fallen. (Begr. d. § 17 d. BundesrVO. v. 16. 6. 82; Preußen: Vf. v. 7. 3. 07 JMBl. 55, MVf. v. 26. 4. 01 JMBl. 99; Bayern: JMB. v. 29. 3. 07 JMBl. 85ff.; Braunschweig: MB. v. 9. 3. 07.)

Schriftliche Gutachten der Sachverständigen, die in anderen Bundesstaaten wohnen: Preußen: Vf. v. 10. 7. 94 JMBl. 161. Bayern: JMB. v. 21. 7. 00 JMBl. 1067. Braunschweig: MB. v. 14. 7. 00 und 22. 9. 04.

Über Einziehung von Abgaben und Vermögensstrafen und über Kostenansatz im Falle der Verweisung des Rechtsstreits an das Gericht eines andern Bundesstaats s. § 99 GKG.

c) Verkehr zwischen den ordentlichen Gerichten Deutschlands und den besonderen Gerichten.

Die Grundsätze unter b finden entsprechende Anwendung (s. insbes. § 61 GewGG.; § 16 KfmGG.; DSekrZ. 02, 508; 06, 123).

Für die Erledigung von Ersuchen der Versicherungs- und anderen öffentlichen Behörden sowie der Organe der Versicherungsträger (§ 115 RVersO. v. 19. 7. 11 RGBl. 509) werden nur bare Auslagen erstattet (also z. B. Tagegelder und Reisekosten, Gebühren für Zeugen und Sachverständige, Gebühren der Gerichtsvollzieher gemäß § 40 GVO. — vgl. DSekrZ. 02, 507). § 117 RVersO. v. 19. 7. 11.

Für die Erledigung von Ersuchen anderer Verwaltungsbehörden und besonderer Gerichte anderer Bundesstaaten werden sowohl die nach Landesgesetz bestimmten Gebühren (§ 106 PrGKG., § 118 Braunschw. GKG.) als die Auslagen berechnet, und falls eine gebührenpflichtige und zahlungsfähige Partei vorhanden ist, eingezogen und an die ersuchte Behörde abgeliefert.

d) Verkehr zwischen deutschen Gerichten und ausländischen Behörden.

Für die Erledigung von Ersuchen um Rechtshilfe zwischen deutschen Gerichten und den in dem Haager Abkommen über den Zivilprozeß bezeichneten Staaten (Österreich, Belgien, Dänemark, Spanien, Frankreich, Italien, Luxemburg, Norwegen, Niederlande, Portugal, Rumänien, Rußland, Schweden, Schweiz) werden Gebühren und Auslagen irgendwelcher Art nicht erhoben. Ein Vorbehalt besteht nur hinsichtlich der Erstattung von Zeugen- und Sachverständigengebühren sowie der Auslagen, welche für die wegen Nichterscheinens der Zeugen erforderlich gewordene Mitwirkung eines Vollziehungsbeamten entstanden sind (Art. 16 des Abk.). Vgl. besonders: RGBl. 10, 872 (Österreich); Preußen: JMB. v. 16. 6. 10 JMBl. 189; Bayern: JMB. v. 8. 4. 11 JMBl. 113, BayRZ. 11, 211.

Erstattung der Gebühren- und Auslagen der deutschen Konsuln: RGBl. 10, 847; § 18 KonsGG. v. 7. 4. 00 RGBl. 213; RGBl. 11, 869, 971 (Japan).

Schutzgebietsges. v. 10. 9. 00 RGBl. 812.

Im übrigen sind bezüglich der Kosten des Rechtshilfeverkehrs mit dem Auslande die von den einzelnen Staaten abgeschlossenen Übereinkommen maßgebend. Näheres hierüber: „Rechtshilfeverfahren und Kosten" von LGSekretär Schildmacher in Magdeburg.

Rechtsanwälte können die Erstattung ihrer Gebühren aus der Staatskasse verlangen, wenn sie gemäß § 150 StPO. zum Verteidiger bestellt waren. Kein Recht auf Erstattung der Gebühren und Auslagen (wie Reisekosten) durch die Staatskasse haben sie, wenn sie einer armen Partei als Vertreter beigegeben waren. Hier steht ihnen nur ein Erstattungsanspruch gegen den Gegner zu (JW. 96, 320).

13. entstanden durch den Transport von Untersuchungsgefangenen oder die Vorführung: eines Zeugen (§ 380 ZPO., § 50 StPO.) oder einer Partei im Ehescheidungsprozeß (§ 619 ZPO.), des zu Entmündigenden (§ 654 ZPO.), durch die Einschaffung des zu Entmündigenden in eine Heilanstalt (§ 656 ZPO.), durch die Verhaftung der Partei, die eine ihr aufgetragene Handlung nicht vornimmt (§ 888 ZPO.), durch die Vorführung des Gemeinschuldners (§§ 101, 106 KO.).

Die Kosten des Transportes bei Verhaftung des Schuldners, der den Offenbarungseid zu leisten hat (§ 901 ZPO.), zählen nicht hierher, es sei denn, daß der Gläubiger zum Armenrecht zugelassen ist; denn sie sind vorauszuzahlen (s. Meyer, ZPO. § 911 Anm. 1 u. 2). Das preuß. Justizministerium will auch seitens des armen Gläubigers die Haftkosten vorausbezahlt wissen; Vf. v. 10. 5. 02, Rittmann, GKG. [5.] Vorbem. z. VI. Tit. Note * zu Anm. 6 n.

Die gelegentlich der Strafvollstreckung erwachsenden Transportkosten fallen nicht unter Z. 7; denn die Strafvollstreckung ist der landesgesetzlichen Regelung unterstellt. (Bayern: Die Kosten eines Transportes von Strafgefangenen sind in die Einzugsregister einzustellen. ME. v. 17. 7. 80 JMBl., FMBl. 80, 195.)

14. entstanden in den in Anm. 13 aufgeführten Fällen. Die Höhe der Haftkosten ist landesgesetzlich geregelt; sie betragen täglich in: Bayern: 1 ℳ (GVBl. 81, 1331). Die Kosten der Strafhaft gehören nicht hierher.

15. Nach § 313 Abs. 3 ZPO. kann, wenn Versäumnis- oder Anerkenntnisurteil nach dem Antrage des Klägers ergeht, dieses Urteil in abgekürzter Form auf die zu den Akten übergebene Klageschrift gesetzt werden.

§ 80.

Die Schreibgebühr beträgt für die Seite, welche mindestens zwanzig Zeilen von durchschnittlich zwölf Silben enthält, zwanzig Pfennig, auch wenn die Herstellung auf mechanischem Wege stattgefunden hat.[1]

Jede angefangene Seite wird für voll berechnet.[2]

Für Schriftstücke, die in fremden Sprachen abgefaßt sind, für Schriftstücke in tabellarischer Form, sowie für Verzeichnisse, Listen, Rechnungen, Handzeichnungen und dergleichen kann die Höhe der Schreibgebühr von der Landesjustizverwaltung anderweit bestimmt werden.[3]

1. Das in § 80 bestimmte Maß ist ein Mindestmaß, kein Normalmaß. Es dürfen aber auch für 1 Seite mit mehr als 240 Silben nur 20 ₰ berechnet werden (RGZ. 8. 6. 88; 22, 419). Über das Mindestmaß darf zwar hinausgegangen, nie aber zurückgeblieben werden.

2. Dies gilt sowohl für die letzte nicht voll beschriebene Seite eines mehrseitigen Schriftstücks, als auch für ein Schriftstück, das eine Seite nicht ganz ausfüllt. Die Beglaubigung eines Schriftstücks z. B. der vom Kläger eingereichten Klagabschrift ist gebühren- und auslagenfrei. Der Beglaubigungs- oder Ausfertigungsvermerk (Vollstreckungsklausel) gehört aber zum Schriftstück. Kommt er ganz oder zum Teil auf die neue Seite, so trifft Abs. 2 Satz 1 zu (Rittmann § 80 Anm. 5; Gutachten d. KG. v. 2. 11. 05, PrJMBl. 06, 4). § 80 a Z. 4 früh. Fass. ist eben aufgehoben. Auch für das Notfrist- und Rechtskraftzeugnis kommen Schreibgebühren zum Ansatz. Das Vorgesagte gilt auch für sie. Sie werden auf Antrag erteilt, fallen somit nicht unter den Pauschsatz

---

*) Satz 3 ist durch Ges. v. 1. 6. 09 eingefügt.

für das von Amts wegen herzustellende Schreibwerk. (Begriff der Ausfertigung: § 79 Anm. 3.)

3. Preußen: JMVf. v. 17. 8. 10, § 3 JMBl. 325. Der Zeitaufwand ist zu schätzen; jede Stunde: 1 *M*.

§ 80 a.

Für die von Amts wegen bewirkten Zustellungen [1] werden nur diejenigen baren Auslagen erhoben, welche durch die Zustellung im Ausland [2] oder bei der öffentlichen Zustellung durch Bekanntmachung in öffentlichen Blättern entstehen.

1. Von Amts wegen bewirkt wird auch die Zustellung des Terminsverlegungsbeschlusses; daß der Beschluß auf Parteiantrag erging, hat nicht zur Folge, daß die Partei die auf die Zustellung erwachsenen Kosten tragen muß (s. auch § 79 Anm. 6).

2. s. § 79 Anm. 12.

§ 80 b.

Zur Deckung der von den Parteien nicht zu ersetzenden baren Auslagen [1] werden Pauschsätze erhoben.[2] Der einzelne Pauschsatz beträgt zehn vom Hundert der zum Ansatze gelangenden Gebühr, jedoch nicht mehr als fünfzig Mark.[3] Die Vorschrift des § 7 Abs. 2 findet Anwendung.[4]

In bürgerlichen Rechtsstreitigkeiten beträgt im Falle der Erhebung einer Klage die Summe der in einer Instanz anzusetzenden Pauschsätze mindestens fünfzig Pfennige und höchstens einhundert Mark; die Vorschriften des § 32 Abs. 1 und des § 33, sowie die Vorschrift des § 39 Abs. 1, soweit sie sich auf die in den §§ 36, 38 Nr. 1, 2 bestimmten Gebühren bezieht, finden keine Anwendung.[4] Der Erhebung einer Klage steht es gleich, wenn nach Erhebung des Widerspruchs gegen einen Zahlungsbefehl zur mündlichen Verhandlung geladen wird oder wenn gegen einen Vollstreckungsbefehl Einspruch eingelegt wird; in diesem Falle gelten das Mahnverfahren und der entstehende Rechtsstreit als Eine Instanz.[5, 6]

1. **Zu ersetzen sind** von den Parteien der Staatskasse: die im § 79 genannten Auslagen sowie die für eine Zustellung im Auslande von der ersuchten Behörde erstattet verlangten Beträge sowie die Kosten der Einrückung in die Zeitung bei der öffentlichen Zustellung.

Nicht zu ersetzen, weil durch den Pauschsatz des § 80 b gedeckt, sind: alles Schreibwerk und alle Postgebühren (für Briefe, Pakete, Postanweisungen, Einschreibsendungen usw.), die in dem gebührenpflichtigen Verfahren entstehen. Portofrei z. B. gehen an die Parteien die Mitteilungen und Aufforderung bei der Kostenfestsetzung, die Mitteilung von der Zustellung des Zahlungsbefehls oder von der Erhebung des Widerspruchs, die Benachrichtigung des Schuldners von der Erteilung der weiteren vollstreckbaren Ausfertigung usw. Ebenso sind den Parteien nicht in Rechnung zu stellen die Bestellgebühren für Paketsendungen, die von einem nichtbayerischen Gericht an das bayerische Gericht zurückkommen.

Portopflichtig dagegen bleiben alle Sendungen, die auf die bloße Anfrage einer Person erwachsen, also nicht in einem bei Gericht anhängigen, die Partei selbst betreffenden Verfahren entstehen. Als „portopflichtige Dienstsache" zurückzusenden ist also die Auskunft über einen Eintrag im Schuldnerverzeichnis an einen Dritten, die Antwort auf die Anfrage, ob über das Vermögen einer Person das Konkursverfahren eröffnet ist, kurz: jede schreibgebührenpflichtige Sendung.

2. Der Zweck der Pauschalierung der Schreib- und Postgebühren ist nach den Motiven „eine wesentliche Vereinfachung des Geschäftsbetriebs; es bietet zugleich eine größere Gewähr für die Richtigkeit der Kostenrechnungen, wenn von dem Einzelansatz der Schreib- und Postgebühren in der Regel abgesehen und an ihrer Stelle der Pauschsatz erhoben wird".

Der Pauschsatz ist keine Gebühr, sondern „Auslage" (RG. DSekrZ. 11, 82; 12, 58). Die Folge ist,

a) daß er nicht wie die Gebühr niedergeschlagen werden kann (§ 6),

b) daß er aus der Gebühr berechnet bestehen bleibt, auch wenn die Gebühr kraft gesetzlicher Vorschrift auf eine andere, spätere Gebühr angerechnet wird,

c) daß ihn auch die nach § 98 von der Zahlung der Gebühren befreiten Parteien zu zahlen haben.

3. Grundsatz ist: Aus jeder Gebühr wird ein 10%iger Pauschsatz erhoben. Ob und welche „Auslagen" in dem Verfahren erwachsen sind, ist hierauf ohne Einfluß (JW. 11, 417). Mindestbetrag: 10 ₰, Höchstbetrag: 50 ℳ. Pfennigbeträge, die ohne Bruch nicht durch zehn teilbar sind, werden auf den nächst höheren durch zehn teilbaren Bruch abgerundet.

Man hat ferner zu beachten: Liegt eine Klagesache vor, so beträgt der Mindestpauschsatz: 50 ₰, der Höchstpauschsatz aus allen darin anfallenden Gebühren: 100 ℳ. Der Begriff „Instanz" ist für die Pauschsatzberechnung ein weiterer als für die Gebührenberechnung.

4.

Beispiele zu Abs. 1.

a) Es wird über die Zulässigkeit einer Nebenintervention (Streitwert: 150 ℳ) verhandelt und entschieden. Zum Ansatz kommen:

$^3/_{10}$ Verhandlungsgebühr (§§ 27 Nr. 1, 18 Nr. 1)	=	80 ₰
Pauschsatz (§§ 80 b, 7 Abs. 2)	=	10 ₰
$^3/_{10}$ Entscheidungsgebühr (§§ 27 Nr. 1, 18 Nr. 3)	=	80 ₰
Pauschsatz (§§ 80 b, 7 Abs. 2)	=	10 ₰

(Rittmann zählt irrtümlich die „Nebenintervention" zur Instanz.)

b) A, B und C beantragen getrennt die Anordnung der Einstellung der Zwangsvollstreckung in bei D gepfändete Gegenstände, weil sie deren Eigentümer seien. Es kommen 3 × 2/10 Gebühren nach § 35 Nr. 1 und 3 × 10% aus den Gebühren als Pauschsatz zur Erhebung.

c) Zahlbefehl über 126 M. Vollstreckungsbefehl über 70 M.

Gebühren: 2/10 aus 126 M (§ 37 Nr. 1) = 1.50 M
Pauschsatz (§ 80 b) = —.20 M
1/10 aus 70 M (§ 37 Nr. 2) = —.50 M
Pauschsatz (§ 80 b) = —.10 M

d) Pauschsatz im Konkursverfahren s. § 52 Anm. 3; in Strafsachen s. § 59 Anm. 3 ff.

5.

Beispiele: a) Klage auf Zahlung von 19 M. Vor oder nach Zustellung: Zurücknahme.

Gebühr 1/10 (§ 46) aus 19 M = —.20 M
Pauschsatz (§ 80 b Abs. 2) = —.50 M
nicht nur: 10 ₰. Vgl. DSekrZ. 10, 203; 11, 127).

b) Klage wie vor. Verhandlung, Vergleich.

Gebühr: 3/10 aus 19 M (§§ 18 [3], 23) = —.30 M
Pauschsatz (§ 80 b Abs. 2) = —.50 M

c) Klage wie vor. Verhandlung, Beweiserhebung, Entscheidung.

Gebühren: 3 × 10/10 (§ 18 Nr. 1—3) = 3 × 1 M = 3.— M
Pauschsätze 3 × 10 ₰ = 30 ₰, nach § 80 b Abs. 2 = —.50 M

d) Klage auf 110 M. Sonst wie c.

Gebühren: 3 × 10/10 aus 110 M = 3 × 4.60 M = 13.80 M
Pauschsätze 3 × 50 ₰ = 1.50 M
(Pauschsatz aus jeder Gebühr, nicht aus der Summe aller Gebühren!)

e) Klage auf 19 M. Versäumnisurteil. Einspruch. Verwerfung des Einspruchs.

Gebühren:

10/10 Entscheidungsgebühr aus 19 M (§ 18 [3]) = 1.— M
Pauschsatz (§ 80 b Abs. 2) = —.50 M
5/10 Entscheidungsgebühr aus 19 M (§§ 18 Nr. 3, 26 Nr. 6, 32) = 1.— M
Pauschsatz (§ 80 b Abs. 2, 1) = —.— M

Für die Gebührenbewertung liegen zwei Instanzen vor, daher zwei Entscheidungsgebühren, Nichtanwendung des § 28. Für die Pauschsatzberechnung dagegen gilt § 32 Abs. 1 nicht: es ist ein Verfahren, eine Instanz anzunehmen. Die Pauschsätze aus allen Gebühren dürfen wohl mehr, nicht aber weniger als 50 ₰ betragen. Aus 2 × 1 M betragen sie nur 2 × 10 ₰ = 20 ₰. 50 ₰ müssen mindestens erhoben werden. Da sie bei Bewertung des Versäumnisurteils erhoben wurden, ist für die zweite Entscheidung kein Pauschsatz mehr zu berechnen.

f) Wechselprozeß. Streitwert: 45 M. Verhandlung. Endurteil. Kostenfestsetzung auf 18 M. Ordentliches Verfahren. Endurteil.

Gebühren:

α) **Wechselprozeß:**

$^6/_{10}$ Verhandlungsgebühr (§§ 18 Nr. 1, 25)	=	1.50 ℳ
Pauschsatz (§ 80b)	=	—.20 ℳ
$^6/_{10}$ Entscheidungsgebühr (§§ 18 Nr. 3, 25)	=	1.50 ℳ
Pauschsatz (§ 80b)	=	—.20 ℳ
		3.40 ℳ
Der Mindestpauschsatz beträgt 50 ₰, zu erheben sind somit noch		—.10 ℳ
Summe:		3.50 ℳ

β) $^1/_{10}$ Gebühr von $^6/_{10}$ für Kostenfestsetzung (§ 38 Nr. 1) = —.20 ℳ

Der Pauschsatz betrüge 10 ₰; er kommt nicht mehr zur Erhebung. Denn das Kostenfestsetzungsverfahren bildet mit dem Hauptprozeß für die Pauschsatzberechnung eine Instanz (für die Gebührenberechnung liegen zwei Verfahren vor!). Die Pauschsätze aus allen Gebühren betragen: 20 ₰ + 20 ₰ + 10 ₰ (Kostenfestsetzung) = 50 ₰. Dieser Betrag ist bereits gemäß § 80b Abs. 2 erhoben.

γ) **Nachverfahren:**

je $^{10}/_{10}$ Verhandlungs- und Entscheidungsgebühr aus 45 ℳ = 2 × 2.40 ℳ = 4.80 ℳ
(§ 18 Nr. 1, 3, § 33; zwei Rechtsstreite!)
Pauschsatz (§ 80b) 2 × 30 ₰ = —.60 ℳ

(Bezüglich der Pauschsatzberechnung gelten die Verfahren unter α, β, γ als eines; die Folge ist: die in den drei Verfahren zur Erhebung kommenden Pauschsätze müssen zusammen mindestens 50 ₰ betragen und höchstens 50 ℳ.)

g) Es erfolgt die Sicherung des Beweises mit Beweisaufnahme wegen 70000 ℳ. Klage. Verhandlung. Beweis. Entscheidung. Kostenfestsetzung auf 1590 ℳ.

		Gebühr	Pauschsatz
α) Beweissicherung. ($^5/_{10}$ nach § 36)	=	195.— ℳ	19.50 ℳ
β) Klage. $^{10}/_{10}$ Verhandlungsgebühr (§ 18 Nr. 1)	=	390.— ℳ	39.— ℳ
$^{10}/_{10}$ Beweisgebühr (§§ 18 Nr. 2)	=	390.— ℳ	39.— ℳ
$^{10}/_{10}$ Entscheidungsgebühr (§§ 18 Nr. 3)	=	390.— ℳ	39.— ℳ
γ) Kostenfestsetzung (§ 38 Nr. 1)	=	3.80 ℳ	0.40 ℳ
		1368.80 ℳ	136.90 ℳ

Für die „Gebühren" liegen drei getrennte Verfahren vor; wäre das gleiche der Fall bezüglich der Pauschsätze, so würde in dem Verfahren α und γ der Höchstpauschsatz mit 100 ℳ nicht erreicht werden, wohl aber im Verfahren β. Es kämen somit immerhin zur Erhebung: 19.50 + 100 + —.40 ℳ = 119.90 ℳ. Nun sind aber für die Pauschsatzberechnung nicht drei, sondern nur ein Verfahren, eine Instanz gegeben. Zur Erhebung kommen dürfen daher als Pauschsatz im ganzen nur 100 ℳ.

h) Zur Instanz gehört in dem unter g dargelegten Sinne auch das Verfahren betreffend die Rückgabe einer Sicherheit.

i) Über den Pauschsatz bei Verbindung mehrerer Prozesse s. DSekrZ. 12, 94, 158 und 220.

5.

Beispiele: a) Zahlungsbefehl auf 23 M. Widerspruch. Verhandlung. Beweiserhebung. Vergleich.

Gebühren:

			Gebühr	Pauschsatz
α)	Zahlungsbefehlgebühr 2/10 aus 23 M (§ 37 Nr. 1)	=	0.50 M	0.10 M
β)	10/10 Verhandlungsgebühr (§ 18 Nr. 1) = 2,40 M — 0,50 M Gebühr α (§ 37 Abs. II) = 1,90 M Der Pauschsatz wird berechnet aus der an sich anfallenden Gebühr; ob diese sich infolge Anrechnung einer früher erhobenen Gebühr ermäßigt, ist ohne Einfluß, also hier: Pauschsatz aus 2,40 M, nicht aus 1,90 M (a. A. OLGRspr. 22, 276; LG. Güstrow in DSekrZ. 1912, 57).		1.90 M	0.30 M
	5/10 Beweisgebühr (§§ 18 Nr. 2, 22)	=	1.20 M	0.20 M
	3/10 Entscheidungsgebühr (§§ 18 Nr. 3 23)	=	0.80 M	0.10 M
			4.40 M	0.70 M

Die Benachrichtigung des Gläubigers vom Widerspruch erfolgt portofrei (DSekrZ. 12, 162).

b) Zahlungsbefehl 19 M. Widerspruch. Verhandlung. Beweis. Entscheidung. Kostenfestsetzung auf 7 M.

α)	2/10 aus 19 M (§ 37 Nr. 1)	=	0.20 M	0.10 M
β)	10/10 Verhandlungsgebühr (§§ 18 Nr. 1) = 1.— M; davon ab 0.20 M Gebühr zu α (§ 37 Abs. 2)	=	0.80 M	0.10 M
	10/10 Beweisgebühr (§ 18 Nr. 2)	=	1.— M	0.10 M
	10/10 Entscheidungsgebühr (§ 18 Nr. 3)	=	1.— M	0.10 M
γ)	1/10 aus 7 M (§ 38 Nr. 1)	=	0.20 M	0.10 M
			3.20 M	0.50 M

Die Verfahren unter α—γ sind getrennt hinsichtlich der Gebühren; sie bilden aber ein Verfahren hinsichtlich der Pauschsatzberechnung. Es müssen also die Pauschsätze in den drei Verfahren mindestens 50 ₰ ausmachen. Würden die Verfahren auch für die Pauschsätze getrennt sein, so fielen an: zu α: 10 ₰, zu β: 50 ₰ (§ 80b II), zu γ: 10 ₰ = 70 ₰.

c) Zahlungsbefehl 19 M. Widerspruch. Versäumnisurteil. Kostenfestsetzung auf 7 M.

Es fallen an:		Gebühr	Pauschsatz
α) 2/10 aus 19 ℳ (§ 37 Nr. 1)	=	0.20 ℳ	0.10 ℳ
β) 10/10 Entscheidungsgebühr (§ 18 Nr. 3) = 1.— ℳ — 0.20 ℳ Gebühr zu α (§ 37 II)	=	0.80 ℳ	—·10 ℳ
		1.— ℳ	0.20 ℳ
Als Pauschsatz sind jedoch zu erheben (§ 80 b Abs. 2)			0.50 ℳ
γ) 1/10 aus 7 ℳ (§ 38 Nr. 1)	=	0.20 ℳ	—.— ℳ
		1.20 ℳ	0.50 ℳ

Ein Pauschsatz kommt für die Kostenfestsetzung nicht in Betracht; denn die Verfahren α—γ sind ein Verfahren im Sinne des § 80 b. Die aus den Gebühren berechneten Pauschsätze betrügen 3 × 10 ₰ = 30 ₰. Da schon 50 ₰ als Mindestsatz erhoben sind, fällt aus der Gebühr zu γ kein Pauschsatz mehr an.

d) Streitwert: 25 ℳ. Zahlungsbefehl. Vollstreckungsbefehl. Einspruch. Verhandlung. Versäumnisurteil. Einspruch. Verhandlung. Vergleich. Kostenfestsetzung auf 12 ℳ.

		Gebühr	Pauschsatz
α) 5/10 f. d. Zahlungsbefehl (§§ 37 Nr. 1)	=	0.50 ℳ	0.10 ℳ
β) 3/10 f. d. Vollstreckungsbefehl (§ 37 Nr. 2)	=	0.30 ℳ	0.10 ℳ
γ) 10/10 Verhandlungsgebühr und Entscheidungsgebühr f. d. Vers.-Urteil (§§ 18 Nr. 1, 3, 32) = 2 · 2.40 ℳ. Hiervon ab 0.50 ℳ Gebühr zu α	=	1.90 ℳ	{ 0.30 ℳ 0.30 ℳ
δ) 8/10 Vergleichsgebühr (§§ 18 Nr. 3, 23)	=	0.80 ℳ	0.10 ℳ
ε) 1/10 f. d. Kostenfestsetzung (§ 38 Nr. 1)	=	0.20 ℳ	0.10 ℳ
		3.70 ℳ	1.— ℳ

6. Schuldner der Pauschsätze ist der, dem die Kosten auferlegt sind (§ 86) oder derjenige, der sie übernommen hat (§ 88), wenn keiner dieser beiden Fälle zutrifft, der Antragsteller (§§ 89, 94 Nr. 1).

(In Preußen, Bayern, Sachsen und Baden wird nach ministerieller Anordnung mit dem Gebührenvorschuß der jeweilige Pauschsatz eingehoben. Vgl. auch DSekrZ. 12, 38, 73 und 117.)

Die Pauschsätze werden **fällig** mit den Gebühren (nicht Vorschüssen) — §§ 93, 94 Nr. 1 —.

Sechster Abschnitt.

Kostenvorschuß und Kostenzahlung.

Von Rechts wegen sollte jeder Antragsteller für die Inanspruchnahme der staatlichen Einrichtungen — Gerichte — die durch seinen Antrag entstandenen Gerichtskosten (Gebühren und Auslagen) tragen. Der Gesetzgeber ging jedoch von diesem Grundsatz ab und nahm eine weitgehende Rücksicht auf den Ausgang des Prozesses. Vollständig verzichtete er jedoch nicht auf das Recht, die Kosten vom Antragsteller einzufordern; er bestimmte vielmehr, um dem Antragsteller die von ihm übernommenen Gefahren des Rechtsstreits von Anfang an vor Augen zu führen;

> wer ein gerichtliches Verfahren beantragt, hat (ohne Rücksicht auf den Ausgang des Verfahrens im Kostenpunkt) zur Deckung der Staatskasse für die ihr zustehenden Kosten einen Teil der Gebühren und Auslagen „vorweg zu zahlen", er hat Vorschuß zu leisten.

Die Höhe des Vorschusses (bei Inländern und Ausländern) ist in den §§ 81 ff. genau bestimmt. Die Folge dieser Regelung der Vorschußpflicht ist

A. in bürgerlichen Rechtsstreitigkeiten:

Fällt in dem Verfahren nur eine Gebühr (mit Pauschsatz) an (wie z. B. im Mahnverfahren, im Kostenfestsetzungsverfahren oder in den Angelegenheiten der Zwangsvollstreckung), so haftet für sie, mag auch das Gericht in seiner Entscheidung dem Gegner des Antragstellers die Kosten des Verfahrens auferlegt haben, in erster Linie der Antragsteller, weil vorschußpflichtig. Von ihm sind die Einzelgebühren zunächst einzufordern; zahlt er sie nicht, so erfolgt Überweisung zur zwangsweisen Beitreibung. Dabei ist der nach der gerichtlichen Entscheidung zahlungspflichtige Gegner als Zweitschuldner zu bezeichnen.

Fallen in dem Rechtsstreit mehrere Gebühren (§ 18) an, so haftet der Kläger als Antragsteller in jedem Falle für die höchste Einzelgebühr (mit Pauschsatz), die in dem Verfahren als Aktgebühr anfallen kann (im ordentlichen Prozeß also für $^{10}/_{10}$ der Sätze des § 8, im Urkunden- und Wechselprozeß für $^{6}/_{10}$ usw.).

An sich ist der Gebührenvorschuß mit der Einreichung des Antrages, der Klage bei Gericht fällig. Einige Landesjustizverwaltungen haben jedoch aus praktischen Gründen von der Anordnung der sofortigen Einziehung abgesehen und bestimmt, daß der Gebührenvorschuß bei Klagesachen nach der ersten kontradiktorischen Verhandlung oder wenn im 1. Termine niemand erschienen ist, erhoben werde. Fallen in dem Verfahren Aktgebühren nicht an (wie im Mahnverfahren, s. oben), so greift der Staat nach Entstehung der Gebühr auf die Vorschußpflicht zurück.

Die Vorschußpflicht (§§ 81—85) ist unabhängig von der Kostenpflicht, die in den §§ 86 ff. geregelt ist. Beide greifen jedoch häufig in einander, um sie leichter verständlich erscheinen zu lassen, ist in den folgenden Beispielen beides behandelt.

1.

Mahnverfahren. Zahlungsbefehl. Vollstreckungsbefehl. Streitwert: 25 ℳ.

Gebühren: $^2/_{10}$ aus 25 ℳ (§ 37 Abs. 1 Nr. 1) und Pauschsatz (§ 80 b).

Schuldner: Gläubiger, weil Antragsteller (§ 81).

$^1/_{10}$ aus 25 ℳ (§ 37 Abs. 2) u. Pauschsatz (§ 80 b).

Schuldner: Gläubiger (§ 81 GKG.).

Zweitschuldner: Schuldner (§ 699 ZPO., § 92 GKG.).

2.

Zwangsvollstreckung. Forderungspfändungs- und Überweisungsbeschluß. Streitwert: 200 ℳ.

Antragsteller schuldet

$^2/_{10}$ (§ 35 Nr. 2) aus 200 ℳ und den Pauschsatz (§ 80 b).

Zweitschuldner ist der Gegner (§ 86).

3.

Kostenfestsetzung auf Antrag des A. Streitwert: 10 ℳ.

A schuldet die $^1/_{10}$ Gebühr des § 38 Nr. 1 und den Pauschsatz (§ 80 b) als gebührenvorschußpflichtig (§ 81).

B ist nur Zweitschuldner (§§ 86, 92 GKG., § 91 ZPO.).

4.

Prozeßverfahren. Klage auf Zahlung von 120 ℳ. Zurücknahme nach Terminsbestimmung.

Kläger schuldet $^1/_{10}$ aus 120 ℳ (§ 46) und den Pauschsatz (§ 80 b) — § 81 —.

5.

Klage auf Zahlung von 120 ℳ. Im 1. Termin Ermäßigung des Anspruchs auf 50 ℳ. Vertagung. Sodann Versäumnisurteil gegen den Beklagten.

Nach dem 1. Termin (richtiger: nach Einreichung der Klage) hat Kläger zu zahlen:

$^{10}/_{10}$ aus 120 ℳ	=	4.60 ℳ
Pauschsatz (§§ 80 b, 81)	=	—.50 ℳ
Gedeckt ist damit die		
$^1/_{10}$ Gebühr (§ 46) aus 70 ℳ	=	—.50 ℳ

Nach Erlaß des Versäumnisurteils berechnen sich die Kosten wie folgt:

		Gebühr	Pauschsatz
$^1/_{10}$ (§ 46)	=	—.50 ℳ	—.10 ℳ
$^{10}/_{10}$ (§ 18 Z. 3) aus 5 ℳ	=	2.40 ℳ	—.30 ℳ
		2.90 ℳ	—.40 ℳ
Mindestpauschsatz (§ 80 b)			—.50 ℳ
Kläger hat bezahlt:		4.60 ℳ	—.50 ℳ
An ihn sind zurückzugeben:		1.70 ℳ	—.— ℳ

Beklagter hat dem Kläger zu erstatten:
2.90 ℳ + —.50 ℳ = 3.40 ℳ.

(Unrichtig wäre folgende Bewertung:

Nach dem 1. Termin vom Kläger einzuheben:

		Gebühr	Pauschsatz
$^1/_{10}$ (§ 46) aus 70 ℳ	=	—.50 ℳ	—.10 ℳ
$^{10}/_{10}$ (§ 81) aus 50 ℳ	=	2.40 ℳ	—.30 ℳ
		2.90 ℳ	—.40 ℳ
Mindestpauschsatz:			—.50 ℳ

Kläger ist auch bei inzwischen erfolgter Zurücknahme eines Teiles des Klaganspruches für die $^{10}/_{10}$ Gebühr aus dem ganzen Klaganspruch vorschußpflichtig.)

5.

Klage des A gegen B. Streitwert: 300 ℳ. Verhandlung (§ 19). Vertagung. Beweiserhebung. Endurteil: Beklagter hat die Kosten des Rechtsstreits zu tragen.

Von A sind einzufordern:
$^{10}/_{10}$ aus 300 ℳ (Gebührenvorschuß § 81).
Pauschsatz (§ 80 b).

Nach Erlaß des Endurteils sind fällig (§ 86):
$^{10}/_{10}$ Verhandlungs-, $^{10}/_{10}$ Beweis-, $^{10}/_{10}$ Entscheidungs- } gebühr mit den Pauschsätzen.

Bezahlt hat Kläger bereits $^{10}/_{10}$ Gebühr mit Pauschsatz, die in Abzug kommen. Den Rest schuldet Beklagter (§ 86). Der Kläger kann hierfür nicht herangezogen werden, auch wenn Beklagter zahlungsunfähig ist. Er haftet, wenn dem Beklagten durch gerichtliche Entscheidung die Kosten auferlegt sind, nicht weiter als seine Vorschußpflicht reicht; ihr hat er aber genügt. A hat hinsichtlich des Vorschußbetrages einen Erstattungsanspruch gegen B.

6.

Klage (300 ℳ). Verhandlung (§ 19), Vertagung. Verhandlung, Anerkenntnisurteil.

Vom Kläger sind einzuziehen:		
$^{10}/_{10}$ aus 300 ℳ (§ 81) und Pauschsatz (§ 80 b)	=	11.— ℳ + 1.10 ℳ
Nach Erlaß des Endurteils sind Kosten entstanden:		
$^3/_{10}$ aus 300 ℳ (§§ 23, 21 und § 80 b)	=	3.30 ℳ + —.50 ℳ
Daher Rückvergütung an Kläger:		7.70 ℳ + —.60 ℳ

Beklagter hat nichts mehr an den Staat zu zahlen; er muß 3.80 ℳ dem Kläger ersetzen. Dieser kann nicht Rückzahlung seines Vorschusses verlangen, „weil Beklagter verurteilt sei“; der Vorschuß dient eben zur Deckung der Gebühren, nicht allein zur Sicherung der Staatskasse für ihre Ansprüche.

7.

Klage (450 ℳ). Verhandlung. Beweiserhebung. Vergleich. Jeder Teil trägt ½ der Gerichtskosten.

Kläger zahlt nach der 1. Verhandlung:

10/10 Gebührenvorschuß und Pauschsatz (§§ 81, 80b)	=	15.— ℳ + 1.50 ℳ
Endgültige Berechnung:		
10/10 Verhandlungsgebühr (§ 18 Z. 1, 19) aus 450 ℳ	=	15.— ℳ + 1.50 ℳ
5/10 Beweisgebühr (§ 18 Z. 2) aus 450 ℳ	=	7.50 ℳ + —.80 ℳ
3/10 Vergleichsgebühr (§ 18 Z. 3) aus 450 ℳ	=	4.50 ℳ + —.50 ℳ
		27.— ℳ + 2.80 ℳ
Jede Partei trägt 1/2	=	13.50 ℳ + 1.40 ℳ
Kläger hat bezahlt:		15.— ℳ + 1.50 ℳ

Er hat keinen Anspruch auf Rückersatz der bei der Kostenberechnung an sich zuviel bezahlten, ihn nicht treffenden 1.50 ℳ Gebühren; dieser Betrag wird vielmehr auf die Kosten (Gebühren) des Beklagten verrechnet, der somit 13.50 ℳ — 1.50 ℳ = 12.— ℳ noch zahlen muß. Da eine Pauschsatzvorschuß p f l i c h t nicht besteht, ist dem Kläger der ihn nicht treffende Pauschsatzrest von 1.50 ℳ — 1.40 ℳ = 10 ₰ zurückzugeben (In der Praxis verrechnet man auch diesen Pauschsatz auf des Beklagten Schuld). Beklagter hat somit neben 12 ℳ Gebührenrest noch einzuzahlen: 1.40 ℳ Pauschsatz. Bei Berechnung der endgültigen Kostenpflicht sind Gebühren und Auslagen (auch Pauschsätze) von einander g e t r e n n t zu halten.

8.

Im Falle 7 lautet der Vergleich: „Kläger übernimmt 1/3, Beklagter 2/3 der Kosten des Rechtsstreits."

Kostenverteilung: Es treffen auf

den Kläger:	9.— ℳ Gebühren,	0.94 ℳ Pauschsätze
den Beklagten:	18.— ℳ „	1.86 ℳ „
Kläger hat schon 15.— ℳ Gebührenvorschuß, 1.50 ℳ Pauschsatzvorschuß bezahlt; es sind die restigen 6 ℳ Gebührenvorschuß auf des Beklagten Schuld zu verrechnen, der somit noch zu zahlen hat	12.— ℳ Gebühren,	1.86 ℳ Pauschsätze

Der Pauschsatzvorschußrest des Klägers zu 1.50 ℳ — —.94 ℳ = 56 ₰ ist auf Auslagen, die der K l ä g e r sonst schuldet (§§ 79, 84), zu verrechnen und wenn solche fehlen, dem Kläger zurückzugeben. Eine Verrechnung auf den Auslagenpauschsatz oder sonstige Auslagen des Beklagten ist nicht zulässig.

9.

Klage (500 ℳ). Verhandlung. Beweiserhebung. Vergleich. Kläger A trägt 2/5, Beklagter B 3/5 der Kosten.

Vom A sind einzufordern (§ 81):

$^{10}/_{10}$ aus 500 ℳ und Pauschsatz (§ 80 b)	20.— ℳ + 2.— ℳ

Endgültige Kostenberechnung.

$^{10}/_{10}$ Verhandlungsgebühr (§ 18 Nr. 1, 19) und Pauschsatz (§ 80 b)	= 20.— ℳ + 2.— ℳ
$^{5}/_{10}$ Beweisgebühr (§§ 18 Nr. 27, 22) und Pauschsatz (§ 80 b)	= 10.— ℳ + 1.— ℳ
$^{3}/_{10}$ Vergleichsgebühr (§§ 18 Nr. 3, 23) und Pauschsatz (§ 80 b)	= 6.— ℳ + —.60 ℳ
zusammen:	36.— ℳ + 3.60 ℳ
Es treffen hiervon den Kläger $^{2}/_{5}$	= 14.40 ℳ + 1.44 ℳ
Es treffen hiervon den Beklagten	= 21.60 ℳ + 2.16 ℳ

Kläger hat bereits mehr Vorschuß bezahlt als er Gebühren schuldet.

20 ℳ — 14.40 ℳ = 5.60 ℳ sind auf die Gebührenschuld des Beklagten zu verrechnen; auf den Beklagten sind zu Soll zu stellen 21.60 ℳ — 5.60 ℳ = 16 ℳ Gebühren + 2.16 ℳ Pauschsatz. Der sich ergebende Pauschsatzvorschußrest von 2 ℳ — 1.44 ℳ = 56 ₰ ist dem Kläger zurückzugeben, wenn nicht Verrechnung auf andere Auslagen des Klägers möglich ist.

Beklagter zahlte nun nicht; die Zwangsvollstreckung in sein beweglich es Vermögen blieb erfolglos.

Jetzt hat neuerliche Berechnung einzutreten. Nach § 88 Abs. 2 haftet bei Vergleichen ohne Rücksicht auf die Vereinbarung im Kostenpunkt jede Partei für die Hälfte der Gebühren und Auslagen. Kläger haftet also für 18 ℳ Gebühren und 1.80 ℳ Pauschsatz.

Soviel hat er schon bezahlt; es kann somit von ihm nichts mehr eingefordert werden.

Angenommen A hätte nur 15 ℳ Gebührenvorschuß und 1.50 ℳ Pauschsatz zu bezahlen gehabt, so müßte er jetzt trotz der anderweiten Kostenverteilung in dem Vergleiche noch an die Staatskasse zahlen: 3 ℳ + 30 ₰.

(In Bayern werden zunächst die Kosten wie oben ausgeteilt zu Soll gestellt. Zahlt Beklagter nicht, so ist vor Überweisung zur Zwangsbeitreibung in den Bemerkungen des Gebührenregisters festzustellen: Zweitschuldner nicht vorhanden oder Zweitschuldner B bezüglich ℳ ₰.)

B. Wer im **Konkursverfahren** Vorschuß zu leisten hat und wieviel der Vorschuß beträgt, ist im § 82 bestimmt. Über Deckung der Kosten aus der Konkursmasse geben die §§ 58, 59 KO. Aufschluß (Masseschulden, Massekosten). Trifft auf eine in dem Verfahren erwachsene Gebühr keine der bezeichneten Vorschriften zu, so haben die §§ 86—91 GKG. Maß zu geben, d. h. Schuldner ist zunächst, wer nach der richterlichen Entscheidung die Kosten zu tragen hat, bei Fehlen einer solchen Entscheidung der Antragsteller.

C. In **Strafsachen** kommt für die Vorschußpflicht nur das Privatklageverfahren in Betracht (§§ 83, 84). Über Fälligkeit der Kosten s. Anm. zu § 86.

D. **Der Einfluß des Armenrechts auf die Vorschuß- und Kostenpflicht.***)

Das Armenrecht kann nur natürlichen, nicht auch juristischen Personen bewilligt werden. (s. Meyer, ZPO. § 114.) Es gewährt der armen Partei nicht Gebührenfreiheit, sondern nur eine einstweilige Befreiung von der Berichtigung rückständiger und künftiger Gebühren und Auslagen (§§ 79, 80b). Hat also die Partei vor ihrer Zulassung zum AR. schon einen Gebühren- oder Auslagenvorschuß (§§ 81, 80b, 84) erlegt oder Kosten bezahlt, so hat sie keinen Anspruch auf Rückzahlung. Die Vorschüsse werden verrechnet wie wenn das AR. nicht bewilligt wäre.

Das AR. erstreckt sich auf alle Handlungen, die das Gericht vornimmt, welches das AR. bewilligt hat. Der Begriff der „Instanz" ist also weiter als sonst. So umfaßt das AR. die Klage (Urkundenprozeß und ordentliches Verfahren) und das aus ihrer Erledigung entspringende Kostenfestsetzungs- und Zwangsvollstreckungsverfahren (Pfändung von Mobilien, Forderungen usw., Offenbarungseidverfahren), nicht aber auch neue Prozesse, die sich aus einem dieser (z. B. dem Zwangsvollstreckungs- — § 771 ZPO. —) Verfahren ergeben, oder auf die Beschwerdeinstanz. AR.-Bewilligung befreit auch von der Vorschußerlage bei Vollstreckung der Haft im Offenbarungseidverfahren (s. Meyer, ZPO. § 911 Note 1; DSekrZ. 10, 72). Ist dem Gläubiger im Mahnverfahren das AR. bewilligt, so werden die Zahlungsbefehlskosten bei Erlaß des Vollstreckungsbefehls vom Schuldner eingezogen. Sie schon bei Erlassung des Zahlungsbefehls ihm in Rechnung zu stellen, ist gesetzlich nicht angängig. Ein anderer Weg als der gezeigte ist nicht möglich; dabei wird nicht verkannt, daß der Staat bei diesem Verfahren oft um die Kosten kommt (es bezahlt z. B. der Schuldner vor Erlassung des Vollstreckungsbefehls die Hauptsache).

Dem Rechtsanwalt der armen Partei und dem Rechtsanwalt des Gegners der als Kläger auftretenden armen Partei sind die zur Rechtsverfolgung bzw. Rechtsverteidigung nötigen Abschriften aus den Gerichtsakten kostenfrei zu erteilen. Sind von ihm irriger Weise die Schreibgebühren bezahlt worden, so hat er gegenüber der Staatskasse einen Ersatzanspruch (RG. 7, 342). Die von der Staatskasse erstatteten Beträge sind dann dem Kostenschuldner in Rechnung zu stellen. Handelt der Anwalt der armen Partei für diese, so ist er von Kostenzahlung befreit, handelt er im eigenen Namen (beantragt er z. B. die ihm vom Gegner zu erstattenden Kosten festzusetzen, § 123 Abs. 1 ZPO.), so hat er die Kostenfestsetzungsgebühr und den Pauschsatz zu bezahlen (§§ 81, 90).

Das AR. erlischt mit dem Tode der armen Partei. Wird den Erben das AR. nicht bewilligt, so sind sie zur Nachzahlung der Vorschüsse und Kosten verpflichtet. Die Entziehung des AR. (§ 121 ZPO.) ist nicht gleichbedeutend mit der Anordnung der Nachzahlung (§ 125 ZPO., OLGRspr. 17, 131). Die Gegenüberstellung der beiden Vorschriften allein ergibt schon, daß die Entziehung des AR. keine rückwirkende Kraft hat (anders ZZPr. 31, 493 für den Fall der Erschleichung).

Ist dem Kläger (Berufungs- oder Revisionskläger) das AR. be-

---

*) Aus Zweckmäßigkeitsgründen wurde diese Zusammenstellung hier eingefügt um bei einzelnen Gesetzesbestimmungen nicht immer das Gleiche wiederholen zu müssen.

willigt, so ist auch der vermögliche Gegner von der Zahlung der rückständigen und künftigen Gebühren und Auslagen bis zur endgültigen, rechtskräftigen Entscheidung der Kostenpflicht befreit.

Beispiel: Vaterschafts- und Unterhaltsklage. Dem Kläger ist das AR. bewilligt. Der Beklagte wird nach Klagantrag verurteilt. — Während des ganzen Prozesses waren die Auslagen (Schreibgebühren für den Parteien erteilte Ausfertigungen, Zeugengebühren usw.) nur vorzumerken. Auch hatte der Beklagte keinen Auslagenvorschuß (§ 84) zu entrichten. Erst nach Rechtskraft des Urteils, mag auch der Rechtsstreit die Berufungs- und Revisionsinstanz durchlaufen haben, sind von ihm alle Kosten einzuziehen.

Die einstweilige Befreiung des vermöglichen Beklagten endet mit der Rechtskraft des Urteils; im Zwangsvollstreckungsverfahren kommt das AR. nur dem armen Gläubiger zugute. Der vermögliche Schuldner hat die anfallenden Gebühren und Auslagen sofort zu zahlen; denn im § 120 ZPO. ist § 115 Z. 3 daselbst nicht genannt.

Die Vergünstigung der einstweiligen Befreiung von der Kostenzahlung kommt auch dem vermöglichen Beklagten zu, wenn er Widerklage erhebt, der Kläger aber im AR. ist, nicht dagegen: dem nicht armen Kläger, wenn der (arme) Beklagte Widerklage erhebt (RGZ. 44, 416).

Die Zulassung des Beklagten zum AR. hat für den vermöglichen Kläger keine Wirkung. Wird letzterer zu den Kosten des Rechtsstreits verurteilt, so darf Einzug der vom Beklagten abzüglich des Vorschusses noch geschuldeten Kostenbeträge erst nach Rechtskraft des Urteils erfolgen.

Sind von 5 Klägern 2 zum AR. zugelassen, so sind nur 3 Kläger vorschußpflichtig für 3 Teile des Vorschusses.

In Strafsachen kann nur der Privatkläger und (in II. Instanz) der Nebenkläger, nicht auch der Privatbeklagte (selbst wenn er Widerkläger ist) zum AR. zugelassen werden. Für jede Instanz ist auch hier das AR. besonders zu bewilligen.

§ 81.

In bürgerlichen Rechtsstreitigkeiten [1] ist ein Gebührenvorschuß für jede Instanz [2] von dem Antragsteller [3] zu zahlen.[4] Der Vorschuß beträgt soviel wie die höchste Gebühr, welche für einen Akt der Instanz [5] zum Ansatze kommen kann.[6]

Diese Verpflichtung besteht auch für den Widerkläger [5] und im Falle wechselseitig eingelegter Rechtsmittel für jede Partei, in beiden Fällen unter getrennter Berechnung der Streitgegenstände.[7]

Bei Erweiterung der Anträge ist der Vorschuß nach Maßgabe der Erweiterung [8] zu erhöhen.[9]

1. Man versteht darunter nicht nur die Klagesachen, sondern alle Verfahren zivilrechtlicher Natur, die nach dem GKG. gebührenpflichtig sind, also auch z. B. das Kostenfestsetzungsverfahren, das Verfahren betreffend Einwendungen gegen die Zulässigkeit der Zwangsvollstreckung, einen Arrest usw. Jedes dieser Verfahren bildet eine Instanz für sich (Ausnahme hinsichtlich des Pauschsatzes s. § 80b).

2. Wann eine neue Instanz beginnt, ist aus den Vorschriften der §§ 30ff. GKG. zu ersehen. Darnach ist bei Verweisung des Rechtsstreits ein neuer Vorschuß nicht einzufordern. Im Falle des Einspruchs gegen ein Versäumnisurteil (§ 32) ist davon auszugehen, daß die Fortsetzung der Instanz beabsichtigt ist (§ 340 Abs. 1 Nr. 3 ZPO.); es ist also kein neuer Vorschuß einzufordern. Stellt sich das Verfahren später als neue Instanz heraus, so bedarf es der Einforderung eines Vorschusses nicht mehr, weil die Gebühr bereits fällig ist. Vorschuß- und Kostenpflicht fallen dann zusammen. Beim Einspruch gegen den Vollstreckungsbefehl ist vom Schuldner ein Vorschuß einzufordern, weil ein solcher noch nicht erhoben ist.

Bei Beendigung des Urkundenprozesses werden dem Unterliegenden die Rechte im ordentlichen Verfahren vorbehalten. Wird der Rechtsstreit fortgesetzt, so ist auch der Vorschuß mit $^{10}/_{10}$ einzufordern; Schuldner ist der Beklagte.

Für die Kosten des Arrestbefehls haftet zunächst der Antragsteller (§ 81) und wenn dem Gegner die Kosten auferlegt sind, auch dieser als Zweitschuldner (§ 86). Vorschußerhebung wird nötig, wenn mündliche Verhandlung über den Arrestantrag angeordnet oder Widerspruch erhoben ist (§§ 26 Nr. 9, 35 Nr. 3 Note 3).

Keine Vorschußpflicht besteht bei dem Antrag auf Entmündigung wegen Geisteskrankheit oder Geistesschwäche (§ 34 Nr. 1); denn bei Abweisung des Antrages hat in der Regel die Staatskasse die Kosten zu tragen (§ 658 ZPO.). Der Antragsteller ist dagegen vorschußpflichtig, wenn es sich um die Entmündigung wegen Verschwendung oder Trunksucht handelt (§§ 680, 681 ZPO.).

Im Verteilungsverfahren (§ 873 ZPO.) besteht keine Vorschußpflicht; es fehlt der „Antragsteller".

Werden mehrere Prozesse oder Anträge verbunden, so sind die Vorschüsse dennoch aus den getrennten Streitgegenständen zu erheben.

3. d. i. die Partei oder ihr Bevollmächtigter, wenn er kein Anwalt ist (BayFME. v. 3. 8. 80 ObLG. 12, 52). Der Anwalt haftet nur, wenn er die Zahlung für die Partei ausdrücklich übernommen hat (PrJMB. v. 28. 1. 80 JMBl. 103). Neben dem Anwalt haftet dann die Partei.

Der Vorschuß ist in Bargeld zu entrichten (DSekrZ. 12, 116).

Antragsteller ist, wer die nach dem GKG. besonders zu besteuernde Instanz einleitet. Im Arrestverfahren betrifft das Widerspruchsverfahren, obwohl es dem Schuldner um die Aufhebung des Arrestbeschlusses zu tun ist, dennoch die Anordnung des Arrestes. Der Gläubiger war bei Stellung des Arrestantrages zur Zahlung von $^{5}/_{10}$ verpflichtet, da in der Instanz ein Akt in dieser Höhe zum Ansatz kommen kann (§ 81 Abs. 1 S. 2, § 26 Nr. 9). Der Betrag war bei Stellung des Gesuchs fällig. Ob nachher mündliche Verhandlung angeordnet oder durch Beschluß entschieden wurde, kann Rückwirkung nicht üben. Daß das Widerspruchsverfahren mit dem früheren Verfahren vor dem Gericht erster Instanz eine Instanz bildet, kann schon nach der ZPO. nicht zweifelhaft sein (der Gläubiger hat im Widerspruchsverfahren die Rolle des Klägers; RGZ. 20, 383; DSekrZ. 06, 125), wird aber für die Gebührenberechnung außer allen Zweifel gesetzt durch die Einschränkung im § 35 Nr. 3: „soweit nicht nachträglich eine Gebühr des § 26 Nr. 9 zur Erhebung kommt." Diese Ausdrucksweise ist von entscheidender Bedeutung. Nicht eine „Anrechnung", sondern eine Nichterhebung der Gebühr für den Beschluß wird vorgeschrieben. Der Schuldner eröffnet durch den Widerspruch keine Instanz, vielmehr erlangt er nur Gehör in der (alten) Instanz. Hiernach hat der Gläubiger, soweit nicht seine Vorschußpflicht durch die Zahlung der Gebühr für den Beschluß ($^2/_{10}$) erfüllt ist, den Vorschuß zu zahlen, regelmäßig also $^5/_{10} - ^2/_{10} = ^3/_{10}$ (s. Meyer, ZPO. S. 564; a. A. Motive z. GKG., Rittmann § 81 Anm. 9 und DSekrZ. 09, 170, Pfafferoth).

Auch im Mahnverfahren hat nach Widerspruch des Schuldners der Gläubiger den Gebühren- und Auslagenvorschuß (— Zahlungsbefehlsgebühr) zu bezahlen (a. A. OLG. Cöln 11. 5. 12 DSekrZ. 12, 163, das den Schuldner für vorschußpflichtig hält).

Mehrere Antragsteller haften für den Vorschuß nach Kopfteilen. Bei Erhebung des Vorschusses ist jedoch in jedem Fall auf das Beteiligungsverhältnis Rücksicht zu nehmen (RGZ. 6. 10. 99 BurBl. 243 und die Aufsätze in DSekrZ. 05, 354, 528; 06, 4; RG. in DSekrZ. 00, 551 und OLG. Cassel in DSekrZ. 12, 208).

Klagen z. B. 1. A, 2. die Erben des B namens C, D, E und F und wird nach der ersten mündlichen Verhandlung die Sache vertagt, so ist von A ½ des Vorschusses und von C, D, E und F zusammen die andere Hälfte einzufordern, nicht also etwa von A, B, C, D, E und F je $^1/_6$.

Gesamtgläubiger (§ 428 BGB.) haften für die Entrichtung des Vorschusses als Gesamtschuldner.

In Eheprozessen hat bei dem gesetzlichen Güterstand und bei der allgemeinen Gütergemeinschaft der beklagte Ehemann für die als Klägerin auftretende Frau den Vorschuß zu zahlen, es sei denn, daß der Klägerin das Armenrecht bewilligt ist (vgl. DSekrZ. 08, 199; OLG. 16, 210; DSekrZ. 12, 59; RGZ. 46, 359; 47, 74; s. besonders Wenz in DSekrZ. 13, 152 ff.).

Die Zulassung des beklagten Mannes zum Armenrecht ist für die Vorschußpflicht der Frau ohne Einfluß. Die Haftung des Mannes hat aber nicht ohne weiteres zur Folge, daß der Mann auch für die Kosten des erledigten Prozesses haftet, wenn diese nach dem Urteil die Frau treffen.

Wird die Ehe für nichtig erklärt, so entfällt damit die Grundlage für die Verpflichtung des Mannes den Vorschuß zu leisten. Rückzahlung hat stattzufinden (JW. 05, 299).

4. Der **Gebührenvorschuß wird fällig** mit der Einreichung (nicht erst mit der Erhebung) der Klage, des Antrages, des Rechtsmittelschriftsatzes und mit der (wenn auch nur eventuellen) Erhebung der Widerklage (in der mündlichen Verhandlung so: RG. 41, 382; 46, 387; 28, 408; JW. 02, 631) oder Geltendmachung der Anschluß-Berufung oder -Revision (im Termin). Im Interesse einfacherer Geschäftsbehandlung haben jedoch Landesjustizverwaltungen angeordnet, daß bei Klagen die Erhebung des Gebührenvorschusses erst nach der ersten mündlichen Verhandlung oder bei Ruhen des Verfahrens und in den ohne Verhandlung

sich erledigenden Sachen nach Erlaß der Entscheidung zu erfolgen hat (vgl. PrKassO. § 16 JMBl. 10, 119; Bayern: § 29 VJ. v. 23. 12. 99; Meyer, GebG. S. 507).

Gegen die Einforderung des Gebührenvorschusses kann nur der Zahlungspflichtige gemäß § 4 Erinnerungen erheben (JW. 94, 10).

Befreit sind von der Zahlung des Gebührenvorschusses:

das Reich und die Bundesstaaten in den Prozessen vor dem Reichsgericht und den Landesgerichten (s. § 98).

Einwirkung des Armenrechts auf die Vorschußpflicht s. Vorbem. zu § 81.

Ruht ein Verfahren nach Einhebung des Gebührenvorschusses (erfolgt insbesondere auch keine Klagezurücknahme) und war es zu keinem gebührenpflichtigen Akt gekommen, so wird der Vorschuß nicht rückvergütet (BayFME. v. 31. 7. 80 JMBl. 286).

5. s. § 18 Nr. 1—3.

6. Für Deutsche im gewöhnlichen Prozeß also: $^{10}/_{10}$, im Urkunden- und Wechselprozeß: $^{6}/_{10}$, im Arrestprozeß: $^{5}/_{10}$ (s. Note 2), im Falle des § 27: $^{3}/_{10}$.

Für Ausländer s. § 85.

Verrechnung des Vorschusses:

a) Kläger hat einen Gebühren- und Auslagenvorschuß bezahlt. Nach Erledigung der Klage hat der Kläger weniger zu zahlen als er bereits entrichtet hat. — Der nach der Abgleichung von Gebührenschuld und Gebührenvorschuß sich ergebende Rest wird nicht rückvergütet, sondern auf die vom Beklagten zu zahlenden Gebühren verrechnet. Von dem Auslagenvorschuß des Klägers sind zunächst die ihn treffenden Auslagen zu decken und der Rest rückzuvergüten. Eine Verrechnung des Restes auf die vom Beklagten geschuldeten Auslagen wäre unzulässig (vgl. den Wortlaut des § 92 Abs. 2).

b) Kläger hat einen Gebühren- und Auslagenvorschuß bezahlt. Nach der endgültigen Kostenberechnung bleibt die Hälfte des klägerischen Gebührenvorschusses unverbraucht, der Auslagenvorschuß ist verbraucht. Der Beklagte hat noch Gebühren und Auslagen zu zahlen. Hier wird der Gebührenvorschuß des Klägers auf die Gebühren des Beklagten verrechnet. Bleibt noch etwas von dem Gebührenvorschuß übrig, so werden davon die noch nicht bezahlten Auslagen des Klägers gedeckt. Die Verrechnung auf die vom Beklagten geschuldeten Auslagen wäre unzulässig.

7. In Ansehung der Vorschußpflicht trifft also § 11 nicht zu. Mag auch Klage und Widerklage oder die Berufung des Klägers und des Beklagten denselben Streitgegenstand betreffen: der Kläger hat aus dem Streitwert der Klage oder seiner Berufung den Gebührenvorschuß zu leisten, und den Beklagten trifft die gleiche Verpflichtung bezüglich seiner Widerklage und seiner Berufung. Gleiches gilt auch von der Anschlußberufung oder -Revision. — Bei Rechtsmitteleinlegung ist der Gebührenvorschuß aus dem Betrag zu erheben, bezüglich dessen die Partei eine Aufhebung der Erstentscheidung begehrt. Maßgebend ist schon der schriftlich gestellte Antrag; eine spätere Einschränkung ist ohne Einfluß auf die Höhe des Gebührenvorschusses.

8. a) Die Geltendmachung des aus der vorläufigen Vollstreckbarkeit einer Entscheidung erwachsenen Schadens gemäß § 717 Abs. 2

ZPO. erfolgt zwar nicht durch „Widerklage". Immerhin ist sie nach deren Grundsätzen zu beurteilen. Demnach ist auch der Schadensersatzanspruch bei Berechnung der Gebühren und des Vorschusses (Abs. 3) in Betracht zu ziehen, es sei denn, daß sich die Ansprüche decken d. h. der Schadensanspruch nur auf Rückgewährung des Hauptanspruchs geht (a. A. RGZ. 28. 10. 08 DSekrZ. 09, 67).

b) Beispiel: Klage auf Zahlung von 200 ℳ. Nach der ersten mündlichen Verhandlung Vertagung. Erhebung des Gebührenvorschusses von $^{10}/_{10}$ aus 200 ℳ = 7.50 ℳ (+ 80 ₰ Pauschsatz). Im 2. Termin Erweiterung der Klage auf 400 ℳ. Der Vorschuß hieraus 15 ℳ (+ 1.50 ℳ Pauschsatz). Noch zu erheben sind 15 ℳ — 7.50 ℳ = 7.50 ℳ (+ 1.50 ℳ — —.80 ℳ = 70 ₰ Pauschsatz).

9. Eine Änderung des Wertes des Streitgegenstandes ist ohne Wirkung auf die Höhe des Vorschusses.

Beispiel: Klage auf Abnahme von 50 Ztr. Gerste zum Marktpreis, der gerade 8 ℳ beträgt. Mündliche Verhandlung. Kläger gibt nun den Marktpreis auf 8.50 ℳ an. Der Gebührenvorschuß ist aus 400 ℳ, nicht aus 425 ℳ zu erheben.

Teilweise Klagezurücknahme.

Beispiel: Klage auf Zahlung von 290 ℳ. Im ersten Termin Zurücknahme der Klage bezüglich 190 ℳ, im übrigen kontradiktorische Verhandlung. Der Vorschuß beträgt: $^{10}/_{10}$ aus 290 ℳ.

Die Berichtigung des irrtümlich falsch angegebenen Streitwertes zieht Neuberechnung des Vorschusses nach sich.

§ 82.

Im Konkursverfahren ist ein Gebührenvorschuß

1. bei dem Antrag auf Eröffnung des Konkursverfahrens,[1]

2. bei der Anmeldung einer Konkursforderung nach dem Ablaufe der Anmeldefrist,[2]

3. bei dem Antrag auf Anordnung einer Sicherheitsmaßregel in Gemäßheit des § 197 Abs. 2 der Konkursordnung,[3]

von dem Antragsteller[4] zu zahlen.

Der Vorschuß beträgt ebensoviel wie die zu erhebende Gebühr, im Falle der Nr. 1 soviel wie die im § 53 Abs. 1 bestimmte Gebühr.

1. **Der Gemeinschuldner ist Antragsteller.**

Höhe des Vorschusses: $^{3}/_{10}$ der Sätze des § 8 aus

a) dem Betrag der Aktivmasse, wenn die Aktivmasse niedriger ist als die Schuldenmasse.

Über den Begriff: „Massekosten und Masseschulden" s. § 52 Anm. 2. Beispiele zur Berechnung des Gebührenvorschusses s. § 52 Anm. 3.

In manchen Fällen läßt sich bei Antragstellung der Betrag der Aktivmasse nicht berechnen; zweckmäßig wird hier die Einreichung des Inventares abgewartet und dann der Vorschuß erhoben.

b) dem Betrag der Schuldenmasse, wenn sie niedriger ist als die Aktivmasse.

Der Gemeinschuldner haftet als Antragsteller für die Zahlung des Vorschusses auch mit seinem nicht zur Konkursmasse gehörigen Vermögen.

Ist ein **Gläubiger Antragsteller**, so ist der Gebührenvorschuß mit $^3/_{10}$ zu berechnen.

a) aus seiner Forderung, wenn sie niedriger ist als die Aktivmasse,

b) aus der Aktivmasse, wenn sie niedriger ist als die Forderung des Gläubigers.

Neben dem Gebührenvorschuß hat der Gläubiger gemäß § 84 GKG. einen Auslagenvorschuß zu zahlen; dieser darf aber nur in Höhe der infolge der Konkurseröffnung erwachsenden Auslagen eingefordert werden (also für Einrückung der Bekanntmachung). Die nach Bekanntgabe der Eröffnung entstehenden Auslagen fallen der Masse zur Last und sind vom Konkursverwalter einzufordern.

Sind mehrere Gläubiger Antragsteller, so werden ihre Forderungen zusammengerechnet und der Vorschuß sodann je nachdem aus der Summe der Forderungen oder aus dem Betrag der Aktivmasse (s. oben) erhoben. Die Gläubiger haften gemäß § 91 GKG. nach Kopfteilen; dabei ist jedoch das Verhältnis der Beteiligung zu berücksichtigen.

Die von dem Gläubiger bezahlten Vorschüsse sind aus der Masse rückzuersetzen.

2. Wird die Forderung nach Ablauf der Anmeldefrist, aber vor dem allgemeinen Prüfungstermin angemeldet und — bei Zustimmung des Verwalters und der Konkursgläubiger — im allgemeinen Prüfungstermin mitgeprüft, so fällt eine Gebühr hierfür nicht an. Eine besondere Gebühr kommt dagegen zur Erhebung, wenn die Forderung in einem nach dem allgemeinen Prüfungstermin stattfindenden Termin geprüft wird, mag dieser auch verschiedenen Zwecken dienen (er ist z. B. gleichzeitig der Schlußtermin).

Mit der Erhebung des Vorschusses wartet man zweckmäßig, bis der besondere Prüfungstermin bestimmt ist, da bei Zurücknahme vor Terminsbestimmung eine Gebühr nicht anfällt, ein etwa vorher erhobener Vorschuß also zurückbezahlt werden müßte.

Der Vorschuß ist zu erheben aus dem (zu schätzenden) Werte (nicht dem Nennbetrag) der nachträglich angemeldeten Forderung; er beträgt $^{10}/_{10}$ der Sätze des § 8.

Für die Zurücknahme der Anmeldung nach Bestimmung des besonderen Prüfungstermins, aber vor Abhaltung des Termins kommen $^3/_{10}$ der Sätze des § 8 aus dem Werte der Forderung des Gläubigers zur Erhebung. Z. B. die angemeldete Forderung beträgt 1000 ℳ. Auf sie träfen nach dem Betrag der Aktivmasse 10% = 100 ℳ. Nachdem aber diese Forderungsanmeldung zurückgenommen wurde, ergibt die endgültige Dividende 13%. Nun ist hier die Gebühr nicht aus 130 ℳ sondern nur aus 100 ℳ zu erheben.

3. § 197 KO. trifft folgenden Fall: Nach dem Zustandekommen eines Zwangsvergleichs wird der Gemeinschuldner wegen betrügerischen Bankerutts angeklagt. Auf Antrag eines Gläubigers kann das Konkursgericht gegen den Gemeinschuldner vor dessen rechtskräftiger Verurteilung einstweilige Anordnungen, insbesondere ein allgemeines Veräußerungsverbot, zur Sicherung der Masse erlassen. Höhe des Vorschusses: $^3/_{10}$ aus dem Werte des Gegenstandes, durch den die Sicherung erfolgen soll (§ 58 Abs. 2).

4. Ob er In- oder Ausländer ist, ist hier gleichgültig. § 85 Abs. 1 findet hier keine Anwendung, wohl aber Abs. 5 bezüglich des Auslagenvorschusses.

§ 83.

In Strafsachen [1] ist von dem Privatkläger oder demjenigen, welcher als Privatkläger eine Berufung oder Revision einlegt oder eine Wiederaufnahme des Verfahrens beantragt, sowie von dem Nebenkläger, welcher eine Berufung oder Revision einlegt, ein Gebührenvorschuß von 10 Mark für die Instanz [2] zu zahlen. [3, 4]

Im Falle des § 75 beträgt der Vorschuß 5 Mark. [4, 5]

1. Im Verfahren auf „öffentliche Klage" gibt es keine Vorschußpflicht (Ausnahme: Nebenklage in II. und III. Instanz).

2. Vorschußpflicht besteht also für jede Instanz gesondert.

3. In jeder Instanz beträgt der Vorschuß: 10 ℳ; die Zahl der Privatkläger (s. § 415 Abs. 2 StPO. — Beitritt) oder der Beschuldigten ist hierauf ohne Einfluß. Ausländer haben unter Umständen 30 ℳ Vorschuß zu zahlen (§ 85 Abs. 4).

Mehrere Privatkläger haften nach Kopfteilen, mögen sie durch ein und dieselbe Tat beleidigt sein oder mehrere Straftaten vorliegen. Sind mehrere Privatklagen miteinander verbunden, so kommt nur ein Vorschuß zur Erhebung.

Vorschußpflichtig ist immer nur der Privatkläger; legt er z. B. Berufung ein, weil er auf erhobene Widerklage hin verurteilt worden ist, so ist er Angeklagter und nicht vorschußpflichtig.

Der Betrieb des Verfahrens (z. B. die Eröffnung des Hauptverfahrens) kann von der Erlage des Gebührenvorschusses nicht abhängig gemacht werden (anders beim Auslagenvorschuß — § 84 —).

Über die Wirkung der Bewilligung des Armenrechts s. Vorbem. D zu § 81.

Der Nebenkläger ist in I. Instanz nicht vorschußpflichtig. Wird der Angeklagte freigesprochen, so hat der Nebenkläger ohne richterlichen Ausspruch seine Kosten zu tragen. Vorschußpflichtig wird er nur, wenn er Berufung oder Revision einlegt — allein oder neben der Staatsanwaltschaft —. Werden in II. Instanz dem Nebenkläger die Kosten des Verfahrens nicht auferlegt, so ist ihm der einbezahlte Vorschuß zurückzuzahlen.

4. Den Vorschuß erhebt der Gerichtsschreiber des Gerichts, bei welchem das Verfahren anhängig wird. Fällig wird er mit der Einreichung der Privatklage, der die Erklärung zu Protokoll gleichsteht, der Berufung oder der Revision bzw. mit der Zulassung der Nebenklage in der höheren Instanz. Der Vorschuß ist sofort einzuheben.

5. § 75 trifft das Verfahren bei Einziehungen und Vermögensbeschlagnahmen. Die Gebühr des § 75 ist nur geschuldet, wenn die Kosten im „objektiven Verfahren" einem Beschlagnahmeinteressenten oder Privatkläger auferlegt sind. Als Privatkläger kommt in Betracht, wer einen rechtlichen Anspruch auf den Gegenstand der Einziehung, Vernichtung oder Unbrauchbarmachung erhebt (§ 478 Abs. 2 StPO.).

§ 84.

Außer dem Gebührenvorschuß (§§ 81 bis 83) ist bei jedem Antrag[1] auf Vornahme einer Handlung, mit welcher bare Auslagen[2] verbunden sind, ein zur Deckung derselben hinreichender Vorschuß[3] von dem Antragsteller[4] zu zahlen.[5]

Diese Vorschußpflicht besteht in Strafsachen nur in dem Verfahren auf erhobene Privatklage[6] und für den Nebenkläger, welcher sich eines Rechtsmittels bedient.

Die Ladung und Vernehmung von Zeugen und Sachverständigen auf Antrag des Privatklägers oder des Nebenklägers kann vor der vorgängigen Zahlung eines zur Deckung der erwachsenden Auslagen hinreichenden Vorschusses abhängig gemacht werden.[7]

1. d. i. bei Stellung des Antrages. Vorschußerlage wird vom Gericht jedoch in der Regel erst angeordnet, wenn dem Antrag stattgegeben wird.

Als „Antrag" gilt auch die „Anregung". Die Partei ist also z. B. auch dann vorschußpflichtig, wenn sie „Sachverständige" benennt, das Gericht aber von seinem Rechte Gebrauch machend andere Sachverständige als die vorgeschlagenen vernimmt. Ergehen von Amts wegen Anordnungen (das Gericht beschließt z. B. ohne daß eine Partei es beantragt oder angeregt hatte, Augenscheinseinnahme), so ist die Einforderung eines Auslagenvorschusses nicht zulässig (DSekrZ. 12, 57 u. 163).

Der Kläger hat nur Vorschuß zu leisten, insoweit *seine* Anträge es bedingen; er ist nicht vorschußpflichtig für seinen Gegner.

2. Siehe § 79. z. B. Zeugen- und Sachverständigen- (Dolmetscher-) Gebühren, Gebühren und Auslagen der ausländischen Behörden für die Vornahme einer Zustellung oder die Vernehmung von Zeugen, Reisekosten bei auswärtigen Terminen usw.

3. Die Zahlung und auch die Höhe des Vorschusses bestimmt das Gericht. *Preußen:* § 16 Nr. 4 KassO. v. 28. 3. 07 JMBl. 10, 119. Hat dieses es übersehen, so regt der Gerichtsschreiber die Anordnung an (BayJME. v. 31. 7. 80 JMBl. 286).

4. nicht: seinem Prozeßbevollmächtigten oder sonstigen Vertreter, es sei denn, daß dieser die Zahlung übernommen hat. Sind mehrere Kläger die Antragsteller, so haften sie nach Kopfteilen; haben beide Parteien dasselbe beantragt, so haften sie der Staatskasse als Gesamtschuldner, unter sich jedoch nach Kopfteilen.

5. *Befreit* von der Vorschußzahlung sind: die zum Armenrecht zugelassene Partei und im Falle des § 120 ZPO. ihr Gegner (s. Vorbem. zu § 81; keine Rückvergütung des eingezahlten Vorschusses),

nicht dagegen die von der Zahlung des Gebührenvorschusses befreiten Anstalten (§ 98).

Im Verfahren betreffend die *Entmündigung* wegen Geistesschwäche oder Geisteskrankheit besteht keine Vorschußpflicht, wohl aber im Verfahren betreffend die Entmündigung wegen Verschwendung oder Trunksucht.

In Konkurssachen hat der Antragsteller und nachträglich anmeldende Gläubiger für die durch die beantragte Handlung entstandenen Auslagen (d. i. die Kosten der Einrückung in die öffentlichen Blätter und die Kosten des Eröffnungsverfahrens), nicht auch für die aus Veranlassung des Antrages im Laufe des weiteren Verfahrens entstehenden Auslagen Vorschuß zu leisten. Für alle Auslagen haftet nur der gemäß § 107 Abs. 1 KO. vorgeschossene Geldbetrag. Bei mehreren Gläubigern werden die Kosten der Veröffentlichung im Verhältnis ihrer Beteiligung ausgeschlagen; zahlt ein Gläubiger nicht, so haften hierfür die andern, weil sie die Ausschreibung ebenso veranlaßt haben.

6. und zwar für den Privatkläger und den Angeklagten. Es ist nur unzulässig, die Ladung der von dem Angeklagten benannten Zeugen und Sachverständigen von der vorgängigen Zahlung des Vorschusses abhängig zu machen (so OLG. Braunschweig 5. 4. 10 u. 10. 11. 10 DSekrZ. 10, 119 u. 11, 170; nach PrMV. v. 16. 1. 93 ist von dem Privatbeklagten kein Vorschuß einzufordern).

Die Vorschußpflicht besteht in jeder Lage des Verfahrens, also auch schon vor Eröffnung des Hauptverfahrens, wenn z. B. gemäß § 200 StPO. Zeugen vernommen werden.

Der Privatbeklagte bleibt auch im Falle seiner Freisprechung bezüglich der Auslagen, die durch von ihm beantragte Handlungen entstanden sind (vorschuß- und somit) zahlungspflichtig (OLG. Braunschweig 5. 4. 10 DSekrZ. 10, 119); er kann selbstverständlich von dem zu den Kosten verurteilten Privatkläger Ersatz verlangen.

7. In I. Instanz ist der Nebenkläger nicht vorschußpflichtig. In Zivilsachen bestimmt das gleiche: §§ 379, 402 ZPO. Vgl. auch § 911 ZPO. — Haftkostenvorschuß —.

§ 85.

Ausländer,[1] welche als Kläger[2] auftreten, haben das Dreifache des im § 81 bestimmten Betrags als Vorschuß zu zahlen.[3]

Diese Verpflichtung tritt nicht ein:[4]

1. wenn nach den Gesetzen des Staates, welchem der Kläger angehört, ein Deutscher im gleichen Falle zu einer besonderen Vorauszahlung oder zu einer Sicherstellung der Gerichtskosten nicht verpflichtet ist;[5, 6]
2. im Urkunden- oder Wechselprozesse;[7]
3. bei Widerklagen;
4. bei Klagen, welche infolge einer öffentlichen Aufforderung angestellt werden;[8]
5. bei Klagen aus Ansprüchen, welche in das Grund- oder Hypothekenbuch einer deutschen Behörde eingetragen sind;
6. wenn dem Kläger das Armenrecht bewilligt ist.

Die Verpflichtung besteht auch dann, wenn im Laufe des Rechtsstreits der Kläger die Eigenschaften eines Deutschen verliert, oder die Voraussetzung, unter welcher der Ausländer von der Verpflichtung befreit war, wegfällt.[9]

Unter den gleichen Voraussetzungen haben Ausländer in den Fällen des § 83 Abs. 1 einen Gebührenvorschuß von 30 Mark zu zahlen.[10]

[11] Vor Zahlung des von einem Ausländer nach den vorstehenden Bestimmungen oder den Bestimmungen der § 83 Abs. 2, § 84 zu zahlenden Vorschusses ist die Vornahme jeder gerichtlichen Handlung abzulehnen,[12] sofern nicht glaubhaft gemacht wird,[13] daß die Verzögerung dem Ausländer einen nicht zu ersetzenden Nachteil bringen würde.[14]

1. d. s. Personen, die dem Deutschen Reiche nicht angehören, mögen sie auch in Deutschland wohnen oder dort pfändbares zur Sicherung des Kostenerstattungsanspruchs ausreichendes Vermögen haben (Art. 3 der Reichsverfassung). Ob juristischen Personen, Gesellschaften usw. Ausländereigenschaft zukommt, hängt davon ab, wo sie den Hauptsitz haben. „Deutsche" sind auch die Eingeborenen der Schutzgebiete (Preußen: MV. v. 6. 3. 02 JMBl. 61).

2. Die dreifache Vorschußpflicht tritt nur ein, wenn der Ausländer die „Klage" gestellt hat. Dies gilt auch für die Widerklage, die gesondert verhandelt wird. Ist der **Ausländer** nur **Antragsteller** (wie in den Fällen der §§ 27 Nr. 2, 34—38, 41—45; auch das Arrestverfahren gehört hierher, selbst wenn mündliche Verhandlung angeordnet wird) oder Beklagter oder legt er als Beklagter Berufung oder Revision ein, so trifft § 85 nicht zu (RGZ. 31, 385).

3. Beschwerde des Klägers, nicht auch des Beklagten hiergegen: § 567 ZPO., § 346 StPO., § 73 KO. Gebühr hierfür: §§ 45, 71 Nr. 4 GKG. Die anfallenden Gebühren, die nicht höher sind wie sonst, werden aus dem Vorschuß gedeckt.

4. d. h. der Ausländer hat wie der Deutsche nur den in den §§ 81 ff. bestimmten (einfachen) Vorschuß zu zahlen.

5. Siehe Meyer, ZPO. S. 144. Nach Abs. 1 sind nur vorschußpflichtig die Angehörigen der Türkei, von England (OLG. Frankfurt a. M. v. 4. 6. 12 DSekrZ. 13, 116), Nordamerika, Brasilien, Kanada, Peru, Uruguay, Kosta Rika und der Dominikanischen Republik. Das Haager Abkommen v. 17. 5. 05 (RGBl. 09, 410; Meyer, ZPO. S. 605) über den Zivilprozeß schließt auch die „Privatkläger" — s. Abs. 4 — in sich (BayObLG. 30. 5. 06 DJZ. 06, 132 gegen Rittmann S. 533). Gegenseitigkeit im Sinne der Z. 1 liegt nur vor, wenn der Deutsche als Kläger im Auslande hinsichtlich der Vorschußzahlung genau so behandelt wird wie der Einheimische und auch er nicht zu einer dem deutschen Gesetz unbekannten Sicherstellung der Gerichtskosten verpflichtet ist; ob auch den einheimischen Kläger diese Pflicht zur Sicherstellung trifft, ist dabei ohne Belang (vgl. OLG. Frankfurt a. M. 4. 6. 12 DSekrZ. 13, 116). Daß Z. 1 des Abs. 2 des § 85 gegeben ist, hat der Kläger nachzuweisen.

6. Trifft Z. 2—6 zu, so ist der ausländische Kläger von der Verpflichtung zur Vorschußzahlung befreit, mag auch Z. 1 an sich auf ihn nicht zutreffen.

7. Mit der Abstandnahme vom U. und W.-Prozeß lebt die Vorschußpflicht nach Abs. 1 auf.

8. s. §§ 946 ff. ZPO. Beispiel: die Anfechtungsklage des Verschollenen gegen seine Todeserklärung.

9. wenn z. B. der Staatsvertrag (Ziff. 1) geändert oder dem Ausländer das Armenrecht entzogen wird und Z. 1 nicht zutrifft oder der Kläger die deutsche Staatsangehörigkeit verliert und Z. 1 auf ihn nicht anzuwenden ist.

10. Besteht die Klagspartei aus mehreren inländischen und ausländischen Privatklägern, so haben die Inländer 10 ℳ und die Ausländer 20 ℳ Vorschuß zu zahlen, da der Vorschuß nur 30 ℳ beträgt.

11. Abs. 5 trifft, soweit der Auslagenvorschuß in Frage steht, jeden Ausländer, mag er auch von der Zahlung des dreifachen Gebührenvorschusses nach Abs. 2 Z. 1 befreit sein (Ausnahme: wenn dem Ausländer das Armenrecht bewilligt ist).

12. also nicht einmal Termin anzusetzen.

13. s. § 294 ZPO.

14. Ein solcher liegt z. B. vor, wenn die Verjährung des Anspruchs droht. Verweigerung der Terminsbestimmung bei Einspruch, Berufung oder Revision bringt keinen nicht zu ersetzenden Nachteil, da die Frist bereits mit der Einreichung gewahrt ist (a. M. Rittmann § 85 Note 3 S. 534).

§ 86.[1]

Schuldner der entstandenen Gebühren und Auslagen[1] ist derjenige, welchem durch gerichtliche Entscheidung die Kosten des Verfahrens auferlegt sind,[2] oder welcher dieselben durch eine vor dem Gericht abgegebene oder demselben mitgeteilte Erklärung[3] übenommen hat.[4, 5]

Schuldner der Schreibgebühr[6] ist der Antragsteller oder die Partei,[7] welche es unterläßt, einem von Amts wegen zuzustellenden Schriftsatze die erforderliche Zahl von Abschriften beizufügen.[8]

1. Das Gesetz unterscheidet zwischen **Kostenvorschuß und Kostenzahlung.** Wann **ersterer** zu erheben ist, bestimmen die **§§ 81 ff.**, von der Verpflichtung zur **Kostenzahlung** handeln die **§§ 86 ff.**, wann die Kosten **fällig** werden, regeln die **§§ 93 ff.** Grundsätzlich ist nicht derjenige, welchem eine gerichtliche Entscheidung die Kosten des Verfahrens auferlegt, sondern der Antragsteller der Instanz der Kostenschuldner. Dieser Grundsatz wird durch § 86 nur dahin modifiziert, daß er auf die Frage, wer schulde, nicht in erster Linie angewendet werden soll, daß vielmehr eine nach § 86 erfolgte Kostenentscheidung oder Übernahme auch für die schließliche Kostenpflicht im Verhältnis zur Staatskasse maßgebend ist (RGZ. 52, 201; OLG. München 5. 2. 10 DSekrZ. 11, 18).

Ist in **bürgerlichen Rechtsstreitigkeiten** die Einforderung der Kosten nach den **§§ 86 ff.** möglich, m. a. W.: liegt ein Kostenausspruch oder eine die Übernahme der Kosten enthaltende Erklärung der Partei vor, so hat sie zu erfolgen. Die Rechtskraft der Entscheidung braucht nicht abgewartet zu werden. Eine Ausnahme besteht nur, wenn der Kläger zum Armenrecht zugelassen war (s. Vorbem. D zu § 81). Wird die Klage des zum Armenrecht zugelassenen Klägers abgewiesen, so werden auch die dem Beklagten bisher gestundeten Auslagen nicht erhoben.

In **Privatklagesachen** werden bei Erledigung durch Vergleich die Kosten zunächst unter Zugrundelegung der Vereinbarung eingezogen; als Zweitschuldner haftet jedoch infolge der gerichtlichen Entscheidung immer der Privatkläger.

In **Strafsachen** können die Kosten erst nach Rechtskraft des Urteils berechnet werden (§ 96).

2. Werden die Kosten „gegen einander aufgehoben", so trägt jeder Teil die Hälfte. — Gesetzliche Vertreter einer Partei (Vormund, Nachlaßpfleger, Testamentsvollstrecker) haften für die Kosten des Rechtsstreits nie persönlich. Erben dagegen haften für die Prozeßkosten immer mit ihrem ganzen Vermögen — auch bei beschränkter Haftung bezüglich der Hauptsache (RGZ. 11. 11. 11 DSekrZ. 12, 34).

Die Abänderung der Kostenentscheidung durch die höhere Instanz wirkt auch für die frühere Instanz, solange die dort angefallenen Kosten noch nicht bezahlt sind. Sind sie bezahlt, so hat nur die Partei vom Gegner den Anspruch auf Kostenerstattung; eine Rückzahlung erfolgt also seitens des Staates nicht.

3. d. i. zu Protokoll des Gerichtsschreibers oder in öffentlicher Sitzung. In erster Linie ist hier an den Vergleich gedacht.

4. Wer dem Gericht die Übernahmeerklärung mitteilt, ist gleichgültig. Voraussetzung ist nur, daß aus dem Inhalt der Erklärung die Person und Absicht des Erklärenden zweifelsfrei hervorgehen. Es kann also auch der Kläger mitteilen, daß „nach Vereinbarung vom ..... der Beklagte die Kosten übernommen hat" (OLG. 17, 221). Nicht genügt die Bitte, von ..... die Kosten einzuziehen. Die Erklärung unterliegt dem Anwaltszwang nicht.

5. Hat ein Anwalt erklärt: „Die vom Kläger zu zahlenden Kosten bitte ich von mir einzufordern", so haftet er persönlich hierfür neben dem Kläger (OLG. 11, 149 JW. 99, 541 Nr. 33).

Beispiele bei Kostenübernahme, Vorbem. zu § 81:

a) Jeder Teil hat die Hälfte der Kosten übernommen. Die Kosten werden berechnet und halbiert, der Gebührenvorschuß in Abrechnung gebracht und der Rest von dem Pflichtigen erhoben. Der Gebührenvorschuß wird zunächst auf den den Kläger treffenden Gebührenteil verrechnet, der Rest wird zur Deckung der Gebühren des Beklagten verwendet. Bleibt noch etwas übrig, so werden damit den Kläger treffende Auslagen gedeckt. Eine Verrechnung des Vorschusses auf Auslagen des Beklagten ist unzulässig.

b) Der Kläger hat $^1/_3$, der Beklagte $^2/_3$ der Kosten übernommen. Verfahren wie bei a. Sind die den Beklagten treffenden Kosten uneinbringlich (§ 86 Abs. 2), so sind alle Kosten in zwei gleiche Hälften zu teilen. Für die eine haftet dann der Kläger trotz der gegenteiligen Parteivereinbarung (§ 88). Zur Deckung dieser Hälfte werden zunächst der Gebühren- und Auslagenvorschuß herangezogen.

c) Der Kläger streitet im Armenrecht; er hat alle Kosten übernommen (durch Vereinbarung). — Die Kosten sind zu berechnen; für die Hälfte haftet trotz des Vergleichs der Beklagte.

d) Eine Sache ist in I. Instanz durch Endurteil erledigt; Kläger hatte 1/3, Beklagter 2/3 der Kosten zu tragen. In II. Instanz vergleichen sich die Parteien; Beklagter übernahm alle Kosten. Der Gerichtsschreiber I. Instanz hatte vor Aktenabgabe die Kosten unter Zugrundelegung des Urteils zu berechnen. Sind bei Vergleichsabschluß die Kosten I. Instanz noch nicht bezahlt, so ist die frühere Kostenausscheidung dem Vergleiche gemäß zu ändern.

(Bayern: Sind bei Abgabe des Gebührenregisters die Kosten vom Beklagten noch nicht bezahlt, so ist in die Spalte: „Bemerkungen" einzuschreiben: Zweitschuldner ist gemäß § 86 Abs. 2 GKG. der Kläger für ½ oder mit . . . ℳ . . ₰).

6. s. §§ 79 Z. 1 und 80.

7. d. i. die Partei, nicht ihr Prozeßbevollmächtigter, es sei denn, daß dieser erklärt hat, er bezahle die Kosten selbst. Der Antragsteller bleibt Schuldner, auch wenn die Schreibgebühren erst eingezogen werden, nachdem der Gegner bereits zu den Kosten verurteilt ist. Ist der Kläger im Armenrecht, so sind die anfallenden Schreibgebühren im Akte vorzumerken. Nach Rechtskraft der Entscheidung sind sie von dem Kostenschuldner (§ 86 Abs. 1) einzuziehen.

8. Auch für die Abschriften der zu Protokoll abgegebenen Erklärung einer Partei sind Schreibgebühren zu erheben (a. A. irrtümlich: BayGeschAfGerichtsschr. § 14 Abs. 2). Hat der Armenanwalt die nötige Zahl von Abschriften nicht beigefügt, so treffen ihn persönlich die Schreibgebühren, die infolge der Herstellung durch die Gerichtsschreiberei erwachsen, nicht (DSekrZ. 12, 36).

§ 87.

Die durch gerichtliche Entscheidung begründete Verpflichtung zur Zahlung der Gebühren und Auslagen (§ 86) erlischt, insoweit eine Aufhebung oder Abänderung der Entscheidung erfolgt.[1]

Die Zurückzahlnng bereits bezahlter Beträge findet, soweit der Gebührenansatz bestehen bleibt, nicht statt.[2]

1. Wie in Note 1 zu § 86 ausgeführt, sind — abgesehen von der vergleichsweisen Erledigung des Rechtsstreits — in bürgerlichen Rechtsstreitigkeiten die Kosten des Verfahrens zu erheben, sobald eine gerichtliche Kostenentscheidung ergangen ist. Es braucht die Rechtskraft des Urteils nur abgewartet zu werden, wenn der Kläger im Armenrecht war.

§ 87 sagt nun: Sind auf Grund des § 86 (d. h. auf Grund der Kostenentscheidung ohne Rücksicht auf die Rechtskraft des Urteils) die Gebühren und Auslagen vom Zahlungspflichtigen noch nicht eingefordert oder zwar eingefordert, aber noch nicht bezahlt, und wird die für den Ansatz die Grundlage bildende gerichtliche Entscheidung aufgehoben oder abgeändert, so ist die Kostenberechnung zu ergänzen und zu berichtigen. Die neue Entscheidung ist zugrunde zu legen für die

Frage: Welche Gebühren und Auslagen sind angefallen; wer ist Schuldner der Kosten des Rechtsstreits?

Hat die auf Grund der ersten gerichtlichen Entscheidung in Anspruch genommene Partei die von ihr eingeforderten Kosten bezahlt, so ist zunächst festzustellen, ob die Kosten in der Höhe wie eingehoben auch nach der neuen Entscheidung bestehen bleiben. Ist dies der Fall, so findet eine Zurückzahlung der bezahlten Beträge (weil z. B. der Gegner jetzt Kostenschuldner ist) nicht statt. Die Partei muß sich wegen ihres Anspruchs an den Gegner halten. Ergibt sich, daß auf Grund der Erstentscheidung zuviel Gebühren eingehoben worden sind (Beispiel: Es war ein niedrigerer Streitwert anzunehmen, oder: die Kosten wurden niedergeschlagen, oder: nachträglich wurde Gebührenfreiheit gewährt — § 6 — oder einer Beschwerde stattgegeben), so ist zunächst eine neue Kostenberechnung aufzustellen und der nach Abgleichung mit den eingezahlten Gebührenbeträgen sich ergebende Restbetrag an Gebühren und Pauschsätzen der Partei, welche zuviel bezahlt hat, zurückzugeben. Bezüglich der Pauschsätze ist noch zu beachten, daß sie bei Niederschlagung der Gebühren oder Gewährung von Gebührenfreiheit bestehen bleiben. In jedem Falle bleibt die Vorschußpflicht und die sich darauf gründende Zahlungspflicht auch bei Änderung einer Entscheidung unberührt (vgl. § 90 GKG.).

In Strafsachen trifft § 87 nur das Privatklageverfahren und die Nebenklage (in II. Instanz).

2. Abs. 2 hat nur zuviel gezahlte Gebühren und Pauschsätze im Auge, nicht auch Auslagen im Sinne des § 79; denn sie können sich nicht verändern, können auch nicht niedergeschlagen werden, bleiben also voll geschuldet. Eine Zurückzahlung kann bei ihnen überhaupt nicht in Frage kommen.

§ 88.[1]

Sind die entstandenen[2] Gebühren und Auslagen von der einen oder der andern Partei durch Übereinkunft beider Parteien übernommen (§ 86), so haftet jede Partei wenigstens für die Hälfte derselben.

Diese Haftbarkeit kann erst geltend gemacht werden, wenn eine Zwangsvollstreckung in das bewegliche Vermögen der nach § 86 zahlungspflichtigen Partei erfolglos geblieben ist.

1. § 88 trifft die Gebührenbewertung bei **Vergleichen**. In Verbindung mit § 86 ist die Rechtslage folgende:

Auch bei Vergleichen haftet der Kläger in Höhe seiner Vorschußpflicht (§ 81). Daneben haftet jede Partei insoweit, als es der Vergleich ergibt. In dritter Linie aber haftet sie, wenn der Kläger im Armenrecht ist oder die Zwangsvollstreckung in das bewegliche Vermögen (eine andere Art der Zwangsvollstreckung ist nicht nötig) der nach dem Vergleich zahlungspflichtigen Partei erfolglos geblieben ist, für die Hälfte der Gerichtskosten. Es hat also die Staatskasse unter Umständen drei Wege, um zu ihrem Geld zu kommen (vgl. § 86 Note 5). Als Vergleich im Sinne des § 88 gilt auch die mit Zustimmung des Gegners erfolgte Klagezurücknahme.

Ist der Vergleich erst in II. Instanz abgeschlossen worden, so kann sich die Staatskasse bezüglich der Kosten I. Instanz an das Urteil halten, aber auch auf den Vergleich zurückgreifen. Bezüglich der Kosten II. Instanz gilt das oben Gesagte. — Siehe auch § 98 Anm. 4 — Übernahme von Kosten durch das Reich usw.

Im Privatklageverfahren wird nach Abschluß eines Vergleiches das Verfahren eingestellt; die Kosten der Klage hat der Privatkläger, die der Widerklage der Angeklagte zu tragen. Bei der Sollstellung der Kosten kann nun der Einstellungsbeschluß oder der Vergleich zugrunde gelegt werden. Enthält er die Bestimmung, daß der eine Teil mehr wie der andere bezahlt, so entsteht für ½ der Kosten, wenn § 88 Abs. 2 noch in Frage kommt, noch ein Zweitschuldner.

(Bayern: Bei der Sollstellung ist zunächst die gebührenvorschußpflichtige Partei in Höhe des Vorschusses und dann der nach dem Vergleich als zahlungspflichtig in Betracht kommende als Schuldner vorzutragen. Bei Überweisung des geschuldeten Betrages an das Rentamt ist jedoch die Vermerkung der nach § 88 eventuell haftbaren Partei unter Auswerfung des betreffenden Betrages in der Spalte „Bemerkungen" nicht zu unterlassen. § 33 VJ. v. 25. 12. 99, Meyer, GebG. S. 507).

Übernimmt der zum Armenrecht zugelassene Privatkläger im Vergleiche alle Kosten, so sind unbeschadet der im Einstellungsbeschluß oder Urteil ergangenen Kostenüberbürdung auf den Privatkläger von dem Beklagten die Hälfte der Kosten einzuziehen.

2. Auf noch „entstehende" Gebühren trifft § 88 nicht zu (Komm.-Ber. 75).

§ 89.*)

In Ermangelung [1] eines anderen Schuldners (§ 86) [2] ist derjenige, welcher das Verfahren der Instanz beantragt hat, [3] Schuldner der entstandenen Gebühren und Auslagen. [4] Soweit es sich jedoch um Auslagen handelt, für welche der Gegner in Gemäßheit des § 84 Vorschuß zu leisten verpflichtet war, sind diese Auslagen vom Gegner zu erheben. [5]

1. Die Worte „In Ermangelung" zielen nur auf den Zeitpunkt der Fälligkeit der Instanzkosten ab; sie bedeuten also nicht: wer das Verfahren beantragt hat, wird frei, sobald hinterher ein Schuldner aus § 86 entsteht.

Beispiel: Es wird gegen ein Urteil Revision eingelegt, das Urteil der Berufungsinstanz aufgehoben, die Sache zurückverwiesen und die Kostenentscheidung dem späteren von dem Berufungsgericht zu erlassenden Urteil vorbehalten. Für die Kosten der Revisionsinstanz haftet „mangels einer bei Fälligkeit der Kosten (d. i. bei Erlaß des Urteils) vorliegenden Kostenentscheidung der Revisionskläger. Diese Haftung bleibt bestehen, mag auch später das Berufungsgericht über diese Kosten anderweit endgültig entscheiden. § 87 trifft hier nicht zu; denn die Verpflichtung des Revisionsklägers

*) Nicht anwendbar auf das Konkurs- und Strafverfahren.

gründet sich nicht auf eine „gerichtliche Entscheidung", sie ist vielmehr eingetreten infolge Fehlens eines Kostenschuldners bei Beendigung der Instanz.

2. d. h. wenn bei Beendigung des Verfahrens in der Instanz weder eine gerichtliche Kostenentscheidung noch eine durch Vereinbarung erfolgte Übernahme der Kosten vorliegt, ferner im Falle des § 94 Nr. 1 (BayVJ. § 31, Meyer, GebG. S. 507).

3. d. i. die Partei, nicht ihr Prozeßbevollmächtigter (es sei denn, er hat die Zahlung übernommen) oder ihr gesetzlicher Vertreter persönlich.

4. So ist Kostenschuldner: im Mahnverfahren der Gläubiger, im Zwangsvollstreckungsverfahren der Antragsteller (die Kostenentscheidung im Urteil ist ohne Einfluß, JW. 83, 5), im Arrestverfahren der Gläubiger (mag auch nach dem Arrestbeschluß der Gegner die Kosten zu tragen haben), im Kostenfestsetzungsverfahren der Antragsteller (die Kostenentscheidung im Urteil bezieht sich auf das Kostenfestsetzungsverfahren nicht), bei Verhängung einer Ordnungsstrafe in Zivilsachen jedoch der Bestrafte, da es sich hier um die „Strafvollstreckung" handelt.

Enthält ein Vergleich keine Bestimmung über die Kostenpflicht, so haftet nur der Kläger als Antragsteller; ist er im Armenrecht, so werden Gebühren und Pauschsätze überhaupt nicht erhoben, Auslagen nur insoweit, als sie dem Beklagten als Antragsteller zur Last fallen. Wird der Antrag auf Entmündigung wegen Geisteskrankheit oder Geistesschwäche zurückgenommen, so hat der Antragsteller die Kosten zu zahlen (§ 658 Abs. 2 ZPO.).

5. Der Antragsteller der Instanz muß also alle Kosten bezahlen, mögen sie auch infolge einer Anregung oder eines in dem Verfahren gestellten Antrages des Beklagten entstanden sein. Eine Ausnahme besteht nur hinsichtlich der vom Gegner als Antragsteller verursachten Auslagen.

Beispiel: Klage des A gegen B auf Räumung einer Wohnung. Verhandlung. Beweisbeschluß über die Behauptungen des Beklagten. Den Parteien wird hiervon Ausfertigung erteilt. Das Verfahren ruht.

A schuldet: $^{10}/_{10}$ Verhandlungsgebühr, $^{5}/_{10}$ Beweisgebühr und — Pf Schreibgebühr für die Ausfertigung. Er ist Antragsteller der Instanz und muß als solcher auch die Beweisgebühr zahlen, deren Entstehung B veranlaßt hat.

B schuldet: 40 Pf Schreibgebühr für die Ausfertigung.

Bei wechselseitig eingelegten Rechtsmitteln oder bei Klage und Widerklage hat jeder Teil die auf seine Antragstellung entstandenen Kosten zu tragen (RGBZ. 57, 301). Betrifft Klage und Widerklage den gleichen Akt, so haften der Kläger und Widerkläger je für die Hälfte (JW. 04, 560; a. A. RGZ. 57, 309, welches verhältnismäßige Haftung für gegeben hält). Betreffen Klage und Widerklage denselben Streitgegenstand, so haften Kläger und Widerkläger als Gesamtschuldner. — Sind die Kläger Streitgenossen, so haften sie nach dem Verhältnis ihrer Beteiligung, bei notwendiger Streitgenossenschaft tritt samtverbindliche **Haftung ein.**

Haben die Auslagen (§ 79) **beide Parteien veranlaßt,** so haften sie der Staatskasse als Gesamtschuldner.

§ 90.

Die Verpflichtung zur Zahlung der vorzuschießenden Beträge (§§ 81 bis 85) **bleibt bestehen,[1] wenn auch die Kosten des Verfahrens einem andern auferlegt oder von einem andern übernommen sind.[2, 3]**

1. Ausnahme: § 98 Abs. 4 (wenn der Gebührenfreiheit genießende Gegner zur Kostentragung verurteilt ist, erhält der Kläger seinen Gebührenvorschuß zurück; nicht so, wenn der Gegner die Kosten im Vergleich übernommen hatte).

2. Die **Vorschußpflicht bleibt immer** (auch wenn durch Urteil die Kosten nach Quoten — ¼ und ¾ — verteilt sind) **bestehen.** War der Vorschuß bei Berechnung der Kosten noch nicht eingefordert, so hat, wenn die Kosten dem Beklagten auferlegt sind, die Staatskasse die Wahl, ob sie alle Kosten dem Beklagten zur Last schreiben oder ob sie den Gebührenvorschuß mit hieraus berechnetem Pauschsatz vom Kläger und den Rest der Kosten vom Beklagten einziehen will. (In der Regel wird zunächst zur Kostenzahlung der Gebührenvorschußpflichtige herangezogen und der Rest der Kosten auf den Gegner kontiert.) Der Gebührenvorschuß des Klägers kann auch auf Gebühren des Beklagten und Auslagen des Klägers (nicht auch: des Beklagten) verrechnet werden, mag die Kostenpflicht sein wie sie will. Der Kläger hat eben insoweit nur einen Ersatzanspruch an den Beklagten.

Bezüglich des Einflusses des Armenrechts s. § 81 Vorbem.

3. Bei Widerklage ist zu beachten, daß der Gebührenvorschuß einer Partei, soweit sie nicht Schuldnerin wird, zur Deckung von Gebühren, für die der Gegner vorschußpflichtig ist, nicht verwendet werden darf.

Beispiel:

A erhebt gegen B Klage auf Zahlung von 1200 ℳ. Im Verhandlungstermin zieht A seine Klage bezüglich des Betrages von 1000 ℳ zurück; B erhebt unter Bestreitung der klägerischen Restforderung von 200 ℳ Widerklage auf 400 ℳ. Nach kontradiktorischer Verhandlung über die Widerklage wird der Beklagte unter Abweisung seiner Widerklage zur Zahlung von 200 ℳ Restforderung an den Kläger sowie zur Kostentragung verurteilt.

Nach § 81 Abs. 1 u. 2 hat A einen Gebührenvorschuß von 32 ℳ und B für seine Widerklage einen solchen von 15 ℳ zu erlegen.

An Gebühren kommen zum Ansatz:

Für die Zurücknahme von 800 ℳ (§ 46)	2.60 ℳ
Für die Verhandlung aus 200 + 400 ℳ (§§ 18, 11)	20.— ℳ
Für das Urteil 200 + 400 ℳ (§ 18 Nr. 3)	20.— ℳ
Gesamtkosten:	42.60 ℳ

Von diesen trifft den Kläger die Zurücknahmegebühr mit 2.60 ℳ

Dann kommen gegen Anrechnung an seinem Gebührenvorschuß die nachstehenden Gebührenanteile als von ihm veranlaßt zur Berücksichtigung:

Von der Verhandlungs- und Entscheidungsgebühr mit Bezug auf 200 ℳ Restforderung 2×6.66 ℳ = 13.32 ℳ

Summa: 15.92 ℳ

Da A einen Vorschuß von 32 ℳ einbezahlt hat, so sind ihm der Rest von 32 ℳ — 15.92 ℳ = 16.08 ℳ zurückzubezahlen.

Für den Kostenrest von 42.60 ℳ — 15.92 ℳ = 26.68 ℳ ist B alleiniger Schuldner und zwar aus seiner Vorschußpflicht hinsichtlich der von ihm erhobenen Widerklage und aus der Kostenpflicht des § 86. Der Vorschußrestbetrag des Klägers A kann in diesem Falle nicht zur Deckung der von B allein geschuldeten Beträge von 26.68 ℳ verwendet werden, da für diese Beträge der B allein vorschußpflichtig ist.

Die Staatskasse selbst hat die Wahl, ob sie vom Kläger unter Anrechnung an dessen Gebührenvorschuß nur 2.60 ℳ und vom Beklagten die übrigen Kosten von 40 ℳ einziehen oder, wie die nach gesetzlicher Vorschrift vorgenommene Kostenausscheidung ergibt, vom Kläger 15.92 ℳ und vom Beklagten 26.68 ℳ erheben will.

§ 91.

Besteht die Partei aus mehreren Personen,[1] so haften dieselben in Ermangelung einer gerichtlichen Entscheidung über die Kostenverteilung nach Kopfteilen.[2]

1. Gleichgültig ist dabei, ob die Mehrheit der Personen entstanden ist durch Parteiwillen (§§ 59 ff. Streitgenossenschaft) oder infolge Verbindung mehrerer Prozesse durch das Gericht (§ 147). Ist eine Genossenschaft, ein Verein, eine Handelsgesellschaft Partei, so ist rechtlich nur eine Person vorhanden.

2. § 91, der, soweit entstandene Auslagen in Betracht kommen, durch § 92 ergänzt wird, gilt nicht auch für die Berechnung des Vorschusses (§§ 81 ff.). Wenn eine gerichtliche Entscheidung noch nicht vorliegt, ist auf das Beteiligungsverhältnis Rücksicht zu nehmen. Das Gleiche gilt bei Berechnung der Kosten im Falle des § 94 Nr. 1. Aber auch wenn die Partei zu den Kosten verurteilt ist, sind die §§ 91 GKG. und 100 Abs. 1 ZPO. nicht wörtlich zu nehmen.

Klagen z. B. 1. A, 2. die Erben des B namens C, D, E und F, so haben von dem Gebühren- und Pauschsatzvorschuß zu zahlen A ½ und C, D, E und F zusammen: ½. Ist die Klage abgewiesen, so sind die Kosten in folgendem Verhältnis einzuziehen:

½ von A und
½ von C, D, E und F.

Klagen A, C, D, E und F ohne nähere Angabe des Beteiligungsverhältnisses, so sind sie je zu ⅕ für den Vorschuß haftbar.

§ 91 soll nur Anwendung finden, wenn eine Kostenentscheidung ergangen ist und in ihr keine Kostenverteilung unter den Streitgenossen ausgesprochen ist (s. DSekrZ. 12, 208).

Beispiele:

Ein Urteil liegt vor. A und B haben an den Kläger 150 ℳ zu zahlen und die Kosten des Rechtsstreits zu tragen. Hier haften A und B für die Hauptsache und Kosten nach Kopfteilen = jeder für die Hälfte.

Lautet das Urteil: A und B haben als Gesamtschuldner an den Kläger 150 ℳ zu zahlen und die Kosten des Rechtsstreits zu tragen, so haften die Beklagten auch für die Kosten als Gesamtschuldner. Die Staatskasse kann alle Kosten von A oder B einheben.

Das Gleiche gilt, wenn in einem Vergleich mehrere Beklagte sich samtverbindlich zur Zahlung der Hauptsache bereit erklärt haben und über die Kosten nur gesagt ist: „Die Beklagten zahlen die Kosten des Rechtsstreits im Anschluß an die Hauptsache."

Haben sich in dem Vergleich A und B gemeinschaftlich zu einer teilbaren Leistung verpflichtet (§ 427), so haften sie, falls der Vergleich über die Beteiligung nichts enthält, als Gesamtschuldner für die Hauptsache und die Kosten.

Ergeht gegen A Versäumnisurteil und wird die Klage in der Richtung gegen seine Ehefrau abgewiesen, so hat der Kläger und der Beklagte je $1/2$ der Entscheidungsgebühr mit Pauschsatz zu tragen. Es wird eben im § 91 nicht unterschieden, ob die Instanz durch eine oder mehrere Entscheidungen erledigt wird. Im Sinne des GKG. gelten aber mehrere Entscheidungen derselben Instanz als eine Entscheidung.

Werden Eheleute verurteilt und zwar die Frau zur Leistung, der Mann zur Duldung und „haben die beiden die Kosten des Rechtsstreits zu tragen", so ist Haftung nach Kopfteilen (jeder die Hälfte) gegeben (OLG. Marienwerder 27. 9. 10 DSekrZ. 11, 129).

Haben nach der gerichtlichen Entscheidung zwei Beklagte $3/5$ und ein Beklagter $2/5$ der Kosten zu tragen, so ist diese Kostenteilung natürlich auch für die Gerichtskosten maßgebend.

Werden mehrere Aufgebotssachen mit einander verbunden, so werden von der Verbindung an die anfallenden Gebühren aus den zusammengerechneten Werten berechnet und auf die einzelnen Sachen nach dem Verhältnis der Einzelwerte verteilt. Gemeinsame Auslagen dagegen werden nach gleichen Teilen verteilt.

Im Konkursverfahren trifft § 91 zu, wenn es sich um die Kosten eines besonderen Prüfungstermines handelt (§ 54). Die Auslagen sind zusammenzurechnen und auf die nachträglich anmeldenden Gläubiger nach gleichen Teilen zu verteilen. Fällt der Schlußtermin mit dem besonderen Prüfungstermin zusammen, so werden in der Regel Ausschreibungskosten den nachträglich anmeldenden Gläubigern nicht in Rechnung gestellt, weil das Ausschreiben ja auch ohne Vorliegen dieser Anmeldungen hätte erfolgen müssen.

§ 91 ist in Strafsachen nicht anzuwenden; hier gilt § 61, nach welchem bei mehreren Verurteilten jeder die Gebühr aus seiner Strafe zahlen muß (s. § 61 Bem.).

§ 92.[1]

Durch die Bestimmungen der §§ 81 bis 91 wird eine nach den Vorschriften des bürgerlichen Rechts[2] oder den Vorschriften der Zivilprozeßordnung § 100 Abs. 4, 788,[3] der Konkursordnung §§ 57 bis 60, 142,[4] oder der Strafprozeßordnung §§ 498 Abs. 2, 503 Abs. 4, 504[5] begründete Verpflichtung zur Zahlung der entstandenen Gebühren und Auslagen nicht berührt.

1. Sinn des § 92: Von wem die Gerichtskosten einzuheben sind, ist in erster Linie in den §§ 81—91 GKG. bestimmt. Daneben gelten jedoch auch die Vorschriften des BGB., HGB. usw. Sie sind also, soweit die Kostenpflicht gegenüber der Staatskasse in Betracht kommt, Bestandteile des GKG. Die Staatskasse hat somit unter Umständen mehrere Schuldner; ihr Anspruch stützt sich z. B. dem einen gegenüber auf das GKG., dem andern gegenüber auf das BGB.

2. In Betracht kommen hauptsächlich:

BGB. §§: 414 (Schuldübernahme durch Vertrag mit dem Gläubiger),
419 (Vermögensübernahme),
420 (Schulden mehrere eine teilbare Leistung, so ist im Zweifel jeder Schuldner nur zu einem gleichen Anteil verpflichtet);
421 (Schulden mehrere eine Leistung in der Weise, daß jeder die ganze Leistung zu bewirken verpflichtet ist [Gesamtschuldner], so kann der Gläubiger die Leistung nach seinem Belieben von jedem der Schuldner ganz oder zu einem Teil fordern. Bis zur Bewirkung der ganzen Leistung bleiben alle Schuldner verpflichtet);
427 (Verpflichten sich mehrere durch Vertrag gemeinschaftlich zu einer teilbaren Leistung, so haften sie im Zweifel als Gesamtschuldner);
431 (Schulden mehrere eine unteilbare Leistung, so haften sie als Gesamtschuldner);
735 (Reicht das Gesellschaftsvermögen zur Berichtigung der gemeinschaftlichen Schulden nicht aus, so haften die Gesellschafter für den Fehlbetrag nach dem Verhältnis, nach welchem sie den Verlust zu tragen haben. Ist ein Gesellschafter zahlungsunfähig, so haben die übrigen den Ausfall nach dem gleichen Verhältnis zu tragen);
1387, 1388, 1460, 1530 (Der Ehemann haftet — eine Ausnahme besteht nur bei Gütertrennung —, wenn seine Frau einen Prozeß führt, mit dieser samtverbindlich für die sie treffenden Gerichtskosten — also auch für den Vorschuß —; dies gilt auch in Eheprozessen, wenn er Beklagter ist; wird die Frau im letzteren Falle zu den Kosten verurteilt, so bleibt die Haftung des Mannes in Höhe seiner Vorschußpflicht bestehen);
1654, 1686 (Der Vater oder die Mutter haften für Kostenschulden des Kindes nicht persönlich, wenn ein ihrer Nutznießung unterliegendes Vermögen des Kindes nicht vorhanden ist) (RG. 22. 1. 12, KG. 24. 1. 13

DSekrZ. 13, 96. — Die Frage ist noch immer nicht genügend geklärt);
2058 ff. (Die Erben haften für die gemeinschaftlichen Nachlaßverbindlichkeiten als Gesamtschuldner).
HGB. §§: 25 (Wer ein unter Lebenden erworbenes Handelsgeschäft unter der bisherigen Firma mit oder ohne Beifügung eines das Nachfolgeverhältnis andeutenden Zusatzes fortführt, haftet für alle im Betriebe des Geschäftes begründeten Verbindlichkeiten des früheren Inhabers. Eine abweichende Vereinbarung muß im Handelsregister eingetragen sein);
27 (Fortführung des Geschäftes durch Erben; beschränkte Haftung: Abs. 2).
28 (Haftung der Gesellschaft für alle Geschäftsverbindlichkeiten des früheren Geschäftsinhabers bei Eintritt eines persönlich haftenden Gesellschafters oder Kommanditisten);
128 (Die Gesellschafter der off. HG. haften den Gläubigern der Gesellschaft als Gesamtschuldner);
171 (Der Kommanditist haftet bei der Kommanditgesellschaft den Gläubigern der Gesellschaft bis zur Höhe seiner Einlage unmittelbar; die Haftung ist ausgeschlossen, soweit die Einlage geleistet ist).

Siehe besonders Wenz in DSekrZ. 13, 152.

3. § 100 Abs. 4 ZPO.: Werden mehrere Beklagte als Gesamtschuldner verurteilt, so haften sie auch für die Kostenerstattung als solche — ohne besonderen Richterspruch.

Nach § 788 ZPO. haftet der zu den Kosten des Rechtsstreits Verurteilte auch für die Kosten der Zwangsvollstreckung, die zugleich mit dem zur Zwangsvollstreckung stehenden Anspruche beizutreiben sind.

4. KO. §§ 57—60: Die gerichtlichen Kosten des Konkursverfahrens sind Massekosten.

§ 142: Die Kosten eines besonderen Prüfungstermins fallen dem säumigen Gläubiger zur Last.

5. StPO. § 498 Abs. 2: In Bezug auf dieselbe Tat verurteilte Angeklagte haften für die Auslagen als Gesamtschuldner.

§ 503 Abs. 4: Mehrere Privatkläger und mehrere (Privat-) Angeklagte haften für die Auslagen samtverbindlich.

§ 504: Abs. 4 des § 503 findet Anwendung, wenn bei Freisprechung usw. mehrere Antragsteller die Kosten zu tragen haben.

§ 93.

Die Gebühren und Auslagen werden fällig, sobald das Verfahren oder die Instanz durch unbedingte[1] Entscheidung über die Kosten, durch Vergleich[2] oder Zurücknahme[3] oder anderweitige Erledigung[4] beendigt ist.[5]

1. „Unbedingt" = endgültig, ohne Beisetzung einer Bedingung. Unbedingt ist über die Kosten z. B. entschieden: Beklagter hat an den

Kläger 100 M zu zahlen und die Kosten des Rechtsstreits zu tragen. Eine bedingte Entscheidung ist das „bedingte Endurteil". Daß die Entscheidung rechtskräftig ist, ist für die Fälligkeit der Kosten nur von Bedeutung, wenn der Kläger im Armenrecht ist (s. 6. Abschn. Vorbem. D). In den Fällen, in denen eine Kostenentscheidung nicht ergeht, wie z. B. im Kostenfestsetzungs-, Mahnverfahren usw., werden die Kosten fällig mit Beendigung der Tätigkeit des entscheidenden Rechtspflegeorgans (Richter oder Gerichtsschreiber).

2. Ob der Vergleich bei Gericht aufgenommen oder ihm nur mitgeteilt ist (s. § 86), ist gleichgültig. Ist über den Kostenpunkt nichts vereinbart, so sind die Kosten sofort fällig; wegen der Haftbarkeit s. § 89.

3. s. § 46. Einverständnis des Gegners ist nicht nötig; die Anzeige an das Gericht, daß die Klage usw. zurückgenommen werde, genügt (vgl. PrMVf. v. 8. 9. 84 JMBl. 213).

4. „Anderweit erledigt" ist die Instanz z. B., wenn das Urteil der Vorinstanz aufgehoben und die Sache an diese zurückverwiesen wird oder wenn in dem Urteil über den Antrag auf Erlassung eines Arrestes oder einer einstweiligen Verfügung die Entscheidung im Kostenpunkt der Entscheidung über die Hauptsache vorbehalten wird. Hier wird nicht zugewartet, bis das Urteil ergeht; die Gerichtskosten sind vielmehr sofort fällig. Schuldner ist der Antragsteller (§ 89).

5. Im Konkursverfahren gilt § 93 für den besonderen Prüfungstermin. Nach seiner Abhaltung ist die Gebühr zwar fällig; sie wird jedoch in der Regel erst erhoben, wenn die auf die Forderung entfallende Quote feststeht, da aus ihr die Gebühr zu berechnen ist. Die sonstigen Konkursgebühren werden mit der Beendigung des Verfahrens (§§ 163, 190, 204 KO.) fällig.

In Strafsachen gilt, soweit der Verurteilte bei öffentlicher Klage in Betracht kommt, § 96. Mit Erlaß der Entscheidung (Rechtskraft ist nicht nötig) werden dagegen fällig die Gebühren und Auslagen, welche zur Last fallen

a) dem freigesprochenen oder außer Verfolgung gesetzten Beschuldigten (§§ 499, 500 StPO.),

b) dem Privatkläger, Nebenkläger, Anzeiger (§ 501) oder Antragsteller (s. §§ 504 Abs. 1, 505 Abs. 3 — bei Zurückweisung von Beschwerden im Strafvollstreckungsverfahren) (§ 23 BayBJ. v. 24. 9. 79, Meyer, GebG. S. 533 unten),

c) dem Beschwerdeführer, der nicht Angeklagter oder Beschuldigter ist,

d) dem gesetzlichen Vertreter des Beschuldigten oder dem Ehemann einer beschuldigten Frau oder dem überlebenden Ehegatten oder Verwandten (§§ 340, 401 Abs. 2 StPO.).

Ordnungsstrafen sind fällig mit der Verkündung und falls es der Zustellung bedarf, mit dieser.

Über Verjährung der Kosten s. § 4.

Sind mehrere Personen in bezug auf dieselbe Tat verurteilt, so haften sie für alle Kosten (mit Ausnahme der Strafe, der Gebühr und der Kosten der Strafvollstreckung) als Gesamtschuldner. Haben sich dagegen z. B. zwei Personen gegenseitig mißhandelt, so haftet jede nur für die von ihr veranlaßten Kosten; beide haften also als Gesamtschuldner für gemeinsam verursachte Kosten (z. B. für die Gebühren eines von beiden Angeklagten benannten Zeugen).

In Privatklagesachen haften mehrere Angeklagte gemäß § 503 Abs. 4 StPO., § 92 GKG. als Gesamtschuldner.

§ 94.

In bürgerlichen Rechtsstreitigkeiten kommen [1] folgende besondere Vorschriften zur Anwendung:

1. [2] Schon vor der Beendigung der Instanz [3] werden mit dem Ablaufe je eines Jahres seit Bestimmung des ersten Termins [4] oder Stellung des ersten Antrags [5] die bis dahin entstandenen Gebühren und Auslagen fällig. [6] Die einjährigen Fristen können auf Antrag von dem Gerichte verlängert werden. [7] Der Ablauf der Fristen begründet nicht die Zurückforderung eines nicht verbrauchten Vorschusses. [8]
2. In den Fällen einer Widerklage oder wechselseitig eingelegter Rechtsmittel kann jede Partei, wenn sie das von ihr beantragte Verfahren zurücknimmt, die getrennte Berechnung der Gebühren und Auslagen für dasselbe und die Zurückzahlung des von ihr gezahlten nicht verbrauchten Vorschusses fordern. [9]
3. Eine nach § 47 Abs. 2, § 48 beschlossene Gebühr kann sofort nach dem Beschlusse [10] von der in diesem bezeichneten Partei ohne Anrechnung eines derselben obliegenden Vorschusses erhoben werden.

1. neben dem § 93, welcher über die Fälligkeit der Gebühren Bestimmung trifft.

2. Der Prozeßbetrieb liegt in den Händen der Parteien. Sie können den Rechtsstreit jahrelang hinausziehen, und können die Beendigung des Verfahrens durch Vereinbarung des Ruhens desselben hintanhalten. Die Staatskasse darf solchen Willkürlichkeiten nicht preisgegeben werden. § 94 gibt ihr daher das Recht, schon vor Erledigung des ganzen Verfahrens die Gerichtskosten einzufordern.

3. d. h. bevor eine unbedingte Entscheidung über die Kosten, ein Vergleich oder eine Zurücknahme vorliegt.

4. nicht: seit der ersten Verhandlung.

5. s. §§ 27 Nr. 2, 34—36, 44, 45.

6.

Beispiele:

a) Klage auf Zahlung von 270 ℳ. Terminsbestimmung: 5. 1. 12. Verhandlung zur Sache, Beweisbeschluß. Ruhen des Verfahrens.

Am 6. 1. 13 (§§ 187 Abs. 1, 188 Abs. 2 BGB.) sind auf Grund des § 94 Z. 1 vom Kläger einzuziehen:

$^5/_{10}$ Beweisgebühr (§ 22) und Pauschsatz aus 270 ℳ.
Die $^{10}/_{10}$ Verhandlungsgebühr (§ 18 Z. 1) mit Pauschsatz ist durch den Gebührenvorschuß gedeckt.

Würde der Kläger am 8. 1. 13 anzeigen, daß er mit dem Beklagten den beiliegenden Vergleich geschlossen habe, so würde, selbst wenn Beklagter darin die Kosten übernommen hätte, eine Zurückzahlung der eingehobenen Kosten ebensowenig erfolgen wie eine Berichtigung bezüglich des Schuldners, falls die Gebühren noch nicht einbezahlt sind. Der Kläger bleibt auf Grund des § 94 Kostenschuldner; die spätere Erledigung des Rechtsstreits bewirkt nur, daß zu dem Erstschuldner (Kläger) noch ein Zweitschuldner (wie hier: der Beklagte) tritt. Der Kläger haftet mit dem Ablaufe des Jahres; wann die Kosten zu Soll gestellt und eingehoben werden, ist gleichgültig.

War Widerklage gestellt, so ist die einjährige Frist von der Erhebung der Widerklage in der mündlichen Verhandlung ab zu rechnen; der Kläger haftet nicht für die durch die Widerklage verursachten Gebühren und Auslagen; sie muß der Widerkläger bezahlen.

b) Am 12. 2. 12 stellt A zu Protokoll des Gerichtsschreibers den Antrag, das Gericht wolle dem B den Offenbarungseid abnehmen. Es wird die Sache wiederholt vertagt, am 22. 1. 13 schließlich auf 19. 2. 13.

Da der 12. 2. 13 ein Sonntag war, kann die Gebühr des § 43 erst am 13. 2. 13 als vom Antragsteller geschuldet (§ 94) eingefordert werden.

c) Ist im Falle a der Beklagte im Armenrecht, so sind nach Ablauf des Jahres von dem Kläger die bis dahin entstandenen Gebühren und die ihn treffenden Auslagen einzuziehen. Die den Beklagten treffenden Auslagen werden jedoch weiter gestundet.

d) Ist im Falle a der Kläger im Armenrecht, so ist nach Ablauf des Jahres der Beklagte aufzufordern, zu erklären, ob der Prozeß weiterbetrieben wird. Erfolgt verneinende oder keine Antwort, so sind von ihm die ihn treffenden Auslagen, von deren Zahlung er einstweilen befreit war, einzuziehen.

7. Das Gericht der Instanz kann die Fristen verlängern; zweckmäßig es ist, wenn dieselben nur von Jahr zu Jahr verlängert werden. Das richterliche Ermessen ist hier in keiner Weise eingeschränkt. Die Fristenverlängerung kann angezeigt erscheinen in dem Falle, in welchem die Verhandlungen sich ohne Schuld des Klägers der Instanz in die Länge ziehen, ein Ruhen des Verfahrens aus sachlichen Gründen gerechtfertigt erscheint oder eine Unterbrechung oder Aussetzung des Verfahrens unumgänglich ist (Motive).

Der Antrag muß jedoch vor Ablauf der Jahresfrist gestellt werden und die Entscheidung vor deren Ablauf ergangen sein, da mit Ablauf der Frist die Zahlungspflicht für den Antragsteller, Kläger usw. eintritt. Das Verfahren ist nach § 47 Nr. 1 gebührenfrei.

8. Hat also z. B. der Kläger einen Vorschuß bezahlt und bleibt nach der gemäß § 94 Z. 1 erfolgten Abrechnung ein Rest, so wird er nicht rückvergütet; er bleibt vielmehr bei Gericht zwecks späterer Verrechnung. Erledigt sich die Sache auch später nicht, so findet auch eine Zurückzahlung des Vorschusses nicht statt.

9.

Beispiel: Klage (Streitwert: 200 ℳ). Widerklage (Streitwert: 350 ℳ). Verhandlung über beide. Beweisbeschluß über die Klage und einen Teil der Widerklage (210 ℳ). Nach Beweisaufnahme Zurücknahme der Widerklage. Verhandlung über die Klage. Beweisbeschluß usw.

Nach Zurücknahme der Widerklage sind auf Antrag des Widerklägers die ihn treffenden Kosten sofort zu berechnen und einzuziehen, hier also:

$^{10}/_{10}$ Verhandlungsgebühr aus 350 ℳ,
$^{10}/_{10}$ Beweisgebühr aus 210 ℳ und Pauschsätze. (Vorschuß berücksichtigen!)

Voraussetzung der Anwendbarkeit des § 94 Z. 2 ist, daß die Widerklage oder das Rechtsmittel ganz zurückgenommen wird.

Betrafen die Klage und die Widerklage oder die beiden Rechtsmittel denselben Streitgegenstand, so werden die entstandenen Aktgebühren mit den Pauschsätzen geteilt, die zurücknehmende Partei mit ½ belastet, die andere aber als Zweitschuldnerin bezeichnet.

Der bei der Abrechnung sich ergebende Vorschußrest ist dem Zurücknehmenden rückzuvergüten.

10. d. i. sofort nach der Verkündung bzw. Zustellung. Bei Aufhebung des Beschlusses erfolgt Rückzahlung.

§ 95.

Im Konkursverfahren können auf die im § 51 und § 58 Abs. 1 bestimmte Gebühr je nach dem Fortgange des Verfahrens Abschlagszahlungen erhoben werden.[1]

Die Erhebung der Gebühren und Auslagen kann im Falle des § 54 sofort nach Abhaltung des Prüfungstermins oder Zurücknahme der Anmeldung, im Falle des § 58 Abs. 2 sofort nach Erledigung des Antrages erfolgen.[2]

1. An sich werden die Gebühren auch im Konkursverfahren mit dessen Beendigung fällig (§ 93). § 95 gestattet, wenn das Verfahren sich länger hinzieht, die Erhebung von Abschlagszahlungen. Darnach können vom Konkursverwalter eingezogen werden

bis zum Ablaufe der Anmeldefrist $^{3}/_{10}$ der Gebühr mit Pauschsatz,
zwischen dem Ablauf der Anmeldefrist und dem Beginn eines Vergleichstermins oder dem Beginn des Vollzugs einer Abschlagsverteilung weitere $^{5}/_{10}$,
nach dem Beginn des Vollzugs einer Abschlagsverteilung oder nach dem Beginn eines Vergleichstermins weitere $^{2}/_{10}$ (s. § 51 Z. 5, 4 u. 3 GKG.).

War bei einer Abschlagszahlung der Wert der Masse zu hoch oder zu gering berechnet, so erfolgt die Berichtigung des Gebührensatzes und die Ausgleichung bei der Schlußerhebung.

2. Auf die Gebühren der §§ 54 (besonderer Prüfungstermin) u. 58 Abs. 2 (Antrag auf Anordnung von Sicherheitsmaßregeln) ist § 95 Abs. 1 nicht anwendbar (s. bezüglich § 54 Anm. 5 zu § 94).

Auf die Verjährung der Gerichtskosten ist § 95 nicht von Einfluß. Sie beginnt erst mit Schluß des Jahres, in welchem das Konkursverfahren beendigt ist.

§ 96.

In Strafsachen werden die Gebühren und Auslagen, welche dem verurteilten Beschuldigten zur Last fallen,[1] erst mit der Rechtskraft des Urteils[2] fällig.[3]

1. im öffentlichen oder Privatklageverfahren (anders: wenn den Privatkläger oder den Freigesprochenen [§§ 499, 500 StPO.] die Kosten treffen, s. § 93). Die bei der Strafvollstreckung ergehenden Entscheidungen unterliegen keiner Gebühr; wird Beschwerde hiergegen eingelegt, so wird die dadurch anfallende Gebühr mit der Beendigung der Instanz fällig.

2. Diese tritt ein, wenn die Rechtsmittelfrist verstrichen, auf Einlegung des Rechtsmittels verzichtet oder dieses zurückgenommen ist. Die Entscheidungen der letzten Rechtsmittelinstanz sind mit der Verkündung rechtskräftig.

3. Stirbt der Angeklagte vor Rechtskraft des Urteils, so haftet sein Nachlaß weder für Strafe noch für die Kosten. Im Privatklageverfahren treffen bei dem vor der Rechtskraft des Urteils erfolgten Tode des Angeklagten alle Kosten den Privatkläger.

§ 97.

Die Schreibgebühren werden sofort nach Anfertigung der Schriftstücke fällig.[1]

Die Anfertigung kann[2] von vorgängiger Zahlung eines die Gebühr deckenden Betrages abhängig gemacht werden.[3]

1. Die Schreibgebühren können nur vom Antragsteller (§ 86 Abs. 2) sofort eingefordert werden. Ob der Gegner, wenn kostenpflichtig, sie später zu erstatten hat, wird im Kostenfestsetzungsverfahren entschieden. Ist der Kläger im Armenrecht, so erfolgt die Einziehung der Schreibgebühren (mögen sie auch infolge Antragstellung des der armen Partei beigegebenen Anwalts entstanden sein) nach Rechtskraft der Kostenentscheidung unter deren Zugrundelegung.

2. vom Gerichtsschreiber.

3. Hiergegen: Erinnerungen an das Gericht. Von der Befugnis des Abs. 2 wird der Gerichtsschreiber nur aus besonderen Gründen z. B. amtsbekannt zahlungssäumigen Antragstellern gegenüber Gebrauch machen.

§ 97a.

Die Entrichtung von Kosten kann nach näherer Anordnung der Landesjustizverwaltung durch Verwendung von Marken erfolgen.[1]

Beträge bis zu zwanzig Mark können durch Postnachnahme eingezogen werden. Im Falle der Einlösung der Nachnahmesendung trägt die Staatskasse die Kosten des Portos für den Nachnahmebrief und die Vorzeigegebühr. Durch die Einlösung wird das Recht der Erinnerung gegen den Kostenansatz nicht berührt; zuviel gezahlte Beträge sind portofrei zu erstatten.[2]

1. So in Preußen: im Mahnverfahren, bei der Kostenfestsetzung und im Arrestverfahren (MVf. v. 12. 3. 10 JMBl. 103, 23. 7. 10 JMBl. 287 und 30. 10. 11 JMBl. 400).

2.

Beispiel: Es sind 2.40 ℳ Gebühren einzuziehen. Bei Erhebung durch Postnachnahme hat Schuldner zu zahlen 2.50 ℳ; davon erhält die Staatskasse 2.40 ℳ, 10 ₰ verbleiben der Postkasse für Zusendung der 2.40 ℳ. Das Porto für den Nachnahmebrief (10 ₰; bei Karte 5 ₰) und die Vorzeigegebühr (20 ₰) trägt der Staat. Löst Schuldner die Nachnahme nicht ein, so werden ihm zur Last geschrieben: das Porto für den Nachnahmebrief und die Vorzeigegebühr (also 25 ₰ bzw. 30 ₰).

Abs. 2 gilt auch bei Erhebung der Kosten durch Schecknachnahme.

Siebenter Abschnitt.
Schlußbestimmungen.
§ 98.

Von der Zahlung der Gebühren[1] sind befreit:
das Reich[2] in dem Verfahren vor den Landesgerichten,
die Bundesstaaten in dem Verfahren vor dem Reichsgerichte.

Die landesgesetzlichen Vorschriften, welche für gewisse Rechtssachen oder für gewisse Personen[3] in dem Verfahren vor den Landesgerichten Gebührenfreiheit gewähren, werden durch dieses Gesetz nicht berührt.

Für das Verfahren vor dem Reichsgerichte kann die Befreiung von Gebühren durch Kaiserliche Verordnung mit Zustimmung des Bundesrats gewährt werden.[4]

Soweit demjenigen, welchem die Gebührenfreiheit zusteht, Kosten des Verfahrens auferlegt werden (§ 86), sind Gebühren überhaupt nicht zu erheben und erhobene zurückzuzahlen.[5]

1. nicht auch der Auslagen (§§ 79, 80a). Auch die Pauschsätze zählen zu den Auslagen; sie sind also zu berechnen aus der an sich anfallenden Gebühr. Unterliegt der Staatsanwalt in Ehe- oder Entmündigungssachen als Partei, so fallen der Staatskasse die Kosten zur Last; Auslagen hat sie zu erstatten (§§ 637, 658, 673, 677 ZPO.).

2. d. i. der Reichsfiskus. Hierunter fällt auch die Reichsbank, ferner die Reichspost- und Telegraphenverwaltung in Verfahren vor bayerischen Gerichten. Die Militärverwaltungen der Bundesstaaten, die für die Ansprüche, die aus der Verwaltung ihres Kontingents entstanden sind, als Partei auftreten, vertreten das Reich. Die Schutzgebiete des Deutschen Reiches sind nicht „Reich" im Sinne des § 98; sie genießen deshalb auch keine Gebührenfreiheit (OLG. München 14. 2. 13 DSekrZ. 13, 119).

3. z. B. die Bundesfürsten oder deren Familien. Preußen: Vgl. §§ 8, 118 GKG. Bayern: Siehe GebG. Art. 2. Gebührenfreiheit nach § 98 Abs. 2 ist verschieden vom Armenrecht (BayObLG. 23. 1. 02, 3, 44). Die Armenpflegen in Bayern genießen Gebühren- und Auslagenfreiheit (OLG. v. 28. 10. 12).

4. Die Kaiserliche VO. v. 24. 12. 83 (RGBl. 84, 1) lautet:

In dem Verfahren vor dem Reichsgericht sind von Zahlung der Gebühren befreit:

1. öffentliche Armen-, Kranken-, Arbeits- und Besserungsanstalten, ferner Waisenhäuser und andere milde Stiftungen, insoferne solche

nicht einzelne oder bestimmte Personen betreffen, oder in bloßen Studienstipendien bestehen;

2. öffentliche Volksschulen;
3. öffentliche gelehrte Anstalten und Schulen, Kirchen, Pfarreien, Kaplaneien, Vikarien und Küstereien, jedoch nur insoweit, als die Einnahmen derselben die etatsmäßige Ausgabe, einschließlich der Besoldung oder des statt dieser überlassenen Nießbrauchs, nicht übersteigen, und dieses durch ein Zeugnis der denselben vorgesetzten Staatsbehörden bescheinigt wird. Insoweit aber in Rechtsstreitigkeiten derselben solche Ansprüche, welche lediglich das zeitige Interesse derjenigen berühren, welchen die Nutzung des betreffenden Vermögens für ihre Person zusteht, zugleich mitverhandelt werden, haben letztere die auf ihren Teil verhältnismäßig fallenden Gebühren zu tragen.

5. Bei freiwilliger Kostenübernahme durch den, dem Gebührenfreiheit zusteht, trifft § 98 Abs. 4 nicht zu (auferlegt [§ 86]!) — OLGRspr. 21, 132. — Wie § 98 überhaupt nur Gebührenfreiheit im Auge hat, so trifft auch Abs. 4 nur Gebühren, nicht auch Auslagen.

Beispiele zu Abs. 4:

I. Rechtsstreit: A gegen den Fiskus. A hat 150 *M* Gebührenvorschuß geleistet. Nach Verhandlung und Beweisaufnahme wird der Fiskus der Klage entsprechend verurteilt.

In dem Verfahren sind Gebühren und Auslagen angefallen. Gebühren kommen nicht zur Erhebung; die Folge ist die Rückzahlung des Gebührenvorschusses an A.

Die Schreibgebühren für Abschriften und Ausfertigungen hat jeder Antragsteller (auch der Fiskus) zu bezahlen; die Frage der Erstattung bemißt sich nach §§ 91 ff. ZPO.

Bezüglich der übrigen Auslagen (Zeugengebühren usw. — § 79 —) gilt folgendes:

Sind sie von einer Partei bereits angefordert, aber noch nicht bezahlt, so findet die Erhebung nicht mehr statt; Grundsatz ist: Zahlungen aus einer Staatskasse in die andere und die Erstattung von Kosten durch die Staatskasse sind zu vermeiden.

Hat der Gegner der gebührenfreien Partei (hier A) Auslagen bereits bezahlt, so bleibt es dabei; eine Zurückzahlung findet nicht statt. A hat nur den Erstattungsanspruch (§ 91 ZPO.).

Hat A einen Auslagenvorschuß geleistet, so werden hieraus die ihn als Antragsteller treffenden Kosten gedeckt und der Rest rückvergütet.

Hat A keinen Auslagenvorschuß, wohl aber einen Gebührenvorschuß bezahlt, so werden von letzterem zunächst die ihn treffenden Auslagen berichtigt und der Rest zurückgegeben. Die Verrechnung des Gebührenvorschusses auf die Auslagen ist jedoch dann nicht statthaft, wenn die vorschußweise erforderliche Gebühr ganz fällig geworden ist. Beispiel: A hat 50 *M* Gebührenvorschuß bezahlt; nach § 90 ist er für 20 *M* Auslagen haftbar. Die Frage, ob der volle Betrag der 50 *M* zurückzuzahlen ist oder ob und inwieweit eine Kürzung stattzufinden hat, hängt davon ab, wie hoch sich die im Laufe des Prozesses anzusetzende Gebühr stellt; beträgt sie 50 *M*, so sind 50 ℳ zurückzuzahlen; beträgt sie nur 30 ℳ (wie z. B. beim Vergleich), so sind 20 ℳ auf Auslagen zu verrechnen und 30 ℳ zurückzuzahlen. Schreibgebühren, für die A haftet, sind in jedem der beiden Fälle von dem Gebührenvorschuß zu kürzen.

II. In dem Rechtsstreit hat der beklagte Fiskus im Vergleich alle Kosten übernommen. Der Kläger hat keinen Gebührenvorschuß geleistet. Er hat die Vergleichsgebühr mit Pauschsatz zu zahlen (§§ 23, 80 b); denn er haftet gemäß § 81 GKG. für $^{10}/_{10}$ Gebührenvorschuß (§ 90). Die Vorschrift des § 88 kommt nicht weiter in Betracht.

Hatte A einen Gebühren- und Auslagenvorschuß bezahlt und kommt nach Verhandlung und Beweisaufnahme ein Vergleich zustande, demzufolge der Fiskus $^2/_3$ und A $^1/_3$ der Kosten des Rechtsstreits übernimmt, so ist die Sachlage folgende:

Der Kläger erhält den Gebührenvorschuß nicht zurück; er haftet im ganzen für $^1/_3$ der Gebühren und Auslagen. Die letzteren werden aus dem Auslagenvorschuß gedeckt; der Rest wird rückvergütet.

Vom Fiskus werden weder Gebühren noch Auslagen eingefordert; er genießt Gebührenfreiheit.

Die Erstattungspflicht des Fiskus regelt § 91 ZPO.

(So: Verf. d. PrJM. v. 16. 4. 84 JMBl. 78, v. 8. 12. 02 JMBl. 302; Allg. Vf. d. FinM. v. 8. 1. 03 ZentrBlfAbgVerw. S. 11; JMVf. v. 24. 3. 08 Beil. z. DSekrZ. 08, 94; OLG. Celle v. 11. 10. 00 OLG.-Rspr. 7, 222; OLG. München 5. u. 11. 6. 09 OLGRspr. 21, 132. Rittmann hält Abs. 4 des § 98 auch für anwendbar, wenn die gebührenfreie Partei die Kosten „übernommen" hat.)

Ob § 98 vorliegt, ist im Wege der Dienstaufsicht, eventuell gemäß § 4 GKG. durch die Gerichte zu entscheiden.

§ 99.

Die Behörden haben einander zum Zwecke der Einziehung von Gebühren und Auslagen nach näherer Bestimmung der vom Bundesrat zu erlassenden Anweisung Beistand zu leisten.[1]

1. Für die Einziehung von Abgaben und Vermögensstrafen sind nach § 1 Abs. 2 des Ges. v. 9. 6. 95 (RGBl. 256) bare Auslagen zu erstatten.

Für die Einziehung der Kosten, welche in den Angelegenheiten, auf welche das RGKG. Anwendung findet, entstanden sind und für einen Bundesstaat in einem andern beigetrieben werden sollen, bestimmt die auf Grund des § 99 GKG. erlassene Anweisung des Bundesrats v. 23. 4. 80 (PrJMBl. 80, 128; BayJMBl. 270; WürttembRBl. 137; BraunschwMB. v. 15. 11. 80 Nr. 28 BrZ. 28, 13; 34, 81):

§ 1. Das Ersuchen ist von der Behörde (Kasse) zu erlassen, welcher die zwangsweise Beitreibung nach den landesgesetzlichen Bestimmungen obliegt. Die ersuchte Behörde hat nicht zu prüfen, ob die Kostenrechnung dem Zahlungspflichtigen mitgeteilt ist.

§ 2. Dem Ersuchen ist eine Reinschrift der Kostenrechnung beizufügen.

Dieselbe muß unter Beidrückung des Gerichtssiegels von dem Gerichtsschreiber unterschrieben sein und enthalten:

1. den Namen des Zahlungspflichtigen,
2. die Bezeichnung der Sache,
3. die einzelnen Kostenansätze mit Hinweis auf die angewendete Vorschrift des Kostengesetzes,
4. die Gesamtsumme der Kosten.

§ 3. Das Ersuchen ist an diejenige Behörde zu richten, welche die zwangsweise Einziehung zu betreiben hätte, wenn die Kosten bei dem Amtsgerichte entstanden wären, in dessen Bezirk der Zahlungspflichtige seinen Wohnsitz oder Aufenthaltsort hat, oder, wenn die Gegenstände der Zwangsvollstreckung sich in einem anderen Bezirke befinden, an die zur Beitreibung von Gerichtskosten zuständige Behörde dieses Bezirks.

Diese Behörde betreibt die Einziehung und sorgt für Übersendung der eingezogenen Beträge an die ersuchende Behörde; sie vertritt dieselbe bei allen zur Einziehung oder Sicherstellung erforderlichen Maßregeln. Die Zwangsvollstreckung ist in gleichem Umfange zulässig, wie für eine Kostenforderung des Staates, welchem die ersuchte Behörde angehört. Die endgültigen Entscheidungen über Stundungen oder Niederschlagungen verbleiben der ersuchenden Behörde.

§ 4. Alle Postsendungen, einschließlich der Geld- und Wertsendungen, sind von der absendenden Behörde frankiert abzulassen. Die ersuchende Behörde hat weder der ersuchten Behörde noch den Vollziehungsbeamten für das Einziehungs- und Beitreibungsverfahren Gebühren oder Auslagen zu erstatten.

§ 5. Sollen die Kosten des Strafverfahrens gleichzeitig mit den in diesem Verfahren festgesetzten Geldstrafen durch einen Gerichtsvollzieher beigetrieben werden, so kann die Vermittlung des Gerichtsschreibers (§ 162 GVG.) auch für die Einziehung der Kosten in Anspruch genommen werden.

Zu § 2 der Anweisung:

Andere Erfordernisse wie die hier genannten braucht das Ersuchen nicht zu enthalten; auch die Landesgesetzgebung kann nichts weiteres anordnen (JW. 96, 588 Nr. 17).

Zu § 4: Die Beitreibung hat gebühren- und auslagenfrei zu erfolgen. Voraussetzung ist jedoch, daß die Behörde um die Beitreibung die Stelle ersucht, welche hierfür nach den Gesetzen ihres Landes zuständig ist. (In Bayern sind für die Beitreibung von Gerichtskosten die Rentämter zuständig. Will eine preußische Gerichtskasse ihr geschuldete Kosten betreiben lassen und einen Pfändungsbeschluß erwirken, so muß sie das Ersuchen an das bayerische Rentamt, in dessen Bezirk der Wohnort des Schuldners gelegen ist, richten. Dieses stellt sodann bei Gericht entsprechenden Antrag. Für den Forderungspfändungsbeschluß fällt eine Gebühr und ein Pauschsatz an, welche mit der Hauptsache beizutreiben sind. Die preußische Gerichtskasse kommt als Schuldnerin nicht in Betracht; sie hat ja den Antrag auch nicht gestellt. Das Rentamt aber genießt Gebührenfreiheit. Würde die preußische Gerichtskasse [unter Umgehung des Rentamts] unmittelbar einen Forderungspfändungsbeschluß erwirken, so wäre sie Schuldnerin der entstandenen Kosten; denn der preußische Fiskus genießt in Bayern keine Gebührenfreiheit wie es auch umgekehrt nicht der Fall ist.)

Als durch die Beistandsleistung entstanden sind auch die Kosten für einen von dem ersuchten Bundesstaat im Verwaltungszwangsverfahren herbeigeführten Offenbarungseid sowie für die Eintragung einer Sicherungshypothek wegen der Kosten und für deren demnächstige Löschung anzusehen. Dagegen erstreckt sich die Beistandsleistung nicht auf die Vertretung in Rechtsstreitigkeiten, die Dritten gegenüber durch das Zwangsvollstreckungsverfahren veranlaßt werden, oder auf die Vertretung in Konkursen; ist jedoch ein Termin in einem andern Bundesstaat vorzunehmen, so ist auf Ersuchen ein Beamter dieses Bundesstaats mit der Wahrnehmung des Termins auf Grund einer Vollmacht der ersuchenden Behörde zu beauftragen; in diesem Falle sind die durch die Wahrnehmung des Termins entstehenden baren Auslagen zu erstatten.

Das von der ersuchten Behörde mit den Kosten eingezogene Porto für das Ersuchungsschreiben ist der ersuchenden Behörde nicht zu erstatten.

Bei Einziehung der Kosten hat die ersuchte Behörde neben dem Übersendungsporto auch das Bestellgeld für die Zahlungsübermittelung an den ersuchenden Staat einzuziehen (Z. 2—4 der Grundsätze, die Erstattung von Kosten der Rechtshilfe oder sonstigen Beistandsleistung in gerichtlichen Angelegenheiten. (Preußen: Vf. v. 7. 3. 07 JMBl. 55; Bayern: JMB. v. 29. 3. 07 JMBl. 91; Braunschweig: MB. v. 9. 3. 07 BraunschwZ. 07, 50.)

§ 100.

Unberührt bleiben die bestehenden Landesgesetze, nach welchen neben der für ein Urteil zu erhebenden Entscheidungsgebühr die Registrierungsgebühr für das im Urteil festgestellte Rechtsverhältnis zu erheben ist.

§ 101.

Beträgt die Gebühr für die Aufnahme eines Vergleiches oder die auf Grund eines Anerkenntnisses oder Verzichtes erlassene Entscheidung (§§ 23, 41) weniger als die Gebühr oder Abgabe, welche nach den Landesgesetzen für einen außerhalb des Rechtsstreits abgeschlossenen Vergleich zur Staatskasse zu erheben sein würde, so ist der Mehrbetrag der letzteren neben der Entscheidungsgebühr zu erheben.[1]

1. § 101 enthält eine Ausnahme von der Bestimmung des § 2 und bezweckt, eine Umgehung der landesgesetzlichen Gebührenvorschriften durch den Abschluß von Vergleichen in der Form von Prozeßvergleichen hintanzuhalten. Der Ansatz einer Gebühr oder Abgabe aus § 101 setzt somit immer voraus, daß eine solche für außergerichtliche Vergleiche landesgesetzlich angeordnet ist. Gestattet ist nur neben der reichsgesetzlichen Gebühr noch eine landesgesetzliche Gebühr oder Abgabe zu erheben. Die Bedeutung der §§ 2 Abs. 3 und 101 ist schon häufig verkannt worden. Rech.-Rat Rittmann sagt in DSekrZ. 19, 402ff.: Wird ein Vergleich beurkundet, der über den Gegenstand des Prozesses hinausgeht („der an die Stelle des streitig gewesenen Rechtsverhältnisses ein anderes neu festsetzt oder sich auf Ansprüche erstreckt, die nicht Gegenstand des Rechtsstreits waren"), so unterliegt der Vergleich insoweit ganz der landesgesetzlichen Besteuerung (Stempel- und Beurkundungsgebühr auf Grund des § 2 Abs. 3), während die Vergleichsgebühr aus § 23 RGKG. nur vom Gegenstand des Prozesses erhoben wird. Dagegen scheidet bei Betrachtung des § 101, der nur den Vergleich über den im Prozesse befangenen Gegenstand im Auge hat, die landesgesetzliche Beurkundungsgebühr aus; bei der Vergleichung, ob die landesgesetzliche „Gebühr oder Abgabe" höher ist als die Vergleichs- usw. Gebühr sind deshalb nur diejenigen Abgaben in Berechnung zu ziehen, welche für einen außerhalb des Rechtsstreits abgeschlossenen (formlosen) Vergleich zur Staatskasse zu erheben gewesen wären (in Preußen z. B. nur der Stempel). Im Rittmannschen Sinne hat auch das OLG. Braunschweig am 10. 3. 05 (DSekrZ. 18, 27) entschieden. — Siehe hierüber ferner: DSekrZ. 06, 120; 07, 27, 122; 08, 287, 307; 13, 92; — Abhandlungen — und folg. Entsch.: BayRZ. 3, 373; JW. 97, 467 Nr. 28; DSekrZ. 13, 92. Vgl. ferner: PrJMB. v. 15. 6. 83; Freibeck, RGKG. S. 150, § 101 Anm. 1; SächsJMBl. 95, 9. Meyer-Degel sagen in dem Komm. z. BayGebG. S. 308 wörtlich:

Als Vergleichsgebühr sind $^3/_{10}$ der Sätze des § 8 GKG. zu erheben (§ 23 GKG.). Nach § 2 Abs. 1 GKG. ist eine Erhebung von Stempeln und anderen Abgaben neben den Gebühren des GKG. nicht statthaft. Hiervon ist im § 101 GKG. eine Ausnahme gemacht: „Wenn die Gebühr für die Aufnahme des Vergleichs (oder für die auf Grund eines Anerkenntnisses oder Verzichts erlassene Entscheidung) **weniger** beträgt als die Gebühr oder Abgabe, welche nach den Landesgesetzen für einen außerhalb des Rechtsstreits abgeschlossenen Vergleich zur Staatskasse zu erheben sein würde, so ist der **Mehrbetrag** der letzteren neben der Entscheidungsgebühr zu erheben." Im Sinne des § 101 sind nur solche „Gebühren und Abgaben" zu verstehen, die als Beiträge der Bürger zum Staatsbedarf zu erheben sind, also einen **steuerartigen** Charakter haben, nicht aber Gebühren, durch die eine staatliche Tätigkeit vergolten werden soll (vgl. PrJMBf. v. 17. 10. 98 ZentrBl. f. Allg. JVerw. 415, ferner Sächs. SpezialVO. v. 23. 2. 95 JMBl. 9).

Geht der Vergleich **über den Gegenstand des Rechtsstreits** hinaus, so findet insoweit das Verbot der Erhebung von Stempeln und anderen Abgaben überhaupt keine Anwendung, so daß hier lediglich die Landesgesetze maßgebend sind, so z. B. wenn der Vergleich die Begründung eines neuen Rechtsverhältnisses enthält oder mit dritten abgeschlossen wird.

Aus dem Vorgesagten ergeben sich folgende Grundsätze:

Jeder gerichtliche Vergleich ist nach § 23 GKG. zu bewerten. Bei jedem Vergleich ist zu prüfen, ob der Vergleich, wenn außergerichtlich geschlossen, um wirksam zu sein, der gerichtlichen oder (in Bayern nur) notariellen Beurkundung bedurft hätte. Ist die Frage zu bejahen, so sind die für die gerichtliche oder notarielle Beurkundung in Ansatz zu kommenden Gebühren zu berechnen; betragen sie mehr als die Gebühr des § 23 GKG., so ist der Mehrbetrag neben der Gebühr des § 23 zu erheben.

Geht der Vergleich über den Gegenstand des Rechtsstreits hinaus, so ist zu prüfen, ob er, falls insoweit außergerichtlich geschlossen, um wirksam zu sein, der gerichtlichen oder notariellen Beurkundung bedurft hätte. Bejahendenfalls sind die Gebühren, welche für die gerichtliche oder notarielle Beurkundung in Ansatz zu kommen hätten, neben der Gebühr des § 23 GKG. zu erheben (§ 2 Abs. 3 GKG.). So auch OLG. Nürnberg 31. 3. 13 BayRZ. 13, 234.

Beschwerdeverfahren. Auf Gebühren, die für die Aufnahme eines gerichtlichen Vergleiches bei dem Gericht anfallen und erhoben werden, ist die Landesgebührenordnung auch insoweit nicht anzuwenden, als sie den nach § 101 GKG. neben der Entscheidungsgebühr sich ergebenden Mehrbetrag in sich begreifen. Das Beschwerdeverfahren richtet sich somit nach der ZPO. (In Bayern entscheidet also über eine die Gebühr aus § 101 GKG. betreffende Beschwerde gegen einen landgerichtlichen Beschluß das OLG., nicht das ObLG.). ObLG. München 10. 3. 13 BayRZ. 13, 233.

§ 102.

Dieses Gesetz tritt im ganzen Umfange des Reichs gleichzeitig mit dem Gerichtsverfassungsgesetz in Kraft.

Zusammenstellung der im Wege der Rechtshilfe um Einziehung der Gerichtskosten zu ersuchenden Behörden:

Bundesstaat:	Zu ersuchen ist:
Baden.	grundsätzlich das Großh. Finanzamt am Amtsgerichtssitz

Für den Amtsgerichtsbezirk

Adelsheim	ist zu ersuchen	das FA. in	Moosbach,
Boxberg	- -	- -	Tauberbischofsheim,
Breisach	- -	- -	Emmendingen,
Buchen	- -	- -	Wertheim,
Durlach	- -	- -	Bretten.
Eberbach	- -	- -	Mosbach,
Eppingen	- -	- -	Sinsheim,
Gengenbach	- -	- -	Offenburg,
Gernsbach	- -	- -	Rastatt,
Kehl	- -	- -	Achern,
Meßkirch	- -	- -	Stockach,
Neckarbischofsheim	- -	- -	Sinsheim,
Neustadt i. B.	- -	- -	Donaueschingen,
Oberkirch	- -	- -	Achern,
Schönau i. B.	- -	- -	St. Blasien,
Triberg	- -	- -	Hornberg,
Waldkirch	- -	- -	Emmendingen,
Waldshut	- -	- -	Tiengen,
Walldürn	- -	- -	Wertheim,
Wiesloch	- -	- -	Schwetzingen,
Wolfach	- -	- -	Hornberg,

in nachstehenden Fällen das Großh. Hauptsteueramt.

AG.-Bezirk: Freiburg i. Br.,
Heidelberg,
für Karlsruhe-Land in Karlsruhe,
- Kenzingen - Lahr,
Konstanz
Lahr
Lörrach
für Mannheim-Land in Mannheim,
- Radolfzell - Singen,
- Säckingen
- Schopfheim - Säckingen,
- Stauffen - Müllheim,
- für Weinheim - Mannheim.

Bundes-staat:	Zu ersuchen ist:
Anhalt.	**Herzogl. Gerichtskasse** des Amtsgerichts. Diese ist für den AG.-Bezirk Harzgerode am GA. Ballenstedt, Jeßnitz - - Dessau, Oranienbaum - - Dessau, Sandersleben - - Bernburg.
Bayern.	das **K. Rentamt.** a) Augsburg: in Zivilsachen das K. Rentamt Augsburg III, b) Nürnberg: - - - - Nürnberg I, c) München: - - Stadtrentamt München IV, d) Würzburg: - - - - Würzburg, a—d: in Strafsachen die Gerichtsschreiberei des K. Amtsgerichts.

Das Rentamt für den Amtsgerichtsbezirk

Abensberg	befindet sich in	Neustadt a. D.
Altötting	- -	Burghausen
Alzenau	- -	Aschaffenburg (II)
Arnstorf	- -	Eggenfelden
Aub	- -	Röttingen
Babenhausen	- -	Illertissen
Baunach	- -	Ebern
Berneck	- -	Marktschorgast
Bischofsheim	- -	Neustadt a. Saale
Bogen	- -	Mitterfels
Burgebrach	- -	Burgwindheim
Dorfen	- -	Erding
Ellingen	- -	Weißenburg i. B.
Eltmann	- -	Zeil
Erbendorf	- -	Kemnath
Euerdorf	- -	Hammelburg
Freyung	- -	Wolfstein
Furth i. W.	- -	Cham
Geisenfeld	- -	Pfaffenhofen
Gräfenberg	- -	Neunkirchen a. Br.
Grafenau	- -	Schönberg
Haag	- -	Wasserburg
Haßfurth	- -	Zeil
Hengersberg	- -	Deggendorf
Hollfeld	- -	Waischenfeld
Kirchenlamitz	- -	Wunsiedel
Lauf	- -	Hersbruck
Ludwigsstadt	- -	Rothenkirchen
Mainburg	- -	Neustadt a. D.
Marktbreit	- -	Ochsenfurt
Marktheidenfeld	- -	Lengfurt

Bundesstaat:	Zu ersuchen ist:		
Bayern.	Das Rentamt für den Amtsgerichtsbezirk		
	Miltenberg	befindet sich in	Amorbach
	Naila	- -	Lichtenberg
	Neukirchen i. B.	- -	Kötzting
	Neumarkt a. R.	- -	Mühldorf
	Neustadt a. WN.	- -	Weiden
	Nittenau	- -	Walderbach
	Nordhalben	- -	Rothenkirchen
	Obergünzburg	- -	Markt Oberdorf
	Obernburg	- -	Aschaffenburg II
	Oberviechtach	- -	Neunburg v. W.
	Osterhofen	- -	Vilshofen
	Otterberg	- -	Kaiserslautern
	Pappenheim	- -	Weißenburg i. B.
	Parsberg	- -	Velburg
	Prien	- -	Rosenheim
	Regen	- -	Zwiesel
	Regenstauf	- -	Regensburg I
	Rehau	- -	Hof
	Reichenhall	- -	Berchtesgaden
	Rockenhausen	- -	Obermoschel
	Roding	- -	Walderbach
	Roth	- -	Spalt
	Rottenburg i. B.	- -	Mallersdorf
	Rotthalmünster	- -	Griesbach
	Scheinfeld	- -	Marktbibart
	Schillingsfürst	- -	Rothenburg o. T.
	Schöllkrippen	- -	Aschaffenburg II
	Schwandorf	- -	Burglengenfeld
	Seßlach	- -	Staffelstein
	Sonthofen	- -	Immenstadt
	Stadtamhof	- -	Regensburg I
	Stadtprozelten	- -	Klingenberg
	Tegernsee	- -	Miesbach
	Thiersheim	- -	Wunsiedel
	Tittmoning	- -	Laufen
	Vilseck	-	Amberg
	Waldfischbach	- -	Pirmasens
	Waldkirchen	- -	Freyung
	Waldmohr	- -	Homburg
	Wegscheid	- -	Obernzell
	Weidenberg	- -	Bayreuth
	Weiler i. B.	- -	Lindau
	Wiesentheid	- -	Gerolzhofen
	Wörth i. B.	- -	Regensburg II
	Wolfstein	- -	Lauterecken

Bundesstaat:	Zu ersuchen ist:
Oldenburg.	für Amtsgericht Ahrensbrück die Großh. Regierung in Eutin, für Amtsgericht Birkenfeld die Großh. Bürgermeisterei Birkenfeld für diesen Bezirk, für den Bezirk Niederbrombach die dortige Bürgermeisterei, für Amtsgericht Eutin die dortige Großh. Regierung, für Amtsgericht Oberstein die dortige Stadtbürgermeisterei, die Stadtbürgermeisterei Idar-Stadt, Idar-Land, die Bürgermeisterei Hörsein je für den betreffenden Bürgermeistereibezirk, für Amtsgericht Rohfelden die dortige Bürgermeisterei, für Amtsgericht Schwartau die Großh. Regierung in Eutin, **sonst die Großh. Amtsrezeptur des Amtsgerichts.** Diese befindet sich für Oldenburg-Stadt und die Gemeinden Wiestefelde und Rastede in Oldenburg II, für die Gemeinden Eversten, Ohmstede, Osternburg, Holle, Wardenburg und Hatten in Oldenburg I, Vavel-Stadt und die Landgemeinde Vavel, sowie die Gemeinden Jade und Schweiburg in Vavel, für die Gemeinden Bockhorn, Zetel und Neuenburg in Bockhorn, Vechta, Oythe, Vutten, Goldenstedt, Visbeck, Langförden, Bockum, Vestrup, Lohne und Dinkelage in Vechta, für Damme, Steinfeld, Heldorf und Neuenkirchen in Damme.
Braunschweig.	in Strafsachen: das **Amtsgericht**, in anderen Sachen: die **Herzogl. Zoll- und Steuerdirektion in Braunschweig.**
Bremen.	(für Bremen und Bremerhafen): die **Gerichtskasse** in Bremen.
Elsaß-Lothringen.	**Kaiserl. Verkehrssteueramt** am Amtsgerichtssitz. Für Straßburg: in Zivilsachen: Verkehrssteueramt II, in Strafsachen: " III.
Hamburg.	**Justizkasse.** Bergedorf: Kasse des Amtsgerichts.

Bundesstaat:	Zu ersuchen ist:
Hessen.	in Zivilsachen: die **Großh. Bezirkskasse.** in Strafsachen: wenn das **Amtsgericht** in 1. Instanz erkannt hat, dieses, sonst die **Staatsanwaltschaft** bei dem Landgericht. Für Herbstein ist die Bezirkskasse in Grebenhain, - Hirschhorn - - Beerfelden, - Höchst i. O. - - Groß Umstadt, - Hungen - - Nidda, - Laubach - - Schotten, - Lorsch - - Lampertheim, - Schlitz - - Lauterbach, - Wald Michelbach - - Fürth i. O., - Wörstadt - - Nieder Olm.
Lippe-Detmold.	Gerichtsschreiberei des Amtsgerichts.
Lübeck.	Gerichtskasse in Lübeck.
Mecklenburg-Schwerin.	Amtsgericht.
Mecklenburg-Strelitz.	Amtsgericht.
Preußen.	die Gerichtskasse am Amtsgericht.
Reuß ä. L. **Reuß j. L.**	das Amtsgericht.
Sachsen.	die Kassenverwaltung des Amtsgerichts.
Sachsen-Altenburg.	Herzogl. Steuer- und Rentamt in Altenburg.
Sachsen-Coburg-Gotha.	Herzogl. Staatskasse-Verwaltung in Coburg, für den AG.-Bezirk Königsberg i. F. Staatskasse-Verwaltung in Coburg, für den AG.-Bezirk Liebenstein das Herzogl. Rent- und Steueramt Ohrdruf, für den AG.-Bezirk Thal das Herzogl. Rent- und Steueramt Tenneberg, für den AG.-Bezirk Tonna die Staatskassen-Verwaltung Gotha, für den AG.-Bezirk Wangenheim das Rent- und Steueramt Tenneberg, für den AG.-Bezirk Zella das Rent- und Steueramt Ohrdruf.
Sachsen-Meiningen.	die Herzogl. Amtseinnahme. Diese befindet sich für den AG.-Bezirk Themar in Hildburghausen.

Bundesstaat:	Zu ersuchen ist:
Sachsen-Weimar.	das Großh. Rechnungsamt; dieses ist für den AG.-Bezirk Großrudelstadt in Wieselbach, - - - Stadtlengsfeldt „ Dermbach.
Schaumburg-Lippe.	die Steuerhebestelle des Kreises Bückeburg. Für den AG.-Bezirk Stadthagen ist sie in Stadthagen.
Schwarzburg-Rudolstadt.	das Amtsgericht.
Schwarzburg-Sondershausen.	das Fürstliche Amtsgericht.
Waldeck.	die Fürstliche Gerichtskasse.
Württemberg.	das Amtsgericht.

I. Tabelle.

Gebühren in bürgerlichen Rechtsstreitigkeiten.

mit Ausnahme der Urkunden- und Wechselprozesse.

Erste Instanz.

Wertsklasse	Bei Gegenständen im Werte von mehr als	bis einschließlich	10/10 Volle Gebühr §§ 8, 18 (Verhandlungs-, Beweis-, Entscheidungsgebühr) 20 (in Ehe- u. Rechnungssachen) 24 (bedingtes Endurteil) 48 (Verzögerungsgebühr)	5/10 §§ 22 (halbe Beweisgebühr) 26 (Prozeßhindernde Einreden, Zulässigkeit der Wiedereinsetzung, der Berufung, der Revision, Einspruch, Einwendungen gegen Zwangsvollstreckung, Verfahren in Arrestsachen u. einstweiligen Verfügungen usw.) 29 (Urteilsergänzung) 36^{2} (Sicherung des Beweises, dessen Aufnahme) 42^{1} (Verteilungs-Verfahren) 48 (Verzöger.-Gebühr)	3/10 §§ 23 (Vergleich, Anerkenntnis, Verzicht) 27 (Nebenintervention, Zwangsvollstreckung zur Erwirkung von Handlungen und Unterlassungen) 34 (Entmündigung usw.) 36^{1} (Sicherung des Beweises, Entscheidung) 41 (Sühneversuch) 42^{2} (Umgangnahme von Verteilungs-Verfahren) 45 (Beschwerdeverfahren) 47 Abs. 2 (Mutwillensgebühr) 48 (Verzöger.-Gebühr)	2/10 §§ 35 (Pfändungs-Arrestbeschlüsse, einstweilige Verfügung, Einwendung gegen Zwangsvollstreckung, Erzwingung der Eidesleistung usw.) 37^{1} (Zahlungsbefehl) 48 (Verfahren bei Leistung des Offenbarungseides) 48 (Verz.-Geb.)	1/10 §§ 37^{2} (Vollstreckungsbefehl) 38 (Kostenfestsetzung, Erteilung der Vollstreckungsklausel auf Anordnung des Vorsitzenden usw.) 44 (Aufgebotsverfahren) 46 (Klags-Antrags-Einspruchs- u. Rechtsmittel-Zurücknahme)
	M	M	M Pf	M Pf	M Pf	M Pf	M Pf
1	—	20	1.—	—.50	—.30	—.20	—.20
2	20—	60	2.40	1.20	—.80	—.50	—.30
3	60—	120	4.60	2.30	1.40	1.—	—.50
4	120—	200	7.50	3.80	2.30	1.50	—.80
5	200—	300	11.—	5.50	3.30	2.20	1.10
6	300—	450	15.—	7.50	4.50	3.—	1.50
7	450—	650	20.—	10.—	6.—	4.—	2.—
8	650—	900	26.—	13.—	7.80	5.20	2.60
9	900—	1200	32.—	16.—	9.60	6.40	3.20
10	1200—	1600	38.—	19.—	11.40	7.60	3.80
11	1600—	2100	44.—	22.—	13.20	8.80	4.40
12	2100—	2700	50.—	25.—	15.—	10.—	5.—
13	2700—	3400	56.—	28.—	16.80	11.20	5.60
14	3400—	4300	62.—	31.—	18.60	12.40	6.20
15	4300—	5400	68.—	34.—	20.40	13.60	6.80
16	5400—	6700	74.—	37.—	22.20	14.80	7.40
17	6700—	8200	81.—	40.50	24.30	16.20	8.10
18	8200—	10000	90.—	45.—	27.—	18.—	9.—

Wertsklasse	Bei Gegenständen im Werte von mehr als	bis einschließlich	$^{10}/_{10}$ Volle Gebühr §§ 8, 18, 20, 24, 48, (wie vor)	$^{5}/_{10}$ §§ 22, 26, 29, 36^{2}, 42^{1}, 48 (wie vor).	$^{3}/_{10}$ §§ 23, 27, 34, 36^{1}, 41, 42^{2}, 45, 47 Abs. 2, 48 (wie vor).	$^{2}/_{10}$ §§ 35, 37^{1}, 43, 48 (wie vor).	$^{1}/_{10}$ §§ 37^{2}, 38, 44, 46 (wie vor).
	ℳ	ℳ	ℳ ₰	ℳ ₰	ℳ ₰	ℳ ₰	ℳ ₰
19	10000	12000	100.—	50.—	30.—	20.—	10.—
20	12000	14000	110.—	55.—	33.—	22.—	11.—
21	14000	16000	120.—	60.—	36.—	24.—	12.—
22	16000	18000	130.—	65.—	39.—	26.—	13.—
23	18000	20000	140.—	70.—	42.—	28.—	14.—
24	20000	22000	150.—	75.—	45.—	30.—	15.—
25	22000	24000	160.—	80.—	48.—	32.—	16.—
26	24000	26000	170.—	85.—	51.—	34.—	17.—
27	26000	28000	180.—	90.—	54.—	36.—	18.—
28	28000	30000	190.—	95.—	57.—	38.—	19.—
29	30000	32000	200.—	100.—	60.—	40.—	20.—
30	32000	34000	210.—	105.—	63.—	42.—	21.—
31	34000	36000	220.—	110.—	66.—	44.—	22.—
32	36000	38000	230.—	115.—	69.—	46.—	23.—
33	38000	40000	240.—	120.—	72.—	48.—	24.—
34	40000	42000	250.—	125.—	75.—	50.—	25.—
35	42000	44000	260.—	130.—	78.—	52.—	26.—
36	44000	46000	270.—	135.—	81.—	54.—	27.—
37	46000	48000	280.—	140.—	84.—	56.—	28.—
38	48000	50000	290.—	145.—	87.—	58.—	29.—
39	50000	52000	300.—	150.—	90.—	60.—	30.—
40	52000	54000	310.—	155.—	93.—	62.—	31.—
41	54000	56000	320.—	160.—	96.—	64.—	32.—
42	56000	58000	330.—	165.—	99.—	66.—	33.—
43	58000	60000	340.—	170.—	102.—	68.—	34.—
44	60000	62000	350.—	175.—	105.—	70.—	35.—
45	62000	64000	360.—	180.—	108.—	72.—	36.—
46	64000	66000	370.—	185.—	111.—	74.—	37.—
47	66000	68000	380.—	190.—	114.—	76.—	38.—
48	68000	70000	390.—	195.—	117.—	78.—	39.—
49	70000	72000	400.—	200.—	120.—	80.—	40.—
50	72000	74000	410.—	205.—	123.—	82.—	41.—
51	74000	76000	420.—	210.—	126.—	84.—	42.—
52	76000	78000	430.—	215.—	129.—	86.—	43.—
53	78000	80000	440.—	220.—	132.—	88.—	44.—
54	80000	82000	450.—	225.—	135.—	90.—	45.—
55	82000	84000	460.—	230.—	138.—	92.—	46.—
56	84000	86000	470.—	235.—	141.—	94.—	47.—
57	86000	88000	480.—	240.—	144.—	96.—	48.—
58	88000	90000	490.—	245.—	147.—	98.—	49.—

Wertsklasse	Bei Gegenständen im Werte von mehr als	bis einschließlich	10/10 Volle Gebühr §§ 8, 18, 20, 24, 48, (wie vor).	5/10 §§ 22, 26, 29, 36[2], 42[1], 48 (wie vor).	3/10 §§ 23, 27, 34, 36[1], 41, 42[2], 45, 47 Abs. 2, 48 (wie vor).	2/10 §§ 35, 37[1], 43, 48 (wie vor).	1/10 §§ 37[2], 38, 44, 46 (wie vor).
	ℳ	ℳ	ℳ ₰	ℳ ₰	ℳ ₰	ℳ ₰	ℳ ₰
59	90000—	92000	500.—	250.—	150.—	100.—	50.—
60	92000—	94000	510.—	255.—	153.—	102.—	51.—
61	94000—	96000	520.—	260.—	156.—	104.—	52.—
62	96000—	98000	530.—	265.—	159.—	106.—	53.—
63	98000—	100000	540.—	270.—	162.—	108.—	54.—
64	100000—	102000	550.—	275.—	165.—	110.—	55.—
65	102000—	104000	560.—	280.—	168.—	112.—	56.—
66	104000—	106000	570.—	285.—	171.—	114.—	57.—
67	106000—	108000	580.—	290.—	174.—	116.—	58.—
68	108000—	110000	590.—	295.—	177.—	118.—	59.—
69	110000—	112000	600.—	300.—	180.—	120.—	60.—
70	112000—	114000	610.—	305.—	183.—	122.—	61.—
71	114000—	116000	620.—	310.—	186.—	124.—	62.—
72	116000—	118000	630.—	315.—	189.—	126.—	63.—
73	118000—	120000	640.—	320.—	192.—	128.—	64.—
74	120000—	122000	650.—	325.—	195.—	130.—	65.—
75	122000—	124000	660.—	330.—	198.—	132.—	66.—
76	124000—	126000	670.—	335.—	201.—	134.—	67.—
77	126000—	128000	680.—	340.—	204.—	136.—	68.—
78	128000—	130000	690.—	345.—	207.—	138.—	69.—
79	130000—	132000	700.—	350.—	210.—	140.—	70.—
80	132000—	134000	710.—	355.—	213.—	142.—	71.—
81	134000—	136000	720.—	360.—	216.—	144.—	72.—
82	136000—	138000	730.—	365.—	219.—	146.—	73.—
83	138000—	140000	740.—	370.—	222.—	148.—	74.—
84	140000—	142000	750.—	375.—	225.—	150.—	75.—
85	142000—	144000	760.—	380.—	228.—	152.—	76.—
86	144000—	146000	770.—	385.—	231.—	154.—	77.—
87	146000—	148000	780.—	390.—	234.—	156.—	78.—
88	148000—	150000	790.—	395.—	237.—	158.—	79.—
89	150000—	152000	800.—	400.—	240.—	160.—	80.—
90	152000—	154000	810.—	405.—	243.—	162.—	81.—
91	154000—	156000	820.—	410.—	246.—	164.—	82.—
92	156000—	158000	830.—	415.—	249.—	166.—	83.—
93	158000—	160000	840.—	420.—	252.—	168.—	84.—
94	160000—	162000	850.—	425.—	255.—	170.—	85.—
95	162000—	164000	860.—	430.—	258.—	172.—	86.—
96	164000—	166000	870.—	435.—	261.—	174.—	87.—
97	166000—	168000	880.—	440.—	264.—	176.—	88.—
98	168000—	170000	890.—	445.—	267.—	178.—	89.—

Wertklasse	Bei Gegenständen im Werte von mehr als	bis einschließlich	$^{10}/_{10}$ Volle Gebühr §§ 8, 18, 20, 24, 48, (wie vor).	$^{5}/_{10}$ §§ 22, 26, 29, 36^{2}, 42^{1}, 48 (wie vor).	$^{3}/_{10}$ §§ 23, 27, 34, 36^{1}, 41, 42^{2}, 45, 47 Abs. 2, 48 (wie vor).	$^{2}/_{10}$ §§ 35, 37^{1}, 43, 48 (wie vor).	$^{1}/_{10}$ §§ 37^{2}, 38, 44, 46 (wie vor).
	M	M	M Pf	M Pf	M Pf	M Pf	M Pf
99	170000	172000	900.—	450.—	270.—	180.—	90.—
100	172000	174000	910.—	455.—	273.—	182.—	91.—
101	174000	176000	920.—	460.—	276.—	184.—	92.—
102	176000	178000	930.—	465.—	279.—	186.—	93.—
103	178000	180000	940.—	470.—	282.—	188.—	94.—
104	180000	182000	950.—	475.—	285.—	190.—	95.—
105	182000	184000	960.—	480.—	288.—	192.—	96.—
106	184000	186000	970.—	485.—	291.—	194.—	97.—
107	186000	188000	980.—	490.—	294.—	196.—	98.—
108	188000	190000	990.—	495.—	297.—	198.—	99.—
109	190000	192000	1000.—	500.—	300.—	200.—	100.—
110	192000	194000	1010.—	505.—	303.—	202.—	101.—
111	194000	196000	1020.—	510.—	306.—	204.—	102.—
112	196000	198000	1030.—	515.—	309.—	206.—	103.—
113	198000	200000	1040.—	520.—	312.—	208.—	104.—
114	200000	202000	1050.—	525.—	315.—	210.—	105.—
115	202000	204000	1060.—	530.—	318.—	212.—	106.—
116	204000	206000	1070.—	535.—	321.—	214.—	107.—
117	206000	208000	1080.—	540.—	324.—	216.—	108.—
118	208000	210000	1090.—	545.—	327.—	218.—	109.—
119	210000	212000	1100.—	550.—	330.—	220.—	110.—
120	212000	214000	1110.—	555.—	333.—	222.—	111.—
121	214000	216000	1120.—	560.—	336.—	224.—	112.—
122	216000	218000	1130.—	565.—	339.—	226.—	113.—
123	218000	220000	1140.—	570.—	342.—	228.—	114.—
124	220000	222000	1150.—	575.—	345.—	230.—	115.—
125	222000	224000	1160.—	580.—	348.—	232.—	116.—
126	224000	226000	1170.—	585.—	351.—	234.—	117.—
127	226000	228000	1180.—	590.—	354.—	236.—	118.—
128	228000	230000	1190.—	595.—	357.—	238.—	119.—
129	230000	232000	1200.—	600.—	360.—	240.—	120.—
130	232000	234000	1210.—	605.—	363.—	242.—	121.—
131	234000	236000	1220.—	610.—	266.—	244.—	122.—
132	236000	238000	1230.—	615.—	369.—	246.—	123.—
133	238000	240000	1240.—	620.—	372.—	248.—	124.—
134	240000	242000	1250.—	625.—	375.—	250.—	125.—
135	242000	244000	1260.—	630.—	378.—	252.—	126.—
136	244000	246000	1270.—	635.—	381.—	254.—	127.—
137	246000	248000	1280.—	640.—	384.—	256.—	128.—
138	248000	250000	1290.—	645.—	387.—	258.—	129.—

Wertsklasse	Bei Gegenständen im Werte von mehr als	bis einschließlich	10/10 Volle Gebühr §§ 8, 18, 20, 24, 48, (wie vor).	5/10 §§ 22, 26, 29, 36^2, 42^1, 48 (wie vor).	3/10 §§ 23. 27, 34, 36^1, 41, 42^2, 45, 47 Abs. 2, 48 (wie vor).	2/10 §§ 35, 37^1, 43, 48 (wie vor).	1/10 §§ 37^2, 38, 44, 46 (wie vor).
	ℳ	ℳ	ℳ ₰	ℳ ₰	ℳ ₰	ℳ ₰	ℳ ₰
Die ferneren Wertsklassen steigen um je 2000 ℳ mehr z. B. von			je (10)	je (5)	je (3)	je (2)	je (1)
143	258000	260000	1340.—	670.—	402.—	268.—	134.—
148	268000	270000	1390.—	695.—	417.—	278.—	139.—
153	278000	280000	1440.—	720.—	432.—	288.—	144.—
158	288000	290000	1490.—	745.—	447.—	298.—	149.—
163	298000	300000	1540.—	770.—	462.—	308.—	154.—
168	308000	310000	1590.—	795.—	477.—	318.—	159.—
173	318000	320000	1640.—	820.—	492.—	328.—	164.—
178	328000	330000	1690.—	845.—	507.—	338.—	169.—
183	338000	340000	1740.—	870.—	522.—	348.—	174.—
188	348000	350000	1790.—	895.—	537.—	358.—	179.—
193	358000	360000	1840.—	920.—	552.—	368.—	184.—
198	368000	370000	1890.—	945.—	567.—	378.—	189.—
103	378000	380000	1940.—	970.—	582.—	388.—	194.—
208	388000	390000	1990.—	995.—	597.—	398.—	199.—
213	398000	400000	2040.—	1020.—	602.—	408.—	204.—

II. Tabelle.

Gebühren in bürgerlichen Rechtsstreitigkeiten,

mit Ausnahme der Urkunden- und Wechselprozesse.

Wertsklasse	Bei Gegenständen im Werte von mehr als	bis einschließlich	Berufungsinstanz 10/10 Volle Gebühr §§ 8, 49	5/10	3/10	2/10	1/10	Revisionsinstanz 10/10 Volle Gebühr §§ 8, 49	5/10	3/10	2/10	1/10
	ℳ	ℳ	ℳ ₰	ℳ ₰	ℳ ₰	ℳ ₰	ℳ ₰	ℳ ₰	ℳ ₰	ℳ ₰	ℳ ₰	ℳ ₰
1	—	20	1.30	—.70	—.40	—.30	—.20	1.50	—.80	—.50	—.30	—.20
2	20—	60	3.—	1.50	—.90	—.60	—.30	3.60	1.80	1.10	—.80	—.40
3	60—	120	5.80	2.90	1.80	1.20	—.60	6.90	3.50	2.10	1.40	—.70
4	120—	200	9.40	4.70	2.90	1.90	1.—	11.30	5.70	3.40	2.30	1.20
5	200—	300	13.80	6.90	4.20	2.80	1.40	16.50	8.30	5.—	3.30	1.70
6	300—	450	18.80	9.40	5.70	3.80	1.90	22.50	11.30	6.80	4.50	2.30
7	450—	650	25.—	12.50	7.50	5.—	2.50	30.—	15.—	9.—	6.—	3.—
8	650—	900	32.50	16.30	9.80	6.50	3.30	39.—	19.50	11.70	7.80	3.90
9	900—	1200	40.—	20.—	12.—	8.—	4.—	48.—	24.—	14.40	9.60	4.80
10	1200—	1600	47.50	23.80	14 30	9.50	4.80	57.—	28.50	17.10	11.40	5.70
11	1600—	2100	55.—	27.50	16.50	11.—	5.50	66.—	33.—	19.80	13.20	6.60
12	2100—	2700	62.50	31.30	18.80	12.50	6.30	75.—	37.50	22.50	15.—	7.50
13	2700—	3400	70.—	35.—	21.—	14.—	7.—	84.—	42.—	25.20	16.80	8.40
14	3400—	4300	77.50	38.80	23.30	15.50	7.80	93.—	46.50	27.90	18.60	9.30
15	4300—	5400	85.—	42.50	25.50	17.—	8.50	101.—	51.—	30.60	20.40	10.20
16	5400—	6700	92.50	46.30	27.80	18.50	9.30	111.—	55.50	33.30	22.20	11.10

17	6700— 8200	101.30	50.70	30.40	20.30	10.20	121.50	60.80	36.50	24.30	12.20
18	8200—10000	112.50	56.30	33.80	22.50	11.30	135.—	67.50	40.50	27.—	13.50
19	10000—12000	125.—	62.50	37.50	25.—	12.50	150.—	75.—	45.—	30.—	15.—
20	12000—14000	137.50	68.80	41.30	27.50	13.80	165.—	82.50	49.50	33.—	16.50
21	14000—16000	150.—	75.—	45.—	30.—	15.—	180.—	90.—	54.—	36.—	18.—
22	16000—18000	162.50	81.30	48.80	32.50	16.30	195.—	97.50	58.50	39.—	19.50
23	18000—20000	175.—	87.50	52.50	35.—	17.50	210.—	105.—	63.—	42.—	21.—
24	20000—22000	187.50	93.80	56.30	37.50	18.80	225.—	112.50	67.50	45.—	22.50
25	22000—24000	200.—	100.—	60.—	40.—	20.—	240.—	120.—	72.—	48.—	24.—
26	24000—26000	212.50	106.30	63.80	42.50	21.30	255.—	127.50	76.50	51.—	25.50
27	26000—28000	225.—	112.50	67.50	45.—	22.50	270.—	135.—	81.—	54.—	27.—
28	28000—30000	237.50	118.80	71.30	47.50	23.80	285.—	142.50	85.50	57.—	28.50
29	30000—32000	250.—	125.—	75.—	50.—	25.—	300.—	150.—	90.—	60.—	30.—
30	32000—34000	262.50	131.30	78.80	52.50	26.30	315.—	157.50	94.50	63.—	31.50
31	34000—36000	275.—	137.50	82.50	55.—	27.50	330.—	165.—	99.—	66.—	33.—
32	36000—38000	287.50	143.80	86.30	57.50	28.80	345.—	172.50	103.50	69.—	34.50
33	38000—40000	300.—	150.—	90.—	60.—	30.—	360.—	180.—	108.—	72.—	36.—
34	40000—42000	312.50	156.30	93.80	62.50	31.30	375.—	187.50	112.50	75.—	37.50
35	42000—44000	325.—	162.50	97.50	65.—	32.50	390.—	195.—	117.—	78.—	39.—
36	44000—46000	337.50	168.80	101.30	67.50	33.80	405.—	202.50	121.50	81.—	40.50
37	46000—48000	350.—	175.—	105.—	70.—	35.—	420.—	210.—	126.—	84.—	42.—
38	48000—50000	362.50	181.30	108.80	72.50	36.30	435.—	217.50	130.50	87.—	43.50
39	50000—52000	375.—	187.50	112.50	75.—	37.50	450.—	225.—	135.—	90.—	45.—
40	52000—54000	387.50	193.80	116.30	77.50	38.80	465.—	232.50	139.50	93.—	46.50
41	54000—56000	400.—	200.—	120.—	80.—	40.—	480.—	240.—	144.—	96.—	48.—
42	56000—58000	412.50	206.30	123.80	82.50	41.30	495.—	247.50	148.50	99.—	49.50
43	58000—60000	425.—	212.50	127.50	85.—	42.50	510.—	255.—	153.—	102.—	51.—
44	60000—62000	437.50	218.80	131.30	87.50	43.80	525.—	262.50	157.50	105.—	52.50
45	62000—64000	450.—	225.—	135.—	90.—	45.—	540.—	270.—	162.—	108.—	54.—
46	64000—66000	462.50	231.30	138.80	92.50	46.30	555.—	277.50	166.50	111.—	55.50

Wertsklasse	Bei Gegenständen im Werte von mehr als	bis einschließlich	Berufungsinstanz 10/10 Volle Gebühr §§ 8, 49	5/10	3/10	2/10	1/10	Revisionsinstanz 10/10 Volle Gebühr §§ 8, 49	5/10	3/10	2/10	1/10
	ℳ	ℳ	ℳ ₰	ℳ ₰	ℳ ₰	ℳ ₰	ℳ ₰	ℳ ₰	ℳ ₰	ℳ ₰	ℳ ₰	ℳ ₰
47	66000—	68000	475.—	237.50	142.50	95.—	47.50	570.—	285.—	171.—	114.—	57.—
48	68000—	70000	487.50	243.80	146.30	97.50	48.80	585.—	292.50	175.50	117.—	58.50
49	70000—	72000	500.—	250.—	150.—	100.—	50.—	600.—	300.—	180.—	120.—	60.—
50	72000—	74000	512.50	256.30	153.80	102.50	51.30	615.—	307.50	184.50	123.—	61.50
51	74000—	76000	525.—	262.50	157.50	105.—	52.50	630.—	315.—	189.—	126.—	63.—
52	76000—	78000	537.50	268.80	161.30	107.50	53.80	645.—	322.50	193.50	129.—	64.50
53	78000—	80000	550.—	275.—	165.—	110.—	55.—	660.—	330.—	198.—	132.—	66.—
54	80000—	82000	562.50	281.30	168.80	112.50	56.30	675.—	337.50	202.50	135.—	67.50
55	82000—	84000	575.—	287.50	172.50	115.—	57.50	690.—	345.—	207.—	138.—	69.—
56	84000—	86000	587.50	293.80	176.30	117.50	58.80	705.—	352.50	211.50	141.—	70.50
57	86000—	88000	600.—	300.—	180.—	120.—	60.—	720.—	360.—	216.—	144.—	72.—
58	88000—	90000	612.50	306.30	183.80	122.50	61.30	735.—	367.50	220.50	147.—	73.50
59	90000—	92000	625.—	312.50	187.50	125.—	62.50	750.—	375.—	225.—	150.—	75.—
60	92000—	94000	637.50	318.80	191.30	127.50	63.80	765.—	382.50	229.50	153.—	76.50
61	94000—	96000	650.—	325.—	195.—	130.—	65.—	780.—	390.—	234.—	156.—	78.—
62	96000—	98000	662.50	331.30	198.80	132.50	66.30	795.—	397.50	238.50	159.—	79.50
63	98000—	100000	675.—	337.50	202.50	135.—	67.50	810.—	405.—	243.—	162.—	81.—
64	100000—	102000	687.50	343.80	206.30	137.50	68.80	825.—	412.50	247.50	165.—	82.50
65	102000	104000	700.—	350.—	210.—	140.—	70.—	840.—	420.—	252.—	168.—	84.—
66	104000—	106000	712.50	356.30	213.80	142.50	71.30	855.—	427.50	256.50	171.—	85.50

67	106000—108000	725.—	362.50	217.50	145.—	72.50	870.—	435.—	261.—	174.—	87.—
68	108000—110000	737.50	368.80	221.30	147.50	73.80	885.—	442.50	265.50	177.—	88.50
69	110000—112000	750.—	375.—	225.—	150.—	75.—	900.—	450.—	270.—	180.—	90.—
70	112000—114000	762.50	381.30	228.80	152.50	76.30	915.—	457.50	274.50	183.—	91.50
71	114000—116000	775.—	387.50	232.50	155.—	77.50	930.—	465.—	279.—	186.—	93.—
72	116000—118000	787.50	393.80	236.30	157.50	78.80	945.—	472.50	283.50	189.—	94.50
73	118000—120000	800.—	400.—	240.—	160.—	80.—	960.—	480.—	288.—	192.—	96.—
74	120000—122000	812.50	406.30	243.80	162.50	81.30	975.—	487.50	292.50	195.—	97.50
75	122000—124000	825.—	412.50	247.50	165.—	82.50	990.—	495.—	297.—	198.—	99.—
76	124000—126000	837.50	418.80	251.30	167.50	83.80	1005.—	502.50	301.50	201.—	100.50
77	126000—128000	850.—	425.—	255.—	170.—	85.—	1020.—	510.—	306.—	204.—	102.—
78	128000—130000	862.50	431.30	258.80	172.50	86.30	1035.—	517.50	310.50	207.—	103.50
79	130000—132000	875.—	437.50	262.50	175.—	87.50	1050.—	525.—	315.—	210.—	105.—
80	132000—134000	887.50	443.80	266.30	177.50	88.80	1065.—	532.50	319.50	213.—	106.50
81	134000—136000	900.—	450.—	270.—	180.—	90.—	1080.—	540.—	324.—	216.—	108.—
82	136000—138000	912.50	456.30	273.80	182.50	91.30	1095.—	547.50	328.50	219.—	109.50
83	138000—140000	925.—	462.50	277.50	185.—	92.50	1110.—	555.—	333.—	222.—	111.—
84	140000—142000	937.50	468.80	281.30	187.50	93.80	1125.—	562.50	337.50	225.—	112.50
85	142000—144000	950.—	475.—	285.—	190.—	95.—	1140.—	570.—	342.—	228.—	114.—
86	144000—146000	962.50	481.30	288.80	192.50	96.30	1155.—	577.50	346.50	231.—	115.50
87	146000—148000	975.—	487.50	292.50	195.—	97.50	1170.—	585.—	351.—	234.—	117.—
88	148000—150000	987.50	493.80	296.30	197.50	98.80	1185.—	592.50	355.50	237.—	118.50
89	150000—152000	1000.—	500.—	300.—	200.—	100.—	1200.—	600.—	360.—	240.—	120.—
90	152000—154000	1012.50	506.30	303.80	202.50	101.30	1215.—	607.50	364.50	243.—	121.50
91	154000—156000	1025.—	512.50	307.50	205.—	102.50	1230.—	615.—	369.—	246.—	123.—
92	156000—158000	1037.50	518.80	311.30	207.50	103.80	1245.—	622.50	373.50	249.—	124.50
93	158000—160000	1050.—	525.—	315.—	210.—	105.—	1260.—	630.—	378.—	252.—	126.—
94	160000—162000	1062.50	531.30	318.80	212.50	106.30	1275.—	637.50	382.50	255.—	127.50
95	162000—164000	1075.—	537.50	322.50	215.—	107.50	1290.—	645.—	387.—	258.—	129.—
96	164000—166000	1087.50	543.80	326.30	217.50	108.80	1305.—	652.50	391.50	261.—	130.50

Wertsklasse	Bei Gegenständen im Werte von mehr als	bis einschließlich	Berufungsinstanz 10/10 Volle Gebühr §§ 8, 49	Berufungsinstanz 5/10	Berufungsinstanz 3/10	Berufungsinstanz 2/10	Berufungsinstanz 1/10	Revisionsinstanz 10/10 Volle Gebühr §§ 8, 49	Revisionsinstanz 5/10	Revisionsinstanz 3/10	Revisionsinstanz 2/10	Revisionsinstanz 1/10
	ℳ	ℳ	ℳ ₰	ℳ ₰	ℳ ₰	ℳ ₰	ℳ ₰	ℳ ₰	ℳ ₰	ℳ ₰	ℳ ₰	ℳ ₰
97	166000	168000	1100.—	550.—	330.—	220.—	110.—	1320.—	660.—	396.—	264.—	132.—
98	168000	170000	1112.50	556.30	333.80	222.50	111.30	1335.—	667.50	400.50	267.—	133.50
99	170000	172000	1125.—	562.50	337.50	225.—	112.50	1350.—	675.—	405.—	270.—	135.—
100	172000	174000	1137.50	568.80	341.30	227.50	113.80	1365.—	682.50	409.50	273.—	136.50
101	174000	176000	1150.—	575.—	345.—	230.—	115.—	1380.—	690.—	414.—	276.—	138.—
102	176000	178000	1162.50	581.30	348.80	232.50	116.30	1395.—	697.50	418.50	279.—	139.50
103	178000	180000	1175.—	587.50	352.50	235.—	117.50	1410.—	705.—	423.—	282.—	141.—
104	180000	182000	1187.50	593.80	356.30	237.50	118.80	1425.—	712.50	427.50	285.—	142.50
105	182000	184000	1200.—	600.—	360.—	240.—	120.—	1440.—	720.—	432.—	288.—	144.—
106	184000	186000	1212.50	606.30	363.80	242.50	121.30	1455.—	727.50	436 50	291.—	145.50
107	186000	188000	1225.—	612.50	367.50	245.—	122.50	1470.—	735.—	441.—	294.—	147.—
108	188000	190000	1237.50	618.80	371.30	247.50	123.80	1485.—	742.50	445.50	297.—	148.50
109	190000	192000	1250.—	625.—	375.—	250.—	125.—	1500.—	750.—	450.—	300.—	150.—
110	192000	194000	1262.50	631.30	378.80	252.50	126.30	1515.—	757.50	454.50	303.—	151.50
111	194000	196000	1275.—	637.50	382.50	255.—	127.50	1530.—	765.—	459.—	306.—	153.—
112	196000	198000	1287.50	643.80	386.30	257.50	128.80	1545.—	772.50	463.50	309.—	154.50
113	198000	200000	1300.—	650.—	390.—	260.—	130.—	1560.—	780.—	468.—	312.—	156.—
Die ferneren Wertsklassen steigen um je 2000 ℳ mehr z. B. von			je 12.50	je 6.25	je 3.75	je 2.50	je 1.25	je 15	je 7.50	je 4.50	je 3.—	je 1.50

118	208000—210000	1362.50	681.30	408.80	272.50	136.30	1635.—	817.50	490.50	327.—	163.50
123	218000—220000	1425.—	712.50	427.50	285.—	142.50	1710.—	855.—	513.—	342.—	171.—
128	228000—230000	1487.50	743.80	446.30	297.50	148.80	1785.—	892.50	535.50	357.—	178.50
133	238000—240000	1550.—	775.—	465.—	310.—	155.—	1860.—	930.—	558.—	372.—	186.—
138	248000—250000	1612.50	806.30	483.80	322.50	161.30	1935.—	967.50	580.50	387.—	193.50
143	258000—260000	1675.—	837.50	502.50	335.—	167.50	2010.—	1005.—	603.—	402.—	201.—
148	268000—270000	1737.50	868.80	521.30	347.50	173.80	2085.—	1042.50	625.50	417.—	208.50
153	278000—280000	1800.—	900.—	540.—	360.—	180.—	2160.—	1080.—	648.—	432.—	216.—
158	288000—290000	1862.50	931.30	558.80	372.50	184.30	2235.—	1117.50	670.50	447.—	223.50
163	298000—300000	1925.—	962.50	577.50	385.—	192.50	2310.—	1155.—	693.—	462.—	231.—

III. Tabelle.

Gebühren im Urkunden- und Wechselprozesse.

Wertklasse	Bei Gegenständen im Werte von mehr als	bis einschließlich	Erste Instanz 6/10 Einheitsgebühr §§ 18, 24, 25	Erste Instanz 5/10 §§ 22, 29, 48	Erste Instanz 3/10 §§ 23, 47 Abs. 2	Erste Instanz 1/10 § 46	Berufungs-Instanz 6/10 Einheitsgebühr §§ 18, 24, 25	Berufungs-Instanz 5/10 §§ 22, 29	Berufungs-Instanz 3/10 §§ 23, 47 Abs. 2	Berufungs-Instanz 1/10 § 46	Revisions-Instanz 6/10 Einheitsgebühr §§ 18, 24, 25	Revisions-Instanz 5/10 §§ 22, 29	Revisions-Instanz 3/10 §§ 23, 47 Abs. 2	Revisions-Instanz 1/10 § 46
	ℳ	ℳ	ℳ ₰	ℳ ₰	ℳ ₰	ℳ ₰	ℳ ₰	ℳ ₰	ℳ ₰	ℳ ₰	ℳ ₰	ℳ ₰	ℳ ₰	ℳ ₰
1	—	20	—.60	—.30	—.20	—.20	—.80	—.40	—.30	—.20	—.90	—.50	—.30	—.20
2	20—	60	1.50	—.80	—.50	—.20	1.80	—.90	—.60	—.20	2.20	1.10	—.70	—.30
3	60—	120	2.80	1.40	—.90	—.30	3.50	1.80	1.10	—.40	4.20	2.10	1.30	—.50
4	120—	200	4.50	2.30	1.40	—.50	5.70	2.90	1.80	—.60	6.80	3.40	2.10	—.70
5	200—	300	6.60	3.30	2.—	—.70	8.30	4.20	2.50	—.90	9.90	5.—	3.—	1.—
6	300—	450	9.—	4.50	2.70	—.90	11.30	5.70	3.40	1.20	13.50	6.80	4.10	1.40
7	450—	650	12.—	6.—	3.60	1.20	15.—	7.50	4.50	1.50	18.—	9.—	5.40	1.80
8	650—	900	15.60	7.80	4.70	1.60	19.50	9.80	5.90	2.—	23.40	11.70	7.10	2.40
9	900—	1200	19.20	9.60	5.80	2.—	24.—	12.—	7.20	2.40	28.80	14.40	8.70	2.90
10	1200—	1600	22.80	11.40	6.90	2.30	28.50	14.30	8.60	2.90	34.20	17.10	10.30	3.50
11	1600—	2100	26.40	13.20	8.—	2.70	33.—	16.50	9.90	3.30	39.60	19.80	11.90	4.—
12	2100—	2700	30.—	15.—	9.—	3.—	37.50	18.80	11.30	3.80	45.—	22.50	13.50	4.50
13	2700—	3400	33.60	16.80	10.10	3.40	42.—	21.—	12.60	4.20	50.40	25.20	15.20	5.10
14	3400—	4300	37.20	18.60	11.20	3.80	46.50	23.30	14.—	4.70	55.80	27.90	16.80	5.60
15	4300—	5400	40.80	20.40	12.30	4.10	51.—	25.50	15.30	5.10	61.20	30.60	18.40	6.20
16	5400—	6700	44.40	22.20	13.40	4.50	55.50	27.80	16.70	5.60	66.60	33.30	20.—	6.70

17	6700— 8200	48.60	24.30	14.60	4.90	60.80	30.40	18.30	6.10	72.90	36.50	21.90	7.30
18	8200—10000	54.—	27.—	16.20	5.40	67.50	33.80	20.30	6.80	81.—	40.50	24.30	8.10
19	10000—12000	60.—	30.—	18.—	6.—	75.—	37.50	22.50	7.50	90.—	45.—	27.—	9.—
20	12000—14000	66.—	33.—	19.80	6.60	82.50	41.30	24.80	8.30	99.—	49.50	29.70	9.90
21	14000—16000	72.—	36.—	21.60	7.20	90.—	45.—	27.—	9.—	108.—	54.—	32.40	10.80
22	16000—18000	78.—	39.—	23.40	7.80	97.50	48.80	29.30	9.80	117.—	58.50	35.10	11.70
23	18000—20000	84.—	42.—	25.20	8.40	105.—	52.50	31.50	10.50	126.—	63.—	37.80	12.60
24	20000—22000	90.—	45.—	27.—	9.—	112.50	56.30	33.80	11.30	135.—	67.50	40.50	13.50
25	22000—24000	96.—	48.—	28.80	9.60	120.—	60.—	36.—	12.—	144.—	72.—	43.20	14.40
26	24000—26000	102.—	51.—	30.60	10.20	127.50	63.80	38.30	12.80	153.—	76.50	45.90	15.30
27	26000—28000	108.—	54.—	32.40	10.80	135.—	67.50	40.50	13.50	162.—	81.—	48.60	16.20
28	28000—30000	114.—	57.—	34.20	11.40	142.50	71.30	42.80	14.30	171.—	85.50	51.30	17.10
29	30000—32000	120.—	60.—	36.—	12.—	150.—	75.—	45.—	15.—	180.—	90.—	54.—	18.—
30	32000—34000	126.—	63.—	37.80	12.60	157.50	78.80	47.30	15.80	189.—	94.50	56.70	18.90
31	34000—36000	132.—	66.—	39.60	13.20	165.—	82.50	49.50	16.50	198.—	99.—	59.40	19.80
32	36000—38000	138.—	69.—	41.40	13.80	172.50	86.30	51.80	17.30	207.—	103.50	62.10	20.70
33	38000—40000	144.—	72.—	43.20	14.40	180.—	90.—	54.—	18.—	216.—	108.—	64.80	21.60
34	40000—42000	150.—	75.—	45.—	15.—	187.50	93.80	56.30	18.80	225.—	112.50	67.50	22.50
35	42000—44000	156.—	78.—	46.80	15.60	195.—	97.50	58.50	19.50	234.—	117.—	70.20	23.40
36	44000—46000	162.—	81.—	48.60	16.20	202.50	101.30	60.80	20.30	243.—	121.50	72.90	24.30
37	46000—48000	168.—	84.—	50.40	16.80	210.—	105.—	63.—	21.—	252.—	126.—	75.60	25.20
38	48000—50000	174.—	87.—	52.20	17.40	217.50	108.80	65.30	21.80	261.—	130.50	78.30	26.10
39	50000—52000	180.—	90.—	54.—	18.—	225.—	112.50	67.50	22.50	270.—	135.—	81.—	27.—
40	52000—54000	186.—	93.—	55.80	18.60	232.50	116.30	69.80	23.30	279.—	139.50	83.70	27.90
41	54000—56000	192.—	96.—	57.60	19.20	240.—	120.—	72.—	24.—	288.—	144.—	86.40	28.80
42	56000—58000	198.—	99.—	59.40	19.80	247.50	123.80	74.30	24.80	297.—	148.50	89.10	29.70
43	58000—60000	204.—	102.—	61.20	20.40	255.—	127.50	76.50	25.50	306.—	153.—	91.80	30.60
44	60000—62000	210.—	105.—	63.—	21.—	262.50	131.30	78.80	26.30	315.—	157.50	94.50	31.50
45	62000—64000	216.—	108.—	64.80	21.60	270.—	135.—	81.—	27.—	324.—	162.—	97.20	32.40
46	64000—66000	222.—	111.—	66.60	22.20	277.50	138.80	83.30	27.80	333.—	166.50	99.90	33.30

15*

Wertsklassen	Bei Gegenständen im Werte vom mehr als	bis einschließlich	Erste Instanz 6/10 (wie vor)	5/10 (wie vor)	3/10 (wie vor)	1/10 (wie vor)	Berufungsinstanz 6/10 (wie vor)	5/10 (wie vor)	3/10 (wie vor)	1/10 (wie vor)	Revisionsinstanz 6/10 (wie vor)	5/10 (wie (vor	3/10 (wie vor)	1/10 (wie vor)
	ℳ	ℳ	ℳ ₰	ℳ ₰	ℳ ₰	ℳ ₰	ℳ ₰	ℳ ₰	ℳ ₰	ℳ ₰	ℳ ₰	ℳ ₰	ℳ ₰	ℳ ₰
47	66000—	68000	228.—	114.—	68.40	22.80	285.—	142.50	85.50	28.50	342.—	171.—	102.60	34.20
48	68000—	70000	234.—	117.—	70.20	23.40	292.50	146.30	87.80	29.30	351.—	175.50	105.30	35.10
49	70000—	72000	240.—	120.—	72.—	24.—	300.—	150.—	90.—	30.—	360.—	180.—	108.—	36.—
50	72000—	74000	246.—	123.—	73.80	24.60	307.50	153.80	92.30	30.80	369.—	184.50	110.70	36.90
51	74000—	76000	252.—	126.—	75.60	25.20	315.—	157.50	94.50	31.50	378.—	189.—	113.40	37.80
52	76000—	78000	258.—	129.—	77.40	25.80	322.50	161.30	96.80	32.30	387.—	193.50	116.10	38.70
53	78000—	80000	264.—	132.—	79.20	26.40	330.—	165.—	99.—	33.—	396.—	198.—	118.80	39.60
54	80000—	82000	270.—	135.—	81.—	27.—	337.50	168.80	101.30	33.80	405.—	202.50	121.50	40.50
55	82000—	84000	276.—	138.—	82.80	27.60	345.—	172.50	103.50	34.50	414.—	207.—	124.20	41.40
56	84000—	86000	282.—	151.—	84.60	28.20	352.50	176.30	105.80	35.30	423.—	211.50	126.90	42.30
57	86000—	88000	288.—	144.—	86.40	28.80	360.—	180.—	108.—	36.—	432.—	216.—	129.60	43.20
58	88000—	90000	294.—	147.—	88.20	29.40	367.50	183.80	110.30	36.80	441.—	220.50	132.30	44.10
59	90000—	92000	300.—	150.—	90.—	30.—	375.—	187.50	112.50	37.50	450.—	225.—	135.—	45.—
60	92000—	94000	306.—	153.—	91.80	30.60	382.50	191.30	114.80	38.30	439.—	229.50	137.70	45.90
61	94000—	96000	312.—	156.—	93.60	31.20	390.—	195.—	117.—	39.—	468.—	234.—	140.40	46.80
62	96000—	98000	318.—	159.—	95.40	31.80	397.50	198.80	119.30	39.80	477.—	238.50	143.10	47.70
63	98000—	100000	324.—	162.—	97.20	32.40	405.—	202.50	121.50	40.50	486.—	243.—	145.80	48.60
	um je 2000 ℳ mehr		je 6	je 3	je 1.80	je 0.60	je 7.50	je 3.75	je 2.25	je 0.75	je 9	je 4.50	je 2.70	je 0.90
68	108000—	110000	354.—	177.—	106.20	35.40	442.50	221.30	132.80	44.30	531.—	265.50	159 30	53.10
73	118000—	120000	384.—	192.—	115.20	38.40	480.—	240.00	144 00	48.—	576.—	288.—	172.80	57.60

78	128000—130000	414.—	207.—	124.20	41.40	517.50	258.80	155.30	51.80	621.—	310.50	186.30	62.10
83	138000—140000	444.—	222.—	133.20	44.40	555.—	277.50	166.50	55.50	666.—	333.—	199.80	66.60
88	148000—150000	474.—	237.—	142.20	47.40	592.50	296.30	177.80	59.30	711.—	355.50	213.30	71.10
93	158000—160000	504.—	252.—	151.20	50.40	630.—	315.—	189.—	63.—	756.—	378.—	226.80	75.60
98	168000—170000	534.—	267.—	160.20	53.40	667.50	333.80	200.30	66.80	801.—	400.50	240.30	80.10
103	178000—180000	564.—	282.—	169.20	56.40	705.—	352.50	211.50	70.50	846.—	423.—	253.80	84.60
108	188000—190000	594.—	297.—	178.20	59.40	742.50	371.30	222.80	74.30	891.—	445.50	267.30	89.10
113	198000—200000	624.—	312.—	187.20	62.40	780.—	390.—	234.—	78.—	936.—	468.—	280.80	93.60
118	208000—210000	654.—	327.—	196.20	65.40	817.50	408.80	245.30	81.80	981.—	490.50	294.30	98.10
123	218000—220000	684.—	342.—	205.20	68.40	855.—	427.50	256.50	85.50	1026.—	513.—	307.80	102.60
128	228000—230000	714.—	357.—	214.20	71.40	892.50	446.30	267.80	89.30	1071.—	535.50	321.30	107.10
133	238000—240000	744.—	372.—	223.20	74.40	930.—	465.—	279.—	93.—	1116.—	558.—	334.80	111.60
138	248000—250000	774.—	387.—	232.20	77.40	967.50	483.80	290.30	96.80	1161.—	580.50	348.30	116.10

IV. Tabelle.

Gebühren im Konkursverfahren.

Wertsklasse	Gegenstandssumme von mehr als	bis einschließlich	1/10 § 53 Abs. 2	3/10 §§ 53 Abs. 1, 54 Satz 2	8/10 § 51 N. 5	10/10 §§ 54 Satz 1, 58	13/10 die volle Gebühr und 3/10 § 51 N. 4	15/10 die volle Gebühr und 5/10 § 51 N. 3	18/10 die volle Gebühr und 8/10 § 51 N. 2	20/10 2fache Gebühr § 51 N. 1
	ℳ	ℳ	ℳ ₰	ℳ ₰	ℳ ₰	ℳ ₰	ℳ ₰	ℳ ₰	ℳ ₰	ℳ ₰
1	—	20	—.20	—.30	—.80	1.—	1.30	1.50	1.80	2.—
2	20—	60	—.30	—.80	2.—	2.40	3.20	3.60	4.40	4.80
3	60—	120	—.50	1.40	3.70	4.60	6.—	6.90	8.30	9.20
4	120—	200	—.80	2.30	6.—	7.50	9.80	11.30	13.50	15.—
5	200—	300	1.10	3.30	8.80	11.—	14.30	16.50	19.80	22.—
6	300—	450	1.50	4.50	12.—	15.—	19.50	22.50	27.—	30.—
7	450—	650	2.—	6.—	16.—	20.—	26.—	30.—	36.—	40.—
8	650—	900	2.60	7.80	20.80	26.—	33.80	39.—	46.80	52.—
9	900—	1200	3.20	9.60	25.60	32.—	41.60	48.—	57.60	64.—
10	1200—	1600	3.80	11.40	30.40	38.—	49.40	57.—	68.40	76.—
11	1600—	2100	4.40	13.20	35.20	44.—	57.20	66.—	79.20	88.—
12	2100—	2700	5.—	15.—	40.—	50.—	65.—	75.—	90.—	100.—
13	2700—	3400	5.60	16.80	44.80	56.—	72.80	84.—	100.80	112.—
14	3400—	4300	6.20	18.60	49.60	62.—	80.60	93.—	111.60	124.—

15	4300— 5400	6.80	20.40	54.40	68.—	88.40	102.—	122.40	136.—
16	5400— 6700	7.40	22.20	59.20	74.—	96.20	111.—	133.20	148.—
17	6700— 8200	8.10	24.30	64.80	81.—	105.30	121.50	145.80	162.—
18	8200—10000	9.—	27.—	72.—	90.—	117.—	135.—	162.—	180.—
19	10000—12000	10.—	30.—	80.—	100.—	130.—	150.—	180.—	200.—
20	12000—14000	11.—	33.—	88.—	110.—	143.—	165.—	198.—	220.—
21	14000—16000	12.—	36.—	96.—	120.—	156.—	180.—	216.—	240.—
22	16000—18000	13.—	39.—	104.—	130.—	169.—	195.—	234.—	260.—
23	18000—20000	14.—	42.—	112.—	140.—	182.—	210.—	252.—	280.—
24	20000—22000	15.—	45.—	120.—	150.—	195.—	225.—	270.—	300.—
25	22000—24000	16.—	48.—	128.—	160.—	208.—	240.—	288.—	320.—
26	24000—26000	17.—	51.—	136.—	170.—	221.—	255.—	306.—	340.—
27	26000—28000	18.—	54.—	144.—	180.—	234.—	270.—	324.—	360.—
28	28000—30000	19.—	57.—	152.—	190.—	247.—	285.—	342.—	380.—
29	30000—32000	20.—	60.—	160.—	200.—	260.—	300.—	360.—	400.—
30	32000—34000	21.—	63.—	168.—	210.—	273.—	315.—	378.—	420.—
31	34000—36000	22.—	66.—	176.—	220.—	286.—	330.—	396.—	440.—
32	36000—38000	23.—	69.—	184.—	230.—	299.—	345.—	414.—	460.—
33	38000—40000	24.—	72.—	192.—	240.—	312.—	360.—	432.—	480.—
34	40000—42000	25.—	75.—	200.—	250.—	325.—	375.—	450.—	500.—
35	42000—44000	26.—	78.—	208.—	260.—	338.—	390.—	468.—	520.—
36	44000—46000	27.—	81.—	216.—	270.—	351.—	405.—	486.—	540.—
37	46000—48000	28.—	84.—	224.—	280.—	364.—	420.—	504.—	560.—
38	48000—50000	29.—	87.—	232.—	290.—	377.—	435.—	522.—	580.—
39	50000—52000	30.—	90.—	240.—	300.—	390.—	450.—	540.—	600.—
40	52000—54000	31.—	93.—	248.—	310.—	403.—	465.—	558.—	620.—
41	54000—56000	32.—	96.—	256.—	320.—	416.—	480.—	576.—	640.—
42	56000—58000	33.—	99.—	264.—	330.—	429.—	495.—	594.—	660.—
43	58000—60000	34.—	102.—	272.—	340.—	442.—	510.—	612.—	680.—
44	60000—62000	35.—	105.—	280.—	350.—	455.—	525.—	630.—	700.—

Wertsklasse	Gegenstandssumme von mehr als	bis einschließlich	1/10 § 53 Abs. 2	3/10 §§ 53 Abs. 1, 54 Satz 2	8/10 § 51 N. 5	10/10 §§ 54 Satz 1, 58	13/10 die volle Gebühr und 3/10 § 51 N. 4	15/10 die volle Gebühr und 5/10 § 51 N. 3	18/10 die volle Gebühr und 8/10 § 51 N. 2	20/10 2fache Gebühr § 51 N. 1
	ℳ	ℳ	ℳ ₰	ℳ ₰	ℳ ₰	ℳ ₰	ℳ ₰	ℳ ₰	ℳ ₰	ℳ ₰
45	62000	64000	36.—	108.—	288.—	360.—	468.—	540.—	648.—	720.—
46	64000	66000	37.—	111.—	296.—	370.—	481.—	555.—	666.—	740.—
47	66000	68000	38.—	114.—	304.—	380.—	494.—	570.—	684.—	760.—
48	68000	70000	39.—	117.—	312.—	390.—	507.—	585.—	702.—	780.—
49	70000	72000	40.—	120.—	320.—	400.—	520.—	600.—	720.—	800.—
50	72000	74000	41.—	123.—	328.—	410.—	533.—	615.—	738.—	820.—
51	74000	76000	42.—	126.—	336.—	420.—	546.—	630.—	756.—	840.—
52	76000	78000	43.—	129.—	344.—	430.—	559.—	645.—	774.—	860.—
53	78000	80000	44.—	132.—	352.—	440.—	572.—	660.—	792.—	880.—
54	80000	82000	45.—	135.—	360.—	450.—	585.—	675.—	810.—	900.—
55	82000	84000	46.—	138.—	368.—	460.—	598.—	690.—	828.—	920.—
56	84000	86000	47.—	141.—	376.—	470.—	611.—	705.—	846.—	940.—
57	86000	88000	48.—	144.—	384.—	480.—	624.—	720.—	864.—	960.—
58	88000	90000	49.—	147.—	392.—	490.—	637.—	735.—	882.—	980.—
59	90000	92000	50.—	150.—	400.—	500.—	650.—	750.—	900.—	1000.—
60	92000	94000	51.—	153.—	408.—	510.—	663.—	765.—	918.—	1020.—
61	94000	96000	52.—	156.—	416.—	520.—	676.—	780.—	936.—	1040.—
62	96000	98000	53.—	159.—	424.—	530.—	689.—	795.—	954.—	1060.—

63	98000—100000	54.—	162.—	432.—	540.—	702.—	810.—	972.—	1080.—
64	100000—102000	55.—	165.—	440.—	550.—	715.—	825.—	990.—	1100.—
65	102000—104000	56.—	168.—	448.—	560.—	728.—	840.—	1008.—	1120.—
66	104000—106000	57.—	171.—	456.—	570.—	741.—	855.—	1026.—	1140.—
67	106000—108000	58.—	174.—	464.—	580.—	754.—	870.—	1044.—	1160.—
68	108000—110000	59.—	177.—	472.—	590.—	767.—	885.—	1062.—	1180.—
69	110000—112000	60.—	180.—	480.—	600.—	780.—	900.—	1080.—	1200.—
70	112000—114000	61.—	183.—	488.—	610.—	793.—	915.—	1098.—	1220.—
71	114000—116000	62.—	186.—	496.—	620.—	806.—	930.—	1116.—	1240.—
72	116000—118000	63.—	189.—	504.—	630.—	819.—	945.—	1134.—	1260.—
73	118000—120000	64.—	192.—	512.—	640.—	832.—	960.—	1152.—	1280.—
74	120000—122000	65.—	195.—	520.—	650.—	845.—	975.—	1170.—	1300.—
75	122000—124000	66.—	198.—	528.—	660.—	858.—	990.—	1188.—	1320.—
76	124000—126000	67.—	201.—	536.—	670.—	871.—	1005.—	1206.—	1340.—
77	126000—128000	68.—	204.—	544.—	680.—	884.—	1020.—	1224.—	1360.—
78	128000—130000	69.—	207.—	552.—	690.—	897.—	1035.—	1242.—	1380.—
79	130000—132000	70.—	210.—	560.—	700.—	910.—	1050.—	1260.—	1400.—
80	132000—134000	71.—	213.—	568.—	710.—	923.—	1065.—	1278.—	1420.—
81	134000—136000	72.—	216.—	576.—	720.—	936.—	1080.—	1296.—	1440.—
82	136000—138000	73.—	219.—	584.—	730.—	949.—	1095.—	1314.—	1460.—
83	138000—140000	74.—	222.—	592.—	740.—	962.—	1110.—	1332.—	1480.—
84	140000—142000	75.—	225.—	600.—	750.—	975.—	1125.—	1350.—	1500.—
85	142000—144000	76.—	228.—	608.—	760.—	988.—	1140.—	1368.—	1520.—
86	144000—146000	77.—	231.—	616.—	770.—	1001.—	1155.—	1386.—	1540.—
87	146000—148000	78.—	234.—	624.—	780.—	1014.—	1170.—	1404.—	1560.—
88	148000—150000	79.—	237.—	632.—	790.—	1027.—	1185.—	1422.—	1580.—
89	150000—152000	80.—	240.—	640.—	800.—	1040.—	1200.—	1440.—	1600.—
90	152000—154000	81.—	243.—	648.—	810.—	1053.—	1215.—	1458.—	1620.—
91	154000—156000	82.—	246.—	656.—	820.—	1066.—	1230.—	1476.—	1640.—
92	156000—158000	83.—	249.—	664.—	830.—	1079.—	1245.—	1494.—	1660.—

Wertsklasse	Gegenstandssumme von mehr als	bis einschließlich	1/10 § 53 Abs. 2	3/10 §§ 53 Abs. 1, 54 Satz 2	8/10 § 51 N. 2	10/10 §§ 54 Satz 1, 58	13/10 die volle Gebühr und 3/10 § 51 N. 4	15/10 die volle Gebühr und 5/10 § 51 N. 3	18/10 die volle Gebühr und 8/10 § 51 N. 2	20/10 2fache Gebühr § 51 N. 1
	ℳ	ℳ	ℳ ₰	ℳ ₰	ℳ ₰	ℳ ₰	ℳ ₰	ℳ ₰	ℳ ₰	ℳ ₰
93	158000	160000	84.—	252.—	672.—	840.—	1092.—	1260.—	1512.—	1680.—
94	160000	162000	85.—	255.—	680.—	850.—	1105.—	1275.—	1530.—	1700.—
95	162000	164000	86.—	258.—	688.—	860.—	1118.—	1290.—	1548.—	1720.—
96	164000	166000	87.—	261.—	696.—	870.—	1131.—	1305.—	1566.—	1740.—
97	166000	168000	88.—	264.—	704.—	880.—	1144.—	1320.—	1584.—	1760.—
98	168000	170000	89.—	267.—	712.—	890.—	1157.—	1335.—	1602.—	1780.—
99	170000	172000	90.—	270.—	720.—	900.—	1170.—	1350.—	1620.—	1800.—
100	172000	174000	91.—	273.—	728.—	910.—	1183.—	1365.—	1638.—	1820.—
101	174000	176000	92.—	276.—	736.—	920.—	1196.—	1380.—	1656.—	1840.—
102	176000	178000	93.—	279.—	744.—	930.—	1209.—	1395.—	1674.—	1860.—
103	178000	180000	94.—	282.—	752.—	940.—	1222.—	1410.—	1692.—	1880.—
104	180000	182000	95.—	285.—	760.—	950.—	1235.—	1425.—	1710.—	1900.—
105	182000	184000	96.—	288.—	768.—	960.—	1248.—	1440.—	1728.—	1920.—
106	184000	186000	97.—	291.—	776.—	970.—	1261.—	1455.—	1746.—	1940.—
107	186000	188000	98.—	294.—	784.—	980.—	1274.—	1470.—	1764.—	1960.—
108	188000	190000	99.—	297.—	792.—	990.—	1287.—	1485.—	1782.—	1980.—
109	190000	192000	100.—	300.—	800.—	1000.—	1300.—	1500.—	1800.—	2000.—
110	192000	194000	101.—	303.—	808.—	1010.—	1313.—	1515.—	1818.—	2020.—

111	194000—196000	102.—	306.—	816.—	1020.—	1326.—	1530.—	1836.—	2040.—
112	196000—198000	103.—	309.—	824.—	1030.—	1339.—	1545.—	1854.—	2060.—
113	198000—200000	104.—	312.—	832.—	1040.—	1352.—	1560.—	1872.—	2080.—
114	200000—202000	105.—	315.—	840.—	1050.—	1365.—	1575.—	1890.—	2100.—
115	202000—204000	106.—	318.—	848.—	1060.—	1378.—	1590.—	1908.—	2120.—
116	204000—206000	107.—	321.—	856.—	1070.—	1391.—	1605.—	1926.—	2140.—
117	206000—208000	108.—	324.—	864.—	1080.—	1404.—	1620.—	1944.—	2160.—
118	208000—210000	109.—	327.—	872.—	1090.—	1417.—	1635.—	1962.—	2180.—
119	210000—212000	110.—	330.—	880.—	1100.—	1430.—	1650.—	1980.—	2200.—
120	212000—214000	111.—	333.—	888.—	1110.—	1443.—	1665.—	1998.—	2220.—
121	214000—216000	112.—	336.—	896.—	1120.—	1456.—	1680.—	2016.—	2240.—
122	216000—218000	113.—	339.—	904.—	1130.—	1469.—	1695.—	2034.—	2260.—
123	218000—220000	114.—	342.—	912.—	1140.—	1482.—	1710.—	2052.—	2280.—
124	220000—222000	115.—	345.—	920.—	1150.—	1495.—	1725.—	2070.—	2300.—
125	222000—224000	116.—	348.—	928.—	1160.—	1508.—	1740.—	2088.—	2320.—
126	224000—226000	117.—	351.—	936.—	1170.—	1521.—	1755.—	2106.—	2340.—
127	226000—228000	118.—	354.—	944.—	1180.—	1534.—	1770.—	2124.—	2360.—
128	228000—230000	119.—	357.—	952.—	1190.—	1547.—	1785.—	2142.—	2380.—
129	230000—232000	120.—	360.—	960.—	1200.—	1560.—	1800.—	2160.—	2400.—
130	232000—234000	121.—	363.—	968.—	1210.—	1573.—	1815.—	2178.—	2420.—
131	234000—236000	122.—	366.—	976.—	1220.—	1586.—	1830.—	2196.—	2440.—
132	236000—238000	123.—	369.—	984.—	1230.—	1599.—	1845.—	2214.—	2460.—
133	238000—240000	124.—	372.—	992.—	1240.—	1612.—	1860.—	2232.—	2480.—
134	240000—242000	125.—	375.—	1000.—	1250.—	1625.—	1875.—	2250.—	2500.—
135	242000—244000	126.—	378.—	1008.—	1260.—	1638.—	1890.—	2268.—	2520.—
136	244000—246000	127.—	381.—	1016.—	1270.—	1651.—	1905.—	2286.—	2540.—
137	246000—248000	128.—	384.—	1024.—	1280.—	1664.—	1920.—	2304.—	2560.—
138	248000—250000	129.—	387.—	1032.—	1290.—	1677.—	1935.—	2322.—	2580.—
139	250000—252000	130.—	390.—	1040.—	1300.—	1690.—	1950.—	2340.—	2600.—
	um je 2000 ℳ mehr	je 1 ℳ	je 3 ℳ	je 8 ℳ	je 10 ℳ	je 13 ℳ	je 15 ℳ	je 18 ℳ	je 20 ℳ

Wertsklasse	Gegenstandssumme von mehr als	bis einschließlich	1/10 § 53 Abs. 2	3/10 §§ 53 Abs. 1, 54 Satz 2	8/10 § 51 N. 2	10/10 §§ 54 Satz 1, 58	13/10 die volle Gebühr und 3/10 § 51 N. 4	15/10 die volle Gebühr und 5/10 § 51 N. 3	18/10 die volle Gebühr und 8/10 § 51 N. 2	20/10 2fache Gebühr § 51 N. 1
	ℳ	ℳ	ℳ ₰	ℳ ₰	ℳ ₰	ℳ ₰	ℳ ₰	ℳ ₰	ℳ ₰	ℳ ₰
144	260000	262000	135.—	405.—	1080.—	1350.—	1755.—	2025.—	2430.—	2700.—
149	270000	272000	140.—	420.—	1120.—	1400.—	1820.—	2100.—	2520.—	2800.—
154	280000	282000	145.—	435.—	1160.—	1450.—	1885.—	2175.—	2610.—	2900.—
159	290000	292000	150.—	450.—	1200.—	1500.—	1950.—	2250.—	2700.—	3000.—
164	300000	302000	155.—	465.—	1240.—	1550.—	2015.—	2325.—	2790.—	3100.—
169	310000	312000	160.—	480.—	1280.—	1600.—	2080.—	2400.—	2880.—	3200.—
174	320000	322000	165.—	495.—	1320.—	1650.—	2145.—	2475.—	2970.—	3300.—
179	330000	332000	170.—	510.—	1360.—	1700.—	2210.—	2550.—	3060.—	3400.—
184	340000	342000	175.—	525.—	1400.—	1750.—	2275.—	2625.—	3150.—	3500.—
189	350000	352000	180.—	540.—	1440.—	1800.—	2340.—	2700.—	3240.—	3600.—
194	360000	362000	185.—	555.—	1480.—	1850.—	2405.—	2775.—	3330.—	3700.—
199	370000	372000	190.—	570.—	1520.—	1900.—	2470.—	2850.—	3420.—	3800.—
204	380000	382000	195.—	585.—	1560.—	1950.—	2535.—	2925.—	3510.—	3900.—
209	390000	392000	200.—	600.—	1600.—	2000.—	2600.—	3000.—	3600.—	4000.—
214	400000	402000	205.—	615.—	1640.—	2050.—	2665.—	3075.—	3690.—	4100.—
219	410000	412000	210.—	630.—	1680.—	2100.—	2730.—	3150.—	3780.—	4200.—
224	420000	422000	215.—	645.—	1720.—	2150.—	2795.—	3225.—	3870.—	4300.—
229	430000	432000	220.—	660.—	1760.—	2200.—	2860.—	3300.—	3960.—	4400.—

234	440000—442000	225.—	675.—	1800.—	2250.—	2925.—	3375.—	4050.—	4500.—
239	450000—452000	230.—	690.—	1840.—	2300.—	2990.—	3450.—	4140.—	4600.—
244	460000—462000	235.—	705.—	1880.—	2350.—	3055.—	3525.—	4230.—	4700.—
249	470000—472000	240.—	720.—	1920.—	2400.—	3120.—	3600.—	4320.—	4800.—
254	480000—482000	245.—	735.—	1960.—	2450.—	3185.—	3675.—	4410.—	4900.—
259	490000—492000	250.—	750.—	2000.—	2500.—	3250.—	3750.—	4500.—	5000.—
264	500000—502000	255.—	765.—	2040.—	2550.—	3315.—	3825.—	4590.—	5100.—

Gebührentabelle

Einheitsgebührensatz §§ 62, 64, 65 Abs. 1.	ℳ
Im Falle einer Geld- oder Freiheitsstrafe von	
mehr als ℳ bis einschl. ℳ oder mehr als bis einschl.	
1. „ „ 1 „ „ 20 „ „ „ 1 Tg. „ „ 10 Tg.	5
2. „ „ 20 „ „ 30 „ „ „ 10 Tg. „ „ 14 Tg.	10
3. „ „ 30 „ „ 60 „ „ „ 14 Tg. „ „ 4 Wch.	20
4. „ „ 60 „ „ 150 „ „ „ 4 Wch. „ „ 6 Wch.	30
5. „ „ 150 „ „ 300 „ „ „ 6 Wch. „ „ 3 Mt.	45
6. „ „ 300 „ „ 500 „ „ „ 3 Mt. „ „ 6 Mt.	60
7. „ „ 500 „ „ 1000 „ „ „ 6 Mt. „ „ 1 Jahr	75
8. „ „ 1000 „ „ 1500 „ „ „ 1 Jahr „ „ 2 Jahr	100
9. „ „ 1500 „ „ 3000 „ „ „ 2 Jahr „ „ 3 Jahr	130
10. „ „ 3000 . . . . . „ „ „ 3 Jahr „ „ 10 Jahr	180
11. im Falle einer schweren Strafe	300
12. „ „ eines Verweises	5
13. „ „ ausschließlicher Erkennung auf Verlust der bürgerlichen Ehrenrechte überhaupt oder einzelner Ehrenrechte	45
§ 69. Wenn es sich um eine **Uebertretung** handelt	20
„ „ „ „ ein **Vergehen** „	50
„ „ „ „ „ **Verbrechen** „	100

in Strafsachen.

				§ 76.			Privatklagesachen.				
5/10 §§ 64, 65 Abs. 2	4/10 §§ 63 Abs. 2 65 Abs. 2 67 Abs. 1 Satz 2	2/10 §§ 63 Abs. 1 67 Abs. 1 Satz 1	1/10 §§ 66 67 Abs. 2	3/10 v. 4/10	3/10 v. 2/10	3/10 v. 1/10	Nach § 70	Nach § 71	Nach § 73	Nach § 76 zu § 71	Nach § 76 zu § 73
ℳ ₰	ℳ ₰	ℳ ₰	ℳ ₰	ℳ ₰	ℳ ₰	ℳ ₰	ℳ	ℳ	ℳ	ℳ ₰	ℳ ₰
							1. 5	—	10	—	—
							2. 15	—	30	—	—
							3. 20	—	40	—	—
2.50	2.—	1.—	—.50	—.60	—.30	—.20	—	N. 1. 2	4	—.60	1.20
5.—	4.—	2.—	1.—	1.20	—.60	—.30		N. 2. 4	8	1.20	2.40
10.—	8.—	4.—	2.—	2.40	1.20	—.60		8	16	2.40	4.80
15.—	12.—	6.—	3.—	3.60	1.80	—.90		N." 3. 2	4	—.60	1.20
22.50	18.—	9.—	4.50	5.40	2.70	1.40		N. 4. 1	2	—.30	—.60
30.—	24.—	12.—	6.—	7.20	3.60	1.80		N. 5. 3	6	—.90	1.80
37.50	30.—	15.—	7.50	9.—	4.50	2.30		N. 6. 3	6	—.90	1.80
50.—	40.—	20.—	10.—	12.—	6.—	3.—					
65.—	52.—	26.—	13.—	15.60	7.80	3.90					
90.—	72.—	36.—	18.—	21.60	10.80	5.40					
150.—	120.—	60.—	30.—	36.—	18.—	9.—					
2.50	2.—	1.—	—.50	—.60	—.30	—.20					
22.50	18.—	9.—	4.50	5.40	2.70	1.20					
				§ 76.							
—	—	—	—	—.60	—	—					
—	—	—	—	1.50	—	—					
—	—	—	—	3.—	—	—					

Sachregister.

Die Zahlen bedeuten die Paragraphen und Anmerkungen.

Es bedeutet z. B.: 9a, 5: § 9a Anm. 5
47 Z. 2: § 47 Ziffer 2
S.: Seite.

A.

D.

E.

F.

G.

H.

J.

K.

L.

S.

T.

U.

V.

W.

Z.

FSC
www.fsc.org
MIX
Papier | Fördert
gute Waldnutzung
FSC® C083411

Kolibri 360 GmbH
Ferdinand-Jühlke-Straße 7
99095 Erfurt, Deutschland
produktsicherheit@kolibri360.de